출애굽기 나루

출애굽기 나루

2023년 3월 17일 처음 펴냄

지은이 | 김창주
펴낸이 | 김영호
펴낸곳 | 도서출판 동연
등 록 | 제1-1383호(1992년 6월 12일)
주 소 | 서울시 마포구 월드컵로 163-3
전 화 | (02) 335-2630
팩 스 | (02) 335-2640
이메일 | yh4321@gmail.com
S N S | https://www.instagram.com/dongyeon_press

ISBN 978-89-6447-871-4 03230

출애굽기 나루

자유와
구원과
해방의
이야기

김창주 지음

동연

책을 펴내며

라라

한반도의 고대 신라(新羅), 탐라(耽羅), 아라(阿羅), 발라(發羅) 등과 다소 생소한 평나(平那), 주나(朱那), 혹은 임나(任那) 등에서 '라'와 '나'는 한자의 가까운 음을 취한 것일 뿐 본디 의미는 사뭇 다르다. '나'는 강 또는 시내를, '라'는 강을 경계로 삼은 '나라'를 뜻한다. 특히 고대어 '라라'는 '나루' 또는 '나라'가 분화되지 않은 상태이다. 라라는 본래 강줄기나 바닷가에 물산이 들고나는 한 지점이다. 배나 뗏목을 띄워 물건을 나르는 길목은 '나루'가 되고 강물의 권역을 따라 '나라'의 경계를 이룬 곳이기도 하다.

나루

나루 또는 ᄂᆞᄅᆞ는 강과 바다에서 접안이 용이한 지점이다. 그 뿌리에는 '나르다'는 뜻이 들어 있다. 사람과 물건이 한데 모여들어 나르기를 반복하는 동안 나루터가 된다. 나루에는 나룻배가 사람과 문물을 실어 밖으로 보내며 안으로 들여온다. 금강과 한강 그리고 대동강 나루를 따라 한반도에 복음이 들어왔다. 서양 문물이 나룻배에 실려 한반도에 복음을 전파한 것이다. 새로운 문화가 몰려들기에 나루는 호기심과 역동성이 찰랑거린다. 나루는 넓고 큰 세상으로 나아가는 열린 터전이다.

나라

'나'는 흙이고 '라'는 물로 풀이하는 이도 있다. 고대인들은 물을 얻기 쉬운 지역에 몰려들었다. 한 우물을 중심으로 마을이 형성되고 강줄기를 따라 씨족들이 모여 산다. 씨족들이 하나둘 연대하여 정치적, 군사적 결성체로 성장하고 마침내 한 국가를 이루면 기다란 강을 경계로 폐쇄적인 국토가 형성된다. 이제 나라와 나루의 출발점은 비슷하지만 성격은 전혀 달라진다. 후자가 상대적으로 좁지만 강과 바다의 열린 공간을 향한다면, 전자는 물리적으로 넓지만 일정한 지점과 공간으로 제한되는 닫힌 장소가 된다.

출애굽기 나루

광야에도 나루는 곳곳에 있었고 사람들은 들고 흩어진다. 얍복 나루는 야곱이 밤새 두려워 떨다가 천사와 씨름하던 곳이다. 요단 나루는 여리고 군사들이 이스라엘의 정탐꾼을 추적하고 에브라임 사람들이 길르앗과 싸운 후 건너기 위해 모여든 곳이다(삿 12:5). 홍해는 모세와 이스라엘이 자유와 해방의 벅찬 감격을 맛보던 나루다.

이렇듯 나루는 누군가에게 새로운 삶에 대한 기대와 열망을 갖게 하고, 또 다른 누군가에게는 불안과 공포를 주어 위축되고 자신감까지 해체되게 만든다. 그렇기에 나루는 드나드는 사람들의 출발점이자 새로운 지평을 열어 보인다.

수많은 사연이 켜켜이 쌓인 나루가 점점 사라지고 흔적만 남는다. 나루는 이제 역사의 유적지로 표시되거나 사전에 갇힌 낱말이 되어 간다. 홍해 나루는 모세와 이스라엘 백성이 건너온 협소한 물길이지만 자유의 기쁨과 영원한 진리를 희구하는 끝없이 너른 공간이다.

『출애굽기 나루』는 희미한 나루의 기억과 설레는 내일을 되살리려는 이름이다. 나루의 부풀던 열망과 새날의 부푼 기대를 담은 것이다. 출애굽이 자유와 구원과 해방을 이스라엘에게 열어 주었듯『출애굽기 나루』가 과거와 현재를 잇고 지금과 영원을 아우르는 작은 여백이 되기를 빈다.

머리말

출애굽기는 구약성서의 두 번째 책이다. 그렇다고 신학적으로나 경전의 순서로나 창세기 다음이라는 뜻은 아니다. 이 책은 모세와 이스라엘의 이집트 탈출을 이야기 형식으로 서술한다. 자세히 보면 이집트에서의 탈출과 구원, 이스라엘과 하나님의 계약 그리고 성막 건설에 대한 규정으로 나뉜다. 문학 장르로는 출애굽에 관한 '이야기', 생활의 지침인 '율법' 그리고 성막에서 펼쳐질 '예배'로 구분된다. 히브리어는 차례로 아가다(אַגָּדָה), 할라카(הֲלָכָה), 세데르(סֵדֶר)다. 따라서 출애굽기에 포함된 세 주제 중에서 어느 한 가지만 집중하면 곤란하다. 예컨대 이스라엘의 탈출과 얌 수프를 건너는 이야기를 강조하면, 하나님과 이웃의 관계를 규정한 율법 그리고 성막의 예전이 상대적으로 약화될 수밖에 없다. 출애굽기 신학은 아가다, 할라카, 세데르가 각각 구원, 계약 그리고 하나님의 현존을 균형적으로 떠받치고 있다. 세 변의 삼각형에서 무엇이 더 중요하며 무엇이 덜 중요하다고 할 수 없다.

출애굽기의 얼개

<table>
<tr><td>주제</td><td colspan="2">구원(deliverance)</td><td colspan="2">계약(covenant)</td><td colspan="2">현존(presence)</td></tr>
<tr><td>장르</td><td colspan="2">이야기(אַגָּדָה)</td><td colspan="2">법(הֲלָכָה)</td><td colspan="2">예배(סֵדֶר)</td></tr>
<tr><td>내용</td><td colspan="2">이집트에서의 해방과
자유</td><td colspan="2">야웨는 이스라엘의 하나님
이스라엘은 그의 백성</td><td colspan="2">하나님의 현존에 초대</td></tr>
<tr><td>범위</td><td colspan="2">1장 1절-18장 27절</td><td colspan="2">19장 1절-24장 18절</td><td colspan="2">25장 1절-40장 38절</td></tr>
<tr><td></td><td>1-2</td><td>요셉을 모르는
바로</td><td>19:1-6</td><td>시내 광야에
도착하여</td><td>25</td><td>법궤, 속죄소,
떡상, 촛대</td></tr>
</table>

세부사항	3-4	모세의 소명	19:7-25	율법 수여	26	성막과 휘장
	5-6	모세와 바로의 대결	20:1-21	십계명	27	번제단, 성막, 기름
	7-11	10가지 재앙	‘언약의 책’(סֵפֶר הַבְּרִית) 20장 22절-23장 33절		28	제사장 복장
	12	유월절 제정	21:1-32	개인의 권리	29-31	위임식, 성막 물품, 제작자
	13	무교절, ‘홍해의 광야 길’에	21:33-22:15	재산에 대한 권리	32-34	계약 파기와 계약 갱신
	14-15	바다를 건너다, 모세의 노래	22:16-23:9	사회 정의에 관련된 규정	35-36	이스라엘의 순종, 성막 건축
	16	광야의 삶: 만나와 신앙	23:10-33	절기와 규례	37-39	성막 건축에 대한 보고
	17-18	광야의 삶: 물, 전쟁, 조직	24	계약의 성사	40:1-38	성막의 봉헌, 하나님의 몸

『출애굽기 나루』는 위의 얼개를 따라 3부로 구상하였다. 출애굽기의 주제는 탈출과 구원, 계약 체결 그리고 하나님의 현존이 중심을 이루지만 이 책은 문학 장르를 중심으로 이야기(אַגָּדָה), 십계명과 법(הֲלָכָה) 그리고 예배(סֵדֶר)로 꾸렸다. 1부는 이스라엘이 노예로 살던 이집트와 얌 수프를 건너는 이야기(story)로, 히브리인들의 절실한 염원과 독자의 호기심이 어우러지는 서사가 전개된다. 특히 모세와 바로의 대결에서 형성된 선악의 구도는 선의 편에 선 독자들의 가슴을 졸이게 한다. 마침내 ‘홍해’를 건넌 후 그들은 자유의 몸이 된다. 정작 광야의 현실은 그들의 기대와 달랐다. 뜨거운 햇빛과 모래바람이 앞길을 막아섰고, 물과 음식을 얻기에도 쉽지 않은 현실은 뒤를 돌아보게 하였다. 게다가 이스라엘의 전열이 정비도 되기 전에 전쟁까지 치러야 했으니 가나안까지 가야

하는 행로는 신기루처럼 아득하기만 하였다. 이 과정에서 벌어진 다양한 에피소드와 신학적 쟁점 등을 1-70장에 담았다.

2부는 시내산에서 야웨와 이스라엘이 맺은 계약과 법(law)을 다룬다. 이른바 '언약의 책'에 관한 법조문에 대한 해석으로 채워졌다. 히브리 노예들의 무질서와 혼란이 점차 공동체의 질서와 조화의 삶을 향하여 점진적으로 발전하는 양상을 보여준다. 그러니 간단명료한 법 조항이 주로 소개된다. 법 제정에 관하여 두 가지 사항이 얼른 눈에 띈다. 하나는 많은 사람이 함께 살면서 지속적으로 발생하는 분쟁을 범주화하는 점이고, 다른 하나는 갈등을 신속하게 해결함으로써 공동체 유지를 위한 비용을 최소화한다는 것이다. 출애굽기 19-24장 앞뒤의 짤막한 일화는 계약을 통하여 선포되는 법의 기원과 특징이 야웨의 섭리와 권위에 뿌리를 두고 있음을 보여준다. 공동체 상호 간의 존중과 하나님에 대한 절대적 신뢰가 법의 출발이다. 2부는 71-94장까지 24꼭지로 상대적으로 분량이 적다.

3부는 성막의 건립과 연관된 묘사다. 그렇다고 외형적 주제에 묶이면 곤란하다. 왜냐하면 성막은 하나님의 현존을 공간에 구현한 것으로 그 기능과 역할을 주목해야 하기 때문이다. 그것은 곧 예배(worship)로 모아진다. 사실 모세가 바로를 설득할 때 광야 '사흘 길'을 가서 야웨 하나님께 예배할 수 있게 하라고 요청하였다(출 3:18; 5:3). 지성소를 비롯한 성막이 완공되자 하나님의 영광이 그곳을 가득 채웠다. 이스라엘이 야웨의 현존을 대면한 것이다. 이집트 탈출의 목적을 비로소 달성한 순간이다. 여기에는 하나님과 이스라엘을 중재하는 사제의 역할이 필수적이다. 더구나 예배란 단 한 차례의 제사로 완결되지 않는다. 성막에 관한 기사가 두 차례 언급된 이유는 예배가 제도적으로 정착되는 과정이

수월하지 않았음을 암시한다. 예배가 규칙적이며 반복적으로 수행되어야 하는 이유가 여기에 있다. 95-123장에서 다룬 주제들은 대부분 제의와 관련된 내용들이다.

『출애굽기 나루』의 세 단원은 분량으로 볼 때 비대칭적이다. 본디 동일한 분량으로 기획하지 않았거니와 굳이 맞춰야 할 필요성을 느끼지 않는다. 왜냐하면 이야기, 법, 예배의 서사와 논리가 다르기 때문이다. 예컨대 이야기는 기승전결의 구성 요소를 따라 전개되기에 압축하는 데 한계가 있으나 법과 예배에 관련된 조항은 상징과 개념을 추상화하여 간명하게 요약할 수 있다. 그러니 분량이 적다고 덜 중요하다는 뜻이 아님을 독자들은 충분히 알아차릴 것이다.

주희(朱熹, 1130~1200)는 독서의 세 가지 방법(讀書三到)을 제시한다. “독서에는 삼도(三到)가 있다. 심도(心到)와 안도(眼到)와 구도(口到)를 말한다. 마음이 여기에 있지 않으면 눈은 자세히 보지 못한다. 마음과 눈이 한곳에 집중하지 않으면 그저 글자만 소리 내어 읽는 것이다. 결코 기억할 수가 없고, 기억한다 해도 오래가지 못한다. 삼도 중에서도 심도가 가장 급하다. 마음이 이미 이르렀다면 눈과 입이 어찌 이르지 않겠는가.” 〈訓學齋規〉 심도, 안도, 구도는 차례로 정독(精讀), 목독(目讀), 성독(聲獨)을 가리킨다. 몸과 마음과 정성을 집중하라는 교훈이다.

한편 주희와 동시대 수도사 귀고 2세(Guigo II ?-1182)는 사막 교부들의 영성 전통을 네 단계로 제시한다. 이른바 ‘거룩한 독서’(Lectio Divina)라 불리는 독서(lectio), 묵상(meditatio), 기도(oratio), 관상(contemplatio)이다. 즉 음식을 입에 넣는 단계(독서)에서, 깨물어 분해하는 과정(묵상)을 거쳐, 참맛을 느끼는 단계(기도)를 통하여, 양분이 되어 살과 피가 되게 하는 과정(관상)이다. 편의상 네 단계를 구별할 뿐 실제로는 분리되지 않는 불가분의 동시적 현상이다. 주희와 귀고 2세의 독서법은 경전과 독자가 분리되지 않은 합일의 단계까지 이른다. 따라서 독서란 저자를 읽고 당시의 시대상을 읽으며, 마지막은 독자 자신을 읽는 것이다. 이 점에서 주희의 독서삼도와 귀고 2세의 렉시오 디비나는 서로 맞닿아 있다 할 것이다.

경전은 활자로 고정되어 종이 위에 누워 있다. 소리 내어 읽으면 활자가 깨어나고, 세밀히 관찰하고 묵상하면 우리에게 대화를 건네며, 그것을 나의 삶에 비추면 기도가 되고 내 앞의 등불이 된다. 이 책자는 잠든 활자를 깨우고 말을 건넨 것이다. 그러니 독자의 등불이 되기 위해서는 각자의 삶에 비춰야 한다.

『창세기마루』에 이어 『출애굽기 나루』를 내놓는다. 처음에 '출애굽 vs 출에고'라는 프로젝트로 기획되었으나 우선 그 연구의 일부를 묶은 것이다. 이스라엘이 이집트 제국으로부터 탈출을 갈망하듯 우리는 모두 에고를 벗어나 영혼의 자유를 희구한다. 본디 창조된 하나님의 형상과 모양을 간직하지 못한 것은 대부분 자아(ego)에 갇혀 자신을 일그러뜨렸기 때문이다. 출애굽(Exodus)에서 이스라엘의 자유와 해방을 보았듯 '출에고'에서 자아를 넘어 인간의 탈아(脫我) 가능성을 엿본다. 출애굽이 외적, 공간적, 물리적이라면 '출에고'는 내적, 정서적, 영성적이다. 따라서 후자는 학문적 사유와 지성적 추구로 완성되지 않는다. 즉 엄격한 자기 성찰과 끊임없이 반복되는 영성 수련이 요구된다. 언젠가 이 방면의 도반(道伴)이 '출에고'를 완성시킨다면 지금의 반쪽짜리 성과가 그때야 비로소 '출애굽 vs 출에고'로 온전해질 것이다. 그날을 기다리며 절반의 『출애굽기 나루』를 먼저 내놓는다.

여기에 실린 글들 대부분은 「기독교한국신문」을 통하여 독자들을 이미 만났다. 단행본으로 펴내는 과정에서 저자의 다시 읽기와 다듬기가 계속되었다. 중간중간 시각적 자료의 추가는 독자들의 이해를 돕기도 하거니와 활자에 지친 눈의 피로를 풀어 주려는 것이다. 가뜩이나 종이책의 불황과 한국교회의 정체에도 불구하고 이 책의 인쇄를 선뜻 허락해 준 도서출판 동연의 김영호 대표와 이 과정에 참여한 손길에 감사를 표한다.

2022년 11월 11일

무너미 연구실에서

차 례

1장 _ 아가다(אֲגָדָה): 탈출 이야기 I

2장 _ 아가다(אַגָּדָה): 탈출 이야기 II

4장 _ 세데르(סֵדֶר): 예배와 질서

1장

아가다(אַגָּדָה)
: 탈출 이야기 I

애굽에 이른 이스라엘 아들들의 이름은 이러하니 (출 1:1).

'출애굽기'는 〈70인역〉이 붙인 이름에서 비롯되었다. 히브리어로는 1장 1절의 첫 두 단어 '웨엘레 셰모트'(וְאֵלֶּה שְׁמוֹת: 이것은 이름들)에서 따온 '세페르 셰모트'다. 실제로 많은 사람들의 이름이 나온다. 먼저 야곱이 데리고 간 열두 아들이 등장한다(출 1:2-4). 그러나 이집트 왕의 이름은 '요셉을 모르는 새 왕'으로 어딘지 애매하다(출 1:8). 곧바로 산파 두 사람의 이름이 언급된 것은 놀랍다(출 1:15). 왜냐하면 십브라와 부아는 고유명사 대신 단지 '산파'라고만 소개해도 무리가 없기 때문이다. 역사에서 최고 권력자의 이름은 드러나지만 민초들의 이름은 대부분 익명으로 소개될 뿐이다.

2장의 레위인 부부와 그들의 '아들' 그리고 그의 누이와 바로의 딸마저 아직 이름이 없다. 드디어 레위인의 아들이 '모세'라는 이름을 얻는다(출 2:10). 모세의 부모는 6장에서야 이름이 소개된다(출 6:20). 레위 가문의 아므람과 요게벳은 부부 이전에 고모와 조카였다. 레위기에 따르면 이모나 고모와 결혼은 금지되었다(레 18:12; 20:19). 모세의 부모는 출애굽

지도자 모세와 제사장 아론의 뿌리가 어딘지 보여주는 이름으로 등장한다.

모세의 직계 가족들이 모두 중요 캐릭터로 나오지는 않는다. 예컨대 모세의 아내 십보라, 누이 미리암, 두 아들 게르솜과 엘리에셀은 단지 이름만 묘사된다(출 18:4). 피붙이 중심의 공동체를 생각한다면 뜻밖이다. 모세가 아무리 뛰어난 인물이라도 그의 직계는 미디안 제사장의 일곱 딸처럼 거의 익명 또는 구성원 중의 일부로 대한 것처럼 보인다. 이점에서 모세의 장인 이름을 밝힌 것은 뚜렷한 의도가 있다. 먼저 미디안 제사장이라는 관직으로 알려지고(출 2:16), 십보라와 결혼 후에 이드로라고 소개된다. 사실 이드로는 모세에게 피신처를 제공했을 뿐 아니라 오합지중(烏合之衆)이던 이스라엘을 조직하여 가나안에 들어갈 수 있는 부족 체계와 사회 제도를 갖추게 조언했다(출 18:13-27). 그러니 그의 이름은 반드시 직급과 고유명사로 적어야 한다.

출애굽기에서 아론과 제사장의 역할은 중요하다. 특히 6장은 아론의 결혼과 엘리세벨 사이에서 태어난 나답, 아비후, 엘르아살, 이다말을 소개하고 다시 엘르아살의 아들 비느하스까지 목록에 넣었다. 즉, 아론의 혈통을 밝히기 위해 1장에 나온 열두 아들 중 르우벤 시므온 레위의 자손을 일일이 적은 후 다시 레위 가문의 자손들까지 포함한 것이다(출 6:16-25). 아론이 출애굽기에 100여 차례 언급된 것은 제사장 직무의 중요성을 반영한다.

무엇보다 하나님의 이름이 처음 야웨로 소개된다(출 6:3). 이전에는 "아브라함과 이삭과 야곱의 하나님"으로 불렸다. 조상들이 섬기던 하나님은 '야웨'였다. 떨기나무 계시를 통해서 밝힌 이름은 '나는 스스로 있는 자'다(출 3:14). 모든 이름 중 가장 뛰어난 이름이며(빌 2:9) 가장 신비롭고 영원한 이름이다(계 1:8). 조상들의 하나님이 야웨와 동일한 분임을 입증하기 위해 앞부분에 집중되었다(출 2:24; 3:6;,15,16; 4:5; 6:3,8; 32:13; 33:1).

아말렉은 사막에서 이스라엘이 처음 전투를 벌인 이민족이다(출 17:8). 최초의 전쟁이 있었던 장소 르비딤과 모세의 후계자 여호수아가 여기에 처음으로 등장하여 모세를 그림자처럼 보필한다(출 33:11). 본명이 호세아이던(민 13:16) 여호수아는 나중에 모세를 뒤이어 이스라엘을 가나안으로 안내할 지도자로 성장할 것이다(신 34:9).

성막 건설과 관련하여 브살렐과 오홀리압의 등장은 시사하는 바가 크다. 가장 강력한 유다 지파(출 31:2; 35:30)와 작은 단 지파(출 31:6; 35:34) 출신의 두 전문가는 이스라엘 내에서 최대 지파라고 해서 주요 역할을 독점하지 않고 변방의 소수 지파까지 함께 참여했다는 사실을 확인하는 신학을 읽을 수 있다.

바로는 출애굽기에 110여 차례 언급되지만 일관되게 관직으로 나올 뿐 한 번도 그의 이름은 없다. 왜 그럴까? 한나 아렌트의 통찰은 여기에도 적용된다. 그도 집에서는 자애로운 아버지이며 책임 있는 가장일 테지만 제국의 운영이라는 지휘체계가 결국 '사유의 불능'을 가져온다. 따라서 바로는 이스라엘 백성을 인격적 상대 곧 '이름'으로 대하지 않고 온갖 억압과 학대와 살인을 서슴없이 저지른다. 출애굽기에 거론된 이름들은 모두 소중하기에 신앙 역사에 기록되어야 한다.

02 애굽(埃及) מִצְרַיִם

애굽에 이른 이스라엘 아들들의 이름은 이러하니(출 1:1).

야곱의 허리에서 나온 사람이 모두 칠십이요 요셉은 애굽에 있었더라(출 1:5).

히브리어 미츠라임(מִצְרַיִם)은 구약에 681차례 나오는 고유명사다. 표기는 번역에 따라 애굽/애급과 이집트로 섞여 쓰인다. 그리스어 음역은 아이귑토스(Αἴγυπτος), 한자로는 '애급'(埃及)이다. 그러니 본래 발음대로 '출애급기'로 표기해야

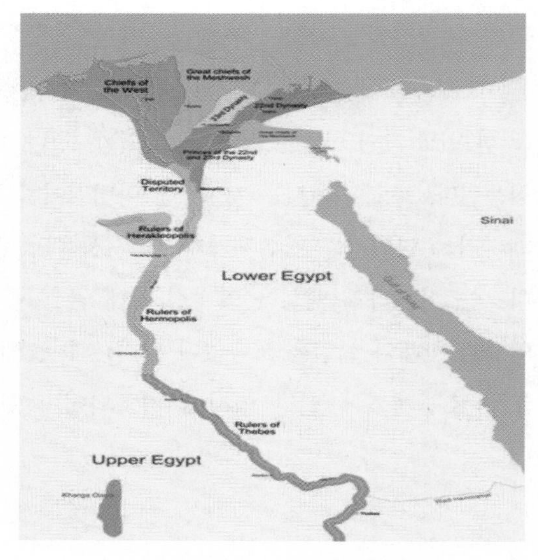

미츠라임은 양수로 상하 이집트를 뜻한다.

옳지만 책 이름은 '출애굽기'다. 현재의 '애굽'은 본래 금슬(琴瑟)이 금실로 바뀐 것처럼 한자를 한글로 옮기는 과정에서 원래 소리가 변한 경우다. 미츠라임은 본래 멤피스에 있던 '프타의 신전'이라는 뜻에서 왔거나 비옥한 대지를 가리키는

'검은 땅'에서 왔을 것으로 보인다. 고대 아시리아에서는 이집트를 '파라오의 나라'라는 뜻의 무스리(Musri)로 칭하는데 소리는 미츠라임과 흡사하다.

창세기에서 미스라임(미츠라임)은 노아의 손자이며 함의 아들이다(창 10:6). 일부 학자들은 고대 이집트를 이르는 명칭이 '함' 또는 '함의 땅'이라고(시 105:23) 주장하기도 한다. 그들 스스로 '함'(Khem)이라고 한 것은 함의 백성이라는 뜻이다. 한편 미츠라임에 들어 있는 양수(dual) 형태에 눈길이 간다. 아마도 상이집트(계곡)와 하이집트(삼각주) 두 왕국을 가리키거나, 두 개의 거대한 해협이 만나는 공간이라는 뜻일 수 있다. 이집트는 기나긴 강줄기가 실어 온 비옥한 토양으로 인해 해마다 풍요로운 식량을 수확하던 고대 제국이다. 미츠라임은 다시 나일강 하류 지역이라는 공간을, 고대 이집트 왕국이라는 정치적 실체를 가리키는 중의적 표현으로 쓰인다(창 10:13; 대상 1:11).

그렇다면 구약에서 이집트를 어떻게 이해하고 있을까? 동사로는 '족쇄를 채우다, 구속하다', 명사로는 '경계, 예속, 종살이' 등으로 쓰인다. 미츠라임의 별명 또는 단수 형태로 '마초르'가 세 차례 나온다(사 19:6; 왕하 19:24; 미 7:12). 마초르 역시 속박, 포위, 성채 등으로 이집트의 강력한 통치를 반영하는 셈이다. 여기에서 수에즈만과 지중해의 거대한 파도에 압도당하는 공포가 의인화되었다. 따라서 지형적 의미의 '협곡'이 억압하는 '원수', '적대자'에서 나아가 압제당하는 자의 '고통', '시련' 등으로 발전하게 된 것이다.〈*Biblical Hebrew E-Magazine*, Jan., 2005〉 주로 신명기에 자주 등장하는 '종 되었던 집'도 이집트의 학대와 과거 뼈아픈 고통을 관용적으로 서술한 것이다(출 13:3, 14; 20:2; 신 5:6; 6:12; 7:8; 8:14; 13:5, 11; 수 24:17; 삿 6:8; 렘 34:13; 미 6:4).

한 걸음 더 들어가면 미츠라임은 두 부분으로 나뉜다. 앞의 '미'(מ)는

'~로부터'를 뜻하는 전치사이고, '차라'(צַר)는 '협곡, 포위, 고통'을, '임'(ים)은 복수 어미다. 그러면 '미츠라임'은 '포위를 뚫고 나오다', 또는 '해방되다'로 읽힌다. 즉 구원을 예표하는 복선(伏線)이다. 한편으로 이집트는 이방 땅에서 겪었던 종살이의 기억을, 다른 한편으로 구원 사건을 표상하게 된 것이다. 시인은 미츠라임의 두 가지 측면을 노래한다. "이 곤고한 자가 부르짖으매 여호와께서 들으시고 그의 모든 환난(מִכָּל־צָרוֹתָיו)에서 구원하셨도다"(시 34:6). '그의 모든 환난'이 문자적으로 이스라엘이 겪는 고통과 신음이며, '구원하셨도다'는 '종 되었던 집'에서 탈출한 구원 사건을 노래한 것이다. 출애굽기는 소수민족 히브리인들이 겪었던 억압과 학대, 고통과 탄식을 마침내 하나님이 들으셨다고 기술한다(출 3:9).

현재 이스라엘 초등학교 1학년 교과서에 '우리는 이집트 파라오의 노예였다'고 기록하여 선조들의 이집트 종살이를 기억하게 한다. 이집트는 당대 최강의 제국으로 사회와 경제 및 문화를 선도했다. 그러나 이스라엘에게 미츠라임은 결코 선망의 대상이 될 수 없었다. 온갖 횡포와 착취를 일삼는 포학한 압제자의 땅, 이집트로부터 벗어나는 것만이 유일한 소망이었다. 그리하여 이스라엘은 치욕스런 예속을 벗어나 자유의 기쁨을 누리며 계약 백성으로 살고자 탈출을 감행한 것이다. 이제 이스라엘에게 '이집트'는 종살이의 아픔과 제국의 공포로부터 자유와 해방이라는 구원 사건을 잉태하는 공간이며 그 장대한 서사가 시작되는 지점이다.

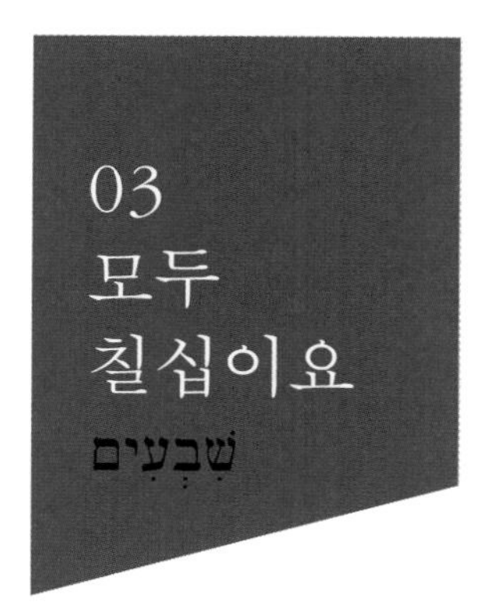

야곱의 허리에서 나온 사람이 모두 칠십이요 요셉은 애굽에 있었더라(출 1:5).

본문에서 칠십은 야곱의 열두 아들과 그의 후손을 가리킨다. 창세기 46장에 자세한 명단이 나온다. 레아가 33명(15절), 실바가 16명(18절), 라헬이 14명(22절), 빌하가 7명(25절) 등 모두 70명이다. 야곱의 직계 66명과 아내 레아와 라헬, 몸종 실바와 빌하를 포함한 수치다. 유다의 두 아들 에르와 오난은 가나안에서 죽었지만 들어 있고, 이집트에서 태어난 요셉의 두 아들 므낫세와 에브라임도 명단에 나온다. 〈70인역〉에는 므낫세의 첩으로부터 마기르(Μαχιρ)와 손자 갈라드(Γαλααδ), 에브라임의 두 아들 수탈람(Σουταλααμ)과 탐(Τααμ) 그리고 수탈람의 아들 에돔(Εδεμ)을 포함하여 75명이 등장한다. 사도행전의 '친족 일흔다섯 사람'은 〈70인역〉을 따른 결과다(행 7:14).

구약에는 '칠십'이 상당히 자주 나온다. 처음에는 역사적인 사실에 기대어 쓰이다가 점차 어림수 또는 상징적 숫자로 정착했을 것이다. 그렇다면 왜 꼭 칠십일까? 칠십의 용례를 살펴보면 두 가지 의미가 들어 있는 것으로 해석된다. 하나는 '충만과 성취'를 상징적으로 보여주는 숫자이며, 다른 하나는 '비밀과 의결'에 관련된 경우다.

먼저 칠십이 충만과 성취를 뜻하는 예를 살펴보면 다음과 같다. 창세기 10장에 나열된 칠십 민족은 노아의 세 아들로부터 시작되어 세상의 완성을 가리킨다(창 10:1-31). 데라는 칠십에 아브람, 나홀, 하란을 낳는다(창 11:26). 이집트 사람들은 야곱의 죽음에 칠십 일 동안 애도한다(창 50:3). 엘림의 종려나무 칠십 그루(민 33:9), 기드온과 아합의 아들 칠십(삿 8:30; 왕하 10:1,6,7; 삿 12:14). 유다는 칠십 년 동안 바벨론의 왕을 섬긴다(렘 25:11; 대하 36:21; 단 9:2; 슥 1:12; 사 23:15, 17).[1] 예수는 '일곱 번을 일흔 번'까지 용서하라고 명령한다(마 18:22). 이 경우 칠십은 가득하다는 뜻으로 완성과 성취를 가리킨다.

칠십은 또한 비밀과 의결에 관련된다. 모세가 시내산에 올랐을 때 동참한 칠십 장로는 하늘의 비밀을 깨닫게 되고(출 24:1, 9), 백성들의 지도자 칠십 명은 광야에서 질서 유지를 위한 직무를 수행한다(민 11:16, 24). 이와 비슷하게 예수는 칠십 인의 제자를 파송하여 복음을 전하게 한다(눅 10:1, 17). 구약성서의 최초 번역은 〈70인역〉이다. 본래 열두 지파의 대표 칠십이 명이 작업에 참여했다고 알려졌지만 어림수를 취한 것이다. 아마도 〈70인역〉으로 굳어진 데는 모세와 함께 시내산에서 하나님의 계시를 받은 장로 칠십을 연상하는 개념으로 이해할 수 있다.[2]

성전 시대(기원전 6~기원후 1) 유대교 최고회의 산헤드린(συνέδριον)도 비밀과 의결에 연관된다.[3] '공회'(개역개정), '공의회'(새번역) 등으로 번역

1 Nahum Sarna, *Exodus, JPS Commentary* (Philadelphia: JPS Press, 1991), 239.

2 Emanuel Tov, "The Septuagint," in edited by Martin Jan Mulder, *Mikra: Text, Translation, Reading and Interpretation of the Hebrew Bible in Ancient Judaism and Early Christianity* (Van Gorcum: Fortress, 1990), 161ff.

3 Lester L. Grabbe, "Sanhedrin, Sanhedriyyot, or Mere Invention?," *Journal for the Study of Judaism* 39.1 (2008), 1-19.

된 산헤드린은 대제사장을 중심으로 정치적, 사회적, 사법적 최고 권한을 행사하였으며 예수의 처형(막 14:55; 15:1; 마 26:59), 스데반 집사의 심문에도 관여한 바 있다(행 6:12). 탈무드에 의하면 산헤드린은 23명의 소공회와 71명의 대공회로 나뉜다.〈*Tractate Sanhedrin* 6.1〉 여기에 대제사장, 서기관, 장로 그리고 평신도 등이 참여한다. 산헤드린은 예루살렘 성전 북쪽의 석조실(לִשְׁכַּת גָּזִית)에서 열렸는데 그 회의실의 절반은 성전에, 나머지 절반은 성전 밖에 위치하고 있다. 그것은 산헤드린의 판결이 성과 속을 거스르지 않으며 공명정대하게 의결된다는 사실을 암시하는 상징적인 공간을 의미한다. 한때 유대교의 최고 권력 기관이던 산헤드린의 구성원을 71명으로 정한 것은 마치 시내산 계약에 참여한 대표자의 숫자를 따른 것과 맥락을 같이 한다.

구약성서에서 칠십은 물리적인 숫자보다 일곱의 열 배로서 완전을 넘어서 가득하고 충일한 상태이며 온전한 성취를 가리킨다.[4] 그런가 하면 석조실(石造室)에서 유대 최고회의 산헤드린이 열리는 것처럼 성서에서 70은 하나님의 거룩과 세상의 지도력이 만나 신인협력(synergy)을 이끌어 내는 지점이 된다. 야곱의 허리에서 나온 70명의 후손은 이제 하나님의 뜻을 이집트라는 세속 공간에서 대면해야 한다.

---

4 David Lieber, *Etz Hayim: Torah and Commentary* (New York: The Rabbinical Assembly, 2001), 318; Houtman, *Exodus*, Introduction § 5.29.

04
요셉을 알지 못하는 새 왕

요셉을 알지 못하는 새 왕이 일어나 애굽을 다스리더니(출 1:8).

창세기 서두에서 '알다'가 중요하듯(창 2:9, 17; 3:5, 7; 4:1) 출애굽기에서도 열쇠말이 된다. 위 본문에서는 부정형 '알지 못하다'로 나온다. 특히 출애굽기 처음 14장에 집중적으로 언급되어 적어도 20차례 이상 나온다(출 1:8; 2:4, 14, 25; 3:7, 19; 4:14; 5:2; 6:3, 7; 7:5, 17; 8:10, 22; 9:14, 29, 30; 10:2, 7, 26; 14:4, 18).

히브리어 '야다'(ידע)를 흔히 '알다'로 새기는 것은 히브리어의 다양한 의미론적 스펙트럼을 살려 내지 못한 단순한 번역이다. 여기에 대한 연구는 상당히 많지만 한 가지는 분명하다. 즉 '야다'의 의미가 지성적 혹은 정신적인 작용에 뿌리를 두지 않는다. 실제 '야다'의 기본적 의미도 거기에서 생성되지 않았다. 오히려 정서적인 면에서 경험을 통해 깨닫게 된 사실에 가까우며 그로써 '야다'는 접촉, 친밀감, 관심, 연관성 그리고 상호적 관계에 기반을 두지만 동시에 그것을 뛰어넘는다.

따라서 '요셉을 모르는 새 왕'에서 '알지 못하다'는 분열, 분리, 차별, 소외, 반목, 불화 등을 의미하게 되고 결국 타인에 대한 무관심, 냉담,

무시, 방치, 상관없는 대상으로 취급하는 결과를 낳는다. 헤셸은 출애굽기에서 '야다'의 용례를 주의 깊게 관찰한다. "하나님이 이스라엘 자손을 돌보셨고(야다) 하나님이 그들을 기억하셨더라"(출 2:25). 〈개역개정〉도 위의 토론과 의미를 반영한 듯 '야다'를 '돌보다'로 옮겼고 다시 이스라엘의 고통을 하나님 자신의 아픔처럼 느끼고 있음을 보여준다(출 3:7).

마틴 부버는 '야다'의 독특한 의미를 풀기 위해 '헤세드'를 먼저 설명한다. 부버에 의하면 '헤세드'는 하나님과 이스라엘의 상호 관계가 아니고 물이 위에서 아래로 흐르듯 하나님으로부터 이스라엘로 가는 일방통행의 사랑이다. 이처럼 '헤세드'에는 상호적인 의미가 없기에 하나님의 전폭적인 사랑, 또는 일방적인 사랑으로 설명되는 것이다. 그러나 '야다'는 '헤세드'와 달리 양자 사이의 상호 교감이라는 '공감적인 인식'이 전제된다. 그리하여 부버는 하나님과 이스라엘의 상호 관계에서 생성되는 친밀감과 정서적 교감이라는 점에서 '야다'와 '헤세드'를 구분한다.[5]

'야다'의 계약적인 의미를 밝히려는 연구 결과도 있다. 고대 근동에서 '알다'가 주군과 가신 사이의 조약을 협정하는 법률적인 용어로서 양측의 상호 인정과 양해를 전제하는 전문 술어라고 본 것이다. 이를테면 '야다'는 계약이나 결혼 등 양쪽 파트너가 계약의 세부 조항을 책임적으로 인식하며 성실하게 이행한다는 실천적인 의미이며 따라서 양자의 공통적인 의무 사항이 된다. 출애굽기에는 이와 같은 계약적 관계를 반영하는 여러 구절이 눈에 띈다. "너희를 내 백성으로 삼고 나는 너희의 하나님이 되리니 … 너희의 하나님 여호와인 줄 알리라"(출 6:7). 실제로 출애굽기는 이 관용적 어구를 빈번하게 활용한다(출 7:5,17; 8:22; 10:2; 14:4,18; 31:13).

5 Martin Buber, *The Prophetic Faith* (New York and Evanston: Harper & Row Publisher, 1949), 114ff.

이사야는 '여호와를 아는 지식'을 메시야 왕국에서 실현될 덕목이라고 선언한다. "내 거룩한 산 모든 곳에서 해 됨도 없고 상함도 없을 것이니 이는 물이 바다를 덮음같이 여호와를 아는 지식(דֵּעָה אֶת־יְהוָה)이 세상에 충만할 것임이니라"(사 11:9). 호세아 역시 하나님은 번제보다 '하나님을 아는 지식'(דַעַת אֱלֹהִים)을 원한다고 외친다(호 6:6). 야다는 지식(다아트)과 이해를 넘어서 공감과 존중으로 확장되고 위협과 공포가 없는 평화로운 세상의 초석이 된다. 따라서 이리와 어린양이 함께 살며 젖먹이가 독사의 굴에 손을 넣으며 장난할 수 있게 된다(사 11:6-8; 65:25).

히브리 동사 '야다'는 지적 사유와 지식의 확보에 있지 않고 상대를 이해하며 인격적으로 존중할 수 있는 상호 간의 책임적 관계를 설정하는 데 목표를 둔다. 그렇다면 '요셉을 모르는 새 왕'에 대한 예측은 어렵지 않다. 그는 곧 이스라엘을 차별하고 소외시켰으며 착취의 대상이자 비인격체로 간주하게 된다. "헬라인들은 이해하기 위하여 배우지만 히브리인들은 존경하기 위하여 배운다"고 갈파한 헤셸의 통찰은 놀랍다.[6]

6 Abraham Joshua Heschel, *Insecurity of Freedom* (Farrar, Straus and Giroux, 1963), 41.

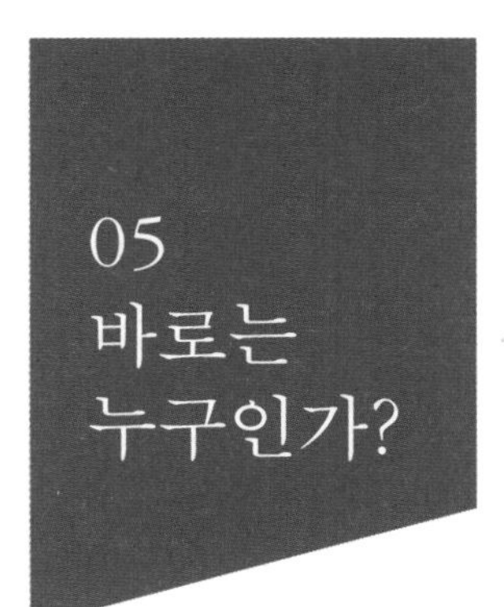

감독들을 그들 위에 세우고 그들에게 무거운 짐을 지워 괴롭게 하여 그들에게 바로를 위하여 국고성 비돔과 라암셋을 건축하게 하니라(출 1:11).

출애굽기 저자는 당시 이집트 최고 통치자의 실명을 언급하지 않는다. 대신 관직 '바로'(Pharahoh)라고 표기하여 일반화시킨다. 현대적 의미의 역사 기술이라면 낙제 수준이다. 레빈슨(Jon D. Levenson)의 주장에 귀 기울일 만하다.

> 성서 저자들은 초월적 진리를 표현하기 위한 도구요 방편으로 언제나 역사를 사용했다. 역사 자체가 아니라 역사를 통해 '진리'를 전달하는 것이 그들의 궁극적 목적이었던 것이다. 따라서 현대 역사가가 필수로 여기는 역사적 정확성이나 세부 사항은 그리 중요하지 않았다. 어떤 역사가가 제2차 세계 대전사를 기술하면서 전쟁을 시작한 독일 지도자의 이름을 익명으로 둘 수 있겠는가?[7]

---

7 Jon D. Levenson, *Sinai & Zion: An Entry into the Jewish Bible* (San Francisco: Harper & Row, 1985); 홍국평 옮김, 『시내산과 시온: 성서신학의 두 기둥』 (서울: 대한기독교서회, 2012), 36.

'출애굽'을 묘사하는 장면이나 이집트와 관련된 구절에서 왕의 이름이 전혀 언급되지 않는다. 예컨대 창세기에 아브람이 바로를 만나고(창 12:15), 요셉이 바로를 만난다(창 41:15). 출애굽기에서 '요셉을 모르는 새 왕'이 바로이며(출 1:9, 11), 역사서는 물론 심지어 이사야와 예레미야를 비롯한 예언자들도 곳곳에서 바로라고 지칭한다(사 30:3; 36:6; 렘 25:19; 46:17; 겔 17:17; 31:2). 이렇듯 빈번하게 등장하는 바로를 동일 인물로 간주할 수는 없을 것이다. 출애굽에 대한 역사적인 사료에서 당시 이집트 '바로'의 이름이 명시되지 않는다면 그것은 역사 서술의 치명적인 결격 사유다. 출애굽기 1-18장에는 바로가 최소한 110여 차례 집중적으로 나오지만 그의 공식적인 직함일 뿐 본명은 단 한 차례도 거론되지 않는다. 알려진 대로 '바로'는 '큰 집' 또는 '궁전'에서 유래하여 이집트 19왕조(기원전 1306~1200)부터 오늘날의 '백악관'이나 '청와대'처럼 최고 통치자를 가리키는 명칭이 되었다.[8]

모세가 이스라엘을 이끌고 이집트에서 탈출할 당시 바로는 람세스 2세(Raamses, 기원전 1279~1213)일 가능성이 많다. 그는 이집트의 행정 수도를 나일강 하류로 옮기고 자신의 이름을 따서 '라암셋'(רַעְמְסֵס, 출 1:11)이라고 명명했다.[9] 람세스 2세는 민간인을 비롯한 외국 노예들을 동원하여 대규모 건축 사업을 벌인 것으로 출애굽기의 내용과 어느 정도 부합한다. 그렇다고 탈출이 단 한 차례 있었던 사건으로 못 박을 수도 없다는 것이 학자들의 견해다. 말라마트(Abraham Malalmat)는

---

8 Sarna, *Exodus, JPS Torah Commentary*, 6.

9 Michael Rice, *Who's Who in Ancient Egypt* (New York: Routledge, 1999), 165. 출애굽의 연대를 기원전 16세기, 13세기, 또는 12세기로 상정하는 경우가 있지만 대부분의 연구자들은 람세스 2세 때로 추정한다. Gary A. Rendsburg, "The Date of the Exodus and the Conquest/ Settlement: The Case for the 1100s," *Vetus Testamentum* 42/4 (1992), 510-527.

그의 논문 제목이 암시하듯 히브리 또는 이집트 노예들의 탈출이 오랜 시간 여러 차례 발생한 것으로 추정하고 특정한 연대에 집중하는 것은 무모하다고 주장한다.[10] 이와 같이 여러 시기에 걸쳐 탈출이 있었을 뿐 아니라 특정 압제자를 지칭할 수 없기 때문에 '바로'라는 관직으로 언급한 것이다.

구약성서가 이스라엘의 이집트 탈출의 구체적인 시기를 밝히지 않은 이유는 성서 저자들의 독특한 역사관에서 기인한다. 구약성서의 역사 서술은 근대 이후 그것과 달라 세부 자료에 관한 객관적인 기록이나 역사적인 변화에 그다지 관심이 없다. 따라서 역사적 정확성이나 구체적인 사실에 바탕을 둔 물리적인 역사(Historie)로 간주하기 어렵다. 더구나 출애굽기를 기록할 당시에 오늘날과 같은 객관적인 역사 서술이라는 관점과 개념을 상정하기도 어려운 상황이다. 성서 기자들의 관심은 그들이 다루려는 역사의 기억을 선택한 후 신학적으로 재구성하여 후대에 전승하는 것이었다. 그러므로 구약성서가 이집트 탈출 사건을 기록한 내용은 의미의 역사(Geschichte)라고 이해해야 한다.

이와 같은 성서 저자들의 역사관은 탈출 경로를 통해서도 드러난다. 그들은 필요에 따라 경로와 거리 등을 제시하고 있으나(민 33:5-49; 출 12-15장), 그중에서도 '얌 수프'를 비롯한 믹돌, 바알스본, 비하히롯(출 14:2) 등의 위치를 확인할 방법이 없다. 저자들은 자신들이 경험한 역사를 통하여 궁극적인 메시지, 곧 하나님의 구원 역사를 전하는 수단으로 사용한다. 다시 말해서 역사 자체가 아니라 역사를 통하여 신학적인

---

10 Abraham Malamat, "Let My People Go and Go and Go and Go: Egyptian Records Support a Centuries-long Exodus," *The Biblical Archaeology Review* 24/1 (1998), 62-66.

진리를 기록하고 전달하는 것이 최종적인 목표였다는 것이다. 그러므로 실증적 역사관에 필수적이라 할 수 있는 사실의 정확성이나 세부적인 묘사는 그들의 일차적 관심사가 될 수 없었다.

산파가 바로에게 대답하되 히브리 여인은 애굽 여인과 같지 아니하고 건장하여 산파가 그들에게 이르기 전에 해산하였더이다 하매(출 1:19).

'히브리'는 구약에 30여 차례 나오는데 창세기 39장 이후(창 39:14, 17; 40:15; 41:12; 43:32), 출애굽기 서두(출 1:15, 16, 19; 2:6, 7, 11, 13; 5:3; 7:16; 9:1, 13; 10:3) 그리고 사무엘상(삼상 4:6, 9; 13:3, 7, 19; 14:11, 21; 29:3)에 집중적으로 나타난다. 앞의 두 그룹에서 히브리는 이집트와 관련하여, 세 번째 그룹은 블레셋과 전투하는 상황을 부각시키는 장면에서 주로 언급되었다. 거의 모든 경우 이방인과 구별할 때 쓰이고 시기적으로 대체로 다윗 이전이다. 요나서의 '히브리 사람'은 후대를 반영하나 의도적으로 고어체를 활용한 예다(욘 1:9).

기원전 20세기부터 12세기까지 고대 근동의 여러 문헌에 '하피루', '이브리' 등이 상당히 많은 지역에서 빈번히 등장하여 오랫동안 연구자들의 호기심을 불러일으켰다. 그들은 특정 공간에 분포한 지역 주민을 일컫거나 혈통과 언어가 같은 집합체가 아니었다. 기본적으로 노동자 계급, 곧 이주민, 떠돌이, 용병, 약탈자들, 권리를 박탈당한 자들로 구성된 사회의 불만 세력이다. 그러니 중앙 권력이 약화되거나 통제가 느슨하면

가나안으로 떠나는 히브리인들(모자이크화, 베니스의 성 마가 바실리카)

공격적인 행동으로 기존 질서와 권위에 저항하거나 독립적인 행동을 보이기도 했다. 이상하게도 기원전 12세기에 가까워지면서 하피루는 고대 근동 역사에서 나타나지 않는다.

그렇다면 구약성서에 등장하는 히브리는 고대 근동의 하피루와 어떤 차이가 있을까? 여러 증거들이 히브리와 하피루는 같지 않다고 말한다. 우선 히브리/하피루는 특정 집단을 가리키는 집합명사는 같지만 가운데 자음(ב 와 פ)의 차이는 분명하다. 또한 근동의 하피루가 사회학적 실체를 가리키는 데 비해 성서의 히브리는 혈연적 공동체에 가깝다. 더구나 히브리는 이스라엘 부족 체제와 상당히 많은 부분이 엇비슷하다. 같은 연대의 성서 바깥 자료 중에서 이스라엘과 하피루를 동일시하는 기록은 아직까지 찾을 수 없는 상황이다.

한편 랍비 여후다는 '에베르'(עבר)가 반대편을 가리킨다고 설명한다. 〈*Genesis Rabbah* 42:8〉 〈70인역〉은 히브리를 '토 페라테'(τῷ περάτῃ)

곧 '(강) 너머에서 온 사람'으로 번역하여 공간적인 의미를 살린다(창 14:13). 이런 점 때문에 학자들은 '히브리'를 민족적 개념보다 사회학적인 의미로 해석하려는 시도가 있었다(출 21:2; 신 15:12). 그러나 위의 본문에서 확인하듯 히브리는 동족 사이에서 자신들을 지칭하는 용어가 아니라 경계 밖의 사람들과 구별하는 경우에 주로 활용된 것이 분명하다. 그 이유는 히브리의 어원처럼 자신들이 다른 공간, 혹은 반대편에서 온 것으로 인식했기 때문이다.

그렇다면 이스라엘의 언어를 가리킬 때 반드시 '히브리어'라고 고집하는 이유는 무엇일까? 여기서 '에벨'을 주시할 필요가 있다. 바벨탑 사건을 중심으로 에벨(עֵבֶר)은 셈의 후예로 이전과 이후에 각각 언급된다(창 10:24-25; 11:14; 눅 3:35에는 '헤버'). 그가 첫아들 벨렉(פֶּלֶג)을 낳았을 때 '세상이 나뉘었다'(פָּלַג)는 구절이 있다(창 10:25). 바벨탑 사건을 암시하는 표현이다. 에벨은 바벨탑을 쌓는 동안 동료들로부터 참여하라는 권유를 받지만 끝까지 뿌리친다. 결국 하나님은 언어를 혼잡케 하고 사람들을 세상 곳곳에 흩으셨다(창 11:7-8). 그럼에도 에벨과 그의 가족은 예전처럼 같은 말로 소통할 수 있었다. 그리하여 8세기 유대교 아부 이사(Abu Isa)는 에벨의 이름을 따 '에벨의 언어'라는 뜻으로 '히브리어'로 부르게 되었다고 주장한다.

에벨은 또한 셈과 노아의 믿음을 지켜 아브라함에게 유일신 신앙을 물려준 인물로 기억된다. 에벨은 바벨탑 사건의 심판에도 불구하고 한 언어를 사용하였으며 한 분 하나님을 섬겼다. 다윗 왕조의 성립 이후 '히브리'는 더 이상 흔한 명칭이 아니다. 여기에는 바벨탑으로 인해 인류가 도처에 흩어지고 언어가 혼잡해졌으나 처음 말을 잃지 않고 신앙을 유지했던 에벨을 떠올리라는 교훈이 깃들어 있다. 말이 통하면 희망은 있다.

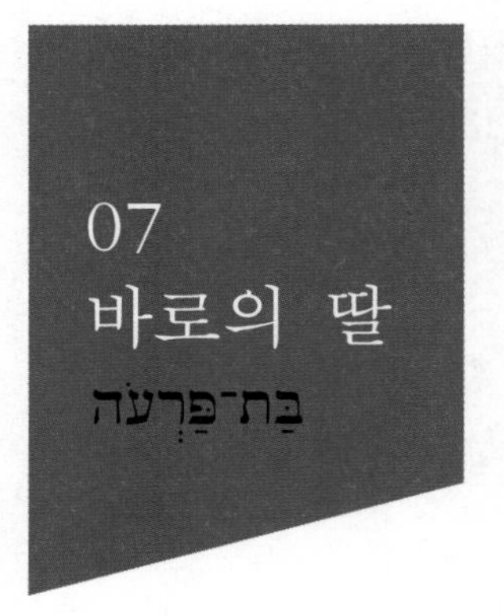

07 바로의 딸 בַּת־פַּרְעֹה

바로의 딸이 목욕하러 나일강으로 내려오고 시녀들은 나일 강 가를 거닐 때에 그가 갈대 사이의 상자를 보고 시녀를 보내어 가져다가(출 2:5).

구약에 '바로의 딸'은 10차례 소개되는데 세 사람으로 압축된다. 그중 다섯은 출애굽기 2장의 어린 모세와 관련되어 나오고(출 2:5-10), 넷은 나중에 솔로몬이 결혼한 여인으로(왕상 7:8; 9:24; 11:1; 대하 8:11), 마지막 하나는 역대기에서 '바로의 딸 비디아'로 이름까지 언급된다(대상 4:18). 그렇다고 그 바로의 딸이 갈렙의 후손 메렛의 아내였다고 주장하는 것은 무리다. 더구나 '비디아'뿐 아니라 메렛과 다른 아내 여후디야가 오직 이곳에만 나오기 때문에 앞뒤 연결고리를 찾기 어렵다. 또한 '요셉을 알지 못하는 새 왕'(출 1:8)은 암시적인 표현이어서 총리 요셉 이후 시간이 얼마나 흘렀는지 가늠할 수 없다.

바로의 딸은 시녀들의 호위를 받으며 나일강 나들이에 나선다. 그녀의 행차는 물놀이를 곁들인 유람처럼 보인다. 그렇다면 '수영하다'는 뜻의 '싸하'(שָׂחָה)가 적절하다(사 25:11; 겔 47:5; 시 6:7). 본문은 '목욕하러'(רָחַץ) 나일강에 내려왔다고 기록한다. 지금은 '목욕'이 일상이지만 예전의 목욕은 명절이나 제사 등 중요 행사 전에 치러지는 정결 의식에 해당한다. 그러니 '목욕하다'(개정)는 운동 후 땀을 닦아 내는 샤워로 간주할 수 없다. 마치 목욕재계(沐浴齋戒)처럼 몸을 깨끗이 씻는 등 부정을 피하며 마음을 가다듬는 일이다. 사실 영어로 번역된 'bathe'(NRSV)는 주로 강이나 바다에서 '땀을 닦다, 오물을 씻어 내다'에 가깝고 'wash herself'(NKJV)가 본문에 근접한 표현이다. '라하츠'는 '땀을 씻다', '옷의 얼룩을 지우다' 등에서 비롯되었으나 성서 용례를 살펴보면 대부분 정결례와 연관된 것으로 간주될 수 있다.

회막에 들어가기 위해서 제사장과 그의 아들들은 반드시 씻어야 한다(출 29:4; 40:12). 번제단에서 성소로 들어가기 전에 물두멍을 배치한 것도 동일한 원리다(출 30:18). 레위기 제사법은 정결 판정을 받기 위해서는 "옷을 빨고 모든 털을 밀고 물로 몸을 씻을(רָחַץ) 것이라"(레 14:8; 15:13)며 '라하츠' 동사를 14차례나 반복하고 있다. 여기에서 바로의 딸이 심각한 피부병에 시달렸다는 상상력이 동원된다.〈*Exodus Rabbah* 1:23〉 그 근거는 바로의 딸이 나일강에 내려온 것은 궁궐에 갇혀 있다가 산천 경계를 유람하러 나온 것이 아니라 정결케 하려고 몸을 '씻으러'(라하츠) 왔다는 데 있다.

한편 룻은 시어머니 나오미의 권유대로 보아스를 만나기 위해 '목욕하고'(라하츠) 기름을 바른다(룻 3:3). 문맥은 사뭇 다르지만 밧세바가 '목욕하는' 장면에서도 같은 단어가 쓰인다(삼하 11:2). 흥미롭게도 밧세바가 낳은 아이가 죽자 다윗은 '몸을 씻고'(רָחַץ) 기름을 바르고 의복을 갈아입는다(삼하 12:20). 이 경우 라하츠(רָחַץ)는 새로운 일을 시작하거나 심기일전이 필요할 경우 몸을 깨끗케 하고 마음을 단정하게 하려는 정결의식 또는 결연한 의지를 반영한 것이다.

바로의 딸이 나일강에서 목욕한 것과 유사한 경우는 아람의 나병환자 나아만 장군이 제공한다. 엘리야는 그에게 "요단강에 몸을 일곱 번 씻으라"(וְרָחַצְתָּ שֶׁבַע־פְּעָמִים)고 전한다(왕하 5:10). 처음에 나아만은 화를 내며 돌아가려 했으나 부관들의 충고를 듣고 예언자가 권고한 대로 따른다. 결국 나아만의 나병은 어린아이의 살결처럼 깨끗해졌다. 이 대목에서 랍비들의 해석은 바로의 딸에게 향한다. 즉 바로의 딸이 나일강에 내려간 것은 자신의 더러워진 몸을 씻고 치유하기 위한 행차였다는 것이다.

나아만이 회복되어 하나님의 살아 계심을 고백하듯(왕하 5:16) 바로의 딸은 나일강에서 몸을 씻은 후 눈이 밝아져 장차 이스라엘을 구원할 영웅 모세를 한눈에 알아보고 그를 물에서 구해 낸다. 마침내 이름 없는 바로의 딸이 '야웨의 딸' 비디아(בִּתְיָה)로 바뀌는 순간이다. 랍비들은 모세를 구한 보상으로 바로의 공주를 '야웨의 딸'로 부르며 다음과 같이 말한다. "네 아들이 아니지만 모세를 네 아들이라고 부르듯 너도 내 딸이 아니지만 내 딸이라고 칭하노라."〈*Leviticus Rabbah* 1:3〉

그 아기가 자라매 바로의 딸에게로 데려가니 그가 그의 아들이 되니라 그가 그의 이름을 모세라 하여 이르되 이는 내가 그를 물에서 건져내었음이라 하였더라(출 2:10).

비슷한 소리를 활용한 해음(諧音) 현상은 중국어와 풍속에서 흔히 찾을 수 있는 수사법이다. 그들은 설날 명절음식으로 만두를 즐겨 먹는다. 즉 한 해가 교차(交叉)하는 날 교자(餃子)를 나누며 묵은해를 보내고 새해를 맞이하는 것이다. 交와 餃는 서로 다른 낱말이지만 엇비슷한 소리를 통해 둘의 상관관계를 이끌어 내고 청중들의 웃음을 유발하는 효과를 일으킨다.

성서에도 말놀이(pun)라는 일종의 유음현상이 있다. 이따금씩 활용하여 집중력을 높이며 전달력을 이끌어 낸다(창 2:23; 사 5:7). 모세가 바로의 딸로부터 이름을 얻는 장면에 히브리적 유음이 관찰된다. "그녀가 '셰모'(שְׁמוֹ: 그의 이름)를 모세(מֹשֶׁה)라 불렀다." '셰모'와 '모세'라는 비슷한 음이 섞이면 듣는 사람은 귀를 쫑긋하며 세우게 된다. 더구나 히브리 아이가 이집트 최고 통치자의 이름이라니 호기심은 더 커진다. 따라서 영웅적 이름을 얻은 사건으로 지나칠 수 없고 '모세'의 뜻과 용례를 자세히 들여다봐야 한다.

먼저 바로의 딸은 갈대 상자에서 아이를 구한 그 자리에서 이름을 부르지 않는다. 친모의 도움으로 얼마큼 성장한 후 공주는 그를 아들로 삼는다. 이 자리에서 모세의 이름이 등장한다. 아마도 '~ 모세'라고 칭했을 가능성이 많다. 고대 이집트에서 모세는 왕들의 이름에 따라 나오는 흔한 형식이기 때문이다. 예컨대 '아문모세', '프타모세', '투트모세', '라모세' 등에서 모세는 '아이' 또는 '아들'이라는 뜻이다. 영어식 '~ son'쯤으로 이해하면 된다.[11] 크리스티앙 자크(Christian Jacq)는 장편 소설 『람세스』에서 모세를 '신의 아들'이라고 풀이한다. 이집트 어원으로 보면 '메스'(mes, mesu)는 '유기된' 아이를 가리킨다. 나중에 이집트식 이름을 불편하게 여긴 유대인들이 '모세'만 살리면서 히브리 유음을 강조한 것이다. 모세는 장차 이스라엘 백성을 구원할 운명임을 암시적으로 보여주는 영웅의 이름이다. 〈Plaut, 399〉

둘째, 본문에서 모세(מֹשֶׁה)는 분사가 고유명사로 굳어진 경우다. 동사 '마샤'(מָשָׁה)는 위 본문과 사무엘하 22장에서 단 두 차례 나온다(삼하 22:17; 시 18:17). "많은 물에서 나를 건져내셨도다"(מְשֵׁנִי). 두 구절에는 공통적으로 물에서 구조되는 상황이 반영된다. 공주는 마치 '물에서 구조된 사람'처럼 '모세'를 소개하지만 수동분사(מָשׁוּה)가 아니라 능동형이 쓰인다. 따라서 모세는 미완료형으로 (히브리인들을) 장차 '건져 낼 사람'(who draws out), 곧 미래의 구원자가 된다. 그러니 모세는 구조의 대상이 아니라 구조의 주체다. 그리하여 랍비들은 '모세'의 능동적인 뜻을 새겨 훗날 그가 이집트의 학대와 억압으로부터 히브리인들을 이끌어 낸다는 예언적 의미로 받아들인다.

---

11 J. Gwyn Griffiths, "The Egyptian Derivation of the Name Moses," *Journal of Near Eastern Studies* 12.4 (1953), 225-231.

두라 유로포스 회당(3세기 프레스코화, 시리아)

이사야는 모세의 정확한 의미를 짚어 내어 선포한다. "백성이 옛적 모세의 때를 기억하여 이르되 백성과 양떼의 목자를 '바다에서 올라오게 하신 이'(הַמַּעֲלֵם מִיָּם)가 어디 계시냐"(사 63:11). 여기서 '바다에서 올라오게 하신 이'는 곧 히브리어 '모세'의 사전적 의미다. 이렇듯 모세는 바로의 딸에 의해서 (물에서) 구조되어 이스라엘의 지도자가 될 수 있었고, 마침내 그의 백성을 (홍해를 건너) 자유인이 되게 하였다. 그렇다면 모세는 종말론적 구원자로 표상되는 '메시야'(מָשִׁיחַ)와 전혀 관련이 없는 것일까?

모세의 원형(מָשָׁה)과 메시야의 원형(מָשַׁח)은 아랍어로 '낙타의 내장을 세척하다, 손을 씻다'와 '닦아 내다, 기름을 바르다'를 각각 뜻한다. 두 낱말은 깨끗하게 한다는 공통점이 있다. 모세가 물을 통과시키는 지도자라면 메시야는 기름을 발라 세상을 거룩하게 한다. 불경하게 들릴 수 있으나 모세를 물세탁에 비견한다면 메시야는 드라이클리닝에 해당한다. 모세는 압제자 바로의 딸에 의해 물에서 구조되었지만, 신약의 메시야는 '이름 모를' 한 여인의 나드 한 옥합에 의해 성별된다(막 14:3). 구약에서 모세의 역할이 이스라엘에 국한되었다면, 신약에서 메시야는 예루살렘과 유대와 사마리아와 땅 끝까지 이른다(행 1:8).

09 모세와 알파벳

모세가 유대인들에게 처음으로 글을 가르쳤다는 기록이 있다. 기원전 2세기 유대 역사가 유폴리무스(Εὐπόλεμιος)는 "모세는 최초의 현자요 유대인에게 처음으로 글자를 가르친 인물이다. 페니키아인들은 유대인들에게서 글자를 배웠고 그리스인들은 페니키아로부터 전수받았다"고 주장한다.[12] 〈Fragments 1a〉 유대 밖에서는 모세의 글자 창제가 낯설지만 그가 특별한 인물이었음은 부인할 수 없다(민 12:3). 과연 그가 알파벳을 창제한 것일까? 몇몇 가설들이 제안되고 있으나 모세의 알파벳 창안을 입증하기란 쉽지 않다.

모세의 일생은 최소 3개 언어를 구사해야 하는 삶의 배경이 포함된다. 어머니로부터 히브리어를 배웠고, 바로의 궁정에서 이집트어를 말했으며, 이드로와 십보라에게서 미디안어를 습득한 것이다. 그의 다중 언어 능력과 국제적인 감각은 이집트 문자의 장점과 원시 가나안 글자, 히브리어의

---

12 Ben Zion Wacholder, *Eupolemus: A Study of Judaeo-Greek Literature* (Cincinnati: Hebrew Union College Press, 1975).

특징과 차이를 간파하고 있었을 것이다. 히브리 대학의 골드와써 교수는 기원전 19세기 가나안의 광산 인부들이 히브리어 알파벳을 창안했다고 주장한다.〈Orly Goldwasser, "How the Alphabet Was Born from Hieroglyphs," *Biblical Archaeology Review* 36.2, 2010, 47〉 그가 제시한 원시 알파벳 글자들은 매우 거칠고 크기나 모양이 일정하지 않다. 심지어 오른쪽에서 왼쪽으로, 또는 그 반대 방향으로 쓰는 등 일관성이 없다. 분명히 기록을 담당하는 전문가의 솜씨가 아니다(출 5:6). 최초의 알파벳은 이집트 중왕국 시대 가나안에서 발명되어 유목민과 이주 노동자들의 발걸음을 따라 팔레스틴 이곳저곳을 드나들면서 점차 익숙한 기록 수단이 된다.

그 원리는 간단하다. 상형문자의 특징을 최대한 간략하게 그림으로 상징화하고 해당 사물의 첫소리를 글자의 이름으로 삼는다. 예컨대 물의 파도치는 모양은 'מ/ם'으로 단순화시키고 '마임'의 첫 번째 음을 글자의 이름 '멤'으로 읽는 방식이다. 이렇듯 원시적 그림문자와 짧은 이름은 쓰고 기억하기 쉬웠으며, 마침내 자연스레 확산되는 계기가 찾아왔다. 기원전 12세기 이집트와 메소포타미아를 양분하던 두 거대한 권력이 힘을 잃자 가나안의 작은 부족들의 활동이 자유로워졌다. 처음에 원시 알파벳은 신의 이름이나 특수한 경우 등 극히 제한적으로 사용되었다. 양쪽의 영향력이 줄어들자 가나안 사람들은 손쉬운 수단으로 기록할 수 있게 되었다. 사사기 8장은 기드온이 숙곳 소년을 사로잡아 심문할 때 주요 인사 77명의 이름을 적어 주었다는 보고가 언급된다(삿 8:14). '소년'에 대한 특별한 설명은 없지만 사사 시대(기원전 13세기)에 일반 군인이 문자를 자유롭게 활용했다는 반증이다.

1916년 알렌 가디너는 원시 히브리어 לבעלת('그 여인에게')를 해독했다.

"모세가 애굽 사람의 모든 지혜를 배워 그의 말과 하는 일들이 능하더라"(행 7:22)는 사도행전의 증언이 맞다면, 그는 이집트어를 자유롭게 읽고 쓸 수 있었다. 그러나 모세는 "나는 입이 뻣뻣하고 혀가 둔한 자"(출 4:10)라고 고백하며 하나님의 요청을 거부한다. 이 장면은 미디안의 새로운 환경에 적응하려는 모세가 낯선 언어와 문자 때문에 더듬거리는 상황으로 비쳐진다. 모세가 미디안에서 십보라의 도움을 받아 글자를 익혔다면 유목민들의 원시 알파벳일 가능성이 많다. 모세는 화려하고 복잡한 이집트의 상형문자보다 금방 배울 수 있는 알파벳을 단숨에 익혔을 것이다.

마침내 모세는 새로이 익힌 알파벳으로 "야웨의 모든 말씀들을 기록한다"(출 24:4). 하긴 온갖 우상의 형체가 포함된 상형문자로 율법을 기록할 수 없는 노릇이었다. "우상을 섬길 수 없다"는 명령을 따르기 위해서 결국 새로운 문자가 필요했다. 출애굽기 서두의 '기록원'(שֹׁטֵר)은 감독관이고(출 5:6, 14, 15) 실제 (히브리어) 기록은 율법과 관련되어 17장 이후에 집중적으로 나온다(출 17:14; 24:4; 32:2). 한글 창제에서 집현전 학자들의 참여를 도외시할 수 없듯 원시 알파벳 역시 특정한 인물보다 집단지성의 산물로 보는 게 합리적이다. 현재 통용되는 알파벳 대부분은 직간접적으로 고대 가나안에 뿌리를 두고 있다. '알파벳'이 가나안에서 유래했다는 사실을 입증할 단순하고도 명백한 근거는 히브리어의 처음 두 글자의 이름에 들어 있다. 즉 히브리어 '알레프'와 '베트'가 로마자의 자음과 모음을 통칭하는 '알파벳'과 흡사하지 않는가!

그럼에도 고대 사회에서는 집단지성의 역할보다 특정한 개인에 대한 의존도가 높았기 때문에 대표성이 모세에게 맞춰진 것이다. 더구나 유대교 율법과 전통의 초석을 놓은 모세가 다름 아닌 히브리어를 가르치고 삶의 지혜를 보여주는 현인이며 신앙의 위인으로 추앙받는 것은 자연스럽다.

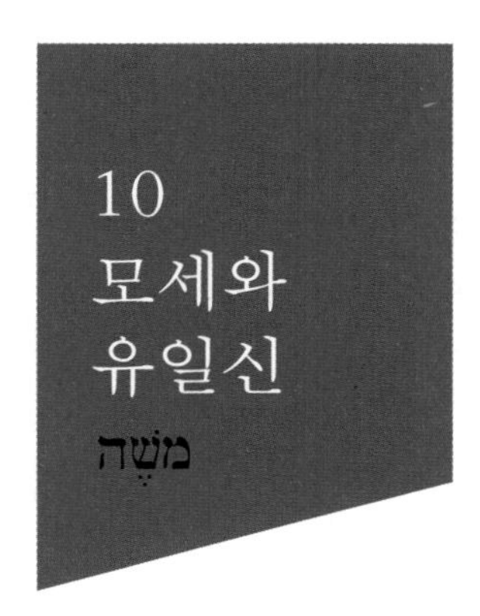

그 아기가 자라매 바로의 딸에게로 데려가니 그가 그의 아들이 되니라 그가 그의 이름을 모세라 하여 이르되 이는 내가 그를 물에서 건져내었음이라 하였더라(출 2:10).

출애굽의 연대는 크게 두 갈래로 논의된다. 기원전 15세기로 잡는 경우는 솔로몬 성전 건축의 시작이 '이집트에서 나온 지 480년'이라는 구절을 근거로 한다(왕상 6:1). 다른 견해는 기원전 13세기 이론으로 람세스 2세(기원전 1273~1213)의 통치 기간으로 추정한다. 역사적으로 이집트를 강력하게 이끌었던 인물 중에서 출애굽과 연관 지을 만한 인물이며 고고학적 근거도 기원전 13세기 중반을 지지한다. 그렇다면 모세의 활동을 통해서 그 시점을 추정해 볼 수 있을까?

구약의 유일신 신앙은 종교사적 관점에서 볼 때 매우 독특한 사상이다. 모세의 유일신 신학이 이집트에서 유래한 것이라는 설이 간간히 제기되었다.[13] 즉 그의 모델은 이집트 18왕조의 마지막 왕이며 개혁 군주 아멘호텝 4세(기원전 1350~1334)다. 그는 다신교 국가 이집트를 단숨에 태양신

13 Michel de Certeau, *The Writing of History* (New York: Columbia University Press, 1988), 269.

아톤 중심의 단일신(henotheism) 국가로 바꾸려고 했다. 그의 개혁은 자신의 이름을 개명하는 것으로 시작되었다. 아멘호텝(아몬이 기뻐하는)에서 '아케나톤'(아톤을 위해 봉사하는)이 된다. 이와 함께 수도를 '아케타톤'으로 옮겼다. 그의 개혁은 과감하고도 단호하였다.[14] '아몬에게 바친 도시' 테베에서 '아톤의 지평선'이라 명명한 새 도시에는 크고 화려한 신전과 궁궐들이 세워졌고 아몬을 비롯한 여타의 신들은 허용되지 않았다. 게다가 아톤의 아들이라는 신성화 작업은 가속되었다. 다신교에 익숙하던 백성들은 고단한 토목 공사와 급진적인 정책 등 따라가기 버거웠다. 민심을 얻지 못한 개혁은 실패로 돌아갔다. 새로운 왕조가 들어서자 아케나톤의 동상은 무너지고 흔적들은 지워졌으며 심지어 왕의 목록에서도 삭제되어 20세기 초까지 잊힌 존재가 되었다.

여기에 착안한 프로이트는 소설적 상상력으로 모세를 아케나톤의 개혁에 참여한 아텐의 사제로 간주한다.[15] 아케나톤의 개혁에는 두 가지 실패 요인이 지적된다. 하나는 왕족과 소수 고위층 위주의 개혁운동이었다는 점과, 다른 하나는 상형문자로 인한 지식의 전달과 확산이라는 태생적 한계 때문이었다. '신의 글자'를 뜻하는 'hieroglyph'에서 알 수 있듯 상형문자는 신성하고 위대한 것이어서 극히 제한적이며 독점적이었다. 그러니 사제나 일부 서기관들만 향유할 수 있는 전유물로 일반 백성들을 설득시킨다는 것은 애초에 불가능한 일이었다.

한편 모세에게 아케나톤은 반면교사였다. 아케나톤의 개혁에 참여했

---

14 Jan Assmann, "The Mosaic Distinction: Israel, Egypt, and the Invention of Paganism," *Representations* 56 (1996), 48-67; 김성, "아텐교(Atenism)의 이해 - 고대 이집트의 아텐(태양판) 숭배와 아케나텐의 유일신론적 종교개혁,"「종교와 문화」2 (1996), 111-29.

15 Sigmund Freud, *Moses and Monotheism* (New York: Vintage, 1939); 이은자 옮김, 『인간 모세와 유일신교』(서울: 부북스, 2016).

건 아니건 간에 모세는 일반 대중의 비전과 믿음을 얻기 위해 '하비루'를 동족으로 여기고(출 2:13) 끈질기게 설득하여 출애굽에 성공하였다. 일단 이집트에서 탈출했으나 가나안 진입하기까지 또 다른 난관에 봉착했다. 우선 '수많은 잡족'으로 이루어진 출애굽 공동체는(출 12:38) 야웨가 누구인지 모르며 심지어 처음 듣는 신의 이름이었다(출 3:13; 6:3). 그러니 그들은 모세의 말에 귀 기울이지 않는다(출 6:12). 이들에게 야웨 하나님 유일한 분이라는 사실이 가당키나 한가? 그렇다면 다시 아케나톤의 경우를 들여다봐야 한다. 아톤 신이 유일한 경배의 대상이라고 어떻게 설득할 것인가?

따라서 모세는 유일신 야웨를 가르치기 위한 획기적인 전달 방식을 찾아야 했다. 이미 그는 대상(隊商)을 따라 사막을 오가던 미디안들의 단순하고 쉬운 글자 원시 알파벳을 알고 있었다. 알파벳은 대략 30개 안팎의 글자로 의사를 전할 수 있는 효율적인 글자 체계다. 무엇보다 유일신 야웨를 기록하고 전파하는 데 온갖 우상들이 즐비한 상형문자를 활용한다면 논리적 모순에 빠진다. 따라서 유일신 신학의 이론에 배치되지 않으면서 손쉽게 배우고 확산시킬 수 있는 글자 곧 알파벳의 활용은 필수적인 귀결이었다. 랍비 색스(Jonathan Sachs)는 알파벳의 출현이 곧 유일신 신앙의 전파와 확립에 결정적 도움이 되었다고 말한다. 〈Sacks, 228〉

모세의 유일신 야웨 종교의 성공에는 세 가지 근거를 제시할 수 있다. 귀족의 신 아톤이 아니라 광야 민초들의 신 야웨를 앞세웠고, 사제와 기득권 세력 대신에 하비루 등 하부의 구성원들을 대변하고 지지했다는 점이다. 무엇보다 결정적인 사실은 특정 계급과 소수에 국한된 상형문자가 아니라 손쉽게 익힐 수 있는 알파벳의 확산과 전파 덕분이다. 그의 흔적을 이집트에서 확인하기 어렵지만 그의 역할로 볼 때 13세기 중반쯤 될 것이다. 모세는 아케나톤의 실각 이후 알파벳이 카라반을 따라 가나안을 유랑하던 어느 시점에 야웨 하나님의 부름을 듣고 유일신 신앙공동체를 설립하였다.

11 모세와 H_2O

그 아기가 자라매 바로의 딸에게로 데려가니 그가 그의 아들이 되니라 그가 그의 이름을 모세라 하여 이르되 이는 내가 그를 물에서 건져내었음이라 하였더라(출 2:10).

모세는 인생의 중요 고비마다 물(מַיִם)을 만난다. 물의 위치에 따라 이름과 용도가 달라지듯 모세에게 물은 단계마다 다른 의미로 다가온다. 예컨대 샘에서 솟아나면 샘물이지만, 계곡에 흘러가면 강물이 되고, 바다를 채우고 있다면 바닷물이 된다. 또한 고체가 되면 눈이나 우박, 기체가 되면 수증기나 구름, 액체 상태를 유지하면 비나 물이다. 어떤 형태거나 물의 본질은 H_2O로 변함없으나 모세의 일생에서 물은 그때마다 차이가 있다.

모세는 태어나는 순간 이미 나일강에 던져질 운명이었다. 바로는 히브리들의 번성을 두려워하여 산파들에게 히브리 남아가 태어나면 즉시 죽이라고 명령한다. 뜻을 이루지 못하자 바로는 아들이면 나일강에 던지라고 강제한다(출 1:16, 22). 모세는 강보에 쌓인 채 석 달 동안 생명을 부지한다. 더 이상 숨길 수 없자 그의 부모는 갈대 상자(תֵּבַת גֹּמֶא)에 모세를 담아 나일강의 거친 물살 위에 떠내려 보낸다(출 2:3). 모세가 처음 대면한 물은 죽음의 공포와 절망 그 자체다. 설령 죽음이 아니라면 석 달 된 어린아이가 무엇을 할 수 있었을까? 어린 모세에게 나일강의 물결은 '쉴 만한 물가'(시 23:2)가 아니라 생명의 위협이며 원초적인 두려움이었다. 〈Theodor H. Gaster, *Myth, Legend, and Custom in the Old Testament*, New York: Harper & Row, 1969, 229〉

그러나 나일강은 모세의 삶에 반전의 계기를 마련해 준다. 마치 물이 갈증을 해소하고 영양분을 제공하듯 바로의 딸은 어린 모세를 발견하고 그의 이름을 '물에서 구조한 자'라는 예언적인 이름을 붙여 준다. 그의 삶이 물과 직접 연관되는 처음 시점이기도 하다. 또한 모세의 이름이 물에서 비롯되었듯 그의 일생 또한 물과 긴밀한 관계가 있음을 암시한다. 한참 시간이 지난 후에 모세는 바로에게 "내 백성을 보내라"(출 5:1; 7:16)고 요구하면서 두 사람의 대결은 긴장감을 점점 높인다.

바로가 완강하게 거절하자 모세는 지팡이로 나일강을 쳐서 피로 변하게 한다(출 7:20). 첫 번째 재앙이다. 그러자 강의 물고기가 죽고 악취가 나며 물을 마실 수 없게 되었다. 피로 변한 물은 더 이상 마시고 신진대사를 돕는 물이 아니었다. 이집트 사람들은 샘을 파서 물을 확보해야 했다(24절). 인체에 절대적으로 필요한 수분을 제공받지 못하자 바로와 사람들은 허둥대기 시작한다. 이집트 제국을 건설하고 수많은 생명을 살리던 나일강이 죽음의 강이 되어 뭇 생명을 위협한다.

水수 沝추 淼묘 㵘만

상형문자 물 수(水) 자 활용.
우박(雨雹)은 고체로 변한 비가 포탄같이 떨어지는 모습이다.

일곱 번째 재앙은 우박이다. 물이 고체로 변한 형태다. 우박은 채소와 나무는 물론 사람과 짐승들에게 피해를 주는 일종의 자연재해다(출 9:25). 잎사귀를 잃은 식물들이 광합성을 못하면서 생명의 순환이 중단될 상황에 이른다(31절). 다행히 밀과 쌀보리의 피해는 적어 식량 소출에 결정적인 지장은 없다. 모세가 손을 펴서 우박을 그치게 한 것이다. 그러나 바로는 다시 마음이 완악해져서 이스라엘 백성을 보내지 않는다.

마침내 하나님이 바로의 장자와 처음 난 것을 공격하자 그때서야 이스라엘 백성을 나가라고 명한다(출 11:8). 모세는 드디어 '얌 수프'(יַם־סוּף)에 직면한다. '얌 수프'는 모세와 이스라엘이 새로 맞게 되는 길목의 물이다. 흔히 이집트 탈출의 루트로 생각하지만 지리적인 위치보다 물의 상징성을 찾아야 한다. 자칫 공간에 집착하면 '갈대'인가 '홍해'인가라는 양자택일의 논쟁에 휘말리기 십상이다. 모세의 일차적 임무는 '얌 수프'를 건너야 새로운 공간에 진입할 수 있다(출 13:18). '얌 수프'의 물은 모세가 앞에서 경험한 모든 부정적 요소를 포함한다. 더러 H_2O는 태고의 두려운 대상이자 생명에 직결되는 물질이다. 그러니 모세와 이스라엘은 속히 그곳에서 벗어나야 한다. '얌 수프'를 건넜다는 의미가 여기에 있다. '얌 수프'는 또한 강의 이편과 저편을 가른다. 물의 몇 가지 기능 중의 하나다.

이스라엘은 모세와 함께 광야로 나왔으나 이번에는 르비딤에서 마실 물이 없어 고통을 겪는다. 그러자 모세는 호렙산의 반석을 쳐서 백성들을 마시게 한다(출 17:6). 물의 기능 중에서 갈증 해소와 성장 촉진이 기본이며 가장 중요한 역할이다. 즉 생명의 신진대사를 돕는 일이다. 하지만 젖과 꿀이 흐르는 가나안을 눈앞에 두고 요단강이 모세를 가로막는다(신 4:21). 요단강이 모세의 마지막 목표 지점에 다다르지 못하게 한 것이다. 물은 다양한 형태만큼 상징성이 크다. 모세는 그의 존재를 휩쓰는 공포의 나일강에서 구조되었고 이집트 제국의 경계 홍해를 넘었으며, 바위를 쳐서 생명수를 마시게 했으나 끝내 죽음의 강을 건너지 못했다.

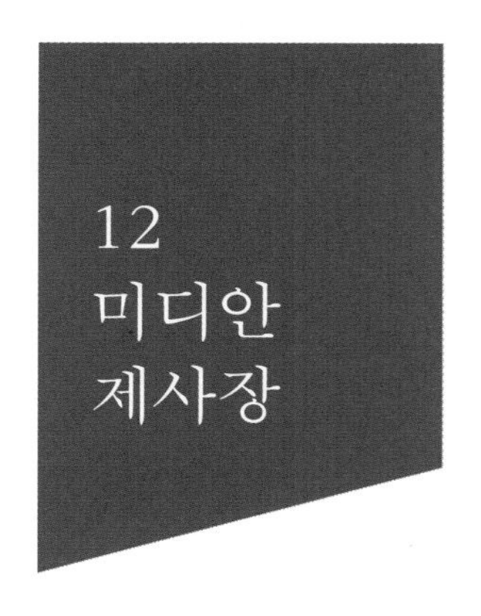

미디안 제사장에게 일곱 딸이 있었더니 그들이 와서 물을 길어 구유에 채우고 그들의 아버지의 양 떼에게 먹이려 하는데(출 2:16).

미디안은 몇 가지 점에서 흥미로운 부족이다. 우선 가장 먼저 낙타를 길들여 대상(caravan) 무역을 일으킨 사람들로 알려졌다(창 37:25, 28; 사 60:6). 또한 다섯 부족이 원시적 연맹체를 형성하고 있었다는 점을 들 수 있다. 무엇보다 모세와 관련하여 바로의 위협을 피해 달아난 곳이 미디안이었으며 조상들의 하나님 이름을 처음으로 알게 된 공간이기도 하였다. 먼저 성서에서 미디안을 추적하자면 이스라엘의 친족으로 아브라함의 후처 그두라(קְטוּרָה)가 낳은 아들이다(창 25:2, 4). 야곱의 경우를 떠올려 보면(창 27:43) 모세가 미디안으로 피신한 것은 우연이 아니라 이와 같은 연고가 작용했을 것이다.

그러나 연구자들은 미디안이 지리적 공간이나 부족을 지칭하는 이름이 아니라 가데스나 엘랏 근처의 몇몇 부족이 연합하는 예배공동체(Kultgenossenschaft)라고 보기도 한다.[16] 즉 미디안의 다섯 아들 에바,

16 William J. Dumbrell, "Midian: A Land or a League?," *Vetus Testamentum*, 25.2 (May, 1975), 323-337.

에벨, 하녹, 아비다와 엘다아가 그 조상들이다(창 25:4; 대상 1:33). 그들은 레갑족이 조상 요나답의 명령을 준행하듯(렘 35:8) 다섯 종족이 혈연관계를 놓치지 않으려는 연맹체를 구성하여 자신들의 믿음과 전통을 고수하고 있었던 것이다(민 31:8). 모세가 피신하던 당시에 미디안은 정착 단계에 이르지 못하고 반(半)유목민 형태의 사회체제를 유지한 것으로 보인다.

대상(caravan)은 미디안 부족이 최초로 낙타를 길들인 사막의 운송 수단이었다.

미디안이 때때로 유목과 정착을 번갈아 했다는 것은 그들의 삶이 그만큼 불안정했다는 반증이다. 따라서 공동체를 유지하면서(Gemeinschaft) 동시에 살아남아야 하는(Gesellschaft) 절박한 상황에서 생존과 이윤을 추구하는 협력체(Genossenschaft)를 만든 것이었다. 여호수아는 다섯 부족의 우두머리 '에위, 레겜, 수르, 후르, 레바'(수 13:21)를 '귀족'(나시)으로 지칭한다. 아마도 강력한 왕정체제가 아니라 친족이라는 느슨한 연대에 예배의식을 결합한 형태로 판단된다. 이와 같이 미디안의 성긴 부족연맹에서 정치적인 결속과 보호를 기대하기란 어려웠을 것이고 따라서 이스라엘의 공격에 쉽게 무너질 수밖에 없었다(민 31:7; 삿 6-8장).

미디안의 예배공동체는 외형적으로 다섯 부족의 공동 통치로 유지되었으나 실질적인 권한과 정신적 통솔력은 제사장에게 주어졌다. 모세는 미디안의 제사장에게 선한 인상을 남긴 덕에(출 2:16) 두 번째 결정적인 만남이 이루어진다. 이 장면에서 제사장으로 소개된 모세의 장인 이름은 혼란스럽다. 처음에 르우엘('하나님의 친구', 출 2:18), 이드로('월등히 뛰어남', 출 3:1) 그리고 호밥('가슴, 사랑', 민 10:29) 등이며 더욱이 민수기는 '르우엘의 아들 호밥'으로 소개되어 독자들을 어리둥절하게 만든다. 이븐 에즈라는 처음 소개된 '르우엘'은 '아버지'가 아니라 '할아버지'라고 읽어야 한다고 지적한다.〈Plaut, 390〉 그러면 민수기에서 말한 '르우엘의 아들 호밥'도 풀린다. 따라서 모세가 만난 미디안의 제사장은 이드로이고 호밥은 그의 별명으로 이해할 수 있다.

출애굽기에서 미디안은 모세가 이집트에서 피신하여 40년 동안 머물며 양 떼를 치던 곳이다. 모세는 떨기나무 불꽃에서 만난 야웨가 미디안을 통해 조상들의 하나님인 것을 알게 되었다. 미디안 제사장 이드로는 하나님이 이집트에 행하신 일과 구원하신 일을 전해 듣고 기뻐하며 외친다(출 18:10-11). 이드로의 신앙고백은 출애굽기 15장의 '바다의 노래'와 '미리암의 노래'에 견줄 만하다(출 15:1-18, 21).

요셉은 미디안 상인을 통해 이집트에 팔려 가 종살이를 하게 되었으나(창 37:28), 나중에 모세는 미디안의 도움으로 이집트에서 탈출할 수 있었다(민 10:29-32). 미디안은 모세가 야웨 하나님을 처음 대면한 공간이었으며 이스라엘이 광야에서 어떻게 지도자를 세우고 다스려야 할지 알려 준 이스라엘의 눈, 곧 안내자들이었다(출 18:13-27; 민 10:31). 그러나 미디안과 이스라엘의 우호 관계는 나중에 악화되어 사사 시대에는 극단으로 치닫는다(민 31장; 삿 6-8장). 이스라엘에게 미디안은 애증의 대상이었다.

13
모세 מֹשֶׁה
메시야 מָשִׁיחַ

목자들이 와서 그들을 쫓는지라 모세가 일어나 그들을 도와 그 양 떼에게 먹이니라(출 2:17).

나 여호와는 나의 기름 받은 고레스의 오른손을 잡고 열국으로 그 앞에 항복하게 하며 열왕의 허리를 풀며 성 문을 그 앞에 열어서 닫지 못하게 하리라 내가 고레스에게 이르기를(사 45:1).

모세와 예수는 많은 부분에서 겹친다. 둘은 태어난 순간부터 생명의 위협을 받았으나 극적으로 살아남는다. 유년 시절은 둘 다 알려진 바 없다. 본격적인 임무를 맡기 전에 통과제의를 거친다. 대적자들에게 맞서서 백성의 자유와 해방을 위해 온몸을 던진다. 마침내 목표를 성취한 듯 좌절과 절망 그리고 신비로운 죽음까지 천 년 이상의 시차에도 불구하고 두 인물의 행적은 마치 한 사람의 서사처럼 포개진다. 여기서는 두 영웅의 등장과 함께 임무를 시작할 때 어떤 의식(ritual)을 거쳤으며 누가 그 권위를 부여했는지 살펴본다.

구약에서 제사장(출 28:41; 레 8:12), 왕(삼상 10:1; 16:3; 왕상 19:16) 그리고 선지자를 세울 때(왕상 19:16) 머리에 기름을 붓는 의식이 있다. 현재 이 전통은 목사 안수식과 사제 서품식에 상징적으로 남아 있고, 왕의 대관식이나 대통령 취임식에서는 기름을 붓는 예식을 찾아보기 어렵다. 가장 최근의 경우는 1953년 6월 2일 영국 여왕 엘리자베스 2세의 즉위식을 들 수 있다. 캔터베리 대주교 피셔(Geoffrey Fisher)의 집례로 웨스트민

스터 대사원에서 진행된 즉위식에서 여왕의 이마에 기름을 부은 것이다.

엘리자베스 2세의 성유식(1953)

예수의 경우 두 장면에서 희미한 암시를 읽을 수 있다. 그는 나사렛 회당에서 이사야의 예언 "주의 성령이 내게 임하여 기름을 부으셨다"(눅 4:18; 사 61:1)는 구절을 낭독함으로써 자신이 곧 메시야로서 그 직임을 시작한다. 그것은 이사야의 인용일 뿐 실제로 그의 머리에 기름을 부은 의식을 의미하지 않는다. 한편 사도행전에 의하면 "하나님이 나사렛 예수에게 성령과 능력을 기름 붓듯 하셨으매"라고 증거한다(행 10:38; 4:27). 이 구절 역시 하나님이 주신 성령과 능력을 묘사한 것으로, 제사장이 집례한 성유의식이라고 보기 어렵기는 마찬가지다.

예수가 메시야라면 과연 누가 기름을 부었을까? 사도행전에 따르면 구약의 전통에 따라 예수가 메시야로 기름 부음을 받았다고 전한다(행

4:27). 복음서는 누가 언제 예수에게 기름을 부었는지 명시하지 않는다. 뜻밖에도 한 여인이 예수에게 향유(μύρον)를 부었다는 사건에 눈길이 멈춘다(막 14:3; 마 26:7; 눅 7:37). 복음서마다 마태와 마가는 머리에, 누가와 요한은 발에 부었다는 차이가 있으나 유월절을 앞둔 어느 시점에 이름 모를 여인이 '나드 한 옥합'을 예수에게 부은 것은 공통적이다. 그것이 성유의식이라면 제사장이 아니라 예수의 선교 대상인 여인이 기름을 부은 것이다.

모세는 율법을 제정한 사람으로 성유의식과 관계없는 인물일까? 실상 모세는 위대한 선지자(נָבִיא)다(신 34:10; 집회서 45:1-5; 행 3:22; 7:37). 엘리사처럼 누군가 기름을 그에게 부었을까? 어디에도 직접적인 기록이나 암시는 없다. '모세'는 투트모세, 라모세(람세스) 등처럼 이집트 통치자를 떠올리게 하는 상상력이 깃든 곁말(paronomasia)로서 '물에서 구조하는 사람'이다. 그의 임무는 마치 거대한 바다 같은 대제국으로부터 그의 백성을 해방시키는 일이다(사 63:11). 〈Propp, 153〉 모세가 나일강에 유기된 것은 강력한 제국에 의한 익사 상태를 암시한다. 이 점에서 바로의 딸이 모세를 구출했다는 것은 놀라운 반전이다. 모세의 부모는 그를 살리기 위해 나일강에 빠뜨렸으나 핍박의 주체라 할 수 있는 바로의 딸이 모세를 구하고 '물에서 구원할 사람'이라고 불렀다. 모세는 파멸의 대상이었으나 역설적으로 적대자의 일원이 살려 냄으로써 이스라엘 백성의 구원자로 등극하는 성유의식을 통과한 셈이다.

모세와 예수의 성유의식은 전통적인 방식과 근본적인 차이가 있다. 왕, 제사장, 메시야의 성유의식은 예언자가 기름을 바르지만 두 영웅의 경우 적대적 대상(바로의 딸)과 선교 대상(이름 모를 여인)이 역설적으로 각각 해방자와 메시야로 성별한(consecrate) 것이다. 예수는 모세가 넘지 못한 요단강에서 요한에게 세례를 받는다(막 1:9; 마 3:13). 모세의 단절이 예수를 통하여 계승된다. 예수가 요단강에서 세례를 받은 것은 우연이 아니라 모세의 사명을 잇는다는 연속성을 보여주는 암시다(막 1:5). 모세(משה)는 물의 공포에서 구원하고, 메시아(משח)는 부정(不淨)한 세상에서 기름을 부어 성별되었다.

그들이 그들의 아버지 르우엘에게 이를 때에 아버지가 이르되 너희가 오늘은 어찌하여 이같이 속히 돌아오느냐(출 2:18; 민 10:29).

모세의 장인 이름은 차례로 르우엘(Reuel), 이드로(Jethro), 호밥(Hobab) 등으로 나와 혼란스럽다. 가장 먼저 등장하는 이름은 르우엘이다. 모세는 바로를 피하여 미디안에 머물 때 '미디안 제사장'의 일곱 딸을 도와 양 떼에게 물을 먹인다(출 2:15-17). 창세기에 따르면 르우엘은 에서 곧 에돔의 후손이다(창 36:4; 민 2:14 참조). 그러나 '모세의 장인'으로 소개된 출애굽기 3장은 '이드로'(His Excellency)라는 다른 이름을 쓰고 있다. 그런가 하면 민수기에는 '모세의 장인 미디안 사람 르우엘의 아들 호밥'으로(민 10:29), 사사기에는 '모세의 장인 호밥'으로 나온다(삿 4:11). 이뿐만 아니다. 모세의 장인 이름은 '여델'(Great One)과 이드로 두 이름으로 소개되는데 한글 번역은 모두 '이드로'다(출 4:18).

사실 다윗의 두 제사장 중 하나인 아비아달의 이름에 '이드로'가 들어 있다(삼하 8:17). '여델'(יֶתֶר)이 출애굽기 4장과 사사기에 두 차례 나온다(출 4:18; 삿 8:20). 또 다른 이름은 헤벨(Heber, 삿 4:11), 겐(Keni, 삿 1:16) 그리고 부디엘(Putiel, 출 6:25) 등 모두 일곱 가지 이름으로 언급되어 독자들의 혼란을 가중시킨다.

어원으로 풀어 보면 **이드로**는 선행을 많이 베푼 사람으로 볼 수 있고, '미디안 제사장'은 '이드로'가 나올 때만 함께 언급된다. 이 점에서 학자들은 히브리어 '이드로'가 고유명사라기보다 '대감'이나 '폐하' 등을 뜻하는 관직이나 존칭어라고 주장한다.[17] 〈Sarna, 12〉 **여델**은 자손이 귀한 가문의 아들일 수도 있다. **르우엘**은 '하나님의 (나의) 친구'라는 뜻이다. 필사 과정에서 '드우엘'로(민 1:14; 7:42), 〈흠정역〉은 라구엘(Raguel)로 표기되기도 한다. 르우엘은 이드로가 속한 부족 이름일 가능성이 높다(창 36:10, 13; 대상 1:35, 37). 한편 **호밥**은 하나님의 '사랑받는 사람'이란 뜻이다. 민수기와 사사기에 두 차례 언급된다.

그런가 하면 **헤벨**은 하나님의 동료(삿 4:11), **부디엘**은 '하나님은 나의 기름짐'이라는 뜻이며 우상을 물리친 사람 또는 희생제물을 담당하는 사람(6:25)으로 제사장의 직책에 어울리는 이름이다. **겐**은 하나님에게 열정적인 사람이라는 의미이며(삿 1:16) 미디안 부족을 가리키는 다른 표현으로 그들의 직업적 특성과 연관된다. 즉 부족의 공식 이름이라기보다 금속 제련에 종사하는 사람들을 가리키는 직종 때문에 붙여진 이름이다.

이렇듯 각기 다른 인물처럼 표기된 경우 어떻게 이해할 수 있을까? 올브라이트(W. F. Albright)의 연구에 의하면 르우엘은 부족의 이름이고, 이드로는 일곱 딸을 둔 노인으로 모세에게 광야 생활에 필요한 조언을 해준 지혜자이며, 호밥은 유랑을 함께 해준 젊은 시절의 이드로라고 설명한다.[18] 따라서 동일한 인물의 시기별 다른 이름으로 풀이한 것이다.

---

17 뢰머는 이드로를 난산 끝에 태어난 자식으로 안식이라는 뜻이라고 본다. Thomas Römer, *The Invention of God* (Cambridge: Harvard University Press, 2015).

18 William F. Albright, "Jethro, Hobab and Reuel in early Hebrew Tradition," *The Catholic Biblical Quarterly* 25:1 (Jan., 1963), 1-11.

그러나 중세 랍비들은 이드로와 호밥을 같은 사람으로(라시), 이드로와 르우엘을 동일 인물로 보고 호밥을 처남으로 본다(이븐 에스라). 최근 연구도 이드로와 르우엘이 같은 사람이나 호밥은 그의 아들, 곧 십보라의 형제로 본다. 따라서 호밥은 장인이 아니라 모세의 처남으로 해석하는 것이다. 이 점을 반영하여 몇몇 번역은 호밥을 '처남'으로 옮기고 있다(GNB, ASV, NEB, NIV).

여기서 장인 또는 처남으로 번역되는 인척 용어 '하탄'을 주목해야 한다. 구약에서 히브리어 '하탄'(חתן)이 재귀동사로 사용되면 대개 '통혼하다'나, '아내를 삼다', '사위로 들이다'는 뜻으로 쓰인다(창 34:9; 신 7:3; 수 23:12; 삼상 18:22). 이렇듯 여기에서 파생된 명사의 경우에는 결혼을 통해서 새롭게 형성되는 가족의 장인(호텐), 사위(하탄), 장모, 며느리, 심지어 매형, 동서까지 아우르는 포괄적 용어가 된다. 그렇기에 우리의 가족관계에서 세밀하게 구분된 다양한 칭호를 따라잡는데 어려운 측면이 있다.

모세의 장인을 가리키는 여러 가지 이름은 그가 보여준 공동체 내의 위상과 영향력을 반영한다. 놀랍게도 이드로는 이스라엘의 하나님 야웨를 찬양한다.

> 야웨를 찬송하리로다 너희를 애굽 사람의 손에서와 바로의 손에서 건져내시고 백성을 애굽 사람의 손 아래에서 건지셨도다 이제 내가 알았도다 야웨는 모든 신보다 크시므로 이스라엘에게 교만하게 행하는 그들을 이기셨도다(출 18:10-11).

이드로의 고백이라고 부를 만하다. 이것은 마치 예수의 죽음을 목격한 이방인 백부장이 "이 사람은 진실로 하나님의 아들이었도다"라고 선언에 비견할 만한 뜻밖의 신앙고백이다(막 15:39). 이방인으로서 이스라엘의 신 야웨를 참 하나님이라고 고백하는 계보를 열어 준 것이다.[19]

19 Moshe Reiss, "Jethro the Convert," *Jewish Bible Quarterly* 41.2 (April 2013), 89-96.

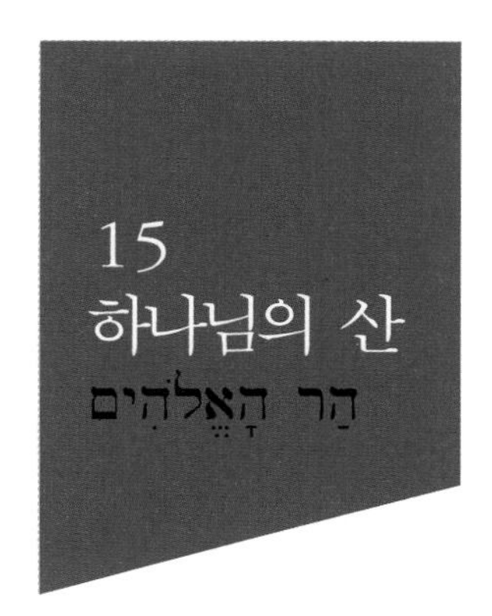

모세가 그의 장인 미디안 제사장 이드로의 양 떼를 치더니 그 떼를 광야 서쪽으로 인도하여 하나님의 산 호렙에 이르매(출 3:1).

모세는 미디안에서 양을 치던 중 '하나님의 산' 호렙에 이른다. 산 이름은 비슷한 형체의 사물을 따거나 전설 속의 유력한 인물과 연관성에서 비롯되는 경우가 많다. 그러다 보니 계절에 따라 금강산의 이름이 달라지듯 동일한 산에 여러 명칭이 생기는 예도 있다. 모세의 활동과 관련하여 소개된 산 이름은 '하나님의 산 호렙'으로 어딘지 어색하다(왕상 19:8). 더 들여다보면 상당히 복잡하다. 사실 이 명칭보다 '시내산'이 익숙하고 일반적이다. 게다가 더러 '여호와의 산', '거룩한 산' 등으로 언급되니 독자의 입장에서는 혼란스럽다.

그렇다고 다양한 이름이 모두 한 장소를 가리킨다고 간주하기도 어렵다. 이와 같은 혼선을 피하려고 한 영어 성경(CEV)은 호렙을 아예 언급하지 않은 채 모두 시내산으로 통일시키고 있다. 독자들의 이해와 편의를 위한 것이나 원문을 훼손한 번역이다. 기록 당시 성서의 지명을 확인할 수 있는 좌표가 있을 리 없고 시대와 전승에 따라 달리 불렀을 가능성은 어디까지나 열어 두어야 한다. 우선 〈개역개정〉에는 '시내산' 35번, '호렙산' 12번, '하나님의 산' 9번, '여호와의 산' 7번 등이고, 출애굽기로 제한하면 '시내산' 11번, '하나님의 산' 4번, '호렙산' 2번 순이다.

출애굽기 3장은 모세의 동선(動線)을 꽤 자세하게 묘사한다. 모세는 미디안 광야 서쪽에서 '하나님의 산 호렙'까지 간 것이다. 길목에서 '떨기나무(סְנֶה) 불꽃'을 만난다. 이 장면은 모세가 십계명을 받을 때를 연상하게 한다. 연기가 자욱한 '시내산'의 불 가운데서 야웨가 강림하신다(출 19:18). 그렇다면 호렙인가 시내인가? 두 개의 다른 전승층이 있다고 설명하면 간단하다. 한때 호렙(חֹרֵב)은 '이글거리는, 뜨거운' 등에서 유래하여 태양을 가리킨다고 보고, 시내(סִינַי)산은 달을 의미하는 수메르의 신(Sin)으로 여겨 해와 달의 상징이라고 간주한 적이 있다. 그러나 본문의 호렙은 '쓸모없는 땅', '황량한 지역'을 지칭하고, 시내는 이집트어 '진흙', 또는 아람어 '먼지'로 읽는다면 사막, 광야를 뜻한다. 그래서 호렙과 시내는 동의어처럼 겹치는 부분도 있지만 세분하면 후자는 '신 광야, 시내 광야'처럼 쓰이고(출 16:1; 민 13:21), 전자는 특정한 사실과 관련 있는 구체적인 장소를 강조하는 것처럼 보인다.

특히 '하나님의 산 호렙'으로 쓴 이유가 있다. 모세는 그곳에서 하나님을 직접 대면하여 야웨라는 신의 이름을 알게 되었고, 나중에 거기서 두 돌판을 받아 법궤에 넣었다(왕상 8:9; 대하 5:10). 따라서 하나님의 산 호렙은 배타적 공간을 가리킨다(출 17:6; 신 1:6; 5:2; 18:16; 28:69; 왕상 8:9; 19:8; 말 4:4). 이런 점에서 호렙산이 시내산보다 훨씬 적게 언급되는 이유가 설명된다. 스네가 여기에 긴급하게 투입된다.

떨기나무(모자이크화, 성 카타리나 수도원)

떨기나무(성 카타리나 수도원)

스네는 출애굽기 3장에만 집중적으로 5번(2, 3, 4절) 쓰인다(참조. 신 33:16). '스네'에는 이중적인 암시가 들어 있다. 하나는 하나님과 계약한 시내산을 예시하는 수사이고, 다른 하나는 꺼지지 않는 스네(סְנֶה) 불꽃의 신비와 상징이다. 〈Leibowitz, 49ff〉 모세의 미디안 경험은 스네에 불이 붙으면 불꽃이 곧장 사라져야 한다. 늘상 지나쳐 보던 광경이다. 그러나 스네는 자연의 법칙을 거슬러 불이 꺼지지 않은 채 계속 붙어 있다. 모세는 보통 가던 길을 돌이켜 스네를 들여다본다. 하나님은 스네 가운데서 모세를 두 번 다급하게 부르신다(4절; 참조. 창 22:11; 46:2; 삼상 3:10). "거룩한 땅이니 네 발에서 신을 벗으라"(5b절). '스네'를 통하여 하나님은 그 스스로를 드러내시고 '시내산'에서 율법을 가르치신다. 그리하여 시내산은 대표적인 이름이 되었고 신약에는 시내산만 언급된다(행 7:30, 38; 갈 4:24, 25).

현지 전승은 '예벨 무사'(Jebel Musa) 곧 '모세의 산'이라 부른다. 예로부터 이곳에 수많은 수도자와 순례자들이 몰려와 명상과 수련을 행하였다. 순례자들은 3,700개의 계단을 따라 올라가면 '하나님의 산'에 이른다. '거룩한 산'으로 일컫기도 한다(시 2:6; 욜 2:1). 나중에 시온이나 예루살렘도 합류한다. 로키산처럼 국경이 달라도 같은 이름으로 불리는 것은 상징과 대표성으로 채워지지 않는 부분이 있다. '시온산과 하나님의 도성인 하늘의 예루살렘'(히 12:22)은 얼마나 풍요롭고 아름다운가!

* 미드라시는 떨기나무의 히브리어 스네(הַסְּנֶה)에서 모세의 나이를 읽는다. 즉 ה = 5, ס = 60, נ = 50, ה = 5를 합하면 모세의 나이 120세가 된다(신 34:7).

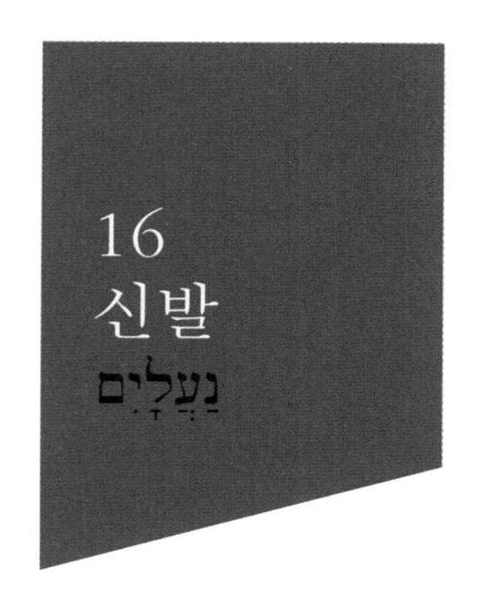

하나님이 이르시되 이리로 가까이 오지 말라 네가 선 곳은 거룩한 땅이니 네 발에서 신을 벗으라(출 3:5).

모세는 바로의 추격을 피해 미디안에 피신하고 있었다. 이드로는 오갈 데 없는 떠돌이 모세를 거두어 주며 양을 치게 했다. 이집트 궁중에서 자란 모세에게 사막의 양치기란 무료한 일이었다. 날마다 다른 목초지를 찾아가는 약간의 변화는 있었지만 거의 똑같은 단순 반복이었다. 그날은 사막 서쪽 호렙(חֹרֵב)산으로 갔다. 불이 자작자작 타오르는 떨기나무가 눈에 들어왔다. 이따금씩 보던 장면이라 무심코 지났다. 그러나 금세 타올라 스르륵 사라지던 불꽃이 이날따라 꺼지지 않고 줄곧 타들어 가는 게 아닌가! 그는 가던 길을 돌이켜 그 광경을 지켜본다. 꺼지지 않는 불꽃 가운데서 하나님의 음성을 듣는다.

그분은 모세에게 가까이 오지 말라며 '신발'(נַעַל)을 벗으라고 명한다. 본문 '너알레이카'(נְעָלֶיךָ)는 '너의 신발'(your sandals)로 번역된다. 사막의 양치기에게 신발은 중요하다. 땅의 열기는 물론 가시나 날카로운 돌부리로부터 발을 보호한다. 재질은 신분에 따라 통가죽이나 파피루스 껍데기가 사용되고 헐겁지 않게 끈으로 동여맨다.〈Lieber, *Torah and Commentary*,

328〉 고대 사회에서 대개는 맨발로 다니고 주로 중간층이나 상류층에서 신발을 신었다(아 7:1). 신발을 벗는 행위는 신성한 공간이나 권위자를 대할 때 요구된다(수 5:15). 성전에 들어가 예배를 드리거나 상급자를 만나야 한다면 먼지가 묻은 상태로 갈 수는 없을 것이다.

고대 이집트에서는 왕이나 윗사람을 만날 때 반드시 신발을 벗고 걸어가야 했다. 〈A. Erman, *Ancient Egypt: A Sourcebook of their Writings*, 226〉 무슬림들은 지금도 성전에 들어가기 전에 신발을 벗고, 동양인들도 신성한 장소에서 비슷한 예를 갖춘다. 사실 구약에서 제사장의 직무와 관련해 신발은 한 차례도 언급되지 않는다(출 28-29장을 보라). 그러나 모세가 하나님의 산에서 신발을 벗었던 것처럼 이스라엘의 제사장들도 성소에서 신발을 벗은 채로 예전을 집행하였다(전 5:1). 그 흔적은 현재 회당 예배에서 '제사장의 축복기도'(민 6:24-26)를 선언하기 전에 제사장이 반드시 신발을 벗는 장면에서 찾을 수 있다. 〈Sarna, *Exodus*, 14; Lieber, *Torah and Commentary*, 328〉

떨기나무 불꽃에서 하나님을 만나는 동안 모세가 취한 유일한 동작은 그의 먼지 묻은 '신발'을 벗는 것이었다. 거룩하신 분 앞에서 자신을 내려놓는 겸양의 모습이다. 즉 신발 끈을 풀고 자신의 몸을 낮춤으로써 그 앞에서 예를 갖추는 것이다. 고대 이스라엘 풍속에서 신발을 벗는 행위는 상대에 대한 존경과 자신을 낮추는 예절이다. 실제로 모세와 같이 신발을 벗는 관습은 지금도 유대 사회에서 유지되고 있다. 예컨대 가족의 장례를 치른 후 일주일 동안 외부 활동을 중지하고 자신의 집에 머무는데 신발을 결코 신지 않는다. 또한 대속죄일, '욤 키푸르'(יוֹם הַכִּפֻּרִים)는 스물네 시간 동안 금식하는 유대교의 가장 중요한 날이다. 하루 종일 아무것도 먹지 않은 채 용서를 빌며 기도한다. 이날 역시 신발로

사냥꾼의 신발(4세기 모자이크화, 시실리, 빌라 로마나 데 카살레)

자신의 두 발을 가리거나 끈으로 묶지 않는다.

또 다른 관점에서 신발은 자아(ego)의 상징이 된다. 왜냐하면 가죽으로 발을 완전히 가리고 헐렁해지지 않도록 끈으로 다시 동여매는 것은 마치 사람의 자아가 얼마나 내면적이며 풀기 어려운 것인지 보여주기 때문이다. 신발을 신는 것은 여행을 떠나거나 하루 일과의 시작을 의미하듯 신발 끈을 조이는 것은 자신의 임무에 얽매이게 한다. 반대로 단단히 매듭지어진 신발 끈을 하나씩 푸는 과정과 신발을 벗는 행위는 자기부정과 같은 의미로 받아들인 것이다. 거룩한 분 앞에서 자아를 감춘다고 해서 자신의 내면과 존재를 가릴 수 없다. 그러니 그분 면전, 곧 신성한 장소에서 신발을 벗으라는 요청은 자연스럽다.

사람은 태어나는 순간, 에고에 갇히고 신발을 신는 순간 자신의 의제(agenda)에 묶인다. 신발은 두 짝이다. 한 켤레는 히브리어의 양수(dual)

로 표현된다. 당연히 신발을 벗는 과정은 두 차례 반복된다. 지금이야 신발을 얼른 벗어 던질 수 있으나 모세는 목동이었기에 신발을 신고 벗는 데 시간이 걸렸다(사 5:27). 양쪽 신발 끈을 하나씩 풀고 신발을 벗기 위해 두 차례 몸을 낮추게 된다. 거룩한 분의 임재 앞에서 발을 딛고 있는 흙까지 몸을 낮추고 자아를 부정하는 상징적인 행위다. 여기서 양수는 한 켤레의 신발을 가리키면서도 결국 몸을 두 번 구부린다는 뜻이다. 한 차례로는 충분하지 않다.

17 젖과 꿀이 흐르는 땅 אֶרֶץ זָבַת חָלָב וּדְבָשׁ

내가 내려가서 그들을 애굽인의 손에서 건져내고 그들을 그 땅에서 인도하여 아름답고 광대한 땅, 젖과 꿀이 흐르는 땅 곧 가나안 족속, 헷 족속, 아모리 족속, 브리스 족속, 히위 족속, 여부스 족속의 지방에 데려가려 하노라(출 3:8).

이 구문은 약속의 땅 가나안에 대한 은유적 표현이다. 지금은 하나님의 약속과 관련해서 궁극적인 목표나 장차 도달할 풍요로운 공간을 가리키는 일반명사로 활용된다. 구약에서 '젖과 꿀이 흐르는 (땅)'은 20번 언급되어 횟수로 보면 많지 않으나 상징성은 강렬하다(레 20:24; 민 13:27; 14:8; 16:14; 신 6:3; 11:9; 26:9, 15; 27:3; 31:30; 수 5:6; 렘 11:5; 32:32; 겔 20:6, 15). 종살이하던 출애굽 공동체가 다다를 목표 지점을 제시하면서 왜 굳이 '젖과 꿀'이라고 지칭하는 것일까? 사실 이스라엘의 불평에 따르면 '고기와 떡'이라고 해야 설득력이 있어 보인다(출 16:3).

'아름답고 광대한 땅'이기에 여러 부족이 차지하고 있었다(8절). 그렇다면 젖(חָלָב)과 꿀(דְּבַשׁ)은 약속의 땅에서 나는 대표적인 토산물일까? 신명기는 가나안의 농산물을 소개한다. 밀과 보리, 포도주와 무화과, 석류와 감람나무 그리고 꿀 등 일곱 가지 작물이다(신 8:8). 기원전 18세기 이집트 출신 시누헤(Sinuhe)는 가나안에 정착한 후 "이곳은 물보다 포도주가 더 흔하다. 꿀이 풍부하고 올리브는 지천에 자란다"며 이곳의 풍요로

움을 소개한 바 있다.〈*ANET*, 19b〉 젖과 꿀이 가나안의 대표적인 식품이라기보다 약속의 땅을 이상적으로 묘사한 것으로 볼 수 있다.

벌의 상형문자와 꿀단지(기원전 2400년경 이집트 벽화)

우유는 양이나 염소에서 얻으며, 치즈 또는 '엉긴 젖'(חֶמְאָה)은 우유를 발효시켜 만든 음식으로 유목민에게 유용한 음식이다(창 18:8; 신 32:14; 삿 5:25; 욥 10:10; 20:17; 잠 30:33; 사 7:15, 22). 한편 꿀은 완벽한 음식으로 신의 음료라고 일컫기도 했다. 성서에 양봉이나 꿀의 수확에 대한 언급은 없다. 고대 이집트에서 꿀은 사자(死者)를 위한 미용 재료로 활용되었기 때문에 이스라엘이 그 용도를 모르지 않을 것이다. 어쨌거나 꿀을 얻기 위해서는 비옥한 토양과 풍부한 강수량 그리고 넓은 초원이 필요하다.

벤시락은 젖과 꿀이 사람에게 필요한 영양소 중 가장 중요한 것이라고 설명한다(집회서 39:26). 일부 아랍 부족들 중에는 몇 달 동안 우유와 꿀만 먹고 버틸 수 있는 이들이 있다.

그럼에도 '젖과 꿀'이 가나안을 상징하는 음식처럼 인식되는 것은 납득하기 어렵다. 여기서 히브리 수사법을 살펴봐야 한다. 즉 메리즘과 달리 부분으로 전체를 표상하는 수사법(pars pro toto)으로 일종의 제유법이다.〈Houtman, 358〉 예컨대 두 강 유프라테스와 티그리스 주위를 '메소포타미아'로, 미합중국(United States of America)을 '아메리카'와 같이 짧은 형태로 부르는 방식이다. 결국 '젖과 꿀'은 가나안의 풍요를 나타내는 상징적인 제유법이 된 것이다. 또한 문명사적 의미로 해석할 수 있다. '이팝에 고깃국'은 한때 이북의 정치 지도자가 인민을 배불리 먹여 주겠다던 구호였다. 그저 주린 배를 채우는 일차원적인 욕구 충족 외에 다름 아니다. 그러나 젖(חָלָב)과 꿀(דְּבַשׁ)은 일용할 양식의 차원을 넘어 고대 근동 유목민의 사회적, 문화적 진보를 반영한 것이다. 우유는 발효 과정을 통하여 독특한 풍미와 보관성을 높였으며, 꿀은 특정인을 위한 주술적 방부제가 아니라 삶의 질을 높이는 미식가의 안목을 갖추게 한 것이다.

셋째는 메시야적 의미다. 이사야에 의하면 징조로 태어날 아이가 악을 버리고 선(טוֹב)을 택하게 될 때 '엉긴 젖과 꿀을 먹을 것'이라고 선포한다(사 7:15). 그날에 먹는 엉긴 젖은 시간의 성숙을, 꿀은 메시야와 함께하는 식탁 공동체를 상징한다(사 7:22; 55:1; 욜 3:18).〈Houtman, 357〉 여기서 '젖과 꿀'이 신의 음식이라는 신화적 이미지와 맞닿는다. 따라서 '젖과 꿀이 흐르는 땅'은 공간적으로 장차 차지할 가나안을 지칭하지만 궁극적으로 약속의 땅 낙원을 가리킨다.

하나님이 모세에게 약속한 '젖과 꿀이 흐르는 땅'은 창세기의 에덴동산

(창 2:8, 15)이며, 이사야의 이리와 어린양이 함께 사는 곳이며(사 11:6; 65:25) 새 하늘과 새 땅이고(사 65:17; 66:22), 예레미야의 물 댄 동산(렘 31:12), 아가의 '잠긴 동산'(גַּן נָעוּל)이다(아 4:12). 출애굽 이후 이스라엘이 가야 할 약속의 땅은 아름답고 광대한 초원이 펼쳐진 곳, 그리하여 주린 배를 채울 뿐 아니라 새로운 삶이 펼쳐지는 이상적인 공간이다. 따라서 그곳은 출애굽의 목표로서 '젖과 꿀이 흐르는 땅'이라는 상징성을 확보하게 된다.

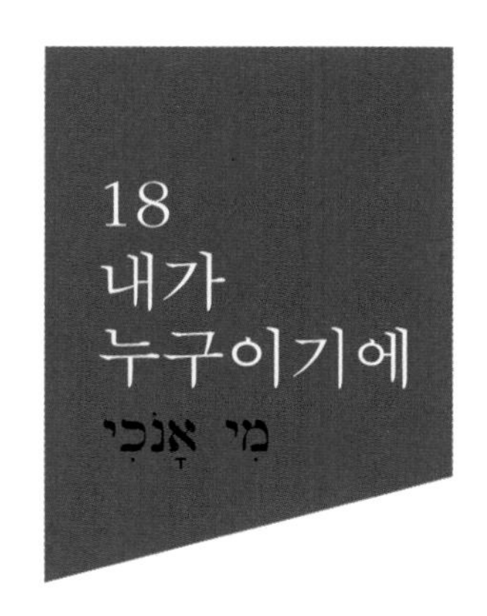

모세가 하나님께 아뢰되 내가 누구이기에 바로에게 가며 이스라엘 자손을 애굽에서 인도하여 내리이까(출 3:11).

모세는 하나님의 명령에 "내가 누군데 바로에게 가서 이스라엘을 인도하라는 거죠?"라며 되묻는다. Who Am I? 4절에서 "내가 여기 있나이다"(הִנֵּנִי)라던 반응과 전혀 다르다. '힌네니'는 소명에 대한 정중한 수용이자 하나님 경외에 기반을 둔다. 하나님이 이삭을 바치라는 명령에 아브라함은 '힌네니'(창 22:1, 11), 하나님의 천사가 야곱을 부를 때 '힌네니'(창 31:11), 야곱이 요셉더러 형들에게 다녀오라는 명령에 '힌네니'(창 37:13), 사무엘이 부르는 소리를 듣고 엘리에게 '힌네니'(삼상 3:4, 8), 이사야가 성전에서 '힌네니'(사 6:9)라며 대답한다. 한편 "제가 듣겠나이다"라고 대답하는 경우도 있다(삼상 3:9; 58:9; 65:1).

그렇다면 모세의 태도에 변화가 생긴 것인가? 민수기에 의하면 모세는 "땅 위의 모든 사람 가운데 가장 온유한" 인물이다(민 12:3). 그의 '매우 온유한'(עָנָו עָנָיו מְאֹד) 성품이 곧 수행 능력이나 의지는 아니다. 본문에서 시간의 흐름을 간파할 수 없으나 4절에서 '힌네니'로 응답하던 모세가 이제는 "내가 누구기에"라며 한발 물러선 것은 이해하기 어렵다. 이 구문을 파악하려면 유사한 경우를 살펴봐야 한다.

세 가지 패턴이 눈에 띈다. 하나는 자신의 미천한 출신과 재능의 부족을 드러내는 경우다. 기드온은 이스라엘을 미디안으로부터 구하라는 명령에 "내 집은 므낫세 중에 극히 약하고 나는 내 아버지 집에서 가장 작은 자"라며 주저한다(삿 6:15). 사울 또한 지도자로 선택되자 "이스라엘 지파 중 가장 작으며 베냐민 가족 중 가장 미약하지 않습니까"라고 반문한다(삼상 9:21). 여기에는 소속 지파에 대한 평가와 함께 가문을 동시에 언급한 것도 눈여겨볼 부분이다. 모세는 출신 성분을 들어 핑계대지는 않는다.

솔로몬은 다윗의 뒤를 이어 왕이 되자 "작은 아이라 출입을 알지 못한다"며 지혜를 구하고(왕상 3:7), 예레미야는 하나님의 부르심에 "아이라 말할 줄을 모른다"며 물러서는 반응을 보인다(렘 1:6). 모세 역시 "나는 본래 말을 잘하지 못하는 자니이다. 입이 뻣뻣하고 혀가 둔한 자니이다"라며 다시 한번 거절한다(출 4:10). 모세가 어눌한 이유는 바로의 계략 때문이었다. 랍비 전승에 의하면 바로는 어린 모세를 시험하기 위해 금과 숯불을 각각 채운 화로를 두 개 준비시킨다. 금을 집으면 권력을 차지할 징조로 여겨 모세를 제거하고 뜨거운 화로를 집으면 치명상을 입도록 유도한 것이다. 모세는 영문도 모른 채 숯불을 집어 입술에 대자 화상을 입고 결국 말더듬이 되었다.〈*Soncino Pentateuch*, 219〉

셋째는 '내가 누구기에'라며 정체성에 집중하는 경우다. 사울이 딸 메랍을 다윗에게 주고자 할 때 "내가 누구며 내 집이 무엇이기에 왕의 사위가 되겠느냐"고 되묻는다(삼상 18:18). 후에 다윗은 왕조에 대한 하나님의 영원한 약속에 대하여 "내가 누구며 내 집이 무엇이기에 여기까지 인도하시는가"라며 감사한다(삼하 7:18). 솔로몬의 경우는 성전 건축을 앞두고 "내가 누구기에 어찌 성전을 건축하리요"라며 자신에게 집중한다(대하 2:6). 본문에서 모세는 "Who Am I?"라고 묻지만 사실 "How Can I?" 곧 "제가 어떻게?"이다. 모세의 거듭된 거절에 하나님은 7일 동안 설득했다고 한다. 〈*Exodus Rabbah* 3:14〉

위와 같은 반응은 하나님의 부르심에 대한 거절인가, 겸양인가? 모세는 동족을 학대하던 이집트인을 죽이고 미디안에 피신해 온 상황이다(출 2:11-15). 도망자이며 살인자인 모세에게 하나님은 그의 백성을 인도해 내라는 엄청난 소임을 맡긴다. 내면이 위축되고 자신감이 낮아진 상황에서 자존감은 더 낮아진 상황이다. 그렇다고 소명에 대한 거절이라고 말하기 어렵다. 다만 거대한 사명을 어떻게 완수할지 심리적 부담과 수행 불안 때문에 모세는 적임자가 아니라고 밝힌 것이다. 더구나 모세는 하나님의 부름을 받을 때 나이가 이미 팔십이었다(행 7:30). '내가 누구기에'는 모세가 하나님의 현존 앞에서 격식을 갖춘 예의와 뼛속까지 겸손해지는 태도를 함께 담아낸 관용적인 묘사다.

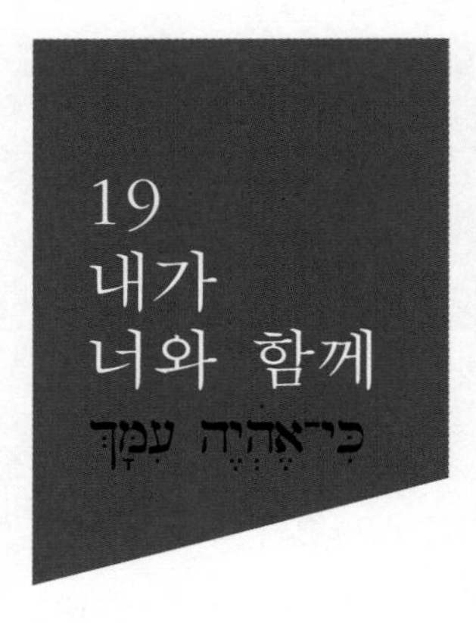

하나님이 이르시되 내가 반드시 너와 함께 있으리라 네가 그 백성을 애굽에서 인도하여 낸 후에 너희가 이 산에서 하나님을 섬기리니 이것이 내가 너를 보낸 증거니라(출 3:12).

하나님은 두렵고 주저하는 모세에게 "내가 너와 함께 있으리라"며 사명에 대한 확신을 재차 강조한다. 구약에서 '너와 함께'는 약 100번 언급되어 지지와 보호를 나타내면서 자신감을 갖게 하는 구문으로 활용된다. '너와 함께'는 소명자가 망설일 때 하나님의 약속을 보증하며 힘을 실어 주는 문구로 빈번히 나온다. 문장 구성으로 볼 때 짧은 명사문장의 경우와 하야 동사를 포함한 동사문장으로 나뉘고, 화자가 일인칭인 경우와 하나님이 삼인칭으로 언급되는 경우로 분류된다.

먼저 동사 없이 '너와 함께'로 쓰인 예는 아비멜렉이 아브라함과 계약을 맺으며(창 21:22), 베델에서 하나님의 천사가 야곱에게(창 28:15), 광야 사십 년 동안 하나님이 이스라엘과 함께(신 2:7), 천사가 기드온에게(삿 6:12), 솔로몬이 성전 공사를 시작할 때(대상 28:20) 쓰였다(신 20:1; 31:8; 삼상 10:7; 사 41:10). 하야 동사와 함께 완성된 문장의 경우는 흉년에 이집트로 떠나려는 이삭에게(창 26:3), 야곱이 에서에게 돌아가려 할 때(창 31:3), 이드로가 재판하는 모세에게(출 18:19), 모세의 뒤를 이은 여호수아에게(신 31:23; 수 1:5), 사울이 골리앗에게 도전하는 다윗에게(삼상 17:37), 또한 다윗 가문의 영원한 왕위를 확언하는 나단 신탁(삼하 7:9) 등에 사용된다(삿 6:16; 삼상 20:13).

한편 일인칭 '내가 너와 함께'는 장차 있을 보장 등을 제시할 때(창 26:3; 31:3; 신 31:23; 신 31:23; 수 1:5; 3:7; 삿 6:16; 왕상 11:38; 대상 22:16), '하나님/야웨가 너와 함께'처럼 삼인칭의 경우는 기원이나 소원 등을 표현하는 구문으로 쓰인다(창 21:22; 26:28; 신 2:7). 목적격 '너'가 복수로 쓰인 예도 발견된다(창 48:21; 출 10:10; 민 14:43; 20:1). (히브리어 '함께'를 뜻하는 전치사는 '임'[עִם]과 '에트'[אֵת] 둘이다. 의미상의 차이는 없고 예언서에는 주로 후자가 사용된다[사 43:2; 43:5; 렘 1:8, 19; 15:20; 30:11; 46:28]. 위의 본문은 모두 '임'이다.)

출애굽기 3장 12절은 원래 일인칭 대명사 '아노키'(I)가 포함되었을 것이다. 다음 4장에서 "네 입과 함께 있으리라"(אָנֹכִי אֶהְיֶה עִם־פִּיךָ)를 보면 가능성이 있다(출 4:12, 15). '에흐웨'를 포함한 이유는 14절의 하나님 이름(אֶהְיֶה)을 넌지시 알려 주려는 것처럼 보인다. 동사 없는 '내가 너와 함께'가 긴박한 상황에서 불확실성을 걷어 내며 자신감을 준다면, 완결된 문장 "너와 함께 있으리라"는 계약서를 작성하듯 합의 과정을 통하여 절차적 정당성을 확보하고 미래의 보장을 약속한다. 즉 전자가 순간의 절박함을 강조한다면, 후자는 양자가 합의한 사실을 문서화함으로써 법적 보호는 물론 하나님의 확실한 도장을 받아내는 것과 같은 효과를 준다.

하나님은 모세에게 이스라엘 구원이라는 막중한 사명을 맡기며 "내가 너와 함께 있으리라"(כִּי־אֶהְיֶה עִמָּךְ)고 말씀하신다. 즉 하나님이 모세 곁에서 보호하고 지원하며 그의 사명을 완수할 수 있도록 힘을 주시겠다는 확약이다. 그러니 모세는 무슨 말을 해야 하고 어떻게 헤쳐 가야 할지

걱정할 필요 없다(출 4:12). 결과적으로 모세가 맡은 임무는 성공적으로 달성될 것이다. '내가 너와 함께'는 11절의 우물쭈물한 태도에서 사명 완수를 위해 나서게 하는 강력한 동력이다. 하나님이 함께하시기에 모세는 불가능의 가능성을 찾아 과감하게 나설 수 있게 되었다.

신약에서 '너와 함께'는 중요 대목에서 빈번히 쓰인다. 천사 가브리엘은 마리아에게 예수 탄생을 예고하며 "주께서 너와 함께(ὁ κύριος μετὰ σοῦ) 하시도다"(눅 1:28), 부활한 예수가 제자들에게 "볼찌어다, 내가 세상 끝 날까지 너희와 함께할지어다"(마 28:20)라고 당부한다. 또한 사도 바울이 고린도 교회에 쓴 "주 예수 그리스도의 은혜와 하나님의 사랑과 성령의 교통하심이 너희 무리와 함께 있을지어다"(고후 13:13)라는 문안 인사는 축도로 사용된다. '내가 너와 함께'는 기독교 제의에서 평안을 비는 인사말이며 또한 예배를 갈무리하는 대표적 축문이다.

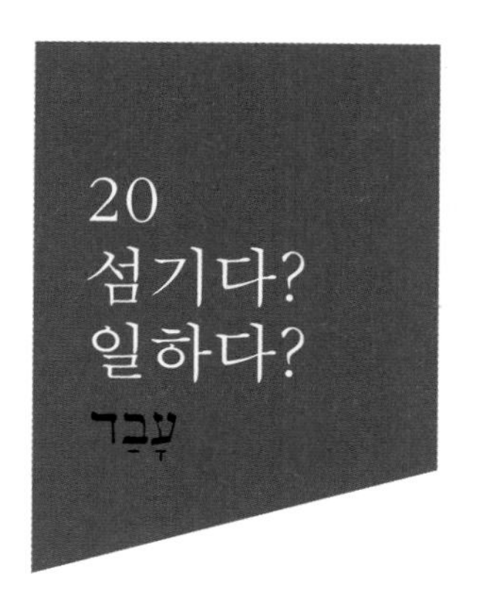

하나님이 이르시되 내가 반드시 너와 함께 있으리라 네가 그 백성을 애굽에서 인도하여 낸 후에 너희가 이 산에서 하나님을 섬기리니 이것이 내가 너를 보낸 증거니라(출 3:12).

모세가 바로를 설득하여 이스라엘 백성을 탈출시키려는 이유는 뚜렷하다. 그것은 '하나님을 섬기기 위해서'이다. 하나님을 섬기는 행위가 히브리어 '아바드'(עָבַד)로 표기된 점을 선뜻 이해하기 어렵다. 왜냐하면 아바드는 '일하다, 섬기다'는 뜻으로 쓰이지만 명사로 '노예, 시중드는 사람'을 가리키기 때문이다. 아마 팔레스틴의 여러 언어들이 뒤섞이는 과정에서 두 가지 다른 개념이 포함된 것으로 볼 수 있다. 즉 페니키아어 '아바드'(עבד)는 '종' 또는 '신하'를, 시리아어는 '봉사하다, 수행하다'를, 아람어는 '예배하다, 따르다' 등을 가리킨다. 동일한 어근에 지역적으로 사뭇 다른 어감이 스며드는 과정을 거친 것이다. 따라서 '아바드'는 대등한 개념의 한글로 번역하기 어렵다. 이 낱말의 결이 다른 '섬기다'와 '일하다'라는 두 가지 의미를 살려 내야 하는데 우리말에서 그 둘을 충족시킬 수 있는 개념이 없기 때문이다.

〈70인역〉은 아바드를 '라트류오'(λατρευω)와 '디아코네오'(διάκονεω) 등 경우에 따라 몇 가지로 번역하여 그 의미를 살려 낸다. 후자는 '봉사하다, 섬기다, 시중들다'로, 전자는 '섬기다, 예배하다'로 구분할 수 있다. 그리스어 '라트류오'가 하나님을 목적어로 취하면 '예배하다'라는 뜻이 명료해진다. 이런 점에서 〈70인역〉은 아바드의 의미를 살린 것으로 간주된다. 따라서 '라트류오'에서는 마음과 뜻을 다해 상대를 기쁘게 하다는 뜻을 읽어 낼 수 있다. '라트류오'에는 '아바드'의 히브리적 의미가 훨씬 강조된 뉘앙스다. '라트류오'가 상대의 존재감을 드러내게 하고 영광스럽게 하는 행위라면, '아바드'는 비교적 단순히 일하고 받든다는 뜻에 초점을 둔다.

한편 〈흠정역〉은 '아바드'를 'serve'로 옮겼다. 알려진 바와 같이 〈흠정역〉은 영국교회가 예배에 활용할 목적으로 번역한 성서다. 이 점에서 〈흠정역〉이 'serve'로 옮긴 것은 절묘한 번역이며 최상의 선택으로 볼 수 있다. 왜냐하면 이 단어는 히브리어 '아바드'에 담긴 '섬기다'와 '일하다'를 동시에 충족시키는 개념이기 때문이다. 지금은 'serve'가 기본적인 의미 외에도 '대접하다, 복무하다, 봉사하다, 집행하다' 등으로 심지어는 테니스와 배구에서 상대 진영에 맨 처음 공을 던지는 행위까지 포함된다. 성서의 '아바드' 의미가 현재 다양하게 쓰이는 'serve'까지 확대되었다고 말할 수는 없으나 17세기 영어에서 '예배하다, 일하다'는 히브리어 '아바드'를 반영한 번역으로 간주된다.

아바드의 명사형 '아보다'는 강요된 노동(출 1:14; 대상 27:26; 시 104:23), 종이나 노예의 일(출 5:11; 레 25:39; 신 26:6), 안식일에 금지된 노동(레 23:7, 8, 21, 25, 35, 36) 등을 가리키고, 우상이나 권력의 숭배(대하 12:8), 유월절 예식(출 12:25-26)을 비롯한 하나님 예배(출 13:5; 수 22:27)를 포함한다. 나아가 레위인 등 사제들의 임무(민 4:19, 49; 8:11; 대상 24:3, 9)도 '아보다'에 해당한다. 그런가 하면 또 다른 명사 '에베드'가 되면

종 또는 노예를 뜻하고(창 9:25; 26:15), 조공 국가(삼하 8:2, 6)를 가리킬 수도 있다. 눈여겨볼 점은 '종'이 하나님과 관련되면 노예가 아니라 '하나님을 예배하는 자'라로 번역해야 옳다는 사실이다(창 50:17; 왕하 9:7; 시 34:22; 69:36; 사 52:13; 54:17).

베네딕트 수도회(Order of St. Benedict)의 표어는 알려진 대로 '기도하고 일하라'(ora et labora)이다. 하나님을 예배하고 섬긴다는 것은 생활 속의 일을 통해 드러나야 하며, 자신의 생업에 하나님을 예배하듯 정성을 다하라는 뜻이다. 이와 같은 수도회 정신은 중세 교회 개혁가들에게도 이어졌다. '신의 부름'이란 전문 용어 성소(calling)가 비단 성직에 국한하지 않고 가정과 직장에 충실한 태도 역시 하나님의 영광과 봉사에 해당한다는 직업 소명론으로 확대되었다.

베네딕트 수도회는 기도와 노동을 통하여
한쪽으로 치우치지 않는 신앙인의 삶을 제시한다.

그렇다면 출애굽기에서 '섬기다'는 '아바드'를 어떻게 이해할까? 모세가 '하나님을 예배할 수 있도록' 이스라엘을 보내 달라는 요청은 바로를 설득하기 위한 명분으로 생각하기 쉽다. 그러나 하나님 예배는 출애굽의 목표로서 여러 차례 강조되었을 뿐 아니라(출 4:23; 5:1, 3, 8, 17; 7:16, 26; 9:1, 13; 12:31), 출애굽기 25장 이후의 핵심 내용이다. '아바드'에 함축된 두 가지 의미는 대상에 따라 확연히 갈린다. 그 대상이 바로라면 강요에 못 이겨 억지로 감내하는 일의 노예가 되지만, 하나님이라면 예배하고 섬기며 기쁘게 일할 수 있는 자유인이 되게 한다. 출애굽의 직접적인 동기는 '종 되었던 집'(출 20:2)에서 겪었던 비참한 '일'(아바드)이지만, 그 목적은 하나님을 섬길 수 있는 '예배'(아바드)에 있다.

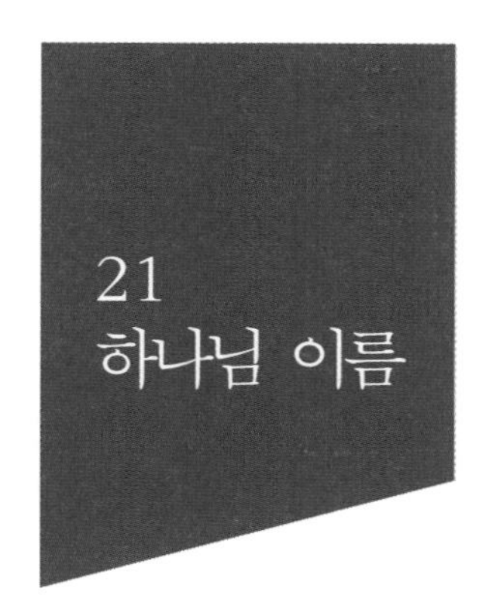

21 하나님 이름

하나님이 모세에게 이르시되 나는 스스로 있는 자니라 또 이르시되 너는 이스라엘 자손에게 이같이 이르기를 스스로 있는 자가 나를 너희에게 보내셨다 하라(출 3:14).

출애굽기 3장은 하나님 이름이 계시된 본문으로 유명하다. 또한 모세의 소명도 함께 다뤄야 할 주제이나 본문에 쓰인 하나님 이름이 두 가지라는 점에 주목한다. 모세는 스네의 불꽃 가운데 나타나신 야웨를 만나 이스라엘을 건져 내라는 명령을 듣지만 바로에게 가라는 파송은 엘로힘에게 듣는다. 즉 야웨가 구원하시는 분이라면 엘로힘은 정의를 구현하시는 분으로 구분된다. 단순히 수사적 진술인가? 아니면 신학적 의도가 다른 것인가? 세밀하게 들여다볼 필요가 있는 대목이다.

유대교 랍비들은 사뭇 흥미로운 해석을 내놓는다. 즉 야웨는 자비로운 분이시며, 엘로힘은 정의로운 분이다. 창세기 1장의 천지만물은 엘로힘에 의해 창조되는데 그 이유가 설명된다. 우주의 질서와 법칙은 엄격하고 치밀하다. 각자의 위치와 궤도에서 조금이라도 이탈하면 엄청난 혼란과 무질서가 요동한다. 혼돈과 공허다. 그러니 우주 창조에는 한 치의 오차도 허용되지 않는 정교한 정의가 요구되며 그것을 충족시키는 분은 엘로힘이다.

그러나 인간의 창조를 묘사하는 창세기 2장에는 야웨가 등장한다.

야웨는 너그러운 하나님의 속성을 상징한다. 사람에게 엄격한 정의의 잣대를 들이대면 노아, 다니엘, 욥 외에 자신의 생명을 건질 수 있는 사람은 없을 것이다(겔 14:14, 20). 즉 사람의 모든 생각과 행위를 엘로힘의 판단으로 평가한다면 아무도 심판에서 살아남을 수 없다는 뜻이다. 그리하여 은혜로우신 야웨가 사람을 지으신 것이다. 일찍이 랍비들은 하나님의 두 성품에 대하여 다음과 같이 설명한 바 있다.

> 만약 내가 오직 은혜로 세상을 창조한다면 이 세상에는 죄로 가득할 것이고, 또한 정의로만 창조한다면 심판에 견딜 수 없을 것이다. 그러므로 나는 정의와 은혜의 기초 위에 이 세상을 창조할 것이다. 그러면 이 세상은 유지될 것이다. 〈*Genesis Rabbah* XII.15〉

그런가 하면 비평적 연구자들은 야웨와 엘로힘이 다른 전승에 비롯된 것으로 간주한다. 이른바 자료설은 시대와 신학적 배경이 다른 두 저자 곧 J 기자와 E 기자를 상정한다. 전자는 다윗 솔로몬의 남유다 전통에 뿌리를 두었고, 후자는 북이스라엘의 신학을 반영하고 있다고 본다. 두 신명에 대한 자료설의 시각은 논리적이고 설득력이 있지만 그 이론으로 명쾌하게 설명되지 않는 부분도 있다.

출애굽기 3장에는 야웨와 엘로힘이 섞여 쓰이고 있다. 출애굽기 3장은 1-8절, 16-22절에서 야웨(יְהוָה)가 구원을 베푸시고, 9-15절에서 엘로힘(אֱלֹהִים)이 파송하는 분으로 역할이 구분된 것처럼 보인다.[20] 즉 야웨는 이스라엘을 건져 내어(הִצִּיל, 8절) 가나안으로 올라가게(עָלָה, 17절)

20 Moshe Greenberg, *Understanding Exodus*. Vol. 1 (New York: Behrman House, 1969), 101-102.

하는 구원의 하나님이라면, 엘로힘은 히브리(노예) 해방을 위해 모세를 바로에게 보내어(שָׁלַח, 10, 13-15절) 정의를 실현하는 하나님이시다. 4절에는 야웨와 엘로힘이 함께 언급되어 조상들의 하나님 엘로힘과 모세가 처음 대면하는 야웨가 동일한 분임을 보여준다.

탈무드는 야웨 엘로힘을 이렇게 풀이한다. "야웨는 하나님의 자비와 사랑을 가리키고 엘로힘은 하나님의 정의와 심판을 의미한다."[21] 〈*Sanhedrin* 38b〉 자비를 강조하면 정의가 설 자리가 없고 반대도 마찬가지다. 위 본문에서 하나님의 두 성품에 관한 탈무드와 랍비들의 견해를 확인한 셈이다. 그럼에도 야웨 엘로힘이 동시에 지칭되는 경우도 있다. 주로 창세기와 역대기에 30여 차례 집중된다(출 9:30). 그러니 야웨와 엘로힘은 서로 보완적인 속성이다. 마치 엄부자모(嚴父慈母), 곧 아버지는 엄격하게 어머니는 자애롭게 자녀를 훈육하듯 야웨 엘로힘은 더러는 차디찬 정의의 잣대로, 또 더러는 잘못을 너그럽게 감싸 안는 자비로 이스라엘을 다스리신다.

스네 가운데 나타나신 분은 야웨이지만 모세를 불러 파송하신 분은 엘로힘이다. 이로써 모세의 사명은 명백해진다. 즉 야웨의 자비와 사랑에 힘입어 이스라엘을 건져내어 가나안으로 인도해야 하고, 엘로힘의 정의와 심판에 의지하여 바로 앞에 나가서 "내 백성을 가게 하라"(10절)고 당당하게 요구해야 한다.

---

21 E. Urbach, *The Sages*, 451f. 즉 하나님에게는 두 보좌가 있는데 하나는 정의와 심판을 위한 것이고 다른 하나는 사랑과 자비를 위한 것이다.

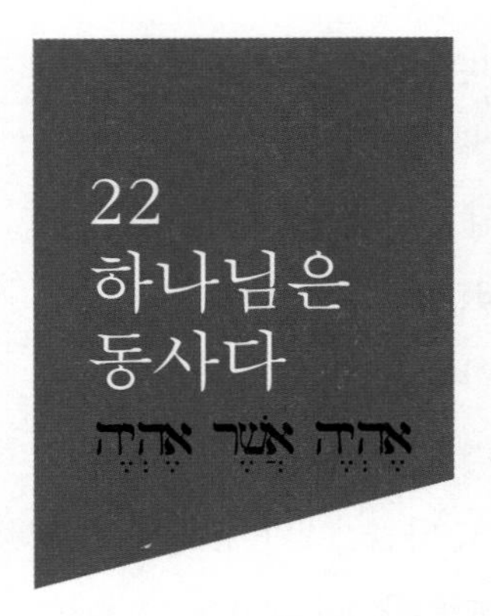

하나님이 모세에게 이르시되 나는 스스로 있는 자니라 또 이르시되 너는 이스라엘 자손에게 이같이 이르기를 스스로 있는 자가 나를 너희에게 보내셨다 하라(출 3:14).

하나님이 모세에게 밝힌 "나는 스스로 있는 자"는 수수께끼처럼 들린다. "나는 곧 나"(새번역, 공동번역), "나는 있는 나"(가톨릭 성경) 등도 신의 이름으로 수긍하기 힘든 부분이 있다. 한편 〈70인역〉의 "나는 존재자"(ἐγώ εἰμι ὁ ὤν), NRSV의 "I AM WHO I AM" 등도 혼란스럽기는 마찬가지다. 지금껏 많은 번역과 연구자들이 해석을 내놓았으나 통일된 의견을 찾기 어렵다. 문맥상 하나님 이름으로 간주되지만 선뜻 이해되지 않는 측면도 간과할 수 없다.

대부분 번역은 관계사 중심으로 앞뒤에 위치한 '에흐웨'를 명사적 구문으로 보고 두 번의 동사를 충분히 살리지 못한다. 한글로 옮기면 "나는 **'나는-이다'**이다"가 된다. '나는-이다'가 중심에 있고 동시에 바깥에서 동일한 구문이 감싸는 형국이다. 문법적으로는 '에흐웨'가 두 번 나오지만 관계사로 연결되어 있기 때문에 결국 세 차례 언급된 것과 같다. 리꾀르는 야구 용어를 빌어 3루타와 같은 효과라고 설명한다. 실제로 14절에 '에흐웨'가 세 번 언급되었다. 따라서 폰 라트는 이 구문을 하나님 이름 계시가 아니라 '본질'[22] 또는 '원형질'로 풀이한다. 〈70인역〉의 번역도 이를 반증한다. 이와 같은 핵심을 정확하게 꿰뚫어 본 이는 포로기 예언자 이사야다. "나 야웨라. 처음에도 나요 나중 있을 자에게도 내가 곧 그니라"(사 41:4). '나는-이다'의 원형을 최대한 살려 명사적 문장으로 표현한 것이다.

위의 명사적 구문은 신약에도 그대로 전승되었다. 요한복음에는 '나는-이다' 구문이 빈번하게 언급된다. "나는 생명의 떡이라(요 6:35), 나는 세상의 빛이라(8:12), 나는 양의 문이라(10:7), 나는 선한 목자라(10:11, 14), 나는 부활이요 생명이라(11:25), 나는 길이요 진리요 생명이라(14:6), 나는 참 포도나무라(15:1, 5)."[23] 같은 맥락에서 밧모섬의 요한의 통찰 또한 중요하다. "나는 알파와 오메가라 이제도 있고 전에도 있었고 장차 올 자요 전능한 자라"(계 1:8). 전자가 '에흐웨' 구문을 선언적으로 이끌어 냈다면, 후자는 히브리 구문에 두 번 중첩된 '에흐웨'를 삼중으로 살려 낸 것이다. 출애굽기의 에흐웨 구문은

알파와 오메가(스테인드글라스, 조지아 제일장로교회)

22 G. von Rad, *Theologie des Alten Testaments* Band I; 허혁 옮김, 『舊約聖書神學』 제1권 (왜관: 분도출판사, 1976), 186.

23 Riemer Roukema, "Jesus and the Divine Name in the Gospel of John," *Themes in Biblical Narrative* (2006), 207-224.

일인칭 '나'(I)에서 삼인칭 '그'(He)로 다시 일인칭 '나'(I)로 순환되는 구조에 비밀이 담겨 있다. 이와 같은 순환구조에서 바룩은 하나님의 영원하심(ὁ αἰώνιος)을 찾아 읽는다(Baruch 4:10, 14, 20, 22, 24, 35; 5:2).[24]

한때 대한적십자에서 '사랑은 동사다'라는 구호를 앞세워 나눔과 실천을 유도한 적이 있다. 사랑을 인지적 차원의 명사적 개념이 아니라, 몸을 움직여 활동하는 동사적 의미를 살려 낸 것이다. 하나님의 자기 계시 '에흐웨 아셰르 에흐웨'는 동사를 극대화한 문장이다. 즉 이스라엘이 고통받고 있을 때 건져 내시고, 바알과 이방 신앙에 경도되었을 때 호되게 꾸짖으시고, 포로와 절망 가운데 있을 때 새 희망을 열어 주시는 하나님의 역동적인 구원사가 히브리 동사 '에흐웨'에서 뿜어져 나온다. 그러므로 '나는-나다'라는 하나님의 자기 계시에 대하여 '하나님은 사랑이다'라는 고백으로 응답해야 한다(요일 4:10).

하나님 이름의 명사적 의미가 선언적이고 존재적이라면, 동사적 의미는 실천적이며 관계적이다. 출애굽기 3장에서 야웨는 모세를 부르시고 이스라엘 백성을 바로의 손에서 건져 내어 가나안으로 올라가게 하는 구원의 하나님이다. 하나님은 결국 곧 '모든 이름 위에 뛰어난 이름'(빌 2:9)이 되었다. 하나님은 동사다. 하나님은 스스로 '동사'로 계시하였고 구원 역사에서 역동적인 활동을 동사로 몸소 보여주신 것이다. 따라서 그의 이름을 명사적 존재적 관점에서 풀어내는 것은 최초 동사에 포함된 실천적 의미와 관계적 상호성을 축소시키는 결과를 가져온다. 지난 2천 년 동안 동사 하나님, '에흐웨'가 서양 기독교와 문화 전통에서 명사 '존재'로 인식되어 왔기 때문에 동사의 역동성과 관계적 의미가 한 켠에 묻힌 것이다. 따라서 하나님 이름을 명사적 의미로 가두지

---

24 Franz Rosenzweig, "The Eternal," *Scripture and Translation*, 99-113.

말고 본래적인 관계성과 실천적인 동사의 의미를 되살려야 한다. 사랑이 동사라면 하나님 역시 그의 백성과 피조 세계를 위해 끊임없이 활동하시는 동사라야 옳다.

하나님이 모세에게 이르시되 나는 스스로 있는 자니라 또 이르시되 너는 이스라엘 자손에게 이같이 이르기를 스스로 있는 자가 나를 너희에게 보내셨다 하라(출 3:14).

하나님의 이름 야웨는 동사 '하야'(הָיָה)에서 비롯된 것으로 본다. 특히 하야 동사가 관계사 '아셰르'와 함께 앞뒤로 두 차례 언급된 위 본문이 그 원형일 것으로 추정한다. 일인칭 미완료 '에흐웨'(אֶהְיֶה)는 '나는-이다' 쯤으로 번역된다. 한국어 '이다', '있다', '잇다'의 뿌리는 동일하다. 하나님 이름과 관련하여 동사 '하야'에 주목하는 것은 여기에 '이다-있다-잇다' 라는 세 가지 의미가 중첩되어 그 이름의 비밀과 신비를 풀어 낼 단서가 된다고 보기 때문이다.

첫째로 에흐웨는 '이다'를 뜻한다. 문장의 구성은 주어, 동사, 목적어, 보어 등처럼 형식에 따라 차이가 있으나 동사는 반드시 포함되어야 한다. 그러나 히브리 문법에는 영어 be 동사에 해당하는 연결사 없이 통용되기도 한다. 이른바 명사 문장이다. 다른 언어로 번역하려면 반드시 동사를 살려야 한다. 예컨대 '아니 요셉'(אֲנִי יוֹסֵף)처럼 동사가 없이도 완성된 문장이며 소통이 가능하다. 하지만 영어로 번역할 때는 'I am Joseph'처럼 계사(copula)를 채워야 비로소 완전한 문장이 된다.

히브리어는 위와 같이 명사 문장인 경우와 '나는 요셉이다'처럼 동사가 포함된 경우가 있다. 후자에 필요한 동사가 곧 '하야'(הָיָה)다. 여기서 하야는 주어와 보어 사이를 연결하는 계사이며 주어의 정체성을 드러낸다. 출애굽기 3장 14절에서 '에흐웨'는 '하야'의 일인칭 미완료로서 '나는-이다'가 된다. 즉 하나님의 자존적 선언으로 존재 이전의 본질, '스스로 있는 나', 곧 자존자(自存者)로 소개된다. 그러니 우리에게 하나님은 숨어 계시는 분이며(사 45:15) 게다가 함부로 발설할 수도 없는(ineffable) 분이다(출 3:6; 렘 1:6). → 이다!

둘째로 에흐웨에는 '잇다'가 들어 있다. 문법적으로 '일어나다'로 설명하지만 '잇다'를 살리지는 못한다. '에흐웨 아셰르 에흐웨' 구문에서 앞의 '에흐웨'는 '나'(I)이지만 뒤의 것은 '그'(WHO-I-AM)가 되기 때문에 그 둘 사이를 잇는 고리가 필요하다. 영어 'I AM WHO I AM'에는 일인칭(I-AM)에서 삼인칭(WHO-I-AM)으로 그리고 문장 전체는 다시 일인칭 '나는-이다'로 마무리 짓는다. 나(I), 그(WHO) 그리고 나(I)의 순환 관계가 형성된 것이다. 여기서 '하야'는 주어와 술어 사이에서 본래적 동사 역할을 하지만 동시에 관계사 중심으로 형성된 두 구문을 연결하는 계사가 되어 '잇고' 있는 것이다. 이사야는 '나'와 '그'를 동일한 분으로 판단한다(사 41:4; 48:12; 참조. 막 14:62; 요 18:5, 6, 8). 둘 사이를 연결하는 행위는 곧 구원이다. → 잇다!

셋째로 '현존하다'는 의미인 '있다'로 표현된다. '에흐웨'는 거의 모든 번역 성서가 공유하듯 '스스로 있는 자'에서 확인되고 일찍이 〈70인역〉의 '호 온'(ὁ ὤν)으로 이미 분명해진다. 이 구문에서 해석은 두 가지로 정리된다. 하나는 올브라이트의 '나는 존재케 하는 자'와 다른 하나는 유대교의 '나는 항상 동일한 나'로서 '영원한 분'이다. 전자가 창조자 하나님을 강조하는 설명이라면 후자는 어제와 오늘과 내일도 똑같이 존재하신 분을 가리킨다. 따라서 '나'(I)와 '그'(WHO-I-AM) 사이에서 주어와 보어는 동일한 존재가 되는 것이다. 이 점을 간파한 이사야는 "야곱아 나의 부른 이스라엘아 나를 들으라 나는 그이니 나는 처음이요 또 마지막이라"고 선언한 바 있다(사 48:12). 즉 나는 항상 스스로 존재하듯 그렇게 현존한다. 그의 본질은 변하지 않고 늘 같은 성품을 유지하시는 분이다.

→ 있다!

'이다'(אֶהְיֶה)는 선언적, 체험적이고, '있다'(אֶהְיֶה)는 존재적, 개념적이며, '잇다'(אֶהְיֶה)는 관계적, 구원적이다. 하나님은 '나는-이다'에 매이지 않고 '나는-있다'와 '나는-잇다' 사이를 자유롭게 넘나든다. 하나님은 스스로 하나님'이며' 피조 세상과 자신을 '잇는' 연결을 통하여 그분의 현존 곧 '있다'의 시간과 공간을 확보한다. 하나님의 자기 계시 구문, 'אֶהְיֶה אֲשֶׁר אֶהְיֶה'에서 '이다-잇다-있다'의 세 본성은 존재 방식을 통하여 역할을 규명하려는 것일 뿐 실제로 구분되거나 나뉘지 않는다. 마치 은사는 여러 가지나 성령은 같고, 직분은 여러 가지나 주는 같듯이(고전 12:4-5). 그러니 '이다-잇다-있다' 중 하나에 집중하여 다른 특성을 배제한다면 일정 부분만을 과장하거나 축소하여 결국 하나님의 본질을 왜곡하게 된다. 하나님 이름의 신비가 여기에 있다.

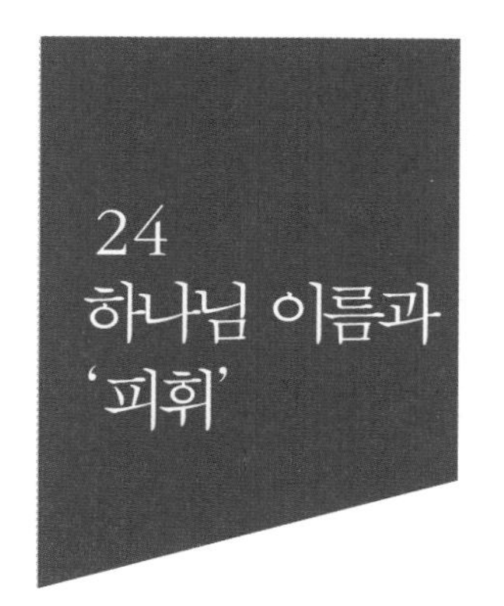

24 하나님 이름과 '피휘'

하나님이 모세에게 이르시되 나는 스스로 있는 자니라 또 이르시되 너는 이스라엘 자손에게 이같이 이르기를 스스로 있는 자가 나를 너희에게 보내셨다 하라(출 3:14).

신명 '야웨'(יהוה)는 구약에 6,823번 사용되는 것이 확인된다. '거룩한 네 글자'라고 부른다. 현재 구약 히브리어 본문에는 모음이 표기되었으나 본래 유대인들이 어떻게 읽었는지 정확히 알 수 없다. 하나님 경외를 중히 여기던 이스라엘은 그분의 이름을 함부로 입에 담을 수 없었다. 네 글자는 성서의 필사와 대제사장의 예루살렘 성전 예배에서만 허용되었다. 그것도 기원후 70년 성전 파괴 이후에는 부를 수 없었다. '야웨'(Yahweh)로 추측하기도 하지만 일부 학자들의 제안이다. 구전 전통의 유대교에서는 네 글자를 '나의 주'라고 읽거나 심지어 건너뛰기도 했다. 히브리어 모음이 확정될 때 '아도나이'에 해당하는 모음을 넣어 '나의 주'로 표기한 것이다. 이러한 유대교 관습을 모르던 기독교 번역자들이 '네 글자'에 포함된 모음을 그대로 읽어 'Jehovah'라고 표기한 뒤부터 현재의 '여호와'로 굳었다.

문법적으로 보면 '여호와'일 가능성은 매우 낮다. 유대교의 독법에는 기록 '커티브'(כתיב)와 읽기 '커레'(קרי)가 일치하지 않는 예가 있다. '여호와'

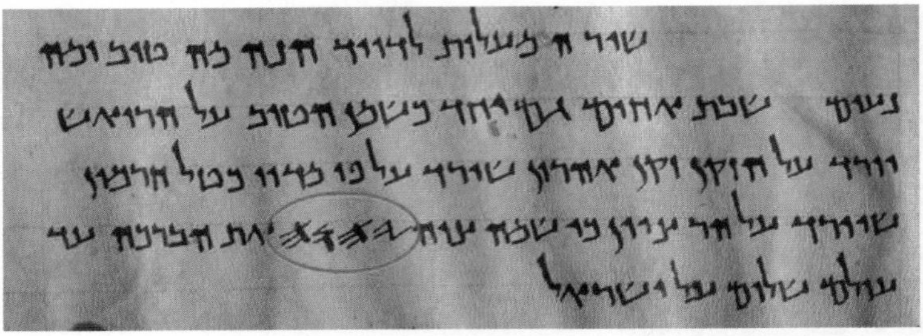

사해문서의 고대 히브리어 '야웨'(동그라미).
동양 전통의 피휘와 흡사하다.

에 해당하는 네 글자의 커티브로는 '여호와'지만 실제로 읽는 커레로는 '아도나이'가 된다. '주 여호와'(אֲדֹנָי יֱהוִה)인 경우 '아도나이 아도나이'로 중첩되기 때문에 '아도나이 엘로힘'으로 읽는다(창 15:2). 유대교에서 '거룩한 네 글자'는 '부를 수 없는 이름'이다. 지금도 회당에서는 '아도나이' 라고 읽는다. 〈70인역〉도 유대의 전통을 따라 'ὁ κύριος'로 번역하였다. 윌리엄 틴들(Tyndale)은 현대 영어 번역의 표기에 기초를 놓았다. 즉 히브리어 네 글자를 대문자를 활용하여 'the LORD'로 적은 것이다. 히브리 전통 '아도나이'를 살린 셈이다. 현대 영어 번역은 'Jehovah' 대신 '아도나이' 독법대로 'the LORD'로 표기한다(Tanakh, NRSV, NIV). 학계에서는 대문자 YHWH로 통용한다.

동양 전통에 피휘(避諱)라는 예법이 있다. '휘'(諱)는 군주의 이름을 가리킨다. 왕이나 조상의 이름과 같은 글자를 피하려는 존대법이다. 더러 기휘(忌諱)라고도 한다. 비슷한 다른 글자로 바꿔 쓰는 대자(代字), 아예 글자를 쓰지 않고 공백으로 두는 결자(缺字) 그리고 한 획이나 마지막 획을 쓰는 않는 결획(缺劃) 등이 있다. 윗사람의 이름을 직접 부르는 것은 예법에 어긋난다는 그 문화권의 인식 때문이다. 예컨대 당나라 태종 이세민(李世民)은 이(李)와 발음이 같은 '이'(鯉)를 먹지 못하고 글자로도 사용하지 못하게 했다. 조선 시대 대구의 원래 표기는 '大丘'였으나 조선의 사대부들은 공자의 이름 '구'(丘)를 피하여 '大邱'로 바꾼 것이다. 한편 로마 시대에는 숫자 4를 현재처럼 IV로 쓰는 대신 IIII로 사용한 예가 있다. 왜냐하면 IV가 로마의 주신 '하늘과 천둥의 신'이며 '모든 신 중의 신'인 유피테르(IUPPITER)를 상징하기 때문이다. 서양에서 드물게 사용된 피휘에 해당한다.

한글 성서에는 '거룩한 네 글자'를 '여호와'(개역개정, 1938/1998), '야훼'(공동번역, 1977) 그리고 '주'(새번역, 1993; 가톨릭 성경, 2005) 등 세 가지로 옮겨 다양한 이름을 만나게 된다. 앞에서 살핀 대로 '거룩한 이름 네 글자'를 '여호와'나 '야훼'로 옮긴 것은 유대인의 전통에도 맞지 않을 뿐 아니라 실제 발음도 확인할 수 없다는 약점을 안고 있다. 따라서 최근 번역 성서 대다수가 '주'(the LORD)로 표기하면서 하나님 경외라는 전통과 신학을 담아내고 있다. 간혹 '주'를 주인과 종의 관계를 떠올리며 봉건적인 칭호라고 평가절하하는 비판도 있다. '주'는 주인을 뜻하는 히브리어 '아돈'(אָדוֹן)에서 비롯되었다. 그러나 '나의 주님' 아도나이(אֲדֹנָי)는 주인과 종이라는 상하 관계가 아니라 '계약적 관계'의 일체감과 상호 연대감에서 비롯된 것이다.

예수께서 "너희가 나를 선생이라 또는 주(ὁ κύριος)라 하니 너희 말이 옳도다. 내가 그러하다"(요 13:13)고 말씀하신다. 복음서의 주(the LORD)는 구원자 예수 그리스도다. 유대교에서 하나님 네 글자를 '아도나이' 곧 '나의 주님'이라고 불렀듯! 하나님에 대한 '아도나이' 칭호는 다음과 같은 두 가지 사실을 내포한다. 즉 하나님의 이름을 직접 부르지 않고 경외하며, 그의 계약 상대자인 그 백성은 주인이신 절대자 하나님께 전적으로 순종하고 서로의 하나 됨을 확인한다.

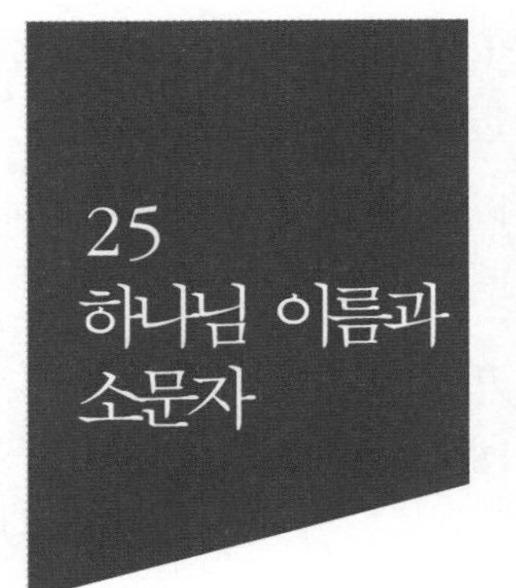

하나님이 모세에게 이르시되 나는 스스로 있는 자니라 또 이르시되 너는 이스라엘 자손에게 이같이 이르기를 스스로 있는 자가 나를 너희에게 보내셨다 하라(출 3:14).

카롤루스 대제(Carolus Magnus, 742-814)는 경건한 신앙인으로 정복지마다 복음 전파에 힘을 기울였다. 요크의 수사 알퀸(Alcuin, 735-804)은 아헨 궁정학교의 책임자로 임명되었다. 로마 황제의 전폭적인 지원을 받은 그는 교육은 물론 전문적인 필사실(scriptorium)을 설치하여 손가락에 동상이 걸릴 정도로 성서와 고전 사경(寫經)에 매달렸다. 알퀸은 이 과정에서 한두 획으로 쓸 수 있는 소문자를 체계화한다. 이른바 중세 유럽의 표준 소문자를 완성한 것이다. 〈Knight, "Searching for the Roots: The Origins of Carolingian Minuscule," 32-39〉 새로운 표기법은 카롤루스 대제의 통치력 덕분에 서로마 전역에 급속하게 퍼졌고 이윽고 카롤링거 르네상스를 여는 초석이 되었다. 〈McKitterick, *The Carolingian Culture: Emulation and Innovation*, 234〉

소문자의 본격적인 등장으로 신명의 첫 글자를 대문자로 쓰는 방식이 대두되었다. 사해사본은 일찍이 '하나님 이름 네 글자'를 당시 통용하던

INCIPIT LIBER
EXODVS
HAEC SUNT
NOMINA
FILIORU
ISRAHEL
QUIINGRES
SISUNT IN
AEGYPTU
CUM IACOB
SINGULI
CUM DOMI
BUS SUIS
INTROIE
RUNT
Ruben. simeon. leui. iuda. issachar. zabulon
et beniamin. dan et nepthalim. gad et aser.
Erant igitur omnes animae eorum qui egres
sae sunt de femore iacob. septuaginta quinque.
Joseph autem in aegypto erat. Quo mortuo et
uniuersis fratrib. eius omniq. cognatione sua.
filii isrt creuerunt. et quasi germinantes multi
plicati sunt. ac roborati nimis impleuer. terra.

카롤링거 소문자(아랫부분. 출애굽기 1장)

사각형 히브리어 대신 고대 히브리어(paleo-Hebrew)로 표기하여 차이를 두었다. 히브리 알파벳의 대문자와 소문자는 구별되지 않기 때문에 글자 크기를 달리하여 강조한다(참조. 신 6:4). 유대교의 경건한 신앙은 알퀸의 신명 대문자 표기로 계승된 셈이다. 그리하여 'Dominus'(Vulgate), 'Jehovah'(KJV), 'Yahweh'(NJB) 등으로 첫 글자만 대문자로 쓰다가 최근 'the LORD'(NRSV, NIV, NKJV, TANAKH)로 항상 대문자로 표기한다. 출애굽기 3장 14절의 אֶהְיֶה אֲשֶׁר אֶהְיֶה(에흐웨 아셰르 에흐웨) 역시 대문자 'I AM WHO I AM'(NRSV, NKJV, NIV), 'ICH WERDE SEIN, DER ICH SEIN WERDE'(Luther)로 옮긴다. 특이하게도 KJV 번역은 'I AM THAT I AM'으로 관계대명사 'THAT'을 취했다. 관계대명사는 선행사에 달려 있지만 둘의 문법적 차이는 명백하다.

'I AM WHO I AM'은 하나님의 자기 계시로서 신적 원형질을 담은 구절이다. 〈LaCocque and Ricoeur, 425-467〉 그분의 본성 곧 'I AM'은 시간이나 공간에 의해 변형되거나 굴절되지 않고 항상 동일하게 'I AM'을 그대로 유지하며 존재한다(사 41:4; 44:6; 48:12; 계 1:8). 그러니 대문자 'I AM'으로 표기하여 그분의 과거, 현재, 미래를 통하여 언제나 동일한 분임을 신학적으로 체계화한 것이다. 문법적으로 사람이나 인격체를 지시하는 'WHO, DER'보다, 신학적으로는 'THAT'이 옳은 이유다. 관계사 'WHO'가 영원무궁하신 하나님을 사람이나 인격체로 국한한다면 KJV의 'THAT'은 사람은 물론 사물까지 포괄하며 시간과 공간에 제한받지 않는 하나님의 속성을 광범위하게 반영한다. 따라서 'I AM THAT I AM'은 어떤 상황이나 대상을 만나도 여전히 'I AM'을 똑같이 간직하고 드러내시는 하나님의 자기 선언이다.

'우리의 형상과 모양'으로 사람을 창조하셨다(창 1:26)는 구절을 외모나 본성으로 풀기에는 불충분하고 진부하다. 출애굽기 신학으로 말하자면 사람은 'I AM'을 하나님처럼 'I AM'으로 실현할 수 있는 가능성을 부여받고 태어났다는 뜻이다. 'I AM THAT I AM' 구문의 진실이다. 그러나 사람은 '하나님의 형상과 모양'(I AM)을 지녔으나 일관되게 'I AM'을 구현하지 못하고 'I am, i Am, i am' 등으로 굴절시킨다.[25] 사람이란 자기중심적이어서 자아(שֵׁם)에 붙들리고 욕망(תְּשׁוּקָה)에 사로잡혀 '나 안의' 하나님 'I AM'을 제한하고 국소화한다(창 3:5, 16). 자기(self)에 갇힌 미성숙한 인간에 다름 아니다.[26] 따라서 'I am, i Am, i am'은 사람의 하나님 본성(I AM)이

25 사람은 I am, I am, I am, i am, i Am, i am, i'm, i'm, I'm 등처럼 다양하게 변형될 수 있다.

역사와 현실(THAT)을 통과한 에고(אֲנִי)의 파편들이다.

하나님과 사람의 차이는 'THAT' 이후에 극명하게 갈린다. 하나님 'I AM'은 여전히 'I AM'이나, 사람은 본성인 'I AM'에 미치지 못하거나 일부만 팽창하고 심지어 왜곡한다. 예컨대 'I am'은 사람이 'I AM' 실현보다 자아실현을 위한 에고의 뒤틀린 모습을 닮았다. 영어 대문자 'I'는 제프리 초서(Geoffrey Chaucer) 이래 자기중심적인 인간의 자아를 표상한다.[27] 대문자 'I'로 형성된 자아는 끊임없이 에고를 충동하고 자극하여 하나님의 본성과 다른 'I am'을 실현하고자 한다. 그럼으로써 'I AM'에서 단절되고 하나님을 자신의 일그러진 현실 'i Am'에 가둔다. 사람이 하나님의 'I AM'을 자신의 삶에 반영하지 못하고 하나님을 능가하려는 모든 시도와 반역은 'i am'이다. 불일치와 불균형이다.

하나님은 과거, 현재 그리고 미래에 변함없이 영속적이며 동질적이다. 편의상 시간 개념으로 영원하다고 표현한 것이지 하나님은 언제나 동일하신 하나님(I AM THAT I AM)으로 시간과 공간에 구애받지 않는다. 그러나 사람은 태어난 터전(I AM)을 벗어나 'i Am'으로 부분적으로 팽창하고 왜곡하며 변질시킨다. 최근 우리는 일인칭 소문자 'i'를 경험한다. 전자메일과 스마트폰 문자 등에서 대문자 'I' 대신 소문자로 '나'(i)를 표기하는 것이다. 과연 'i'가 우리를 하나님의 형상으로 인도할 수 있을까? 하나님은 "어제나 오늘이나 영원토록 동일하신 분이다"(히 13:8).

---

26 소문자 self는 심리학적 용어로 에고를 가리킨다.

27 Caroline Winter, "Me, Myself and I," *The New York Times Magazine* (Aug. 3, 2008).

26
출애굽
엑소더스
‘예치아’

한국 가톨릭이 2005년 〈성경〉을 발행하며 친숙한 ‘출애굽기’ 대신 ‘탈출기’로 번역하였다. 차이는 ‘애굽’을 빼고 〈70인역〉의 ‘엑소더스’를 따른다는 점이다. ‘출애굽기’에는 ‘애굽’이 포함되어 이집트 탈출이라는 공간을 알리는 측면이 있으나 해석의 다양성을 한정하는 약점도 있다. 더구나 ‘출애굽기’는 탈출의 출발지를 명시하면서도 정작 목표를 담지 못하는 한계가 뚜렷하다. 또한 ‘탈출기’가 중립적이고 포괄적이나 누가 주도하는지 애매하다. 렌트로프(R. Rendtroff)는 하나님이 이스라엘을 이끌어 내셨다는 의미로 ‘출애굽’보다 ‘인도하심’(Herausführung)으로 풀어 하나님의 주도성을 강조한다. 〈렌트로프, 『구약정경신학』 124〉 필로의 ’Εξαγωγη는 ‘밖으로 끌어내다’, ‘인도하다’의 명사형으로 렌트로프의 ‘Herausführung’과 같은 의미다. 여전히 출발선에 있을 뿐 엑소더스의 목표는 알 수 없다.

크라우스(Joachim J. Krause)는 그의 저작에 *Exodus und Eisodus*라는 제목을 붙였다.[28] 그의 연구는 여호수아에 집중되지만 그 제목은 ‘출애굽’와 관련하여 그 출발과 목표를 동시에 흡족시키는 신학적 명명이다. ‘Exodus’를 이집트 탈출(Exodus out of)로, 'Eisodus'를 가나안의 진입(Exodus into)으로 상정한 개념이나 사실상 둘은 개별적 사안이 아니며 독립적으로 나눌 수 없다. 왜냐하면 그것은 한 사건의 시작과 완성이기 때문이다. 크라우스의 엑소더스와 아이소더스는 이집트의 탈출과 가나안의 진입을 개념적으로 확립한 측면이 있으나 두 사건으로 분리하고 한 주제로 아우르지 못한다는 점에서 아쉬움이 남는다.

기원전 8세기 예언자 미가는 하나님이 이스라엘을 이집트에서 인도해 낸 일(exodus)과 '싯딤에서 길갈'까지의 일(eisodus)을 '야웨의 공의'(יְהוָה צִדְקוֹת)라고 선포한다(미 6:4-5). 미가는 '야웨의 공의'를 이스라엘의 이집트 탈출과 요단을 건너 가나안 진입에 이르는 긴 여정(수 3:1-4:19)으로 보고 그것이 곧 하나님의 온전한 구원 행위라고 파악한 것이다. 하지만 '야웨의 공의'는 엑소더스와 에이소더스를 지나치게 추상화한 나머지 탈출과 진입의 근거가 오간 데 없어지고 말았다. 폰 라트(G. von Rad) 또한 '역사적 신앙고백'에서 이집트 탈출과 가나안 진입을 한 짝(pairs)으로 이해한 바 있다. 〈폰 라트, 『구약성서 신학』 I, 129-133〉

> 야웨께서 강한 손과 펴신 팔 그리고 큰 위엄과 표적과 경이로 우리를 이집트에서 이끌어 내어(וַיּוֹצִאֵנוּ) 이곳으로 인도하셨으며(וַיְבִאֵנוּ) 이 땅 곧 젖과 꿀이 (풍성한) 이 땅을 주셨습니다(신 26:8-9).

'이집트 탈출과 가나안 진입'이라는 역사 고백의 핵심은 오랜 예배에 활용된 것으로 보인다(신 6:20-24; 수 24:2-13; 삼상 12:8; 시 78; 105; 136).

---

28 Joachim J. Krause, *Exodus und Eisodus: Komposition und Theologie von Josua 1–5* (Leiden: Brill, 2014).

히브리어 동사 '야차'(יָצָא)는 쓰임에 따라 사역동사로 이집트 제국으로부터 하나님의 인도(lead out)와 '젖과 꿀이 흐르는 가나안'으로의 진입(lead into)을 의미한다. 이렇듯 고대 이스라엘의 신앙고백에서 확인된 '엑소더스와 에이소더스'라는 두 측면을 어떻게 신학적 개념으로 포괄할지가 관건이다.

'엑소더스', '엑사고게', '출애굽'은 구약성서에 언급되지 않는 용어들이다. 역사적 신앙고백(신 26:5-9; 수 24:2-13)에서 확인하듯 이스라엘의 출애굽, 엑소더스, 엑사고게는 명백하고도 중요한 역사적 사건이다. 그러나 세 용어 모두 그 일련의 사건을 신학적으로 반영하지 못하고 특정 부분을 확대한다. 히브리어 '예치아'(יְצִיאָה)는 이집트 탈출과 가나안 진입을 압축한 개념으로 활용될 수 있다. '야차'의 히필형에 근거한 예치아는 엑소더스와 아이소더스의 주요한 다섯 가지 신학적 요소들을 담아낸다. 예컨대 '야차' 동사의 주어는 ① 야웨 하나님(주체)이고, ② 그 목적어는 히브리 노예들(대상)이다. 그의 백성 이스라엘이 고통받고 신음하자 그들을 ③ 이집트(장소)에서 ④ 이끌어 내어(י: 내용), ⑤ 가나안 땅(הָ: 목표)에 진입시킨 것이다. 따라서 엑소더스, 엑사고게, 출애굽이 부분적인 과정에 그친다면 예치아는 이스라엘의 이집트 탈출과 가나안 진입이라는 모든 과정을 포괄하는 전문적인 용어로 간주될 수 있다.

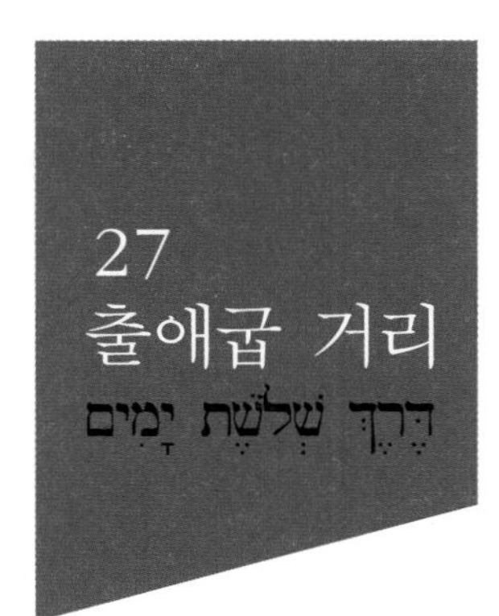

27 출애굽 거리
דֶּרֶךְ שְׁלֹשֶׁת יָמִים

그들이 네 말을 들으리니 너는 그들의 장로들과 함께 애굽 왕에게 이르기를 히브리 사람의 하나님 여호와께서 우리에게 임하셨은즉 우리가 우리 하나님 여호와께 희생을 드리려 하오니 사흘 길쯤 광야로 가기를 허락하소서 하라(출 3:18).

이집트 고센 땅에서 탈출을 꿈꾸던 모세는 이스라엘을 이끌고 어디까지 가야 안전하다고 생각했을까? 독자들은 가나안, 곧 "젖과 꿀이 흐르는 땅"을 떠올리겠지만 사실 출애굽기는 "사흘 길쯤 광야"라고 에두른다(출 3:18). 모세가 바로에게 이집트에서 사흘 동안 광야로 가서 야웨 하나님께 제사할 수 있게 해달라고 요청하는 대목이다. 성서에서 사흘은 대개 시간적 표현이지(창 40:12; 42:17; 수 2:16; 9:16; 삿 14:14; 에 4:16) 공간적 의미는 드물다. 한편 세 사람(욥 2:11; 겔 14:14), 삼 세겔(레 27:6), 세 부대(삿 7:20), 세 이레(단 10:3), 살 셋(삼상 20:20) 등처럼 관용적 어구로 다양하게 활용되기도 한다. 출애굽기에서 사흘 길의 용례를 자세히 살펴본다(출 3:18; 5:3; 8:27; 15:22).

그러면 '사흘 길'이란 어느 정도 거리를 가리키는 것일까? 반나절(삼상 14:14), 하루(창 27:45), 이틀(출 16:29) 등처럼 기본적으로 시간 단위다. '사흘 길'은 글자 그대로 삼 일을 걸어서 갈 수 있는 거리를 뜻한다. 간혹 거리를 뜻하는 '하룻길'도 보인다(민 11:31; 왕상 19:4). 오경에 사흘 길에 관한 비슷한 용례가 있다. 라반은 품삯을 요구하는 야곱에게 '사흘 길' 간격을 두고 가축을 치게 하였다(창 30:36). 이때 사흘이란 재산에 욕심을 가진 야곱이 라반의 가축에 얼른 접근하기 어려운 물리적인 거리를 가리킨다. 민수기에 의하면 언약궤는 이스라엘보다 '삼 일 길'을 앞서 나갔다(민 10:33). 광야 시절 이스라엘을 이끌던 언약궤는 야웨의 현존으로 간주되었기 때문에 함부로 다가갈 수 없었고 그렇기에 일정한 간격이 필요했다. 한편 에담 광야에서 마라까지 '사흘 길'이었다(민 33:8). 이때 사흘 길이란 이스라엘이 경험한 출애굽의 해방과 자유(비하히롯)가 사흘 만에 다시 무질서와 혼란에 빠질 수도 있다는 충고다(출 15:22-24).

그런가 하면 예언자 요나는 사흘 동안 니느웨를 돌며 하나님의 말씀을 외쳤다(욘 3:3). 요나서는 '사흘 길'이 아니라 '사흘 도보'(מַהֲלַךְ שְׁלֹשֶׁת יָמִים)로 표기된다. 요나가 삼 일 동안 줄곧 걸어 다닌 사실에 초점을 맞추었다. 또한 니느웨가 사흘 동안 돌아다녀야 할 만큼 엄청나게 큰 성읍이라는 뜻이기도 하다. 비슷한 맥락으로 아브라함은 이삭과 함께 모리아 산을 향해 가다가 '제삼일'(בַּיּוֹם הַשְּׁלִישִׁי)에 목적지에 이른다(창 22:4).

'사흘 길'이 어느 정도 거리인지 살피기 전에 이 숫자의 상징성과 용례를 들여다보자. 먼저 고대인들에게 숫자 3은 동서양을 막론하고 상징성이 큰 것으로 보인다. 피타고라스는 숫자야말로 만물의 근원이라고 주장한다. 특히 숫자 3은 자신보다 작은 수의 합과 같고(3=1+2), 그 이하 모든 수를 더한 값(1+2+3=6)과 곱한 값(1×2×3=6)이 동일하다. 그러니 3의 위치와 상징이 유별한 것을 알 수 있다. 우리에게도 만세삼창, 천지인, 삼세번, 삼고초려 등 친숙한 숫자이며 신성하달 수 있다. 이른바 기독교 신학의 정수라고 할 만한 삼위일체는 성부, 성자, 성부를 숫자 '3'에 연결한 신학의 결정체다. 이렇듯 출애굽의 사흘 길은 막연히 떠올린 숫자로 간주할 수 없고 고대 이스라엘의 신앙인들에게 암시된 상징적인 의미가 있다고 봐야 한다.

사흘 길은 건장한 남성이 하루 평균 50km를 걷는다면 150km쯤 되는 거리다. 그렇다면 이집트의 국고성 비돔과 라암셋에서 수에즈만 쪽 직선 방향으로 시내 반도 마라 혹은 엘림까지 어림잡을 수 있다(지도 4를 참조하라). 이 정도 떨어진 거리라면 모세와 이스라엘은 바로와 이집트 군대의 추격에 불안하지 않고 야웨 하나님을 예배하고 자유와 해방을 만끽할 수 있었을 것이라는 추론이 가능하다. 그러므로 모세가 바로에게 요청한 '광야 사흘 길'은 어느 특정 지점이나 거리라기보다는 이집트 군사의 위협과 추격권에서 완전히 벗어난 공간으로서 충분히 떨어진 거리다. 동시에 사흘 길은 하나님의 명령대로 예배할 수 있는 '너무 멀지 않은' 곳이기도 하다(출 8:28).

라반과 야곱의 사흘 길, 언약궤와 이스라엘의 사흘 길, 요나의 사흘 길(또는 다윗의 사흘 동안 전염병) 등에서 확인했듯 구약에서 사흘 길은 두 세력 사이에 영향력이 거의 미치지 않을 정도의 간격을 뜻한다고 봐야 한다. 이집트로부터 이스라엘의 안전거리는 사흘 길이면 충분하다. 그것이 곧 출애굽의 거리다.

28 지팡이와 뱀의 변증적 관계

여호와께서 그에게 이르시되 네 손에 있는 것이 무엇이냐 그가 가로되 지팡이니이다 여호와께서 가라사대 그것을 땅에 던지라 곧 땅에 던지니 그것이 뱀이 된지라 모세가 뱀 앞에서 피하매(출 4:2-3).

출애굽기에는 '지팡이'가 20여 차례 언급되는데(출 4:2; 7:9; 8:5; 9:23; 10:13) 그중 절반 이상이 '손'과 함께 사용되었다(출 4:2, 4, 7, 20; 7:15, 17; 14:16; 17:19). 모세는 물론 아론 역시 지팡이를 들고 이스라엘을 지휘한다(출 7:9; 8:1, 2, 12, 13). 구약에서 지팡이는 '마테'(מַטֶּה), '마켈'(מַקֵּל), '셰베트'(שֵׁבֶט) 등 유사한 단어들이 섞여 쓰인다(출 4:2; 12:11; 21:20). 대체로 채찍, 막대기, 지팡이 등으로 번역된다. 위 본문의 지팡이(마테)는 동사 '펴다'는 뜻의 '나타'(נָטָה)에서 유래한 것이다. 고대 사회에서 지팡이는 지도자의 위엄과 권력을 상징하는 위신재(威信財)의 일종이다.

지팡이는 양치는 목자의 필수 장비였다(레 27:32; 삼상 18:40; 겔 20:37; 미 7:14; 시 23:4). 즉 양무리를 이끌 때 긴요하게 쓰였을 뿐 아니라 습격하는 동물들을 물리칠 때 효과적인 도구가 되었다. 한편 여행자에게도 막대기는 적절한 수단이었다. 길을 가로막은 방해물을 치우거나, 가파른 길을 오를 때, 또는 위협적인 환경을 벗어날 때 활용되었다(출 12:11; 창 32:11;

삼상 14:27; 막 6:8). 노인이나 다친 사람들은 지팡이를 의지하며 걸을 수 있고(출 21:19), 잘못한 사람을 혼내거나(출 21:20; 잠 13:24; 삼하 7:14) 방어할 수도 있다(민 22:27). 하나님은 다윗과 계약을 맺으며 죄를 지으면 '사람의 매(שֵׁבֶט)와 인생 채찍(נֶגַע)'으로 징계하신다고 경고한다(삼하 7:14). 이 구절에서 '매'는 모세의 지팡이와 동의어다. 무엇보다 양을 치는 목자에게 반드시 필요한 것이었다.

출애굽기 4장에서 모세의 손에 있던 지팡이를 던지자 뱀이 되었다고 전한다(3절). 지팡이와 뱀은 어떤 관계일까? 그리스 신화에도 지팡이와 뱀이 언급된다. 의술의 신 아스클레피오스가 들고 있는 '뱀이 감고 도는 지팡이'는 보통 병원이나 의료단체의 상징으로 활용되는데 언뜻 이해하기 어렵다. 하필 지팡이와 뱀의 결합일까? 그 이유는 이렇다. 아스클레피오스가 제우스의 번개를 맞고 죽은 고린트 왕을 치료하는 중에 뱀이 들어오자 지팡이로 심하게 내리쳤다. 그러자 곧 다른 뱀이 어떤 약초를 물고 들어와 죽은 뱀의 입에 대자 다시 살아났다. 아스클레피오스는 그 약초를 고린트 왕의 입에 물려 살려 냈다. 그 후 자신의 지팡이에 뱀을 휘감아 의술 곧 자신의 상징으로 삼은 데서 비롯되었다.

뱀은 고대인들에게 신비로운 동물이었다. 왜냐하면 뱀이 허물을 벗고 다시 살아날 뿐 아니라, 사람과 달리 물과 뭍에서 생존할 수 있기 때문이다. 이와 같은 뱀의 특성으로부터 한편으로 삶과 죽음, 또는 건강과 질병의 두 차원을 통합하는 상징성과 다른 한편 회춘 및 불멸성이라는 인간의 염원을 투영하게 된 것이다.[29] 따라서 치유, 지혜, 불멸, 회춘, 죄, 죽음 등 여러 면모를 볼 수 있다. 그중에서 사람의 건강과 목숨을 다루는 의사의 영역은 뱀의 특징과 여러모로 맞닿아 있는 것으로 보았다.[30]

---

29 Houtmann, *Exodus* Vol 1. 137.

아스클레피오스의 지팡이는 중세에 교회로부터 금지되다가 현재는 '헤르메스의 지팡이'와 함께 병원, 의술과 관련된 단체에서 두루 쓰인다.

하나님은 모세에게 지팡이를 땅에 던지라고 명령한다. 그러자 지팡이는 뱀으로 변하였다. 모세는 화들짝 놀란 나머지 본능적으로 피한다. 그가 하나님의 말씀대로 꼬리를 잡자 이내 지팡이로 바뀌었다. 이처럼 모세가 두려워할 때 하나님은 그에게 나타날 것을 약속하신 것이다. 랍비들은 뱀을 창세기 3장과 관련시키며 지팡이가 뱀으로 변한 것은 모세가 마치 뱀처럼 지혜롭게(?) 말하고 행동했기 때문이라고 풀이한다.〈*Exodus Rabba* III.12〉 하나님이 모세의 지팡이를 뱀으로 바꾸신 이적은 단순히 바로와 그의 신하들을 두렵게 하려는 마술이 아니다. 그에게 이스라엘의 해방을 통하여 삶과 죽음을 맡기신다는 위대한 사명과 신적인 권위를 부여하는 의식(ritual)이다. 그리하여 무섭고 떨리며 위축되는 순간 하나님이 나와 함께하심을 믿게 하려는 것이다.

모세의 지팡이가 뱀으로 변신한 이유는 명백하다. 지팡이는 광야 길을 열어 주며 의지할 수도 있지만 어느 순간 뱀처럼 놀라게 하거나 상처를 낼 수도 있다. 지팡이는 모세가 양치는 목자였기 때문에 쉽게 떠올릴 수 있는 도구로 활용되었다. 그 지팡이를 뱀으로 둔갑시킨 것은 모세를 두렵게 하며 도망하게 하려는 데 있지 않다. 뱀의 똬리와 치명적인 독이 경계심을 갖게 하지만 동시에 허물을 벗고 다시 사는 영원한 생명을 보여준다. 더구나 아스클레피오스가 구현하지 못한 이스라엘의 구원을 책임질 인물로 거듭나게 하려는 것이다. 지팡이에는 길잡이와 채찍이라는 이중적인 함의가 들어 있다.

---

30 Stavros A. Antoniou, "The Rod and the Serpent: History's Ultimate Healing Symbol," *World Journal of Surgery* 35.1 (June 2011), 217-221.

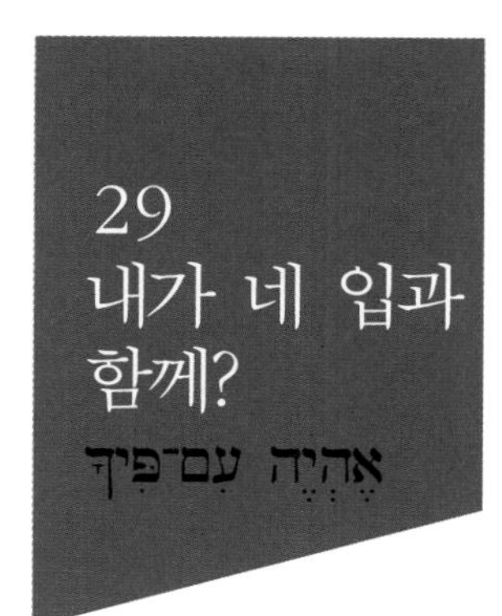

이제 가라 내가 네 입과 함께 있어서 할 말을 가르치리라(출 4:12).

하나님은 양치기에 무료한 모세를 불러 '내가 함께하겠다'며 조상들의 하나님이라고 밝힌다. 그러나 모세는 이스라엘 자손을 이집트에서 인도하라는 하나님의 명령을 연거푸 거절한다(3:11, 13; 4:1). 그때마다 하나님은 자신감을 가지라며 몇 가지 증거를 제시한다. 첫째는 지팡이가 뱀이 되고(2-4절), 둘째는 손에 나병이 생긴 것이며(6-7절), 셋째는 나일강 물이 피로 변한 것이다(8-9절). 이처럼 명백한 이적이 모세의 눈앞에서 벌어지는데도 그는 바로 앞에 나설 자신이 없다. "나는 본래 말을 잘하지 못하는 자니이다"(10절). 입이 뻣뻣하고 혀가 둔해 말을 못 한다고 물러선다. 모세의 네 번째 거절이다. 한글 번역은 '뻣뻣하다, 둔하다'지만 히브리어는 '무겁다'(카베드, כָּבֵד)로서 한 낱말이 여러 가지로 옮겨진 것이다.

구약에서 '카베드'는 형용사로 문자적인 의미는 '무겁다'이며 출애굽기에서는 크고 많은 상태를 가리킬 때 사용된다(출 8:30; 9:3, 18, 24; 10:14; 12:38; 19:16). 부정문에서 '카베드'는 마음에 부담이 되거나 두려운 상태, 또는 압박감을 느끼는 상황에 적용된다. 즉 피곤하거나(출 17:12), 과중한

업무(18:18)로 인하여 느려진 말투와 불분명한 소리를 가리킬 때 '카베드'가 사용된다(4:10; 겔 3:5f). 한편 바로의 마음이 완고해져서 신체의 기능이 저하될 경우에도 쓰이고(출 7:14), 눈이 침침하거나(창 48:10) 귀가 둔해져서 듣지 못할 때 역시 '카베드'로 표현된다(사 59:1). 뒤에 열 가지 재앙이 덮칠 때 '카베드'는 더욱 강한 어조로 상황의 심각성을 묘사한다(9:3, 18, 24; 10:14; 12:38).

위 본문에서 '카베드'는 입(פֶּה)과 혀(לָשׁוֹן)가 동시에 언급되어 모세의 말 실력이 대수롭지 않다는 사실을 보여준다. 그럼에도 하나님은 인내심을 가지고 모세를 다시 설득한다. "누가 사람의 입을 지었느냐 … 나 여호와가 아니냐"(11절). 창조자 하나님의 전능하심을 강조한 것이다. 그러니 너는 가서 나의 명령을 수행하라며 주신 말씀치고는 뜻밖이다. "내가 네 입과 함께 있어서 네 할 말을 가르치리라"(12절). '네 입과 함께'라니 도대체 무슨 뜻일까?

히브리어 '페'(פֶּה)는 입을 가리키며 500차례 이상 언급되는 단어다. 말하는 기관으로 주로 하나님뿐 아니라 사람이 주어가 된다(출 4:10, 11, 12, 15, 16; 13:9; 23:13). 입은 보통 말하는 능력을 뜻하기 때문에 예언자는 자연히 하나님의 입이 된다(사 1:20; 40:5; 렘 9:11; 15:19; 호 6:5). '페'와 나란히 쓰인 '라숀'은 혀 또는 언어를 의미하나(시 10:7; 37:30; 66:17; 73:9; 78:36) 둘이 서로 동의어처럼 사용된다.

모세가 '나는 입이 뻣뻣하고 혀가 둔한 자'라며 겸양의 모습을 보인 것은 그가 말을 능숙하게 하지 못하고 상대를 설득할 만한 말 재변이 아니라는 뜻이다. 그리하여 모세는 자신의 약점을 감추지 않고 오히려 드러냄으로써 하나님께 자신이 이스라엘을 인도해 낼 적임자가 아니라며 거절한 것이다. 이 점 때문에 유대교의 라시와 몇몇 학자들은 모세가 말더듬이였을 가능성을 제기한다. 이븐 에스라는 모세의 태생적인 약점 때문에 그가 어눌하게 말할 수밖에 없었다고 주장한다. 〈70인역〉의 번역을 주목할 필요가 있다. ἰσχνόφωνος καὶ βραδύγλωσσος. 즉, '더듬거리는 소리와 느린 말투'는 이븐 에스라의 추측에 힘을 실어 준다. 따라서 제롬의 〈불가타〉는 상당히 은유적인 표현으로 번역하였다. "나는 재치 있게 받아치지 못하고 어둔한 말투를 가진 사람입니다."

모세의 여러 차례 거절은 지나친 겸손을 넘어 하나님에 대한 불경이 아닐지 의문이 들기도 한다. 프로이트는 모세가 '입이 뻣뻣하고 혀가 둔한 사람'이라고 거절한 데 대하여 상당히 설득력 있게 설명한 바 있다. 이집트와 미디안에서 생활하던 모세가 히브리어에 능숙하지 않았을 것이기에 당연하다는 풀이다. 그러나 바로와 대면할 때 이집트어로 대화하는 상황을 염두에 둔다면 히브리어 능력은 어색하다. 그렇다고 하나님은 결코 포기하지 않으신다. 하나님이 "가라 내가 네 입과 함께 있어 할 말을 가르치리라"고 하신 것은 "너와 함께 있으리라"는(3:12) 약속보다 더 적극적이며 구체적인 개입을 의미한다. 그것은 '네 입과 함께'라고 하신 말씀과 '가르치다'에서 앞으로 계시할 '토라'를 읽어 내야 한다. "너희가 행할 일을 가르치리라"고 15절에 거듭된다.

여호와께서 모세에게 이르시되 네가 애굽으로 돌아가거든 내가 네 손에 준 이적을 바로 앞에서 다 행하라 그러나 내가 그의 마음을 강퍅케 한즉 그가 백성을 놓지 아니하리니(출 4:21).

출애굽기 7-12장에는 10가지 재앙을 통해 점점 완고해지는 바로의 심리 상태가 잘 묘사되고 있다. 바로의 마음은 재앙이 거듭될수록 완고하며 집착하게 된다. 히브리어 동사 '하자크'(חָזַק), '카바드'(כָּבֵד) 그리고 '카샤'(קָשָׁה)의 사역형이 번갈아 사용되었다. 문자적으로는 '비틀어 짜다', '납덩이처럼 무겁게 하다', '딱딱하게 하다'를 차례로 뜻하며 목적어는 바로의 '심장'(לֵב)이다. 〈개역한글〉은 '드세고 괴팍하다'는 한자어 '강퍅(剛愎)하게'로 번역한 바 있으나, 〈개역개정〉은 '고집스럽고 모질다'는 뜻의 '완악('頑惡)으로 옮겼다. 심장 곧 마음의 상태를 대변한다(신 2:30; 수 11:20; 왕상 18:37).

히브리어 '레브'(לֵב)는 신체의 가장 중요 기관인 심장을 가리킨다. 구약에서 심장은 지성과 감정을 통제하는 중심으로 간주된다. 마음, 정신, 영혼, 의지 등으로도 번역된다. 출애굽기 서두에는 대부분 '마음'으로 번역되어 바로의 심경 변화를 묘사하는 데 집중적으로 나온다. 번역에 따라 '완악'(개정개역), '고집'(새번역), '억지'(공동번역), harden, stiffen heart 등으로 옮겨진다. 따라서 '마음이 완악하다'는 것은 바로가 정상적으로 상황을 판단하기가 어려운 상태라고 보면 된다.

태아는 그 심장이 자궁에서 형성되는 순간부터 하나의 존엄한 생명체로 인정된다. 한 번 뛰기 시작한 심장의 박동은 태어나서 죽을 때까지 단 한 순간도 멈추지 않고 지속된다. 심장에서 수축과 이완의 반복은 살아 있는 생명의 상징이다. 몸의 중추기관으로서 심장은 한편으로 혈액 순환과 산소와 영양분을 온몸에 공급하고 다른 한편으로 이산화탄소와 노폐물 등을 빼낸다. 심장 박동은 저절로 이뤄지지만, 심장 박동의 세기와 속도는 자율신경으로 조절된다. 인체의 심장이 멈춘다면 생명의 유지는 상상할 수 없다.

유대교는 심장을 인간의 생각과 지적인 행위, 이해와 통찰력, 의식과 반성, 판단과 선택 등이 비롯되는 곳으로 여겼다. 그러니 심장이 '뒤틀리고 무거우며 굳으면' 옳고 그름이나 선악을 잘못 분별하거나 이성적인 결정을 할 수 없는 상태가 된다고 본 것이다. 출애굽기 서두에 바로의 마음이 완악해졌다는 구절이 거듭된 것은 이와 같은 상황의 반영이다. 모세의 집요한 요청과 일련의 재앙에도 바로는 사람의 장자와 가축의 초태생이 죽는 결정적인 일격을 맞을 때까지 이스라엘 백성을 쉽사리 놔주지 않았다. 그의 심장이 뒤틀리고 무겁고 굳은 상태였기 때문이다.

랍비들은 심장이 심리적 평안과 마음의 안정에 직결되는 상호 역할을 한다고 보았다. 따라서 그들은 마음의 평온과 생활의 안전을 유지할 제도적인 장치를 궁리해 낸다. 다소 엉뚱하게 들리겠지만 그것은 성서일과이다. 유대교는 모세 오경을 디아스포라에서는 일 년, 예루살렘에서는 삼 년에 한 차례 통독할 수 있는 일과표를 제정한다. 현재는 1년 주기 성서일과로 통일되었다. 한 주를 기준으로 월요일 아침, 목요일 아침 그리고 안식일 아침과 저녁 등 네 차례 읽을 분량을 정교하게 짜놓은 것이다. 기원전 2세기경부터 예언서 일과가 추가되었다. 〈『성서, 인류의 영원한 고전』, 46〉 한편 탈무드는 7년 6개월 동안 완독하도록 설계되어 있다. 오경일과는 '시두르'(סדור), 탈무드일과는 '다프 요미'(דף יומי)라고 불린다. '다프 요미'는 '하루 읽을 분량'이란 뜻과 같이 매일매일 빠짐없이 해당 본문을 읽어야만 정해진 기간에 마칠 수 있다. 모세 오경의 경우 일년 52-53차례 안식일 예배에 성실하게 참석한다면 저절로 오경의 일독에 직접 참여하거나 간접적으로 경험하게 된다. 〈Graves, "The Public Reading of Scripture in Early Judaism," 467-487〉

성서일과가 완성되는 주간의 월요일은 초막절 행사의 마지막 날이다. 초막절이 끝나는 날 밤은 '토라의 기쁨'(שִׂמְחַת תּוֹרָה)을 나누는 '여덟 번째 성회'(הַשְּׁמִינִי עֲצֶרֶת)로 모인다. 이날은 마치 안식일처럼 노동이 허락되지 않고 거룩한 모임, 곧 예배를 드려야 한다(레 23:36). 예배 중에 신명기 33장 1절-34장 12절까지 읽고 곧이어 창세기 1장이 포함된 일과의 첫 구절을 낭독함으로써 토라가 계속되게 한다. 신명기의 마지막 글자 '라메드'(ל)는 창세기의 첫 글자 '베트'(ב)가 결합되면 심장을 뜻하는 '레브'(לֵב)가 된다. 이것은 토라가 처음과 마지막이 있는 단순한 책이라는 뜻이 아니다. 토라의 끝나는 곳이 다시 토라의 처음이 된다는 상징이다. 마치 심장이 한 생명의 일생 동안 펌프질하며 혈액을 공급하듯 토라 또한 한순간의 멈춤도 허락되지 않는다는 뜻이다. 이스라엘이 살아 있는 한 '토라'는 심장처럼 딱딱하거나 무거워지지 않고 유연성을 유지해야 하는 이유도 여기에 있다.

여호와께서 길의 숙소에서 모세를 만나사 그를 죽이려 하시는지라 십보라가 차돌을 취하여 그 아들의 양피를 베어 모세의 발 앞에 던지며 가로되 당신은 참으로 내게 피 남편이로다 하니 여호와께서 모세를 놓으시니라 그 때에 십보라가 피 남편이라 함은 할례를 인함이었더라(출 4:24-26).

본문은 구약성서에서 가장 골치 아픈 구절이다. 현재 기록이 워낙 고어체적이고 내용마저 지나치게 단순해서 연구자들이 독해하는 데 애를 먹는다. 하나님은 떨기나무 불꽃 가운데 나타나 모세를 부르시며 "내 백성을 애굽에서 인도하라"고 명령하신다(출 3:10). 모세의 사양과 거절에도 하나님은 아론과 지팡이를 주어 바로에게 보낸다. 아론은 모세의 대변자요 지팡이는 바로에게 이적을 보여줄 것이다. 모세는 내키지 않았지만 히브리 민족의 해방을 위해 길을 떠났고 한 숙소에 머문 동안 예상치 못한 일이 벌어진다. "여호와께서 그를 만나사 그를 죽이려 하신지라"(24절).

독일성서공회의 해설은 솔직한 편이다. "하나님이 모세를 불러 보내고는 하나님이 몸소 그를 죽이려 하신 까닭이 무엇인지 분명하지 않다." 수수께끼처럼 난해한 구절로 인정한 것이다. 그러나 결론은 이렇다. 하나님은 사람의 경험과 지식으로 헤아릴 수 없는 측면이 있을 뿐 아니라 사람에게 절망적, 또는 부정적인 어떤 것을 거듭해서 행하실 수도 있다는 점이다. 마치 아브라함의 믿음을 시험하는 것이나 야곱의 얍복 강가에서 천사와 씨름한 경우처럼 말이다(창 22:2; 32:22-32). 마치 삶(live)을 거꾸로 쓰면 악(evil)이 되듯 하나님의 명령에도 언제든지 악마의 계략이 들어올 수 있다는 사실을 경계한 말씀이다(민 22:20).

과연 유대교에서는 어떻게 풀고 있는지 랍비들의 입장을 들여다보자. 사실 야웨가 모세를 죽이려 한 단서는 26절의 '할례'(מוּלָה)에서 찾을 수 있다. 모세의 아들 '엘리에셀'은 규정대로 할례를 받지 못한 상태다. 할례는 본디 하나님과 아브라함 사이의 언약의 표징이며 영원한 약속이다(창 17:9-14). 따라서 이스라엘의 모든 남자는 태어난 지 팔 일 만에 할례를 받아야 한다(창 17:12). 그러나 모세는 여행 중이어서 숙소를 찾느라 할례를 행하지 못한 것이다. 랍비들은 '숙소'(מָלוֹן)와 '할례'에 주목한다. 즉 '말론'(מָלוֹן)은 할례의 '물라'(מוּלָה)와 비슷한 발음 때문에 둘 사이의 어떤 암시가 있다고 본 것이다. 모세가 여행 중 머물 숙소를 찾느라 아들이 의무적으로 받아야 할 할례를 놓쳤다는 해명이다. 〈*Exodus Rabba* 5:8〉

여호수아 본문은 세 차례나 '광야 길에서'를 강조하며 출타 중에는 할례를 받지 않은 사실을 강조한다(4, 5, 7절). 카수토는 여행 중에 할례가 유예될 수 있다고 설명한다. 왜냐하면 이동하는 중에 할례를 행하면 상처가 덧나거나 청결하게 관리하지 못해 생명을 잃을 수도 있기 때문이다. 〈Cassuto, 59〉 아마도 엘리에셀의 경우 때문에 할례의 예외적인 규정을 제정했을 것이다. 예컨대 여호수아 5장은 여행 중에는 태어나고 팔 일 만에 할례를 받지 않아도 된다는 친절한 안내를 제시한다(수 5:2-7).

따라서 모세는 아들의 할례와 하나님의 명령 가운데서 유예될 수 있는 경우를 선택하는 상황이었다. "만약 이동 중에 '엘리에셀'에게 할례를 베푼다면 적어도 사흘 동안 그의 생명이 위험에 처할 수 있고, 또한 그렇게 삼 일을 허비한다면 애굽으로 떠나라는 사명 완수가 미뤄질 수밖에 없다."〈Carasik, *The JPS MiQraot Gedolot: Exodus*, 31〉 모세의 고민을 드러내는 주석이다. 당연히 모세는 여행 중 할례의 유보를 인지하고 그들의 숙소를 찾아 나선 것이다. 그렇다면 문제는 그다음이다. 언제까지 할례를 유예할 수 없는 법! 거처를 찾았다면 곧장 그의 언약 의무인 할례를 아들에게 시행해야 옳았다. 그렇지만 모세는 그러지 않았기에 하나님의 공격을 받은 것이다.

십보라는 여행 중 할례가 면제되는지 알고 있었다. 막상 모세가 죽게 되자 순간적인 기지를 발휘하여 아들의 포피를 잘라 모세의 발에 갖다 대고 "당신은 나의 피 남편이다"라고 선언한다. '피 남편'은 '하탄 담밈'(חֲתַן־דָּמִים)이다. 사실 동사 '하탄'은 '포피를 자르다'는 뜻이고, 재귀동사로는 '사위/며느리, 또는 시아버지/장인을 삼다'가 된다. 모세가 아들의 할례를 통하여 십보라의 '피 남편'이 된 것이다. 포피를 자르는 할례는 제의적인 관례로 볼 수 있지만 그 의미는 포피를 자르는 사람(십보라)과 대상(엘리에셀), 결국 남편(모세)과 연대와 결속 그리고 일치와 교감의 강화에 있다. 아들의 포피를 자르는 할례의식은 단지 제의적 행위로 그치지 않고 양자가 내면의 깊은 일체성을 갖게 하려는 신앙의식의 발로이다.

32 내 백성을 내보내라 שַׁלַּח אֶת־עַמִּי

그 후에 모세와 아론이 가서 바로에게 이르되 이스라엘 하나님 여호와의 말씀에 내 백성을 보내라 그들이 광야에서 내 앞에 절기를 지킬 것이니라 하셨나이다(출 5:1).

"내 백성을 내보내라"는 출애굽기 전반부의 핵심 주제이며 엑소더스의 출발이다. 이 명령은 대상에 따라 단계별로 몇 차례 반복된다. 우선 야웨 하나님은 모세를 불러 자신의 정체성을 알리면서 그에게 맡길 임무를 고지한다(출 3:10; 8:1, 20). 나중에는 모세와 아론이 바로를 찾아가서 이스라엘의 방면(discharge)을 직접 요구하는 대목에서 언급되었다(출 5:1; 9:1; 10:3). 위 본문에서 '샬라흐'(שַׁלַּח)는 피엘 동사로 활용된 점을 기억해야 한다. 보통 피엘은 타동사로서 목적어를 취하며 그 본래적인 의미를 반복과 강화하는 동사다. 더구나 하나님이 주어다. 그러므로 '샬라흐'는 '이집트에서 내보내는' 공간의 이동만을 명령한 것으로 보면 곤란하다. 여기에 특정한 사명을 읽어야 한다. 단순히 '보내다'라기보다 '파송하다'는 뜻이 더 적절하다.

명사형 '쉘라흐'(שֶׁלַח)는 미사일이나 치명적 상처를 주는 무기를 가리킨다. 물론 성서에 미사일이 등장하지는 않는다. '칼'이나 '병기'로 번역되어(욥 33:18; 대하 23:10; 욜 2:8; 느 4:11, 17) '방패'와 함께 쓰인다(대하 32:5).

주로 바빌론 포로 후에 기록된 본문에서 확인할 수 있다. 한편 뿌리, 싹, 가지 등을 '내다, 자라다, 뻗다' 등으로 표현할 때도 있고(렘 17:8), 비유적으로 열매를 맺는다는 뜻으로도 쓰인다(아 4:13). '쉘라흐'의 용례에서 추론할 수 있는 것은 (밖으로) '빼내다'는 행위에 앞서 우선시되는 목적이 감지된다. 즉 아브라함을 염려하여 롯을 '내보내거나'(창 19:29), 완악한 백성을 '내버려 두거나'(시 81:12), 충격을 주는 행위를 통하여 얻고자 하는 목적이 있다는 것이다.

그렇다면 하나님의 "내 백성을 내보내라"의 목적은 무엇일까? 여기서 이집트와 이스라엘의 경우는 각각 다르다. 이집트가 그 명령을 어긴다면 병기가 되어 돌아갈 것이며, 이스라엘이 순종한다면 '노예의 신분에서 자유인'이 되고 나아가 하나님을 예배하게 될 것이다. 그러므로 곧바로 '내 앞에 절기를 지킬 것이라'는 구문이 뒤따르고 있다. '샬라흐' 동사의 목적은 이스라엘을 이집트에서 광야로 내보낸다는 것과 아울러 하나님 예배라는 두 가지 목적을 염두에 둔 것이다. 따라서 하나님이 의도한 출애굽의 목적이 겉으로는 이스라엘 백성의 탈출과 해방이지만 안으로는 하나님 예배와 경외에 있다고 봐야 한다.

출애굽기는 전체가 이야기로 구성된 것처럼 보이지만 자세히 들여다보면 이야기, 법 그리고 예배의식으로 구분할 수 있다. 출애굽기의 구성을 위와 같이 설명하면 다소 의아해한다. 지금까지 출애굽기가 이집트 탈출을 중심으로 기적적인 사건의 이야기가 크게 강조되었기 때문이다. 물론 출애굽기 1-18장까지 서사의 핵심이 출애굽 사건임을 부인할 수 없다. 그렇다고 40장까지 계속해서 출애굽 사건이라는 단일 주제와 사건으로 단순화하기에는 무리가 따른다. 알다시피 출애굽기에는 계약을 통한 율법의 수여(출 19:1-24:14)와 성막의 건설이라는 굵직한 사건이 뒤따르기 때문이다(출 24:15ff).

출애굽기에서 본문의 "내 백성을 내보내라"는 이야기와 예배를 묶어 주는 연결 구문이다. 모세와 아론이 바로와 담판하는 출애굽 서사의 절정에 하나님을 섬길 것이라는 암시가 들어 있는 이유이기도 하다. 자칫 조상들이 겪었던 흥미진진한 이야기로 흐를 수 있는 지점에서 하나님 예배에 대한 강조를 장치해 둔 것이다. 하긴 바로를 처음 설득할 때부터 야웨 제사를 위해 사흘 길을 허락하라고 요청한 바 있고 그 뒤로도 두 차례 더 언급되었다(출 3:18; 5:3; 8:27). 그러나 완악한 바로는 치명적인 열 번째 재앙을 겪은 후에야 비로소 자신의 입으로 야웨를 섬기라며 이스라엘을 내보낸다(참조. 출 10:7, 11, 24 등).

내 백성을 내보내라! 이스라엘의 해방과 하나님 예배는 모세가 홀로 감내하기에 힘든 중대한 사명이다. 그러니 모세는 자신의 능력을 탓하며 거듭 거절한 것이다. 그때마다 하나님은 조력자를 보내거나 이적을 통하여 모세를 설득하며 독려한다. 맥락이 다르지만 이사야는 하나님이 누구를 보낼까 하는 질문에 "나를 보내소서"(שְׁלָחֵנִי)라고 화답한다. 여기에 소명을 받은 이의 결연한 의지와 끝까지 완수하려는 책임감이 묻어난다. 결국 모세는 이스라엘 백성을 이집트에서 이끌어 내어 하나님을 섬기게 하는 막중한 두 가지 사명을 수행한다(출 12:31).

그들이 가로되 히브리인의 하나님이 우리에게 나타나셨은즉 우리가 사흘 길쯤 광야에 가서 우리 하나님 여호와께 희생을 드리려하오니 가기를 허락하소서 여호와께서 온역이나 칼로 우리를 치실까 두려워하나이다(출 5:3).

히브리어 '미드바르'(מִדְבָּר)는 광야 또는 사막을 가리킨다. 경작할 수 없는 땅이나 내버려진 사막 그리고 바위가 많은 불모지, 고원 지대를 포함한다. 그러나 출애굽기에서 모세는 '광야'에서 양 떼를 쳤고(출 3:1), '광야'에서 하나님을 만났으며(출 3:4), '광야 사흘 길'에 가서 하나님을 예배하려 하였으며(출 3:18), '광야'에서 이스라엘 백성이 연단을 받았고(출 13:18), 결정적으로 하나님의 '말씀' '다바르'(דבר)를 받았다. 그뿐만 아니라 엘리야는 광야에서 하나님의 음성을 들었고, 세례 요한은 유대 '광야'에서 '말씀'을 외치고 있었다(마 3:1). 예수가 요단강에서 세례를 받고 본격적인 활동을 시작하기 전 40일 동안 시험받은 곳이 광야였다(막 1:12-13; 마 4:1-2).

오랫동안 많은 연구자들은 광야 '미드바르'(מִדְבָּר)는 말씀 '다바르'(דבר)와 깊은 관련이 있다고 여겨 왔다. 즉 '미드바르'(מִדְבָּר)는 전치사 'מ'와 명사 'דבר'의 결합이라고 분석한다. 그리하여 '말씀'과 '~로부터'의 문자적인 의미는 '말씀으로부터'가 되고 다시 풀이하면 '말씀이 나오는 곳'으로 볼 수 있다. 한편 아람어 '미드바르'는 '양 떼를 치다, 먹이다'는 뜻으로 히브리어와 연관성을 찾아보면 광야란 말씀을 먹이는 곳이 되기도 한다(사 5:17; 렘 9:9; 23:10; 시 65:13). 이스라엘에게 사막이란 하나님의 '말씀'이 비롯되는 곳이며 동시에 '말씀'을 먹이는(feeding) 공간이란 뜻이다.

광야는 일교차가 심하고 목초지가 형성되지 않기 때문에 생존에 적합한 공간이 아니다. 더구나 예측할 수 없는 사막의 모래바람이나 여러 맹수들 그리고 해충들로 인한 불안과 공포는 불안 심리를 자극하게 만든다. 그럼에도 수행자들은 평안한 집과 거처를 떠나 불편하고 위험한 광야로 나간다. 온통 모래와 돌덩이뿐인 사막에서 생명의 위협을 느끼면서 수련하는 동안 하나님을 만나고 그분의 말씀을 들었다. 수행자들이 '광야'로 간 까닭은 하나님의 '말씀'(דבר)을 '그곳'(מ)에서 들을 수 있다고 믿기 때문이었다. 수행자들에게 광야(מדבר)는 죽음과 공포의 공간, '깊은 곳'(눅 5:4)이 아니라 오히려 하나님의 말씀(דבר)을 듣고 새롭게 각성하며 하나님의 뜻을 따르는 결단의 장소가 된다.

바위, 자갈, 모래로 이루어진 시내 사막

'다바르'는 '뒤에 물러나 있다, 뒤로 기대다'에서 유래했다. 이것은 언젠가 앞으로 나가기 위해 준비하는 모습이나 잠재적인 상태를 상정할 수 있다. 한적한 장소에 '가지런히 물러나 있는' 동안 자신을 돌아보며 하나님을 만나거나 계시의 말씀으로 충만하게 된다. 그러니 말씀은 안락하고 평온한 장소가 아니라 생존이 위협받는 광야 같은 현실에서 비롯된다는 사실을 역설적으로 가르친다. 실제로 모세는 십계명을 비롯한 오경의 거의 모든 말씀을 광야에서 받지 않았던가! 그는 광야에서 자신을 비움으로써 오히려 하나님의 말씀을 채우는 '말씀'과 '광야'의 변증적인 관계를 알아차린 것이다.

그러므로 '다바르'는 입에서 나오는 숨과 말 몇 마디가 아니다. 그것은 어둠과 불의를 깨뜨릴 수 있는 힘, 곧 '창조력'을 가리킨다(렘 23:29; 히 4:12). 모세는 '나는 본래 말에 능치 못한 자라'(출 4:10)고 주저한다. 평소 주고받는 말주변이 아니다. 특히 말씀이라고 할 때 기록된 문자나, 입으로 전달되는 메시지로 제한할 수 없다. 왜냐하면 하나님의 말씀이 가진 창조력은 단지 구술되거나 해독 가능한 문자 형태로 제한할 수 없기 때문이다. 말씀의 창조력은 '말씀'으로 '일'을 성취한다는 점에서 내용(content)과 동작(action)이 동시적이며 구분되지 않는다.

제임스 바는 "말과 행위가 만나는 지점이 바로 참이며 진리"라고 주장한다. 한편 괴테는 명작 『파우스트』에서 진리를 추구하는 마음으로 "태초에 말씀이 계시니라"를 "태초에 행위(deed)가 있었느니라"고 옮긴다. 그는 '다바르'의 말과 행위가 구별되지 않고 일치된 상태라는 사실을 간파한 것이다. 하나님의 말씀은 그분의 일관된 구원 행위와 일치하기 때문에 그의 '다바르'는 이스라엘이 순종해야 할 진리가 된다. 이런 점에서 '다바르'는 창조적인 힘과 교훈적인 내용을 함축하여 말씀, 곧 계명이

되는 신적인 특성으로 이해할 수 있다. 이스라엘이 줄곧 지키며 순종할 '말씀'(דבר)과 교훈은 모두 그들이 '광야'(מדבר)에 머무는 동안 깨닫고 알게 된 역사적인 사실에 기반하고 있다.

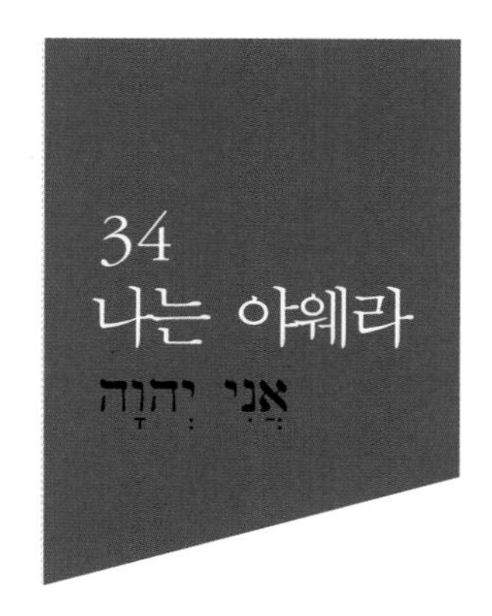

하나님이 모세에게 말씀하여 가라사대 나는 여호와로라(출 6:2).

"나는 야웨라"는 출애굽기 6장과 이후에 집중적으로 언급된다. 야웨 이름이 3장에 소개되었고 6장은 절대 주권자를 '아니 야웨'로 표명한다. 이와 같은 선언은 고대 근동에서 "나는 바로다"(창 41:44), "나는 요셉이다"(창 45:3, 4), "나는 함무라비 목자다" 또는 "나는 그모신의 아들 메사다" 등처럼 왕의 취임식이나 포고령 등에 곧잘 활용되는 공식적인 도입구로 알려져 있다. 〈*ANET*, 502〉 출애굽기에서 "나는 야웨라"는 자기소개를 넘어 통치자로서 권위를 앞세운 자아선언(self-presentation)인 셈이다. 따라서 자신에게 주어진 합법적인 권력과 직위에 강조점을 두게 된다.

히브리어 1인칭 대명사는 '아노키'(אָנֹכִי)와 '아니'(אֲנִי) 두 형태가 쓰인다. 아노키는 주로 초기에 아브라함(창 15:1), 이삭(창 26:24), 야곱(창 31:13), 모세(출 3:6) 등에 활용되었지만 후대로 갈수록 '아니'가 훨씬 자주 쓰인다. 〈*BDB*, 59〉 아노키는 어원적으로 이집트어에 가깝다. 〈70인역〉은 세상 모두가 아는 하나님이며 만물의 주인이라는 뜻으로 'ἐγὼ κύριος'(나는 주다)로 번역한다. 즉 야웨가 이스라엘뿐 아니라 세상 만물의 주(the LORD)라는 점을 인식하고 밝힌 문장이다.

카수토는 '아니 야웨' 구문의 특징을 네 가지로 간추린다. 1) 고대 근동에서 신, 또는 왕의 이름은 백성들에게 이미 알려졌지만 포고문이나 공식 행사에서 "나는 야웨라"고 선포하는 관례가 확립되었다. 2) 본래는 "나는 야웨라"보다 "나의 이름은 야웨라"에 무게가 있다(출 6:3). 3) 이 구문은 출애굽기와 레위기 그리고 에스겔에서 여러 차례 소개되었지만 실제로는 경신사상 때문에 이스라엘 공동체가 야웨를 그토록 반복적이며 지속적으로 선언하였다고 상상하기는 어렵다. 4) 출애굽기 6장 2절에서 한 번 소개하고 다시 세 차례(6:2, 6, 7, 8) 반복적으로 언급한 것은 "나는 야웨라"는 특수 구문을 통하여 하나님은 그의 백성과 함께하시는 분이며, 항상 변치 않고, 자신의 약속과 말씀을 지키는 분임을 강조한다. 〈Cassuto, 76-77〉

본문 3절의 설명처럼 '아니 야웨'는 조상들에게 '전능하신 하나님'으로 계시하였지 이름을 밝힌 것은 처음이라는 뜻이다. 이 점에서 '아니 야웨'라는 선언은 야웨를 주권자로 고백하는 강력한 문구다. 〈Durham, 159〉 침멀리는 이 선언을 하나님의 자기 계시에 사용된 관용어구라고 규명한 바 있다. 〈Zimmerli, *I Am Yahweh*, 3〉 이렇듯 관용어구를 활발히 사용하는 이유는 명백하다. 그분의 이름을 내세워 그의 약속과 행적이 일치하며 언약을 기억하여 끝까지 성실하게 수행하는 분임을 입증하기 때문이다. 〈Houtman, 99〉 따라서 이 구문은 이후 6-7절에 기술된 출애굽의 4중 구원을 위한 대전제가 된다. 즉 야웨는 이스라엘을 백성으로 삼으시고, 너희의 하나님이 되시며, 이집트의 압제로부터 이끌어 내어 그의 기업으로 삼을 것이다.

출애굽기 6장은 모세를 바로에게 파송하는 장면이다. 야웨는 모세에게 그의 백성을 해방시키라며 이집트와 이스라엘을 향하여 자신을 드러내신다. 이런 맥락에서 '아니 야웨'가 여러 차례 등장한 것은 자신의 정체성과 함께 계약의 내용을 거듭 확인하고 앞으로 이스라엘 백성을 향하여 행하실 이적에 대한 확신을 갖게 하려는 것이다. 야웨와 이스라엘의 특별한 관계는 선조들 때부터 비롯되었기 때문에 이스라엘이 겪는 종살이로 인한 현재의 고난에 하나님이 몸소 개입하신다는 의미다. '나는 야웨라'는 야웨가 그의 피조 세계와 백성의 역사 한복판에 참여하였을 뿐 아니라 모든 힘과 권위가 그의 능력 안에 있음을 알리는 자아 선언이다.

요한복음은 "나는 야웨라"는 자아 선언을 집중적으로 활용하여 예수의 선재성과 그의 선교적 정체성을 강조한다. "나는 생명의 떡이라"(요 6:35), "나는 세상의 빛이라"(요 8:12), "나는 양의 문이라"(요 10:7), "나는 선한 목자라"(요 10:11, 14), "나는 부활이요 생명이라"(요 11:25), "나는 길이요 진리요 생명이라"(요 14:6), "나는 참 포도나무라"(요 15:1, 5).

35 출애굽의 4중적 의미와 유월절 포도주

그러므로 이스라엘 자손에게 말하기를 나는 여호와라 내가 애굽 사람의 무거운 짐 밑에서 너희를 빼어 내며 그 고역에서 너희를 건지며 편 팔과 큰 재앙으로 너희를 구속하여 너희로 내 백성을 삼고 나는 너희 하나님이 되리니 나는 애굽 사람의 무거운 짐 밑에서 너희를 빼어낸 너희 하나님 여호와인 줄 너희가 알찌라(출 6:6-7).

본문은 출애굽의 신학적 중요성을 정교하고도 효과적으로 묘사한다. 즉 이스라엘과 하나님의 관계를 앞과 뒤에 양괄식으로 배치하고 그 사이에 완료형 동사 넷을 연달아 언급하여 출애굽의 의미를 점층적으로 서술한 것이다. 뼈대를 정리하면 다음과 같다. "나는 야웨라 … 내가 너희를 **빼내며**(וְהוֹצֵאתִי) **건지며**(וְהִצַּלְתִּי) **구원하여**(וְגָאַלְתִּי) (**백성으로**) **삼는다**(וְלָקַחְתִּי) … 나는 너희 하나님이라. 너희는 내가 너희의 하나님 야웨인 줄 알게 되리라."

우선 굵은 글씨로 인용된 네 동사는 이스라엘이 출애굽을 통하여 경험하게 된 네 차원의 변화를 암시한다. 문법적으로 네 동사 모두 '연속 서술' 용법으로 쓰였기 때문에 히브리어 본문의 시제처럼 완료형이 아니라 미완료로 해석해야 한다. 아직 출애굽이 완료되지 않은 시점이기 때문에 전체적인 맥락에서 보아도 미완료가 맞다. 인용된 동사의 주어는 모두 '야웨' 일인칭 시점이다. 조상들에게 밝히지 않은 이름 '야웨'를 스스로 밝힌(2절) 그분이 모세에게 말씀하신다. '너희를 빼내며'의 동사 원형은 '야차'(יָצָא)다. '가다'의 사역형으로 출애굽을 가리키는 대표적인 동사다(출 3:10-12; 14:11; 신 6:6, 7; 7:4, 5; 6:13,

26, 27; 9:12). 〈Houtman, 32-33〉 이집트 제국의 무거운 짐 밑에서 이스라엘을 이끌어 내려는 야웨의 강력한 의지를 반영한다. 첫 동사의 핵심은 출애굽의 공간적 의미를 밝힌다는 사실에 주목해야 한다. 압제와 노역과 고통으로 점철되는 거대한 제국 이집트로부터 탈출이기 때문이다.

두 번째 동사 '건지며'는 '나찰'(נָצַל)이 원형이다. 본래 뉘앙스를 충분히 살리지 못하는 경우다. 사전적 의미는 '구하다, 회복하다'의 원인을 설명하는 히필 동사로 마치 남의 물건을 빼앗듯 '낚아채다', 죄와 고통과 사망으로부터 '자유롭게 하다'를 가리킨다(출 2:19; 3:8; 5:23). 여기서 동사 '나찰'은 출애굽을 통하여 이스라엘이 얻게 될 신분상의 변화를 의미한다. 흔히 출애굽을 '애굽 땅 종 되었던 집'으로부터 탈출이라는 생각에 머물기 쉽지만, 여기에 공간적, 신분적 두 차원의 변화를 읽어야 한다. 신분의 변화는 나중에 야웨가 '백성으로 삼는다'로 알 수 있듯 자유인으로 완결된다.

세 번째 동사는 '속량하여'이다. '구속하다'(개역한글), '구하다'(공동번역, 새번역)로 옮겨진 '가알'(גָּאַל)의 영어 번역은 redeem이다. '가알'은 대가를 지불하고 명예나 권리나 지위 등을 되찾는다는 뜻으로 법률 용어다. 야웨가 이집트로부터 이스라엘을 해방시킬 때 발생한 법적 비용을 지불한 것으로 이해할 수 있다. 야웨는 '편 팔과 큰 재앙으로부터' 이스라엘을 살려 내기 위해 적극적으로 나선다(참조. 출 5:23). '가알'은 야웨 하나님의 구원사적 의미를 표현하는 대표적인 동사로 쓰인다. 이스라엘은 공간적(야차), 신분적(나찰), 영적(가알) 변화를 통하여 새로운 존재가 된 것이다.

네 번째 동사는 '취하다, 삼다'이다. 히브리어 '라카흐'(לָקַח)는 '받아들이다, 결혼하다'는 뜻이다. 마치 합법적인 절차를 따라 입양하기보다는 직접 선택하고 자신의 손으로 데려와서 자기 것으로 간주한다는 의미다(출 19:5-6; 왕하 4:1). 얼핏 보면 불법적인 행동으로 간주될 수 있는 대목이지만 하나님의 적극적 구원 행동을 반영한 측면이 크다. 이와 같은 하나님의 능동적 개입은 이미 앞의 세 동사를 통해 확인할 수 있다. '빼내고 건지며 속량하는' 연속적 행위는 마침내 이스라엘을 그의 백성으로 삼으려는 데 그 목적이 있다.

그럼으로써 이스라엘과 야웨는 계약 관계를 다시 확인하게 된다. 즉 백성과 하나님이라는 공식적인 호혜적 관계를 직접적으로 맺은 것이다. 위 본문에 쓰인 네 동사는 출애굽의 네 단계 곧 4중적인 의미를 통하여 야웨가 이스라엘의 하나님인 것을 세상에 알린다. "나는 너희 하나님 야웨라"(אֲנִי יְהוָה אֱלֹהֵיכֶם). 해마다 유월절 만찬은 바로 전날 밤에 성대하게 벌어진다. 이스라엘은 출애굽을 떠올리며 네 차원의 구원 경험을 재현한다. 네 동사에 새겨진 의미를 생각하며 만찬 중에 넉 잔의 포도주를 마신다.[31] 처음 세 잔은 물에 희석하여 식사 도중에 들이키고 나머지 한 잔은 만찬이 끝난 후 함께 마신다. 경우에 따라서 다섯 번째 잔을 준비하여 엘리야의 의자에 놓는 예도 있다.

출애굽의 네 동사 '빼내며 건지며 구원하여 삼는다'는 네 단계, 혹은 4중의 의미를 보여준다. 이스라엘은 해마다 유월절에 공간적, 신분적, 영적인 세 차원의 변화를 겪으며 마침내 하나님의 백성이 되는 놀라운 은총을 현재화한다.

31 Sarna, *Exodus*, 32; 최창모 편, 『유월절 기도문』 (서울: 보이스사, 2000) 13, 34, 39, 41.

아므람이 그 아비의 누이 요게벳을 아내로 취하였고 그가 아론과 모세를 낳았으며 아므람의 수는 일백 삼십 칠세이었으며(출 6:20).

요게벳은 모세와 아론, 미리암의 어머니이며 '야웨의 영광', 또는 '야웨는 풍요로운 분'라는 뜻이다(출 12:38). 요게벳은 레위의 딸이며 고핫의 누이로서 사제 계열의 집안이다. 위대한 여성 요게벳을 이해하려면 율법에 금지된 결혼과 이름 등 두 가지 점을 규명해야 한다. 모세의 아버지 아므람이 고모 요게벳과 결혼한 것은 근친상간에 해당한다(레 18:12; 20:19). 특히 '아므람'은 고상한 족속이라는 의미로 '아버지의 누이'와 결혼했다는 사실을 더욱 납득하기 어렵다. 게다가 토라 제정과 반포에 직접적인 책임이 있는 모세가 율법이 금지한 혼인을 통하여 태어났다는 사실을 어떻게 이해할 수 있을까?

〈70인역〉은 아므람과 요게벳이 조카와 고모라는 사실이 불편해서인지 '아버지 형제의 딸', 곧 '사촌'이라고 읽는다. 타르굼도 '아버지 형제의 딸'로, 페시타는 '삼촌의 딸', 〈불가타〉는 '친사촌'으로 번역한다. 위경 레위인의 언약에 의하면 요게벳은 레위가 64세 때 태어난 딸로 묘사된다. 그러나

모세의 어머니, 시므온 솔로몬 작(1900)

타르굼 옹켈로스는 '아버지의 누이', 또 다른 타르굼에서는 '그의 고모'라며 히브리 본문을 충실히 따른다. 고대 이스라엘은 고모와 이모를 동일하게 '도다'라고 불렀다. 본문의 고모는 히브리어 '도다'(דּוֹדָה)로서 '도드'(דּוֹד)의 여성형이며(민 26:59), 남성이라면 삼촌이 된다. 아가에서 '도드'는 '사랑하는 자'를 지칭한다(아 1:13, 14; 2:3, 8, 16 등). 어쩌면 아므람과 요게벳은 친족의 금혼을 어길 만큼 그 둘의 사랑이 극진했거나 아므람 당시에는 고모와 결혼이 법적으로 가능한 사회였는지 모를 일이다. 연구자들은 레위인의 순혈주의를 강조한 측면으로 보고 아직 성결법의 제정 이전이기 때문에 문제될 것이 없다고 본다.〈더햄, 170; Houtman, 518〉

'요게벳'은 이름에 '야웨'를 합성한 최초의 인물로 알려진다. 예컨대 요나단은 '야웨는 선물', 요담은 '야웨는 완전하신 분', 요람은 '야웨는 높으신 분', 요시비아는 '야웨가 쉬게 하신다'(대상 4:35), 요아는 '야웨는 나의 형제', 요아스는 '야웨는 불', 요압은 '야웨는 아버지', 요야다는 '야웨는 아신다', 요엘은 '야웨는 하나님', 요하는 '야웨는 다시 사신다',

요하난은 '야웨는 은혜', 여호사밧은 '야웨는 심판자', 요사닥은 '야웨는 의로운 분' 등은 낯설지 않은 이름이다. 그 밖에도 요김(대상 4:22), 요시(대상 4:34), 요사위아(대상 11:46), 요사밧(대상 12:4), 요에셀(대상 12:7), 요엘라(대상 12:7), 요야립(느 11:5), 요엣(느 11:7), 요야김(느 12:26) 등이 드물게 등장한다.

바빌론 포로 이후에 '야웨'는 자유롭게 호칭할 수 없는 거룩한 이름이 되었다. '할렐루야'는 본래 '야웨를 찬양하라'는 뜻이다. 시적 운율 때문에 '할렐루야'로 표기한 측면도 있지만 '할렐루'와 '야웨' 두 단어를 한 낱말처럼 표기한 것은 포로 이후에 '거룩한 이름 네 글자'를 모두 부를 수 없다는 신앙적 자각에서 비롯되었다.〈*Tehillim*, 1742〉 그러나 '요게벳'의 '요'는 출애굽 당시 야웨 하나님에 대한 경외와 그녀의 경건한 믿음을 반영한 이름으로 봐야 한다. 유대 전승에서 요게벳의 위상은 다양하다. 히브리서는 바로의 엄명에도 모세를 석 달 동안 숨길 수 있었던 것은 부모의 믿음 때문이라고 기술한다(히 11:23). 미드라시는 요게벳을 역대상의 '여후디야'로 간주하고 '최초의 유대인 여성'(first Jewess)이라고 주장한다(대상 4:18). 또 다른 전통은 민수기 11장에 언급된 광야의 예언자 '엘닷과 메닷'의 어머니라고 보기도 한다.〈*Targum Pseudo-Jonathan*〉 그렇기에 요게벳은 바로의 명령을 거역하며 모세를 석 달 동안 숨겨 결국 히브리 공동체를 세우는 인물을 길러 낸 것이다.〈*Leviticus Rabba* 1:3〉

이렇듯 출애굽의 길목에 모세의 어머니 요게벳의 혈통을 자세하게 소개한 것은 모세의 신앙 배경을 강조하려는 신학적 의도가 반영되어 있다. 유대 전승에 의하면 요게벳은 디베리아 서쪽에 조상들의 묘소에 안장되었다. 블레셋과 전투에서 법궤를 빼앗기자 하나님의 영광이 이스라엘에서 떠나갔다며 비느하스의 아들을 '이가봇'(אִי־כָבוֹד)이라 칭한다(삼상 4:21). 야웨의 '영광이 없다'는 뜻이다. 그러나 모세가 이끈 출애굽과 율법 선포라는 놀라운 사역 뒤에는 '스스로 있는 자'로 계시된 '야웨'가 있으며, 그 신앙의 뿌리는 '야웨의 영광'을 뜻하는 어머니 요게벳에게서 비롯되었다.

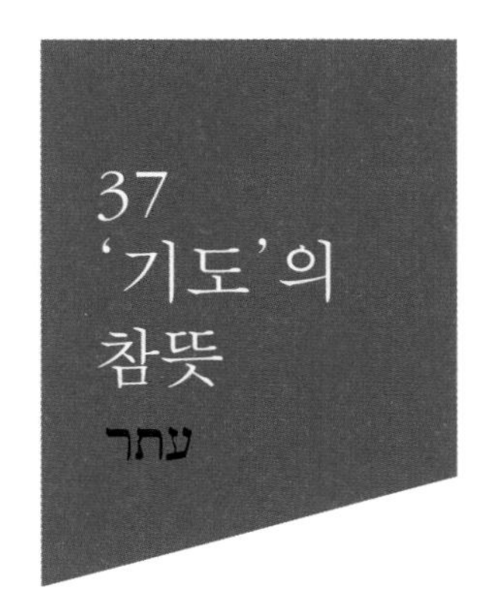

바로가 모세와 아론을 불러 이르되 여호와께 구하여 개구리를 나와 내 백성에게서 떠나게 하라 내가 이 백성을 보내리니 그들이 여호와께 희생을 드릴 것이니라(출 8:8).

출애굽기 8장에는 '간구하다'(עתר)는 동사가 집중적으로 나온다. 바로는 두 번째 재앙으로 인해 질겁하며 황급히 모세와 아론을 불러 야웨께 기도하라고 요청한다(8절). 모세가 야웨께 간구하자 개구리들이 '집과 마당과 밭에서' 나와 죽었다(12절). 그러나 완악해진 바로는 이스라엘을 보내지 않는다. 이와 파리가 다시 이집트를 공격하자 바로는 또 자신을 위해 기도하라고 요구한다(28절). 주로 '기도하다' 또는 '간구하다'로 옮겨진 히브리어는 '아타르'(עתר)이다. 이 동사는 항상 하나님과 연관되어 쓰인다(창 25:21; 삿 13:8; 욥 22:27; 33:26; 사 19:22; 대상 5:20; 대하 33:13; 스 8:23). 모세는 바로에게서 물러나와 야웨께 아뢴다(29, 30절). 야웨께 기도할 때 모세는 늘 혼자다(참조. 막 6:46). 모세의 기도는 매개자 없이 하나님을 직접 대면한 상태에서 전달된다.

기도의 참뜻을 알려면 다음 두 동사를 살펴야한다. 히트팔렐(הִתְפַּלֵּל), 히트하넨(הִתְחַנֵּן)은 재귀형(reflexive)으로 알려진 히트파엘 동사다. 특히 앞의 재귀형 동사는 구약에서 공적인 기도문처럼 일관되이 사용되고 더러는 둘이 동시에 언급되기도 한다(민 21:7; 삼상 2:25; 왕상 8:28, 30, 33, 35, 38, 47; 시 5:3; 32:6).[32] 여기서 주목할 점은 보통 재귀동사의 주어와 직접 목적어가 동일하다는 사실이다. 재귀동사의 동작이나 결과가 주어에게 돌아오거나 향하듯 기도 역시 대부분 기도의 주체가 곧 그 수혜자가 된다.

위와 같은 히트파엘 동사의 문법적 특징을 중심으로 기도의 의미를 다음 세 가지 사실과 연관 지을 수 있다. ① 상호적: '서로 보다, 함께 대화하다' 등처럼 재귀동사에는 영어의 'each other'에 해당하는 의미가 내포된다. 구약에서 기도는 본래 기도자와 하나님의 상호 신뢰 관계라는 기반에서 비롯된다. 기도자는 하나님을 절대적으로 의지하며 자신의 필요를 요구한다. 출애굽기 본문에서 모세는 바로 앞에서 물러나와 단독자로서 야웨께 나아가 기도한다. 양자의 상호적 관계는 이미 형성된 상태다.

② 반복적, 지속적: 히트파엘 동사에는 반복적이며 지속적인 행위를 함축하기도 한다. 예컨대, '왔다 갔다 하다, 계속 걷다'를 묘사할 때 '할라크'의 재귀형 '히트할레크'(הִתְהַלֵּךְ)로 표현한다. 신앙생활에서 기도란 일회적으로 종결되거나 성취되지 않으며 끊임없는 반복과 지속으로 이어지는 긴 수행과정이다. 모세의 요청이 8장에서 빈번하게 나오는 이유가 여기에 있다(출 8:8, 9, 28, 29, 30).

③ 재귀적: 기도와 재귀동사에서 가장 중요한 공통점은 행위의 작용이 자신에게 귀결된다는 사실이다. 기도의 내용이 무엇이든 상관없이 적어

32 J. F. A. Sawyer, "Types of Prayer in the Old Testament: Some Semantic Observations on Hitpallel, Hithannen, etc." *Semitics* 7 (1980), 131-143.

도 기도자나 그가 속한 공동체가 수혜자가 된다. 이때 기도자는 자신의 손해나 불이익을 감수할 수도 있다. 즉 희생제물을 바치는 행위도 기도자의 직접적인 수고와 재산상의 비용이 요구된다. 모세의 경우에는 '구두 기도'만 묘사된다.

출애굽 과정에서 모세가 거듭 야웨께 간구하는(עתר) 행위는 위의 히트파엘 세 가지 의미를 모두 상정할 수 있다. 모세는 바로의 요청에 따라 하나님께 기도하지만 그 혜택은 자신과 이스라엘을 향하며(재귀적), 지속적으로 되풀이되고(반복적), 모세 곧 이스라엘과 하나님 사이의 긴밀한 유대 관계(상호적)를 전제한 것이다. 한편 어원적으로 볼 때 '아타르' 동사는 놀랍고 오싹하다. 왜냐하면 아랍어로 기도자가 자신을 희생제물로 드린다는 뜻이기 때문이다. 구약의 제사법에 의하면 각종 제사에는 반드시 희생제물이 수반된다(레 4:3). 사제는 헌제자가 준비한 제물을 규정에 따라 하나님께 바친다. 이때 희생 제물에 쓰이는 곡식이나 동물은 헌제자를 대신한 예물일 뿐이다.〈Houtman, 47〉 그러니 기도란 자신을 제물 삼아 하나님께 바치는 거룩하고 상징적인 수행이다.

전래 효행에 관한 미담 중에는 자녀가 노모에게 자신의 살을 떼어 대접했다는 전설 같은 이야기가 전해 온다(불가에는 불자들의 시주를 가뭄에 자식의 살갗을 베어 낸 것으로 여기라는 교훈이 있다). 역사 앞에 자신을 바치고자 스스로 목숨을 끊는 독립운동가와 민주인사 등이 있다. 그것은 자신을 조국 앞에 산 제물로 드리는 희생제, 기도라고 볼 수 있다. 이렇듯 성서의 기도가 제 몸을 사르는 뜻이라면 보다 신중하고 보다 떨리는 심정으로 드려야 한다.

여호와의 손이 들에 있는 네 생축 곧 말과 나귀와 약대와 우양에게 더하리니 심한 악질이 있을 것이며(출 9:3).

고대 이스라엘에서 '칼과 기근과 전염병'은 하나님의 영역이었다(렘 14:12; 21:9; 겔 6:11; 12:16). 피할 수도 없고 대처할 수단도 마땅치 않았다. 특히 역병의 파괴력은 전쟁이나 가뭄보다 강력했다. 다윗은 하나님께 지은 범죄로 인해 7년 기근, 3달 전쟁, 3일 전염병 중 하나를 선택해야만 했다(삼하 24:13). 그는 피할 수 없는 심판이라면 고통의 시간이라도 최소화하고 싶었다. 그의 선택은 사흘간의 역병이었다(15절). 이렇듯 구약에서 역병은 하나님의 심판으로 간주되었으며 그것은 죄 때문이었다. 질병에 대한 견해는 크게 세 가지로 설명된다.

① **하나님의 심판**: 일반적 관점에서 질병은 인간의 불순종의 결과로 간주된다(잠 3:33). 즉 개인과 집단에 대한 하나님의 직접적인 추궁이자 처벌로 본 것이다(출 15:26; 23:25). 고대 신앙인들에게 인과율에 근거한 하나님의 심판은 거의 절대적인 믿음이었다(시 58:11). 하나님에 대한 불순종의 결과로 '폐병, 열병, 염증, 학질, 한재, 마름병, 깜부깃병' 등은 성서 곳곳에 오르내린다(신 28:22). 〈70인역〉은 돌림병(데베르)을 그리스

어 '타나노스', 죽음으로 옮겼다. '타나토스'는 죽음의 신을 가리킨다. 전염병은 순식간에 퍼져서 가공할 인명 피해를 불러오기 때문에 '죽음의 사신'으로 불린 것이다. 그만큼 두렵고 무서웠다. 나중에 '하나님은 의인에게 상을 베풀고 악인을 벌하신다'는 교훈으로 압축되었다. 이른바 인과율이라는 신학적 교리다(시 1:6; 사 53:4; 암 4:10). 이 관점에 따르면 질병이란 죄와 불순종 때문으로 개인이나 공동체가 책임져야 하는 하나님의 형벌이자 심판이었던 것이다.

② **세상 운영 방식**: 인과율로 삶의 모든 현상을 설명할 수 없다. 왜 의인이 죄인들과 함께 고통을 받으며 죽어야 하는가?(창 18:23) 왜 악인의 형벌을 의인이 받는가?(욥 2:7; 전 7:15; 8:14) 동물은 질병이 어떻게 일어나는지 모르며 인과율이나 도덕적 규범도 없다(욥 39:22). 동물들이 돌림병으로 죽는다면 그 책임은 누구에게 물을 것인가? 질병은 하나님의 징벌이 아니라 자연현상이다. 당시 사회의 준거점으로 내세운 인과율이 사람에게 돌림병의 책임을 묻는 데 한계가 있었던 것이다. 이스라엘의 의술로는 질병이 어떻게 생기는지 규명할 수 없었다. 하나님은 병증을 일으키고 또한 치료하는 분이다(출 4:6; 욥 5:18). 죄를 용서하시듯 질병을 고치신다(시 103:3).

복음서는 더 진취적인 입장이다. 예수와 제자들은 시각장애인을 두고 누구의 책임인지 묻고 답한다(요 9:2). 그것은 하나님의 세상 운영 방식이다(3절). 하나님은 세우고 심으며 뽑고 파괴하신다(렘 1:10). 또한 복을 주시고 징계하시고, 상처 입히시고 치유하신다. 그의 우주를 다스리는 방식은 알 수 없다(출 33:19). 하나님은 악인과 선인에게 해를 똑같이 비추시며 의인과 불의한 자를 가리지 않고 비를 내리신다(마 5:45; 욥 38:27). 다만 분명한 것은 돌림병이 저절로 발생하듯 하나님은 질병을 통해서도 세상을 운영하신다는 명백한 사실이다(욥 38:25).

③ **인간의 자성과 책임:** 돌림병은 삽시간에 번져 세상을 공포에 빠뜨린다. 온 세상이 함께 탄식하며 함께 고통을 겪는다(롬 8:22). 히브리어 '데베르'는 어떠한 대처도 할 수 없는 절망을 반영한다. 그것은 곧 하나님의 시험이다. 더러는 심판이라며 두려워하고, 더러는 범죄 때문이라며 회개한다. 더러는 분노하며 항변하고, 더러는 서로 협력하며 공존을 모색한다. 국경을 넘는 질병으로 인명 피해가 속출하고 있다. 특정 종족이나 계급에 대한 심판이라고 단정하는 것은 고대 세계관에 갇힌 판단이다. 사스, 메르스, 에볼라, 코로나로 이어지는 돌림병은 신앙인으로서 삶의 자세와 사는 지혜를 모으게 한다. 인간의 이기심과 탐욕을 자성하며 함께 극복하려는 성숙한 신앙이 요청된다. 우리는 돌림병 앞에 자발적으로 응답하고 무거운 책임감을 가져야 한다.

출애굽기의 역병은 세계적으로 대유행 중인 코로나 감염병을 연상시킨다. 고대 이집트에서 오늘날과 같은 팬데믹이 일어났는지 알 수 없다. 다만 급습한 돌림병에 어쩌지 못하고 전전긍긍하는 인간의 현실만 있을 뿐이다. 대유행 중인 역병 앞에서 하늘의 은총을 간곡하게 요청할 수밖에 없다.

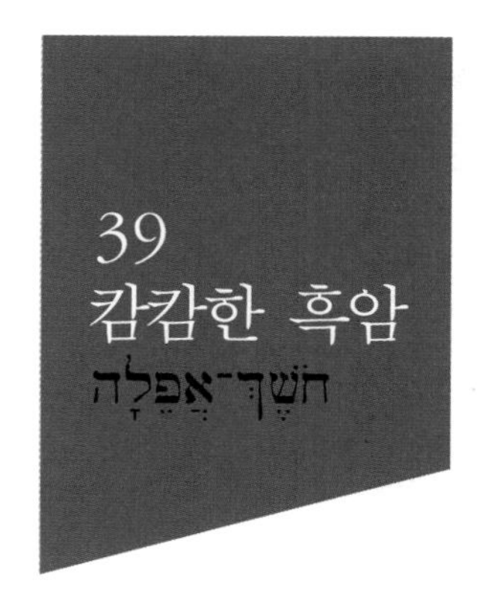

여호와께서 모세에게 이르시되 하늘을 향하여 네 손을 들어서 애굽 땅 위에 흑암이 있게 하라 곧 더듬을 만한 흑암이리라 모세가 하늘을 향하여 손을 들매 캄캄한 흑암이 삼 일 동안 애굽 온 땅에 있어서 그동안은 사람 사람이 서로 볼 수 없으며 자기 처소에서 일어나는 자가 없으되 이스라엘 자손의 거하는 곳에는 광명이 있었더라(출 10:21-23).

아홉 번째 재앙은 흑암이다. 본문에는 흑암(חֹשֶׁךְ) 외에 두 가지 다른 표현이 더 나온다. 즉 '더듬을 만한 흑암'(יָמֵשׁ חֹשֶׁךְ)과 '캄캄한 흑암'(חֹשֶׁךְ־אֲפֵלָה)이다. 세 차례 모두 '흑암'은 공통적으로 들어간다. 모세가 하늘을 향해 손을 내밀자 흑암이 이집트 땅을 사흘 동안 뒤덮어 서로 볼 수 없게 되었다. 일몰 후 집안으로 모여드는 것은 밤의 어둠이 두려움과 불안을 자극하기 때문이다. 그러니 한 치 앞도 분간하기 어려운 짙은 흑암이 별안간 이집트를 덮칠 때 공포와 적막에 휩싸인다. 더듬거리며 확인해야 한다면 필경 시력을 상실했거나 극도의 불안과 절망의 상태일 것이다.

출애굽 당시 이스라엘이 창조 이전의 '혼돈과 공허'를 경험한 바 없겠지만 본문의 흑암은 창조 이전의 혼란을 연상시키기에 충분하다. 아모스에게 빛이 없는 흑암은 심판의 날, 곧 '야웨의 날'이다(암 5:18-20). 여덟 차례 재앙이 바로와 이집트를 혼란 속에 빠뜨렸다면 아홉 번째 흑암은 바로의 존재와 이집트의 기반을 무기력하게 만든 사건이었다.

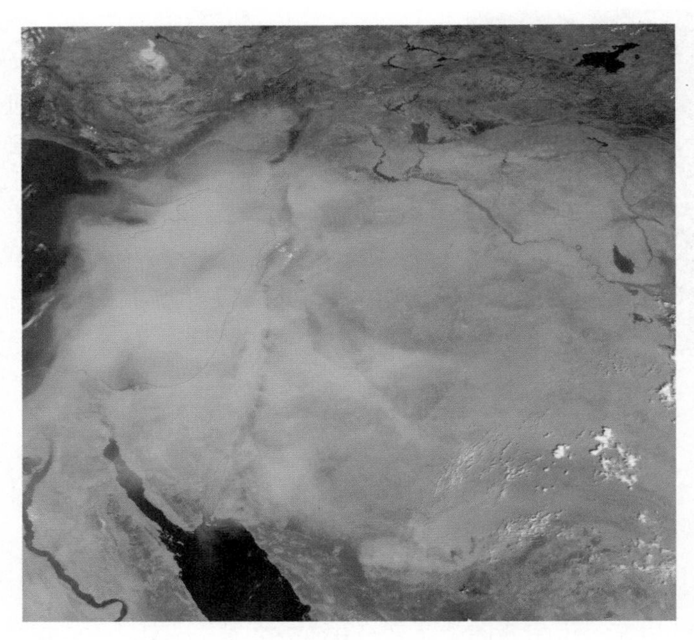

NASA가 촬영한 모래 폭풍 위성사진 (2015년 9월 9일 AFP).
중동 지역을 휩쓸어 다수의 사망자와 호흡기 곤란을 일으켰다.

사흘 동안 이어진 '캄캄한 흑암'은 결국 이집트가 섬기는 신 태양을 불능으로 만들고 말았다. 그렇기에 바로는 "너희는 가서 야웨를 섬기라"며 모세와 이스라엘에게 길을 열어 준다(24절). 신명기에 '캄캄한 흑암'이 '어둠과 구름과 흑암'(חֹשֶׁךְ עָנָן וַעֲרָפֶל), '불, 구름, 흑암'(4:11; 5:22) 등으로 표기된 것으로 보아 통일된 용어는 없다. 〈70인역〉은 흑암을 '회오리바람' 또는 '허리케인'으로, 〈불가타〉는 '소름 끼치는, 무서운' 등을 뜻하는 호리빌레(horribiles)로 읽는다. '캄캄한 흑암'은 팔레스틴 지역에서 흔히 볼 수 있는 자연현상이다. 해마다 3월이면 캄신(khamsin)이라 불리는 폭풍이 3~4일 정도 지속된다. 사하라 사막에서 불어오는 40°C 이상의 더운 바람이 지중해의 수증기와 결합하고 또한 엄청난 양의 모래와 먼지를 잔뜩 흡착하기 때문에 심한 경우 1m 앞의 시야도 확보하기 힘들다. 그동안 외부 활동이 어려워 건물 안에서 지낼 수밖에 없다는 기록이 보인다.〈*ANET*, 445〉

흑암은 곧잘 앞선 여덟 차례 재앙보다 가벼운 것으로 인식될 수도 있다. 이전 재앙들이 부분적이거나 점진적이었다면 흑암은 이집트 전역을 순식간에 휩쓸면서 공포를 조성한다. 이 점에서 흑암은 이전 재앙보다 한층 강화되고 확산된 상태다. 바로의 마음을 압박할 수 있는 효과적인 재앙이다. 성서는 흑암을 표징으로 받아들이면서 재앙의 강도를 높이고 있다(출 7:3; 8:23; 10:1-2; 시 105:27). 에스겔은 이집트를 뒤덮은 흑암을 연상하며 예언을 선포한다(겔 30:18; 32:7-8). 더구나 사흘 동안 이어진 캄캄한 흑암은 이집트 사람들을 충격과 공포에 빠뜨린 강력한 재앙이며 메시지임에 틀림없다. 왜냐하면 히브리 노예들의 신 야웨가 이집트가 숭배하는 태양신을 어둠과 캄캄한 흑암 속에 가둔 사건이라는 상징성 때문이다.〈Cassuto, 129〉

여기서 아홉 번째 재앙 캄캄한 흑암은 과연 창조 이전의 '혼돈과 공허'로 표현된 흑암과 어떻게 다른지 설명해야 한다. 성서 저자가 이집트에서 겪는 자연현상을 해마다 찾아오는 주기적인 일이 아니라 창조 이전의 혼란을 연상케 하는 '흑암'으로 묘사한 이유는 명백하다. 즉 이스라엘이 이집트에서 '고통받고 부르짖으며 근심하는'(출 3:7) 현재의 상황은 곧 '빛이 없는' 창조 이전의 혼돈이나 공허와 흡사하다고 본 것이다. 이제 그 혼돈과 공허를 이집트가 맨몸으로 겪으면서 두려움과 혼란에 떨고 있다. 그러니 흑암은 그들에게 재앙이다.

본문에 세 겹으로 소개된 '흑암, 더듬을 만한 흑암, 캄캄한 흑암'은 각각 창조 이전과 출애굽 당시 이스라엘의 처지와 바로의 이집트가 경험하고 있는 아홉 번째 재앙으로 이어진다. 이제 세 번 연거푸 언급된 흑암은 자연스레 '빛'(אוֹר)과 대조된다. "이스라엘이 거주하는 곳에는 빛이 있었더라"(23절). 이스라엘이 거주하는 고센 지역에는 캄신이 아직 당도하지 않은 상황을 연상할 수 있다. 신학자는 이 짧은 순간을 놓치지 않는다. 이스라엘의 거주지를 비추는 빛은 창조의 빛, 곧 이스라엘이 경험하게 될 구원이며 해방의 빛이다. 흑암은 바로와 이집트를 단숨에 공포와 두려움에 빠뜨린 재앙의 대단원(penultimate)이다.

2장

아가다(אַגָּדָה)
: 탈출 이야기 II

너희는 그것을 이렇게 먹을찌니 허리에 띠를 띠고 발에 신을 신고 손에 지팡이를 잡고 급히 먹으라 이것이 여호와의 유월절이니라(출 12:11).

렘브란트가 출애굽의 단 한 순간을 포착한다면 어떤 장면일까? 열 번째 재앙으로 인한 울부짖는 소리가 이집트를 뒤엎을 무렵 이스라엘은 바로의 허락을 받아 그제야 이집트에서 떠날 수 있었다. 그러나 성서는 허겁지겁 떠나는 이스라엘의 출애굽 행렬이 아니라 상징적인 장면과 행위를 자세히 묘사한다. 아빕월(Abib) 14일 해질녘에 제물을 잡아 그 피를 문설주와 인방에 바르고 무교병과 쓴 나물로 고기를 구워 먹는다. 이때 그들은 '허리에 띠를 띠고 발에 신을 신고 지팡이를 잡고 급히' 먹는 연출을 수행한 것이다. '허리에 띠와 발에 신'은 언제든지 떠날 채비를 의미하고, '손에 지팡이'는 말을 비롯한 소유물을 실어 나를 준비를 가리키며, '급히, 서둘러'(בְּחִפָּזוֹן)는 이집트에 재앙이 떨어지기 전에 서둘러 움직여야 하는 다급한 상황을 반영한다(신 16:13; 사 52:12).

이스라엘의 이집트 탈출은 시간을 다투는 화급한 임무였기 때문에 자칫 허둥지둥 떠나는 장면을 떠올리기 쉽다. 그러나 출애굽 서사는 이와 같은 긴박한 상황에도 오직 급하게 탈출하는 순간을 포착하지 않고 절묘하게도 제의적인 측면을 함께 묘사하고 있다. 즉 정한 시간 열 나흗날 해질녘에 흠 없는 제물을 잡아 일정한 의식을 집행하고 음식을 먹는 예식까지 마친 다음에야 비로소 떠날 수 있었다고 보도한다. 그것은 '야웨의 유월절'이다(11절). 여기에 묘사된 출애굽의 자세는 엄밀하게 보자면 유월절 식사 예법이랄 수 있다. 그러니 출애굽의 자세란 임박한 탈출을 앞두고 이스라엘이 어떠한 태도와 자세를 취했는지 알 수 있는 상징적인 장면이다.

열 차례 이어진 재앙에도 불구하고 바로는 이스라엘을 보내줄 듯하다가도 쉽게 놓아주려 하지 않았다. 마침내 장자의 죽음이 온 이집트를 휩쓸고 나서야 바로는 모세에게 선심 쓰듯 떠나라고 명령한다(출 11:8). 가까스로 승낙을 얻었으니 모세의 마음은 급하기 짝이 없다. 바로가 언제 변심할지 알 수 없기 때문이다(출 8:25, 32; 10:24). 그렇다면 모세와 이스라엘은 바로의 허락이 떨어지자마자 뒤돌아보지도 않은 채 이집트를 떠났을까? 정작 이스라엘이 보여준 태도는 출애굽을 앞둔 자세라고 보기에는 낯설고 한가롭기 그지없다. 우선 식구에 따라 일 년짜리 양이나 염소를 잡아서 그 피를 문설주와 인방에 바르고(7절), 머리와 다리와 내장을 불에 굽고(9절), 고기를 누룩이 들어 있지 않은 빵과 쓴 나물과 함께 먹는다(8절). 아침까지 남은 음식은 태워서 흔적조차 남기지 않는다(10절). 유월절 식사는 여유롭고 편안하게 앉아서 먹지 않는다. '허리에 띠를, 발에 신발을, 손에 지팡이를' 잡고 곧 긴장을 풀지 않은 상태로 급하게 먹었던 것이다.

아빕월 14일의 유월절 만찬 자세는 예수의 복음 선포에 그대로 반영되었다. 예수는 아버지의 장사를 치르게 해달라는 요청에 대하여 죽은 자들이 그들의 죽은 자들을 장사하게 하고 자신을 따르라고 명함으로써 임박한 복음에 대한 태도를 보여준다(마 8:22; 눅 9:60). 예수의 복음은 긴박하고도 즉각적이다. 마치 허리에 띠를 띠고 손에 지팡이를 잡은 상태로 급하게 유월절 식사를 하듯 언제든지 복음의 명령을 따를 수 있게 준비하라는 시급한 요구에 다름이 아니다. 출애굽이 긴박하게 전개되듯 예수의 복음 역시 그날과 그때를 알 수 없으므로 항상 깨어 있어야 한다(마 25:13). 복음의 절박함이 곳곳에 묻어난다.

이스라엘이 출애굽 때 취했던 자세는 놀랍게도 나사렛 예수의 복음 선포에서 거의 정확히 재현된다. '급히'(בְּחִפָּזוֹן)는 '마파람에 게 눈 감추듯' 신속하게 처리하라는 부사어가 아니다. 대신 '곧 다가올 사건을 기다리는', 또는 '긴장된 마음으로'라는 뜻으로 읽으면 출애굽의 임박성과 복음의 촉박한 현실을 인식하기에 충분하다. 〈Houtman, 182〉 이 자세는 추수할 때가 되었으나 일꾼이 없어 종종걸음 치는 주인의 다급한 심정에도 담겨 있다(눅 10:2 ff). 허리에 띠와 발에 신과 손에 지팡이를 잡고 서둘러 먹는 유월절의 식사 예절에는 곧 일어날 출애굽의 해방과 자유 그리고 하늘나라의 기쁨과 평화를 함께 나누고자 하는 기대와 긴장감이 동시에 묻어 있다.

41 넘는절 פֶּסַח

너희는 그것을 이렇게 먹을찌니 허리에 띠를 띠고 발에 신을 신고 손에 지팡이를 잡고 급히 먹으라 이것이 여호와의 유월절이니라(출 12:11).

1882년 발행된 〈예수성교누가복음전서〉에 선뜻 알기 힘든 '넘는절'이 나온다(눅 2:41; 22:1, 7). 성서와 기독교 용어에 익숙하지 않던 당시 번역자들의 고심이 묻어난 표현이다. 요즘 유월절(逾越節), 과월절(過越節)로 통용되는 한글식 번역이다. 최초 한글 번역은 '넘어가다', 또는 '건너뛰다'의 히브리어 '페사흐'(פֶּסַח)의 사전적인 뜻을 가능한 살려서 '넘는절'로 옮긴 것이다. 이 절기는 고대 이스라엘이 기적적으로 체험한 구원 사건에서 비롯되었다. 하나님이 이집트의 모든 장자들을 치실 때 이스라엘 백성들의 집 문설주와 상인방에 바른 양의 피를 보고 '지나감으로써' 이스라엘은 살아남을 수 있었다(11절). 안타깝게도 아름다운 한글 '넘는절'은 가장 먼저 번역된 영예를 잇지 못한 채 사라지고 지금은 유월절, 또는 과월절에 그 자리를 내어 주고 말았다.

'페사흐'는 구약 전체에 약 50차례, 출애굽기 12장에 세 차례 언급된다(출 12:11, 27, 43; 레 23:5; 민 28:16; 33:3 등). 사르나는 유대교의 여러 문헌들을 통하여 '페사흐'의 사전적인 의미를 세 가지로 정리한다. 〈Sarna, *Exploring Exodus*, 87〉 첫째는 가장 오래되고 가능성이 높은 의미로 '불쌍하고 가엾게 여기다'를 든다. 〈*Targum Jonathan* 12:11, 13; *Targum Onkelos* 13, 23, 27절〉 하나님의 사랑을 함축하는 대표적인 낱말이다. 둘째는 '보호하다'이며 〈70인역〉에 의하면 13절의 '파사흐'를 '보호하다'(σκεπάσω)로, 이사야 31장 5절에서는 '지키다'(περιποιήσεται)로 번역하였음을 확인할 수 있다. 여기서 출애굽 사건과 관련하여 '구원하다', '살려 주다'라는 신학적 의미가 생성되었다(출 12:27; 사 31:5). 셋째는 가장 빈번하고 광범위하게 번역되는 '건너뛰다, 지나치다'이다(출 12:11, 48; 레 23:3; 민 9:10, 14; 28:16; 신 16:1, 2; 왕하 23:21, 23; 대하 30:1, 5; 35:1). 즉 '접촉하지 않고 지나다', 또는 '아끼려고 건너뛰다' 등으로 해석되며 유월절의 어원에 자주 인용되는 설명이다. 한편 '절뚝거리다', 혹은 '불구가 되다'는 뜻으로도 읽힐 수 있으나 우리의 논의와는 거리가 있다(왕상 18:21, 26; 삼하 4:4; 5:6).

유월절 식사(마르크 샤갈, 1957, 해거티 미술관)

위에서 살핀 '페사흐'의 세 가지 뜻에서 현재는 주로 마지막 의미에 강조점이 실려 있다고 말할 수 있다. 그 직접적인 원인은 라틴어 성서 '파스카'(pascha)의 영향력이 크다. 중세 교회에서 라틴어 〈불가타〉는 성서 이상이었다. '파스카'가 '부활절', 또는 '유월절 어린양'을 가리키는 전문 술어처럼 쓰이면서 '페사흐'에 내포된 여러 의미 중 '건너뛰다'를 집중 부각한 측면이 있다. 그러나 하나님이 이집트의 처음 난 것과 우상과 신을 치실 때 문틀의 피를 보고 그냥 '지나간' 이유는 분명하다. 즉 이스라엘 백성에 대한 연민과 보호가 앞섰고 우선했다는 점이다. 따라서 이집트의 압제로 인한 이스라엘의 종살이와 부르짖음을 보고 불쌍히 여기시는(출 3:7-8) 하나님의 사랑(compassion)이 유월절의 뿌리이며 구원의 핵이었다는 사실이다.

이스라엘은 해마다 한 해의 첫 달 니산월 14일을 최대의 명절 페사흐로 지킨다(출 12:2). 봄의 시작을 알리는 '넘는절' 축제는 출애굽의 핵심 주제를 담고 있다. 여기에는 자연의 주기와 이스라엘의 구원 사건이 정밀하게 결합되었다. 겨우내 죽은 것처럼 보이던 대지에 새싹이 솟아나는 시점에 이집트의 압제와 종살이로부터 구원과 탈출이라는 역사적 경험을 효과적으로 묶어 낸 것이다. 이것은 우연의 산물이 아니다. 그것은 이스라엘이 역사에서 체험한 하나님의 사랑과 보호를 해마다 반복되는 자연의 주기에 맞물리게 함으로써 봄의 약동에서 하나님의 구원 역사를 맛보고 확인할 수 있게 한 고대 사제들의 신학적 결과물이다. 고도의 신학적 성찰과 역사 논리적 응집력이 반영된 축제다. 따라서 '넘는절'은 과거의 일회적 사건이 아니라 올봄에도 경험할 수 있는 절기이며 축일이 된다.

유대교의 '넘는절'에 재미난 일화가 전해 온다. 그들은 안식일에 촛불을 켜거나 끌 수 없기 때문에 미리 준비해야 한다. 한데 꺼야 할 촛불이 켜 있는 것을 보고 모두 난감해한다. 그때 아버지가 어린 자녀를 촛불 가까이 세우고 "유월절이 히브리어로 뭐야?" 하고 묻는다. 그러면 아이는 입술에 바람을 잔뜩 넣어 '페(פ), 사(ס), 흐(ח)'라며 하나하나 소리를 낸다. 안식일을 범하지 않으면서 촛불을 끌 수 있는 방법이다.

42 유월절과 엘리야의 잔

하비 콕스(Harvey G. Cox Jr.)는 하버드대학교의 신학대학 교수로서 기독교인이다. 그는 유대인 여성과 결혼하여 유대교 전통으로 자녀들을 양육하였다. 그가 유대 회당 예배에서 경험한 유월절의 흥미로운 점을 소개한 바 있다. 즉 유월절 만찬에서 '엘리야의 잔'(כּוֹס־אֵלִיָּהוּ)을 반드시 준비한다는 것이다. 유월절 축제가 시작되는 정결식사(ritual meal)에서 예언자 엘리야를 기다리는 상징적인 의식이다. 이때 대문을 열어 두고 의자 위에 엘리야를 위한 포도주 잔을 올려놓는다. 이번 해 유월절에 엘리야가 구원의 소식을 전해 주기를 바라는 기대와 소망이 담겨 있다. 유월절을 기점으로 시작되는 봄에 엘리야를 기다리는 신앙은 미래에 대한 낙관적 희망을 반영한다고 볼 수 있다. 따라서 봄을 여는 만찬 자리에 엘리야를 초대하는 풍습이 어느 순간 자리를 잡았고 해마다 그를 위한 잔을 정성껏 마련하는 것이다.

성서에서 엘리야는 예언자를 대표하면서도 신비로운 캐릭터다. 첫째로, 열왕기에 보면 야웨는 살아 있는 엘리야를 회오리바람에 실어 하늘로 데려간다(왕하 2:1). 이렇듯 불가사의하게 사라졌기 때문에 이스라엘에서 엘리야는 곧 하늘과 땅에 속하는 두 왕국의 시민으로 간주되었다. 여기에서 그가 양쪽을 자유롭게 왕래하면서 하나님의 뜻을 전한다는 민간전승이 싹트기 시작하였고 나아가 세상의 종말이 오기 전에 엘리야가 올 것이라는 믿음으로 확장되었다. 둘째로, 구약의 마지막 예언자 말라기의 최후 예언은 엘리야의 파송으로 마무리 짓는다. "보라 여호와의 크고 두려운 날이 이르기 전에 내가 선지자 엘리야를 너희에게 보내리니 그가 아비의 마음을 자녀에게로 돌이키게 하고 자녀들의 마음을 그들의 아비에게로 돌이키게 하리라 돌이키지 아니하면 두렵건대 내가 와서 저주로 그 땅을 칠까 하노라 하시니라"(말 4:5-6). 말라기는 야웨가 엘리야를 보냄으로써 '크고 두려운 날'을 준비케 한다고 선언한다. 이것은 구약의 마지막 예언으로 메시야의 도래를 위한 사자를 앞서 보낸다는 예언이다(말 3:1; 마 11:10; 막 1:2; 눅 1:76; 7:27; 요 3:28).

한편 세 복음서에 공통적으로 기록된 '변모산 사건'에는 모세, 엘리야 그리고 예수가 동시에 나온다(마 17:1-13; 막 9:2-8; 눅 9:28-36). 복음서 기자의 세 사람에 대한 환상은 그의 작가적 상상력이 아니다. 이와 같은 삼인구도(triad)는 유대교의 역사 전개를 설명할 수 있는 신학적 논리에서 비롯되었다. 예컨대 율법을 대표하는 모세, 예언을 상징하는 엘리야 그리고 율법과 예언을 성취한 메시야라는 세 단계의 역사를 상정한 것이다. 따라서 말라기가 엘리야의 파송으로 예언과 구약을 최종적으로 종결짓는 것은 메시야가 곧 오리라는 확신에 근거한 예언이며 역사관이다. 실제로 복음서에는 예수가 메시야인지 그보다 앞에 오실 엘리야인지 혼란스러워하는 광경이 꽤 여러 차례 언급된다. 예컨대 세례 요한의 제자들(눅 7:20), 군중들(마 11:14; 막 8:28), 처형장의 사람들(막 15:35) 등을 보라. 이렇듯 엘리야가 메시야를 위해 먼저 와서 그의 길을 예비할 것이라는 믿음은 복음서 여러 곳에서 확인할 수 있는 유대 전통이었다(막 9:13). 그렇기에 복음서는 세례 요한을 예수를 위해 먼저 태어나고 그의 길을 닦는 선구자이며 예언을 마감하고 새 시대를 여는 엘리야와 같은 인물로 묘사하고 있는 것이다(막 1:2-8; 눅 1:16-17).

엘리아의 잔

해마다 유월절은 기독교의 부활절과 맞닿는다. 기독교는 메시야가 이미 왔다고 믿는 반면 유대교는 아직 오지 않은 것으로 여긴다. 유대인들은 이번 유월절에도 '엘리야의 잔'을 준비하며 엘리야와 메시야의 도래를 기다릴 것이다. 그러나 유월절 만찬이 끝나고도 엘리야의 잔이 그대로 있다면 메시야는 올해에 오지 않는다. 이 점에서 구약의 말라기와 신약의 마태복음 사이에는 엄청난 신학적 비밀이 담겨 있다. 말라기 4장에는 모세가 나오고(4절) 뒤이어 엘리야를 파송하는 구절이 소개된다(5절). 그러나 세 번째 인물은 놀랍게도 시간과 공간을 훨씬 뛰어넘어 마태복음 1장 1절에 등장한다. 이로써 변모산의 모세, 엘리야, 예수가 한 자리에서 만나게 되었다. 드디어 율법과 예언이 완성되고 성취되는 메시야의 시대가 열리고 있다.

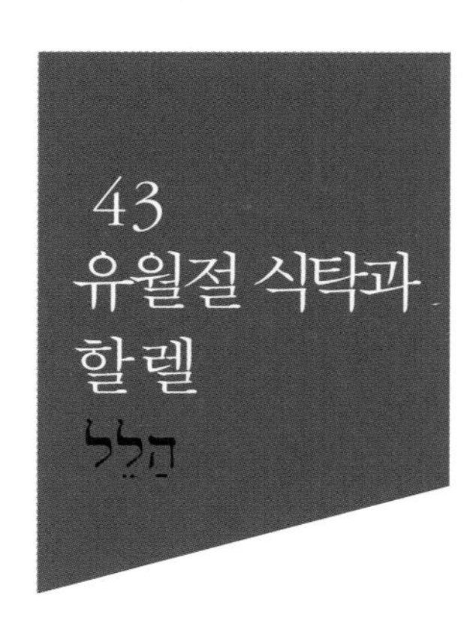

43 유월절 식탁과 할렐 הַלֵּל

예수와 제자들은 유월절 만찬을 나누고 감람산을 오르기 전에 '찬미하였다'(막 14:26; 마 26:30). 이때 그들이 부른 노래(ὑμνήσαντες)는 시편 115-118편인 것으로 보인다. 왜냐하면 유월절 만찬 후에 할렐 시편의 일부를 낭송했기 때문이다. 보통 시편 113-118편까지 여섯 시편을 한 단위로 묶어 '할렐'(הַלֵּל), 또는 '이집트 할렐'(הַלֵּל מִצְרִי)로 불렀다.[33] '이집트 할렐'로 불리는 이유는 명백하다(시 114:1). 유월절 만찬은 출애굽을 기념하는 행사이고 유대 공동체가 이집트로부터 해방을 감사하는 노래를 이때 함께 불렀기 때문이다.〈Ber. 56a〉 그렇다고 '할렐 시편'이 유월절에만 국한된 것은 아니었고 나팔절, 오순절 그리고 초막절 등 주요 절기에서도 불리는 전통이 생겨났다.

시편 113-118편, 시편 136편 그리고 시편 146-150편 등이 할렐

33 Louis Finkelstein, "The Origin of the Hallel," *Hebrew Union College Annual* 23.2 (1950), 319-337.

시편에 속한다. 유대교 전통에는 시편 113-118편을 제1할렐, 시편 136편을 대할렐(הַלֵּל הַגָּדֹל), 시편 146-150을 제3할렐 또는 '작은 할렐'로 구분한다. 제1할렐은 유월절, 오순절, 초막절 등에 각 가정이나 회당에서 불렸다. 예컨대 유월절이 시작되는 전날 시편 113-114편 두 편을 식사 전에 그리고 시편 115-118편 등 네 편을 식사 후에 온 가족이 함께 노래한다. 〈70인역〉과 〈레닌그라드 코덱스〉는 시편 114-115편을 한 편으로 간주하기 때문에 지역에 따라 식사 중간에 시편 113편만을 읽고 나머지는 식사 후에 노래하는 전통도 있다.

탈무드는 유월절에 언제, 누가 할렐을 부르게 되었는지 몇 가지로 설명한다. 랍비 엘르아살은 모세와 이스라엘 백성이 처음 낭송했다고 주장하나, 랍비 유다는 예언자들이 다가올 재난으로부터 구원해 주실 것을 간구하는 노래로 불렀다는 입장이다. 더러는 레위인들이 성전에서 유월절 희생양을 준비하면서 낭송하던 노래에서 비롯되었다고 보기도 한다. 대략 바빌론 포로기 이후 회당 예배가 정착되면서 유다 공동체에 뿌리를 내린 것으로 본다. 이런 낭송 전통은 디아스포라와 하시디즘을 통하여 지금도 대부분의 회당에 계승되고 있다.〈Sukkah 4:8〉 유월절 만찬에 네 잔의 포도주를 마시게 되는데 두 번째 포도주를 마시고 시편 113-114편을 낭송한다. 이때 가장 어린 자녀가 아버지에게 질문한다. "이 예식이 무슨 뜻인가요?"(출 12:26) 그러면 아버지는 출애굽의 자초지종을 간략히 설명한다(27절). 마지막 네 번째 잔을 비우고 시편 115-118편을 부름으로써 만찬이 마무리된다.

탈무드가 시편 136편을 '대할렐'이라고 이름 붙인 이유는 이스라엘의 정체성을 확인하며 감사와 찬양을 하나님께 노래하기 때문이다. 시편 136편은 "그의 헤세드가 영원하도다"(כִּי לְעוֹלָם חַסְדּוֹ)라는 후렴구가 매 구절마다 반복된다. 중간에 이집트 장자를 치시고 홍해(יַם סוּף)를 가르고 인도하셨다는 구절은 출애굽 사건을 직접 언급한 것이다(시 136:10-16; 출 12:29-30; 14:21-31). 따라서 유월절 행사를 마감하는 자리에서 낭송하는 시편으로 제격이다. '대할렐' 시편 136편은 주로 성전 예배 때 교창(交唱)되었다. 미슈나에 의하면 시편 136편은 회당의 공식 행사에서 찬양시로 활용되었을 뿐 아니라 공동체의 감사와 축일에는 물론 심지어 오랜 가뭄 끝에 비가 올 경우에도 감사하는 기도로 쓰였다는 기록이 나온다.〈Taan 3:9〉

시편 146-150편의 '작은 할렐'은 이집트 할렐의 '이스라엘이 이집트에서 나올 때'(בְּצֵאת יִשְׂרָאֵל מִמִּצְרָיִם)처럼(시 114:1) 출애굽과 직접적인 관계는 없다. 다만 시편의 마무리 단계에서 하나님에 대한 감사와 찬양의 노래가 절정에 이른다. 제3할렐은 '할렐루야'(הַלְלוּ־יָהּ)로 시작하고 마감하는 다섯 시편은 전체 5권으로 구성된 시편의 감사와 찬양을 대단원으로 끌어올린다. 즉 할렐루야를 거듭 되풀이함으로써 시편은 이스라엘을 넘어 마침내 살아 숨 쉬는 모든 생명이 야웨를 찬미하게 된다(시 150:6).

유대교에서는 유월절에 곧잘 "역사를 먹는다"고 말한다. 니산월 14일 밤 유월절 전야에 무교병과 쓴 나물을 희생양과 함께 먹음으로써(출 12:8), 이스라엘은 하나님의 해방 사건의 목격자이며 동시에 수혜자로 역사에 참여한다는 뜻이다. 유월절 식탁은 온 가족이 '할렐 시편'을 함께 부르며 이스라엘의 뿌리를 기억하고 야웨 하나님의 구원에 감사하는 역사 교육의 현장이다.

44
유월절 '떡'과 교회의 분열

이스라엘은 이집트로부터 해방을 기념하는 유월절에 독특한 관습을 지켜 온다. 이른바 **'마차'**(מַצָּה) 곧 무교병을 먹는 것이다. 유월절에 '누룩을 넣지 않는 떡'을 먹는 이유는 탈출 순간의 긴박한 상황을 떠올리게 하는 의식이기 때문이다. 평소라면 누룩을 넣어 충분히 발효된 빵을 구워 먹었겠지만 서둘러 떠나야 하는 절박한 정황이 반영된 것이다. 무교절 축제가 벌어지는 일주일 동안 무교병과 함께 희생양의 고기 그리고 쓴 나물 등을 섭취하면서 당시를 기억한다(출 12:8). 그러나 누룩이 들어간 빵을 먹거나 단 한 톨의 누룩이라도 집안에서 발견되면 안 된다. 만약 유교병 **'하메츠'**(חָמֵץ)를 먹을 경우 누구라도 이스라엘 회중으로서 자격을 잃는다(출 12:15, 19). 무교병은 이스라엘 최대 명절에 정체성을 확인하는 중요한 음식이다.

훗날 나사렛 예수와 그의 제자들도 유월절을 준비하고 음식을 함께 먹는다(막 14:22-25; 마 26:17-30; 눅 22:7-23). 예수는 '떡'을 들어 축사하고 제자들에게 나눠 준다. 과연 그 떡은 유대인의 관례에 따른 무교병이었을까? 〈70인역〉은 무교병 '마초트'(מַצּוֹת)를 **아주모스**(ἄζυμος)로, 유교병 '하메츠'를 **아르토스**(ἄρτος)나 **주메**(ζύμη)로 구별한다(레 7:13; 23:17; 신 16:3). 세 복음서와 바울 서신에 언급된 단어 '떡'은 뜻밖에도 그리스어 '아르토스'다. 누룩이 들어 있는 유교병(ἄρτος)을 가리킨다(막 14:22; 마 26:26; 눅 22:19; 고전 11:23). 예수가 축성한 떡은 무교병이 아니기 때문에 유월절 규정을 위반한 셈이다.

무교병

그렇다면 예수의 아르토스를 어떻게 이해할 수 있을까? 자세히 보면 히브리어 '마초트'는 무교병의 복수형으로 기록되어 있고(출 12:9), 복음서에서 예수의 '떡'은 '아르토스', 곧 유교병의 단수형이다(막 14:22). 여기에서 두 가지 점을 밝혀야 한다. 하나는 출애굽기의 유월절 떡은 복수이나 신약성서에서는 단수로 표기되었다는 사실과, 다른 하나는 무교병과 유교병의 차이다. 전자는 이스라엘이 유월절 축제가 벌어지는 일주일 동안 먹어야 할 음식이기 때문에 복수형을 취한 것이고 신약의 유월절 식사는 예수 자신을 상징하는 유일한 떡이기 때문에 단수라고 보면 쉽게 해결된다. 그러나 후자의 경우 누룩의 있고 없고의 차이는 결코 단순하지 않다. 왜냐하면 예수의 식사에 등장하는 유월절 '떡'이 유교병이라면 유대교 전통에서 벗어나는 행위이며 이스라엘로부터 단절될 수 있는 중대한 위법이기 때문이다. 이 점에서 예수와 제자들의 회동은 유월절 식사가 아니라 메시야 과업 완수를 앞둔 **최후의 만찬**이라는 해석이 제기된다(요 13:1).[34]

예수의 '최후 만찬'에 뿌리를 둔 성찬식은 기독교 예배의 핵심이다. 1054년에 일어난 '**교회의 대분열**'(the Great Schism)은 성찬식의 빵에 관한 논쟁이 직접적인 원인이었다. 바로 직전 해 동방교회의 수도사 레오(Leo of Ohrid)는 콘스탄티노플 총대주교 케룰라리우스(Michael Cerularius)에게 보낸 편지에서 서방교회가 누룩이 없는 빵을 성체성사에서 사용한다며 비방하였다.[35] 그러자 로마 교황 레오 9세(Pope Leo IX)는 케룰라리우스에게 "교황의 권한을 인정하지 않는 교회는 이단이며 사탄"이라며 발끈하였고 양자의 관계는 악화일로에 놓이게 되었다. 격렬한 공방을 주고받은 끝에 이듬해 양측은 상호 파문을 선언하고 세계교회는 분열의 길로 들어선다. 이와 같은 갈등을 겪으며 동방교회는 누룩을 넣은 빵을, 서방교회는 누룩이 없는 빵을 사용하며 각각 신앙 전통을 유지하고 있다(1965년 12월 7일, 로마 가톨릭 교황 바오로 6세와 동방정교회 세계 총대주교 아테나고라스 1세는 1054년의 상호 파문을 철회하였다).

그러나 성찬식의 떡에 대한 논쟁은 또 한 차례 교회의 분열을 예고한다.

---

34 Robin Routledge, "Passover and Last Supper," *Tyndale Bulletin* 53.2 (2002), 203-222; 양재훈, "최후의 만찬,"「기독교사상」699 (2017), 186-198.

35 Aleksej M. Lidov, "Byzantine Church Decoration and the Great Schism of 1054," *Byzantion* 68.2 (1998), 381-405.

중세 유럽을 뒤흔든 교회 개혁은 면죄부와 성물 판매, 성직자의 타락 등으로 인하여 촉발되었으나 성찬식의 '떡'에 관한 신학적 인식의 차이가 또 다른 형태의 교회를 탄생시킨 것이다. 서방교회는 성찬식에서 축사하는 순간 그리스도의 몸이 된다는 화체설(Transubstantiation)이 일찍 정립되었으나 16세기 개혁자들의 관점은 사뭇 달랐다. 루터는 그리스도가 '떡/잔과 함께, 안에 그리고 아래에' 현존한다는 의미로 공재설(Consubstantiation), 츠빙글리는 떡/잔이 곧 그리스도의 몸과 피라는 사실을 기념하는 상징설(Symbolism), 칼빈은 성찬식을 통하여 그리스도와 함께하신다는 영적 임재설(Spiritual presence) 등을 내세워 기존 신학에 도전한 것이다. 이로써 루터교, 구세군, 개혁교회 등으로 나뉘게 되었다. 이와 같이 유월절의 무교병, 곧 성찬 예식의 '떡'과 잔에 대한 해석의 차이가 하나이던 세계교회를 동서로 가르고, 다시 개신교의 여러 분파들을 낳은 것이다.

이스라엘 자손이 라암셋에서 발행하여 숙곳에 이르니 유아 외에 보행하는 장정이 육십만 가량이요(출 12:37).

이집트 탈출 직후 숙곳에 당도했을 때 이스라엘 자손은 어린이(טַף) 외에 '장정 60만'이었고(출 12:37), 나중에 시내 광야에서는 레위인을 빼고 20세 이상이 603,550명이었다(출 38:26; 민 1:46; 2:32). 그 밖에도 '중다한 잡족'과 포함된 식솔들을 합산하면 전체 출애굽 인원은 적어도 200만 명, 많게는 300만 명 정도로 추산된다. 출애굽과 관련해서 이 숫자의 신빙성은 이따금씩 논란이 되었다. 과연 야곱의 자손 70명이 이집트 거주 430년 만에 그렇게 많이 번성할 수 있을까?

우선 '60만'으로 번역하는 שֵׁשׁ־מֵאוֹת אֶלֶף의 히브리어 표기를 분석해야 한다. 처음 연결된 두 낱말 '셰스-메오트'(שֵׁשׁ־מֵאוֹת)는 각각 6과 100이다. '엘레프'(אֶלֶף)를 어떻게 해석하는지가 관건이다. 전통적으로 이스라엘 자손(בְּנֵי־יִשְׂרָאֵל)에 해당하는 히브리어를 숫자로 환산하면 603이고 엘레프를 천(千)으로 읽으면 어림수 60만이 된다. 그러나 이 숫자의 허구성을 인식하였는지 유대교 내부에서도 이스라엘의 다산적 측면을 여러 차례 강조하거나(출 1:7, 19), 심지어 여섯 쌍둥이(septuplets) 이론을 제시하며 결코 불가능한 숫자가 아니라고 강변하기도 한다. 〈Rashi, *Exodus*, Ex. 1:7〉 더구나 오경의 증언에 일관성이 없어 문자적으로 믿기에는 곤란한 측면이 있다. 아무튼 '장정 60만'이 40년 동안 광야를 유랑했다는 사실은 고고학적으로도 뒷받침할 수 없고 사회학적으로 납득하기 어렵다는 것이 지금까지 학계의 중론이다. 〈Houtman, 70〉

현대 주석가들은 '장정 60만'의 과장된 점을 인정하고 60진법에 근거한 숫자가 아닌지 추측하기도 한다.[36] 여기서는 두 가지 제안을 소개하려고 한다.

① '엘레프'를 '알루프'(אַלּוּף)로 읽고 '분대', 또는 '소대'라고 해석하는 입장이다. 페트리는 '알루프'를 아홉, 혹은 열 명으로 구성된 분대(contingents)라고 이해한다.[37] 실제로 알루프가 한 집단이나 수장을 가리킨 적도 있다. 예컨대 '에돔 두령'(출 15:15), '가문의 대표'(수 22:14), '문중의 부대'(삿 6:15), '유다 족속'(미 5:1) 등에서 번역어는 다르지만 '알루프'를 숫자로 인식하지 않고 지도자, 또는 작은 단위를 일컫는 것을 알 수 있다. 그렇다면 르우벤 지파 46,500명은 46호(戶) 500명의 두령, 시므온 지파 59,300명은 59호(戶) 300명의 두령 등으로 풀어야 한다. 따라서 이스라엘의 계수된 '603,550명'은 '603호 550명의 두령'이니 출애굽 직후 이스라엘은 6천 명쯤으로 추산할 수 있다. 이것은 회막 봉사를 위해 계수된 30~50세의 남자 8,580명과 견주자면 설득력 있는 수치에 해당한다(민 4:48).

② 출애굽 때 603,550명이 탈출했다는 기록은 사실 솔로몬의 성전

---

36 Jerry Waite, "The Census of Israelite Men after their Exodus from Egypt," *Vetus Testamentum* (2010), 487-491; Colin J. Humphreys, "The Number of People in the Exodus from Egypt: Decoding Mathematically the very Large Numbers in Numbers I and XXVI," *Vetus Testamentum* 48.2 (1998), 196-213.

37 W. M. Flinders Petrie, *Researches in Sinai* (Cambridge University Press, 1904/2013), 207.

봉헌 당시 이스라엘의 인구를 반영한 것이라는 견해이다. 다소 엉뚱한 이 발상은 14세기 이슬람 역사학자 이븐 칼둔(Ibn Khaldun)이 내놓은 이론이다.[38] 그는 성서의 역사가 연대기적이거나 동양적인 기전체(紀傳體)의 서술 방식과 차이가 있다는 데서 착안하였다. 즉 이스라엘 역사에서 출애굽과 성전 건축은 중차대한 사건으로서 상당한 시간적 간격에도 불구하고 그 자체로 동질의 시간대와 일관된 사건으로 상호적 관계가 형성된다. 그리하여 성서에서 시간(time)이란 크로노스가 아니라 시대(era)라는 용어로 설명할 수 있으며 동시에 특정한 시기(period)로 구별해야 한다는 것이다.〈Sarna, 100〉 따라서 솔로몬의 예루살렘 성전 건축은 '출애굽 480년'(왕상 6:1)의 연표에서 알 수 있듯 출애굽이라는 주요 사건과 긴밀한 연관성을 갖게 된다. 그러므로 '출애굽 480년'이란 예루살렘 성전 봉헌으로 출애굽의 시대가 완성되었다는 선언과 다름없다. 즉 출애굽 당시 "하나님께 예배하겠다"(출 3:18)는 이스라엘의 요청이 예루살렘 성전 봉헌으로(왕상 8:1-66) 마무리되었으니 한 시대(era)가 성취된 역사적인 시점(time)이었던 것이다.

다시 출애굽기와 민수기의 계수된 603,550명으로 돌아가자면 굳이 출애굽 시점과 광야 시절에 묶일 필요는 줄어든다. 그 수치를 통일왕국 시대 이스라엘의 인구로 여기는 관점은 성전 건축에 참여한 모든 사람들이 마치 출애굽을 직접 경험한 것인 양 생각하고 성전 봉헌을 출애굽 해방의 기쁨으로 받아들인 신학적 사유의 결과다. 출애굽에 참여한 이스라엘 장정 60만은 결국 예루살렘 성전 봉헌의 기쁨을 선취적으로 누린 것이며 그 반대도 마찬가지다.

---

38 Ibn Khaldun, *Al Muqaddimah: Prolegomena* (JiaHu Books, 2014); 김정아 옮김. 『무깟디마』 1-2권 (서울: 소명출판, 2012).

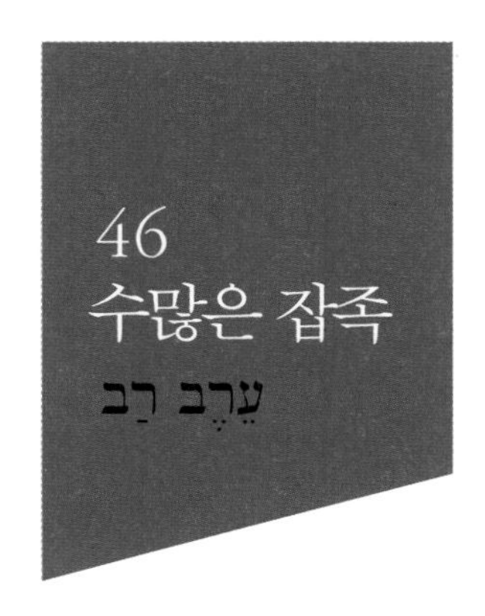

46 수많은 잡족 עֵרֶב רַב

중다한 잡족과 양과 소와 심히 많은 생축이 그들과 함께하였으며(출 12:38).

출애굽 여정에 히브리 노예들이 중심이었지만 다른 집단들이 '동행'한 것으로 보인다. 그러나 본문의 '수많은 잡족'(출 12:38)이 누구인지 규명하기란 어렵다. '에레브 라브'(עֵרֶב רַב)는 '섞여 있는 큰 무리'라는 뜻이지 씨족 단위인지 혈통적 집단인지 알 수 없다.〈Houtman 2, 202〉 문자적으로 보면 '큰 무리'로 단순화된다. '에레브'는 다양한 뜻을 함축하고 여러 용례가 있기 때문에 주요 쓰임을 중심으로 다음 몇 가지로 정리할 수 있다.

① 우선 에레브에 해당하는 세 자음은 이집트에 내린 재앙 중의 하나인 파리 '떼'(swarm)를 지칭한다(출 8:21; 참조. 시 78:45; 105:31). 셀 수 없는 날짐승이 끊임없이 날갯짓을 하며 무리 지어 있는 상태다. 겉으로 무질서한 듯 보이나 안으로 나름의 질서와 규칙이 유지되는 집단이다. 그러니 대규모의 파리 떼라면 바로와 이집트를 공포에 빠뜨릴 수도 있고 순식간에 한 지역을 폐허로 만들 수도 있다(출 8:24). 출애굽의 구성원을 추적하는 과정에 '수많은 잡족'은 혼잡스런 무리가 한데 모인 집단이라는 사실을 확인할

수 있는 단계다.

② '에레브'는 사실 아랍, 또는 아라비아의 어원과 밀접한 관련이 있다. '에레브'는 저녁을 뜻하기도 하지만 '떠돌이, 유목민, 상인, 약탈자' 등으로 중동의 초원(steppe)에서 생활하던 뜨내기들을 가리킨다. 아랍이 세상에 알려진 계기는 대상(隊商)의 주요 품목이던 향료품 때문이었다. 본래 고대 인도의 종교의식에 활용되던 향료가 아랍의 대상들을 통하여 그리스와 로마 등지에 전달되었다. 이때부터 낙타를 앞세운 사막의 긴 행렬은 아랍과 그들의 풍속으로 각인된 것이다. 아랍 사람들의 정체성을 확인할 수 있는 대목이다. 그들은 한곳에 정착하지 않고 이동 공동체를 이루며 살았다. 구약에서 아라비아는 무역상(왕상 10:15), 상인(겔 27:21), 이리저리 옮겨 다니는 사람들(사 13:20) 등으로 부정적인 이미지로 기술되어 있다. 이사야는 아라비아를 사막의 대상과 들에서 노숙하는 사람들로(사 21:13), 예레미야는 음란과 행악으로 땅을 더럽힌 무리라고 질타한다(렘 3:2). 이 점에서 아랍은 출애굽의 수많은 잡족에 해당하는 최소 요건을 갖춘 셈이다.

③ '에레브'는 여러 부류가 뒤섞여 있는 무리(렘 25:20; 겔 30:5), 재료가 다른 실로 짜여 있는 경우(레 13:48)다. 한마디로 어중이떠중이들이 무질서하게 모인 집합(riffraff)이다. 민수기에는 '섞여 사는 다른 인종'(אֲסַפְסֻף) 이라고 언급되었다(민 11:4). 출애굽에 참여한 비이스라엘이란 뜻이다. 의성어처럼 들리는 '아사프수프'는 구약에 단 한 차례 언급되었기 때문에 상상력에 기댈 수밖에 없다. 출애굽 구성원이 단일 혈통이 아니라 하층민들이라는 사실은 이미 밝혀졌다. 만약 '아사프수프'를 이집트 접경의 갈대(סף)가 무성한 지역에 모인 무리(אסף)로 해석할 수 있다면 출애굽의 구성원을 다른 각도에서 설명할 근거가 된다. 그러면 '에레브라브'는 저녁 시간(ערב)에 모여 탈출한 집단(רב)이 된다. 실제 이스라엘은 라암셋

에서 떠난 무리를 일컫는 개념이다(37절). 지금까지 출애굽의 참여자를 계급적인 차원에서 해석해 왔으나 '에레브라브'나 '아사프수프'는 탈출의 출발 시점과 지점을 규명할 수 있는 단서가 된다. 즉 후자는 특정 거점에서 회집한 무리, 전자는 약속한 기한에 맞춰 탈출을 감행한 집단 등처럼 다양한 형태의 탈출 단위가 있었다는 추론이 가능하다.

'에레브라브'에는 히브리, 또는 아랍을 암시하는 수사적 장치가 맞물려 있다(민 11:4; 사 2:11; 61:1). 즉 히브리가 강이나 사막을 '건너온 사람들'로 노예와 노동자 그리고 전쟁 포로 등을 가리키듯 에레브라브는 상이한 계급과 다양한 부족이 섞여 있는(mixed multitude) 상태다. 히브리가 당시 사회의 소외 계급을 가리킨다면 '수많은 잡족'은 탈출에 뜻을 함께 하고자 특정한 시점에 모인 무리들이다. 각 집단의 출발 지점이나 시점은 다를 수 있으나 출애굽에 대한 열망과 목표는 다르지 않다. 출애굽을 경험한 '수많은 잡족', 곧 에레브라브는 야웨 신앙 아래서 본래부터 하나의 공동체 하나의 이스라엘이다.

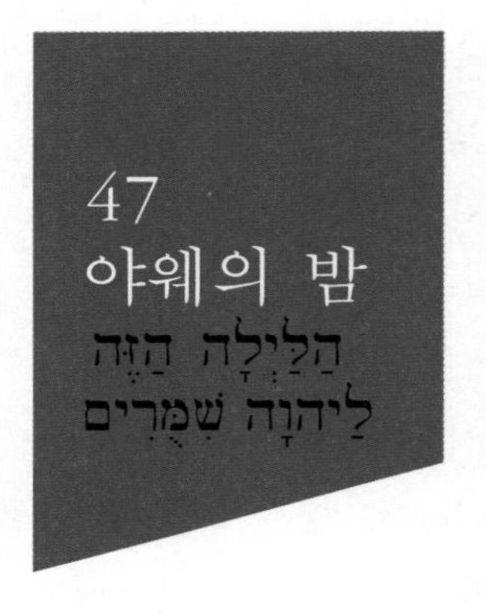

47 야웨의 밤

הַלַּיְלָה הַזֶּה לַיהוָה שִׁמֻּרִים

이 밤은 그들을 애굽 땅에서 인도하여 내심을 인하여 여호와 앞에 지킬 것이니 이는 여호와의 밤이라 이스라엘 자손이 다 대대로 지킬 것이니라(출 12:42).

이스라엘은 과연 출애굽 직전 밤을 어떻게 지냈을까? 그들은 설레는 마음으로 더딘 새벽을 기다리며 뜬 눈으로 자유의 아침을 맞았을 것이다. 놀랍게도 성서는 야웨가 이 밤에 이스라엘을 밤새워 돌보며 지켰다고 기록한다. 〈새번역〉을 따온다. "그날 밤에 주님께서 그들을 이집트 땅에서 이끌어 내시려고 밤을 새우면서 지켜 주셨으므로, 그 밤은 '주님의 밤'이 되었고, 이스라엘 자손이 대대로 밤새워 지켜야 하는 밤이 되었다." '주님의 밤'은 곧 '야웨가 지키는 밤'이다. 문자적으로는 '야웨의 철야 경계'다. '시무림'(שִׁמֻּרִים)은 '샤마르'(שָׁמַר)에서 파생한 절대복수(plurale tantum) 명사다. 대부분 '지키다, 돌보다, 담당하다' 등으로 번역되지만 본문의 용례는 전혀 다르다. '불침번, 야간 경비'(nightwatch)를 뜻하니 파수꾼(אַשְׁמֻרָה)이나(시 63:6; 130:6) 갑호비상 같은 특별 경계라고 보면 된다. 여기에는 수동적이며 의무적인 순찰이 아니라 능동적인 보살핌과 함께 방어와 안전에 도모하려는 헌신적이며 책임적인 자세가 요구된다.

카수토에 의하면 출애굽기 12장에 '샤마르'가 일곱 번 언급된 것은 야웨가 이스라엘을 돌보고 지키시는 분임을 강조하려는 장치다(6, 172, 24, 25, 422). 〈Cassuto, 149〉 특히 42절의 **'시무림'**은 야웨가 이스라엘의 목자이며 구원자로서 가장 취약한 시간에 깨어 있음을 상기시키는 데 적절한 수사다. 더구나 니산월 14일 밤의 임박한 출애굽을 떠올린다면 결행의 순간에 야웨가 자신의 양 떼로부터 눈을 떼지 않고 책임을 완수하려는 모습을 효과적으로 보여준 셈이다. 이 밤은 야웨의 입장에서는 이스라엘을 안전하게 지키고 보호하려는 밤샘(שִׁמֻּרִים)이지만 이스라엘에게는 야웨의 구원과 자유를 열망하며 기다리는 밤샘(שִׁמֻּרִים)이 교차한다. 후자는 '이스라엘이 지키는 밤'을, 전자는 '야웨가 지키는 밤'이 된다.

야웨의 밤은 여덟째부터 열째까지 세 재앙의 어둠과 관련된다. 메뚜기가 지면을 덮어 하늘을 볼 수 없고(출 10:5), 흑암이 삼 일 동안 세상은 깜깜하였다(출 10:22). 마침내 모든 장자가 죽기 시작한 열 번째 재앙은 밤중에 일어났다(출 11:4). 바로와 이집트는 땅거미가 질 무렵부터 야웨의 밤이 조여 오는 어둠의 적막과 밤의 공포에 사로잡히기 시작한다. 그러나 이스라엘은 마치 야곱이 요셉의 꿈을 마음속에 두고 '기다리며 지켜본'(샤마르) 것처럼(창 37:11) 야웨의 밤을 두근거리며 지켜본다(샤마르). 이 밤에 야웨는 '졸지도 주무시지도' 않고 이스라엘을 지키신다(시 121:4). 따라서 이스라엘은 가장 안전한 곳 야웨의 품에 있다는 안도감을 갖게 된다. 야웨의 군대가 이집트에서 나와 이스라엘을 함께 지키신다.

탈무드는 야웨의 밤을 '적대 세력으로부터 가장 안전한 보호를 받았던 밤'이라고 주석한다. 〈Pesahim 109b〉 역사적으로 야웨의 밤에 대한 기억이 늘상 좋았던 것은 아니다. 안타깝게도 중세 이후 야웨의 밤은 피로 얼룩진 밤이 되곤 했다. 일부 기독교인들 사이에 유대교의 유월절 의식에 기독교인의 피가 사용된다는 소문이 돌았고 이것은 곧 유대인에 대한 공격과 테러로 이어졌다. 지난 20세기까지 유럽 각처에서는 야웨의 밤이 더 이상 이스라엘의 안전과 구원에 대한 기대로 지샐 수 없었다. 급기야 일부 광란의 무리들이 벌인 유대인 집단 학살(pogroms)은 유대교가 해마다 구원과 기적의 은총을 기념하는 '야웨의 밤'을 역설적으로 두려움과 공포의 밤으로 바꾸어 놓은 것이다. 그들은 악의 세력에서 자신들을 지키고 보호하기 위해 초조한 마음으로 밤을 지켜야만 했다.

야웨의 밤은 그분이 이스라엘을 **'돌보시는'**(שִׁמֻּרִים) 밤이며 동시에 이스라엘이 그날의 감격과 기쁨을 대대로 기념하며 **'지키는'**(שִׁמֻּרִים) 밤이다. 부버는 양자의 관계를 다음과 같이 설명한다. ⟨Buber, *Moses*, 72-73⟩

> 출애굽의 밤은 역사적인 축제, 특히 전 인류적인 축제가 되었다. 그러나 그것은 경건한 유대인에게만 허용된 축제가 아니라 동시에 지금 여기서 재현될 수 있는 축제가 되어야 한다. 그리하여 출애굽을 최초로 경험한 세대와 뒤따르는 모든 세대가 서로 한데 어우러지는 축하와 기념의 밤이 되어야 한다.

야웨의 밤은 하나님의 '신실한 지킴'에서 비롯되어 이스라엘의 '소중한 지킴'으로서 비로소 완성된다. 머지않아 야웨가 깨어 보살피는 밤은 온 세상이 기다리며 지키려는 '거룩한 밤'(the Holy Night)이 될 것이다.

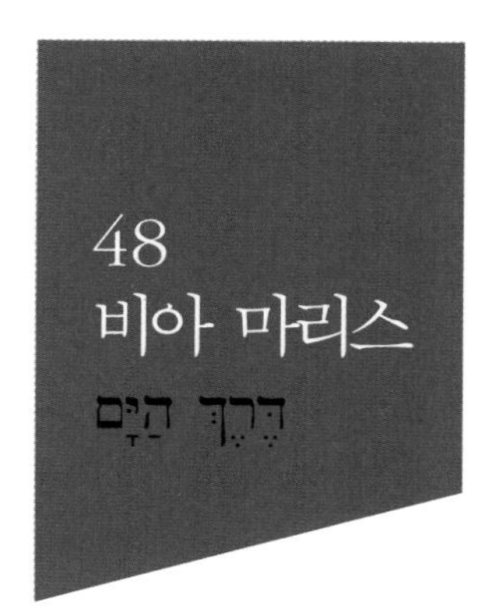

48 비아 마리스 דֶּרֶךְ הַיָּם

바로가 백성을 보낸 후에 블레셋 사람의 땅의 길은 가까울찌라도 하나님이 그들을 그 길로 인도하지 아니하셨으니 이는 하나님이 말씀하시기를 이 백성이 전쟁을 보면 뉘우쳐 애굽으로 돌아갈까 하셨음이라(출 13:17).

이집트에서 가나안에 갈 수 있는 길은 세 가지다. 첫째는 북동쪽의 '해변 길'이고, 두 번째는 남동쪽으로 우회하는 '광야 길', 세 번째는 중간으로 관통하는 '조상의 길'이다. 바로를 가까스로 설득한 모세는 서둘러 이집트를 떠나려는 참이다. 세 갈래 길 중에서 어느 쪽을 택할지 잠시 멈칫했을까? 모세 일행은 고센에서 가나안으로 곧장 이어지는 지중해의 길을 따라 바로의 추격을 속히 벗어나야 한다. 출애굽기는 '블레셋 사람의 땅의 길'로 소개한다. 흔히 '해변 길'로 불리는(사 9:1) 이 도로는 이집트가 북쪽으로 진격하기 위한 군사도로이며 지름길이다.

〈개역개정〉의 '블레셋 사람의 땅의 길'이나 〈공동번역〉의 '블레셋 땅으로 가는 길'은 이해할 만하지만 〈새번역〉의 '블레셋 사람의 땅을 거쳐서 가는 것'은 번역이라기보다 해설에 가깝다. 히브리어 '데레크'(דֶּרֶךְ)는 사전적으로 '길'이지만 '통하여'(through)라는 전치사의 의미로도 해석할 수 있다. 이 점에서 〈불가타〉는 '블레셋 사람의 땅의 길'을 '비아 마리스'(via maris)로 번역한다(사 9:1). NRSV와 NJV 등의 'through the land of Philistine' 번역을 참조하라. 이집트에서는 이집트와 메소포타미아를 최단 거리로 연결하는 국제적인 도로, 곧 호루스의 길(ways of Horus)로 불린다.

모세는 놀랍게도 가나안에 도달할 수 있는 단거리 '호루스의 길'을 선택하지 않았다. 그 이유는 분명하다. 그가 군사전문가는 아닐지라도 해변 길을 택할 경우 어떤 일이 벌어질지 쉽게 예상할 수 있었기 때문이다. 즉 모세는 바로의 국경 수비대가 요충지에서 경계하고 있었을 뿐만 아니라 따라오는 추격대까지 염두에 두어야 했다. 더구나 전쟁이 일어난다면 이스라엘은 필경 이집트로 돌아가려고 할 것이다(17절). 그렇다면 모세에게 선택지는 광야 길과 조상들의 길이 남는다. 조상들의 길은 네게브 광야에서 브엘세바에 이르는 가나안의 산악지대로 뚫린 길이다. 블레셋의 중심부를 통과하여 가나안으로 이어지는 길로 알려졌으나 기원전 12세기 무렵에는 그랄(גְּרָר) 일부 지역으로 제한된다(창 26:26). 그러니 모세와 이스라엘 회중이 고센 땅에서 조상들의 길을 선택하기란 모험에 가까운 일이었다.

그렇다면 모세와 이스라엘은 시내 반도 남쪽을 경유하는 광야 길(דֶּרֶךְ הַמִּדְבָּר)을 선택할 수밖에 없다. 즉 가나안 땅에서 가장 멀리 우회하는 남동쪽 노선이다. 하지만 가장 안전하며 무엇보다 바로의 추격을 따돌릴 수 있는 적합한 행로다. 그렇다. 모세의 선택은 '광야 길'이었다. 사람들은 긴박한 상황에서 얼른 눈에 띄는 지름길을 택하기 십상이다. 하지만 모세의 판단은 달랐다. 비록 '블레셋 사람의 땅의 길'이 최단 거리일지라도 쉽고 빠른 길에 뒤따르는 위험 부담과 지불 비용을 알아차린 것이다. 그의 결론은 지름길이 아니라 시내 광야 남쪽으로 우회하지만 그래서 안전한 먼 길이었다(출 13:18).

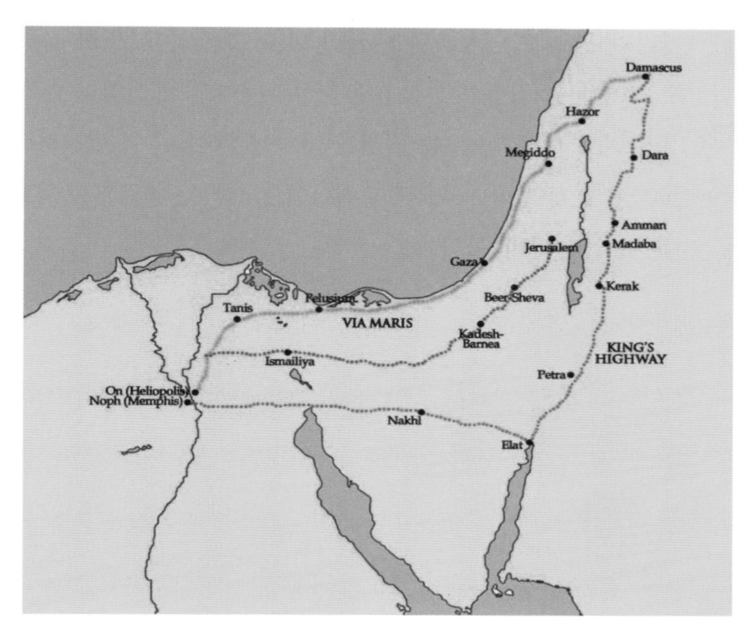

위에서 차례로 해변 길, 족장의 길, 왕의 대로

모세는 오합지졸 이스라엘을 이끌고 이집트를 허겁지겁 떠나면서 가까운 길 '비아 마리스'를 먼저 떠올렸을 것이다. 이집트 고센에서 메소포타미아를 잇는 해변 길은 가장 빠른 길이자 오랜 길이기 때문이다. 투트모스 3세의 연대기에 따르면 이집트에서 가나안까지 열흘길이며 거리로는 약 340km 지점이다.〈Propp, 486; 사르나, 205〉 그 중간에 블레셋이 위치하기에 '블레셋 사람의 땅의 길'로 불렸으며 북쪽의 메소포타미아와 남쪽의 이집트로 가는 관문이다(창 26:1-2).

'비아 돌로로사'는 '십자가의 길'로 알려진 편이나 '비아 마리스'(via maris)는 다소 생소하다. 이 길은 출애굽 경로를 설명할 때 이집트에서 가나안에 이르는 지름길을 가리킨다. 최단 경로는 어떤 식으로든 비용이나 손실을 야기한다. 마치 빠른 고속도로를 지날 때 통행료를 지불하듯!

모세는 가나안으로 가는 지름길을 익히 알고 있었으며, 또한 그곳을 통과할 때 겪어야 할 위험성과 감수해야 할 비용까지 계산하고 있었다. 시간은 더 걸리고 거리상으로는 훨씬 돌아가는 '광야 길'이 안전하다고 판단한 것이다. 모세와 이스라엘에게 가나안으로 가는 지름길은 역설적으로 시내 광야로 멀리 돌아가는 길이다.

그러므로 하나님이 홍해의 광야 길로 돌려 백성을 인도하시매 이스라엘 자손이 애굽 땅에서 항오를 지어 나올 때에(출 13:18).

히브리어 '얌 수프'(יַם־סוּף)은 대부분 '홍해'로 번역되었다. 그 뿌리는 〈불가타〉의 'mare Rubrum'에서 기인하나 〈70인역〉의 'ἐρυθρὰν θάλασσαν'까지 거슬러 올라간다. '얌 수프'의 사전적 의미 '갈대 바다'가 어떻게 '붉은 바다'로 번역되었는지 신비에 가깝다. 4세기 제롬의 번역은 문화적 차이나 정보의 결핍 때문이라고 양보한다고 해도, 기원전 3세기 유대인들의 '홍해'는 납득하기 어렵다. 대부분 기독교 핵심 교리는 히브리어와 그리스어 본문보다 라틴어 성서에 의존하고 있다. 그렇기에 섣불리 '얌 수프'의 사전적 의미를 내세워 '갈대 바다'로 교정하려는 것은 본문의 의미보다 엉뚱한 논란을 야기한다.

한글 성서는 거의 '홍해'로 옮겼고 최근 번역인 천주교 〈성경〉만 '갈대 바다'를 유지한다. 최근 영역본도 대체로 전통적인 번역 홍해를 따른다. 〈흠정역〉을 비롯한 GNB, NIV, NRSV 등이 the Red sea를 유지하지만, 유대교 성서 JPS는 the Sea of Reeds, 곧 '갈대 바다'로 표기한다. 실제 한글 번역에서 '수프'(סוּף)는 다음과 같이 여러 가지로 옮겨진다. ① 갈대(출 2:5), ② 바다풀(욘 2:5), ③ 부들(사 19:6) 그리고 ④ 산호, '숩'으로 음역한 경우(신 1:1)도 보인다.

어원적으로 보면 '수프'(סוף)는 파피루스 재료인 갈대를 가리키는 이집트어(twf)를 차용한 단어다.[39] 그러니 수프의 표기는 히브리어지만 내용은 이집트어로서 소리 나는 대로 옮긴 음차에 해당한다. '수프'는 소금기가 적은 깨끗한 습지나 강에서 자라는 식물이다. 종이를 만들 수 있는 '바다풀'은 주로 이집트 하구의 델타 지역에서 발견되기 때문에 라암셋이나 고센 등에서 멀지 않은 곳으로 이스라엘의 탈출 경로와 맞물린다. 그렇다면 '얌 수프'와 전통적으로 홍해로 불리는 지역과 다른 곳이라는 뜻일까? 현재 수에즈 만과 아카바 만 일대를 포함한 지역은 수프의 서식지가 아니라는 점에서 홍해일 가능성은 줄어든다. 그런데도 솔로몬은 에돔 땅 '홍해' 물가 엘롯의 에시온게벨에서 배를 축조하게 한 것을 보면(왕상 9:26; 렘 49:21) 홍해가 어디인지 더욱 헷갈리게 한다. 그러므로 '홍해', 또는 '갈대 바다'를 특정하기에는 여전히 어려운 상황이다.[40]

그렇다면 왜 〈70인역〉과 〈불가타〉는 '얌 수프'를 본래적인 의미와 동떨어진 '붉은 바다'라고 번역한 것일까? 그것은 아마도 모세가 이스라엘 백성을 이끌고 건넜을 나일강 하구 지역에 '바다풀' 산호초가 붉게 서식한다는 사실과 관련된 것으로 볼 수 있다. 왕성하게 번식한 붉은 산호초는 보는 이에게 강렬한 인상을 준다. 출애굽 경로에서 얌 수프를 지난

---

39 Thomas O. Lambdin, "Egyptian Loan Words in the Old Testament," *Journal of the American Oriental Society* 73.3 (1953), 153; Kenneth A. Kitchen, "Egyptians and Hebrews, from Ra'amses to Jericho," Eliezer D. Oren (eds.), *The Origin of Early Israel – Current Debate: Biblical, Historical and Archaeological Perspectives* (1998), 65-131.

40 Bernard F. Batto, "Red Sea or Reed Sea?" *Biblical Archaeology Review* 10.4 (1984), 57-63.

후에도 한동안 바다를 벗어나지 못한 것은 적어도 지중해 연안의 산호 지대쯤이었을 것이다. 〈70인역〉의 알렉산드리아 유대인들은 고센 지역의 생태 환경을 충분히 반영하여 'ἐρυθρὰν θάλασσαν' 홍해로 번역하지 않았을까? '수프'의 사전적 의미 '갈대'보다 지리적 생태적 특징과 시각적 인상을 살려 '붉다'에 강조점을 둔 것이다.

그러나 '수프'에 대한 규명보다 '얌'이 암시하는 바가 무엇인지가 더 중요하다. 출애굽 당시 '바로'가 누구인지 특정하지 않은 것처럼 '얌' 역시 구체적인 장소라기보다는 함축된 의미에 귀 기울여야 한다. '바다의 노래'로 불리는 출애굽기 15장을 보라(1-18절). 대체로 얌은 바다를 뜻하나 본질은 '물'이다. 따라서 물의 중의적(重義的) 의미를 살피는 것은 출애굽 사건에 필수적인 과정이다. 물은 ① to drown: 물에 빠져 익사하다. ② to divide: 강이나 바다를 경계로 이편과 저편을 가르다. ③ to clean: 오물이나 때를 씻어 내다. ④ to grow: 신진대사를 촉진하고 생명 유지와 성장을 돕다 등.

물보다 훨씬 거대한 바다 곧 '얌'은 ① 순식간에 수많은 사람을 집어삼킬 수 있는 공간이지만 그곳을 건넘으로써, ② 이스라엘은 이제 '종 되었던 집' 이집트와 구별되었으며, ③ 노예의 신분을 벗고 새롭게 자유인으로 태어났으며, ④ 마침내 가나안을 향해 행진할 수 있는 양분과 힘을 공급받은 것이다. 이 모든 원동력은 '얌' 곧 엄청난 물의 중의적 의미와 맞물린다. 그렇다! 출애굽은 거대한 바다 혼돈의 물에서 구원이며 동시에 그로부터 자양분을 얻어 새로이 살아가는 출발을 뜻한다.

50 '갈대' 바다 סוף

그러므로 하나님이 홍해의 광야 길로 돌려 백성을 인도하시매 이스라엘 자손이 애굽 땅에서 항오를 지어 나올 때에(출 13:18).

히브리어는 22개의 자음으로 구성된 알파벳 체계이다. 상형문자에 비해 훨씬 적은 글자를 활용하여 의미를 표현한다는 점에서 획기적인 방식이다. 그러나 히브리어는 기본적으로 모음 없이 보통 자음만으로 통용되기 때문에 해석학적 문제를 안고 있는 셈이다. 이를테면 최초의 기록자에게 본문의 의미는 명확했을 것이다. 그렇다고 후대의 독자가 모음 없는 본문을 최초 기록자가 의도한 대로 읽을 것이라는 기대는 어렵다. 오직 자음으로 이뤄진 본문의 다양한 해석은 처음부터 열려 있었다. 자음 본문의 모음을 확정하는 작업이 마소라 학파에 의해 이루어질 수밖에 없었던 이유가 여기에 있다.

'갈대 바다'의 '수프'(סוף) 역시 모음이 없는 상태에서 다음 몇 가지 가능한 독법이 가능하다. 곧 '수프', '소프', '사파' 또는 '사프' 등이다. 이렇듯 다른 독법은 자연히 여러 가지 해석학적 개방성을 내포한다. 첫째로 갈대를 의미하는 '수프'는 지금까지 독점적인 지위를 누려 왔다고 해도 과언이 아니다. 실제로 마소라 학파가 현재의 모음으로 확정한 것도 여기에 공헌한 측면이 있다. 그러나 '갈대 바다'로 읽는다면 〈70인역〉의 '홍해'를 어떻게 설명할지 난관에 부딪힌다. 출애굽 기적을 언급할 때면 흔히 '홍해'를 건넌 사실을 떠올리며 전능하신 하나님의 은혜를 생각하지 '갈대 바다'를 연상하지 않기 때문이다.

둘째로 '끝'이라는 뜻의 '소프'는 신학적으로 볼 때 매우 중요한 해석학적 단초를 제공한다. 먼저 소프가 동사로는 '마치다, 소진하다, 완수하다'(시 73:19; 암 3:15; 에 9:28; 사 66:17; 렘 8:13; 습 1:2, 3; 단 4:30; 2:44) 등으로 쓰이고, 명사로는 '끝, 종료, 결론'(대하 20:16; 전 3:11; 7:2; 욜 2:20)을 의미한다. 특히 다니엘의 아람어로는 '땅 끝'(단 4:8, 19; 6:27; 7:26, 28)으로 쓰인 예가 있다. 한편 중세 유대교의 하나님 표기 중에 '끝이 없는 분'이란 뜻의 '엔 소프'(אין־סוף)가 있다. 즉 하나님은 무한 광대하시며 어디에나 계신 분이라고 여긴 신명 개념이다. 여기의 소프는 '마지막, 끝'을 가리킨다. 그렇다면 '얌 소프'는 '바다의 끝'이나 '최후의 바다'를 뜻한다. 이때 '바다'는 일반적 물질 명사라기보다는 신화적인 관점에서 원초적인 두려움의 대상이 된다.[41]

셋째로 강력한 폭풍을 뜻하는 '수파'로도 읽을 수 있다. 동사 '사파'(ספה)는 '파괴하다, 소멸시키다'를 뜻하고(렘 12:4; 시 40:14), 명사 '수파'는 목숨과 재산을 단숨에 날려 보내는 태풍 또는 회오리바람이다(욥 21:18; 시 83:16). 따라서 '사파'는 '파멸, 멸망'이란 뜻으로 사람과 배를 순식간에 삼킬 수 있는 바다의 거칠고 강력한 바람과 제어할 수 없는 힘을 상징한다. 흔히 바다가 일으킬 수 있는 거대한 폭풍과 파국의 은유적 표현이다. 이스라엘의 출애굽은 제국의 노예 생활을 청산하고 동시에 혼돈의 세력 이집트의 파멸을 가리킨다고 볼 수 있다.

---

41 Batto, "Red Sea or Reed Sea?," 62-63.

두라 유로포스 회당 (3세기 프레스코와, 시리아).
모세와 아론의 인도로 ‘얌 수프’를 건너는 장면으로, 모세의 머리 양쪽의 손은 하나님을 상징한다.

마지막으로 ‘사프’(סף)로 읽을 수도 있다. 히브리어 동사의 중간 자음 ‘바브’(ו)가 생략되는 경우가 간혹 발견된다. ‘사프’가 주로 ‘기준, 경계, 문지방’ 등으로 쓰인 예가 발견된다(삿 19:27; 암 9:1; 사 6:4; 왕하 12:10). 현재 ‘수프’를 ‘사프’(סף)로 독음할 수 있는 경우는 드물지만 출애굽과 연관해서 ‘사프’의 의미를 고려할 만하다. 왜냐하면 ‘사프’로 읽는다면 ‘바다의 문지방’이 되어 출애굽의 신학적 의미에 대한 또 다른 시각을 제공할 수 있기 때문이다. ‘얌 사프’를 건넘으로써 모세와 이스라엘은 이전과 다른 세계에 진입(eisodus)했다는 뜻이다.

지금까지 모음이 없는 상태의 ‘수프’(סוף)에서 네 가지 다른 방식의 독법이 가능하다는 사실을 확인하였다. 따라서 ‘바다’를 뜻하는 ‘얌’과 관련 짓는다면 처음 ‘갈대 바다’는 히브리어 읽기의 개방성(open reading)을 제한하는 약점을 노출하게 된다. 그러나 각각 ‘끝, 파멸, 경계’로 해석할 수 있다면 출애굽의 의미를 여러 관점으로 해석할 수 있는 여지를 준다는 점에서 신학적 해석학의 다양성을 높이는 독법이랄 수 있다.

마소라 본문의 '얌 수프'는 이스라엘이 탈출하던 경로를 제시하지만 본래 자음 본문의 독법은 두렵고 무서운 바다의 '끝'(סוף)이기도 하며, 이집트라는 거대한 제국의 '파멸'(ספה)을 뜻하기도 하고, 또한 동시에 이스라엘이 노예의 신분을 넘어 자유인이 되는 '경계선'(סף)을 가리키기도 한다.

그러므로 하나님이 홍해의 광야 길로 돌려 백성을 인도하시매 이스라엘 자손이 애굽 땅에서 항오를 지어 나올 때에(출 13:18).

이스라엘이 이집트 땅에서 탈출하여 홍해의 광야 길로 나올 때 '대열을 지어' 나왔는지, '무장하고' 나왔는지 애매하다. 히브리어 'וַחֲמֻשִׁים'(와하무심)은 수동분사 복수형으로 구약에서 그 의미와 용례가 명확하지 않다. 더구나 고대 번역은 대략 아래와 같이 다양한 해석을 제시하기 때문에 더욱 미궁 속으로 들어선 느낌이다.

① 제5대: 〈70인역〉은 야곱으로부터 레위, 고핫, 아므람, 모세에 이르는 다섯 번째 세대를 가리키는 듯 'πέμπτη δὲ γενεὰ'로 옮겼다. 이집트에 살기 시작한 때로부터 시간의 경과를 보여준다. 테오도시안(Theodotian) 역은 '다섯째 날'로 번역하였으나 근거가 애매하고 '다섯째 날' 자체가 다소 뜬금없어 설득력이 떨어진다.

② 무장한: 아퀼라, 심마쿠스, 타르굼 온켈로스는 '전쟁을 위한 군장', 〈불가타〉는 '완전 무장'으로 번역한다. 고대와 현대 번역에서 가장 유력한 해석이며 후대 유대교와 중세 라시, 이븐 에스라, 나흐마니데스 등과

기독교의 번역들 대다수가 따르는 이론이다.

③ 다섯 명씩: 타르굼(TPsJ)은 '어린이들 다섯 명씩'으로 해석하여 '장정 60만가량' 그 밖의 유아들을 상정한다(참조. 출 12:37). 또는 '다섯 무리'를 가리킬 수 있다. 그런가 하면 분수(分數) 1/5로 번역하여 극소수만 탈출에 성공한 것으로 풀이하기도 한다. 라시는 히브리어 하메스(חמש)가 다섯을 뜻하는 데 주목하며 '하미심'(חֲמֻשִׁים)을 이스라엘 백성 1/5, 또는 1/500만 홍해를 건너 자유인이 되었다고 주장한다. 〈*The Sonsino Chumash*, 407〉 유대 전승에 간혹 이집트를 탈출한 이스라엘의 인구 비율이 언급되는데 일부 소수만 살아남았다는 것이다.

④ 부푼 마음으로(full of zeal): 출애굽 당시 이스라엘의 벅찬 심경을 반영한다. 바로의 추격과 탈출에 대한 불안과 두려움 속에서도 새로운 삶에 대한 기대와 흥분을 담은 심리적 해석이다. 따라서 '하미심'(חֲמֻשִׁים) 대신에 '하피심'(חֲפֻשִׁים), 곧 노예로부터 해방된 '자유인'으로 풀이할 가능성이 제시되기도 한다. 〈Houtman, 250〉 다른 용례가 있다면 논리적으로 설득력은 높다.

⑤ 질서 정연하게: 아랍어 hamis는 다섯 분대로 이뤄진 군대를 뜻한다. 복수 '하미심'은 50개의 분대로 조직된 대대 또는 그 이상의 큰 단위일 수 있다. 여기서 ②의 군장을 갖춘 상황과 충돌한다. 주석에서 맥락의 중요성이 드러나는 대목이다. 앞에서 '이 백성이 전쟁을 하게 되면 마음을 돌이켜 애굽으로 돌아갈까'(17절)라는 불안과 두려움이 언급되었고, 아말렉 전쟁은 17장에 나오기 때문에 이스라엘의 무장 이론은 자연스럽게 배제될 수밖에 없는 상황이다.

〈흠정역〉 이후 번역은 크게 무장론과 질서론으로 압축된다. 아래서 확인하듯 무장론이 우세한 편이다. 본문 이전에 이따금 '군대대로'(לְצִבְאֹתָם)라는 군사 용어가 보인다. 히브리어 '차바'(צָבָא)는 전쟁, 군대, 천사 집단 등을 뜻하지만 실제 조직된 집단이라기보다는 옹기종기 몰려 무리 지은 형상을 지칭한다(출 6:26; 7:4; 민 1:52; 왕상 22:19). 이때 '차바'는 '하무심'처럼 의도적으로 결성된 모임이나 회합이 아니며 전체 구성원을 가리키지도 않는다. 나중에 '차바'는 군대 무리나 전쟁을 위해 조직된 집단을 가리키는 의미로 빈번히 사용된다(민 1:3; 2:4; 삿 8:6; 대하 28:9; 시 68:13).

NKJV	And the children of Israel went up in orderly ranks out of the land of Egypt.
개역개정 새번역	이스라엘 자손이 애굽 땅에서 대열을 지어 나올 때에
NRSV/ NIV	The Israelites went up out of the land of Egypt prepared for battle.
TaNaK	Now the Israelites went up armed out of the land of Egypt.
공동번역	이스라엘 백성은 단단히 무장하고 이집트 땅에서 나왔다.
성경	이스라엘 자손들은 전열을 갖추고 이집트 땅에서 올라갔다.

모세는 출애굽과 광야 초기에 조직되지 않은 집단의 무질서와 혼란을 겪었다. 그러나 이스라엘은 열두 지파 조직을 활용한 '대오(隊伍)를 형성하여' 탈출할 수 있었다. 출애굽 공동체는 분명히 전쟁에 참전하는 무리가 아니다. '하무심'이 군사 용어로 본격적으로 사용된 예는 여호수아와 사사기에서 발견된다(수 1:14; 4:12; 삿 7:11). 이집트와 바로의 압제로부터 해방과 자유를 위하여, 또한 하나님을 예배하기 위하여 함께 모인 공동체다. 그러므로 '하무심'은 '단단히 무장하고'(NRSV, TaNaK, NIV, 공동번역, 성경) 떠났다기보다는 상호 연대를 확인하고 의지하는 자유인으로 '대열을 지어' 질서 있게 탈출한 것으로 해석해야 한다.

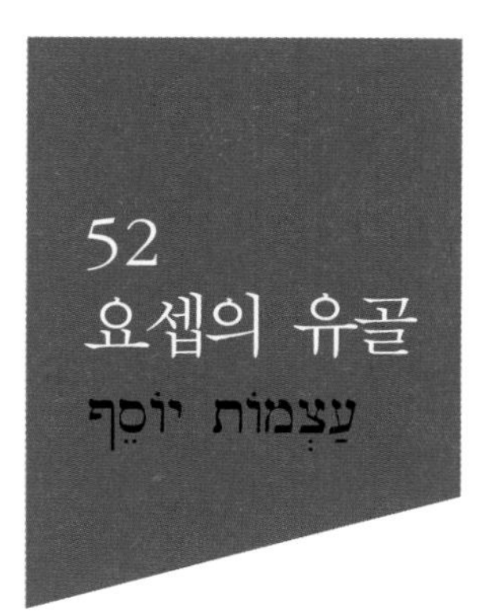

52 요셉의 유골

עַצְמוֹת יוֹסֵף

모세가 요셉의 해골을 취하였으니 이는 요셉이 이스라엘 자손으로 단단히 맹세케 하여 이르기를 하나님이 필연 너희를 권고하시리니 너희는 나의 해골을 여기서 가지고 나가라 하였음이었더라(출 13:19).

몇 년 전에 미국의 공영방송(NPR)이 '오늘의 퀴즈'에서 한 한국에 관한 질문이 화제가 된 적이 있다. "한국 정치인들이 선거를 앞두고 특별히 하는 일이 무엇일까?" 아리송한 질문이지만 잠시 생각해 보면 금세 풀 수 있는 문제다. 그것은 '조상묘의 이장'이다. 선조들의 묘소가 후손의 명운을 좌우할 수 있다는 동양 사람들의 풍수지리가 그들에게는 이해하기 힘든 개념이었을 것이다. 그러니 선거를 앞두고 조상의 묘소를 이전하는 해프닝을 두고 조크 삼아 소개한 것이다. 여기에는 조상의 묘를 입신양명의 근거로 삼는 비과학적인 현상을 두고 비아냥거리는 조롱과 냉소가 내포되었다.

성서는 모세의 무덤에 대한 정보를 제공하지만 정확하지 않고 얼버무리는 데 비해(신 34:6) 요셉의 무덤과 유골에 대한 기록은 꽤나 선명하다(창 50:25; 수 24:32). 모세는 이집트 땅에서 탈출하기 전에 '요셉의 유골'을 챙기라는 유언대로 행한다(출 13:19). 요셉은 이집트에서 살며 증손까지 두었고 130세에 죽었다. 그는 죽기 전에 자신의 유골을 이집트에 두지 말고 떠날 때 반드시 취할 것을 부탁한다(창 50:25). 여기서 해명할 점은 두 가지다. 하나는 요셉의 유골을 이집트에 두지 말라는 유언에 대한 당부이다. 한글 번역은 '단단히 맹세하게 하여'(개역개정), '엄숙히 맹세까지 하게 하며'(새번역), '단단히 다짐해 두었다'(공동번역) 등으로 옮긴다. 본문의 '부정사+미완료 동사' 구문은 내용과 의미를 강조하기 위한 연속적이며 점층적인 묘사 방식이다.〈Miqraot, 100〉 히브리어 강조 표현에 자주 등장하는 수사법이다(창 2:17; 레 10:16). 따라서 '취하라'는 요구는 단순한 요구를 넘어 끝까지 수행해야 할 책임까지 요청한다고 봐야 한다.

다른 하나는 하나님 이름이다. 출애굽기 13장에서 신명은 엘로힘과 야웨가 번갈아 나온다. 모세에게 말씀하시고(1절), 이집트에서 이끌어 내시며(8절), 약속의 땅으로 인도하신 분(11절), 구름기둥과 불기둥으로 인도하신 분은 야웨로, 홍해의 광야 길로 돌려세우시고(18절), 요셉의 유골과 관련된 하나님(19절)은 엘로힘으로 나타난다. 카수토의 지적처럼 엘로힘과 야웨가 한 문단에서 이처럼 따로따로 언급된 것은 (창세기의) 요셉의 하나님과 (출애굽기의) 이스라엘을 이집트에서 인도해 내신 야웨가 동일한 분임을 강조하려는 것이다.〈Cassuto, 157〉 즉, 야웨는 선조들의 하나님이며 이집트에서 이스라엘을 구원해 내신 분이라는 '야웨 하나님' 신앙을 되새긴다(왕상 18:39).

이와 함께 모세가 이집트를 탈출하기 전에 요셉의 유골을 취했다는 보도는 구원사의 틀에서 설명할 수 있다. 즉 야곱과 그의 후손들이 이집트에 머문 것은 가나안 땅의 가뭄으로 인한 잠정적이며 일시적인 체류였을 뿐이다. 장차 그들이 가야 할 공간은 약속의 땅 가나안이었다(창 12:1; 50:24). 요셉은 그곳에 잠시 머물 수 있게 했던 인물이지만 디아스포라 이집트에 언제까지 묻어 둘 수 없다. 이스라엘의 출애굽과 함께 그의 유골도 가나안을 향하여 떠나게 된다. 임시 거처가 아니라 영원한 안식처가 필요한 것이다.

이렇듯 모세는 요셉의 유골을 취하여 기나긴 광야 여정을 시작한다. 안타깝게도 모세는 가나안에 이르기 전에 죽고 그의 후계자 여호수아가 마침내 요셉의 유골을 세겜에 안장한다(수 24:32). 그곳은 야곱이 세겜의 아버지 하몰로부터 매입한 땅이었다(창 33:19). 요셉의 유골을 세겜에 매장함으로써 이방인의 땅이 아닌 가나안에서 영원한 안식을 취하게 되었다. 히브리서는 요셉이 믿음으로 이스라엘 자손의 출애굽을 확신하고 자신의 유골을 가져가도록 부탁한 것이라고 증언한다(히 11:22).

요셉의 유골에 관련한 기사는 긴박한 출애굽 일정과 경로로 볼 때 다소 방해가 되기도 한다. 그러나 모세는 이스라엘이 온통 탈출에 신경을 쏟는 사이에도 요셉의 유골을 챙기라는 유언을 실천한다. 따라서 이 구절은 요셉의 죽기 전에 이미 예견한 대로 하나님의 도움과 약속에 대한 기대가 성취되었다는 점을 상기시키는 동시에, 이집트에서 떠돌이와 노예살이를 종결하고 새로운 삶을 향한 힘찬 발걸음이 시작되고 있음을 보여준다.

최근 일본 언론에 동북아의 정세와 맞물려 코렉시트(Korexit)라는 새 말이 생겨났다(「경향신문」 2019년 2월 18일). 일본의 한 매체는 남북화해 분위기가 무르익자 한미일의 대북공조에서 한국이 이탈하려는 게 아닌지 의심이 된다며 만들어 낸 용어다. 예상하듯 코렉시트는 한동안 회자되던 브렉시트에 뿌리를 둔 파생어다. 브렉시트는 영국의 유럽연합(EU) 탈퇴를 뜻하는 개념으로 영국(Britain)과 퇴장(exit)의 머리말에서 따온 것이다. 한편 역사적으로 브렉시트는 16~17세기에 일어나 신대륙에 대한 열망을 불러일으킨 적이 있다.

루터로 대표되는 유럽 대륙의 교회 개혁 운동은 바다 건너 영국까지 여파가 미쳤다. 이미 14세기 위클리프의 성서 번역과 개혁운동이 미완으로 남겨진 상황에서 16세기 영국교회는 개혁 세력이 다시 결집할 수 있는 여건이 조성되었다. 당시 제네바의 칼빈은 영국교회의 개혁에 큰 관심을 두고 여러 차례 편지를 보내며 당시 왕 에드워드 6세(1547-1553 재위)에게 주석 책을 헌정하기도 하였다. 그 결과 영국교회는 공동기도서와 신조를 만들어 교회 개혁의 기틀을 다졌다. 그러나 '피의 메리' 여왕이 즉위하며 300여 명의 교회 개혁가들을 처형하자 개혁운동이 주춤하였다. 이에 따라 일부가 정신적 후원자인 칼빈을 찾아 제네바로 피신하였는데 그들이 영국교회 개혁을 부르짖던 청교도의 뿌리가 된다.

엘리자베스 여왕의 등극 후 칼빈을 통하여 개혁신앙으로 교육받은 이들이 영국에 돌아와 '언약의 왕국'을 세우려고 하였다. 그들은 곧 대부제도의 철폐, 성일과 성호 금지, 사제의 복장 반대 등 성서의 가르침에 어긋난 인위적인 권위를 배격하는 일련의 개혁을 요구하였다. 따라서 그들은 성서에 '엄격한 사람들'(precisians), 또는 '교회를 정화하는 사람들'(puritans)이란 뜻의 '청교도'로 불리기 시작한다. 청교도들은 1563년 캔터베리 성직자회, 곧 영국교회 입법기관에 교회 개혁안을 상정하였다. 안타깝게도 최종심의에서 한 표 차이로 채택되지 않자 불복운동이 거세게 일어났다. 영국교회는 승복하지 않는 개혁파들을 추방하거나 지위를 박탈하며 압박하였다. 그러자 청교도들은 영국을 떠나서 새로운 교회를 세우자며 마침내 1620년 메이플라워 호(號)를 타고 102명의 필그림 파더스가 신대륙 아메리카로 이주하였다. 이후 10년 동안 영국에서 신앙의 자유를 찾아 탈출한 행렬이 1만 8천여 명에 이르렀다. 영국의 청교도가 망망대해 대서양을 건너 새로운 공간에 진입한 것이다.

영국교회의 핍박을 피하여 미국에 정착한 청교도들은 히브리 전통에 충실하려던 사람들이었다. 교회 개혁자들이 내세운 '오직 성서'는 상대적으로 교회 전통을 약화시킬 수밖에 없었다. 청교도들 중에는 개혁을 위해서 히브리적 뿌리와 정신을 강조하고 약속의 땅으로 '출애굽'한 사람들로 여겼다. 즉 그들은 이집트와 같은 압제의 땅 '영국'으로부터 건널 수 없는 홍해 '대서양'을 지나 하나님이 예비한 가나안 '신대륙'에 들어간 사람들로 간주한 것이다. 그리하여 청교도가 세운 국가를 한때 '하나님의 미국 이스라엘'(God's American Israel)로 칭한 적도 있다.〈**윌슨, 『기독교와 히브리 유산』**, 151〉

그렇다면 기원전 13세기에 이집트에서 벌어졌던 히브리 노예들의 탈출을 이스렉시트(Isrexit)로 부를 수 있을까? 영국의 유럽연합 탈퇴를 뜻하는 브렉시트는 엄밀하게 이스라엘의 이집트 탈출과 같은 듯 다르다. 영국은 금융위기 이후 유럽연합의 분담금과 과도한 규제가 자국의 이해와 상충된다며 국민투표에 붙여 최종 탈퇴하기로 결정하였다(2016년 6월 23일). 그에 비해 이스라엘은 오랜 시간 이집트의 억압과 착취를 견딜 수 없어 자유와 해방을 찾아 탈출을 감행했다는 점에서 차이는 분명하다.

청교도들이 영국을 떠나 신대륙에 건너간 사건은 17세기의 브렉시트다. 영국교회의 극심한 탄압과 핍박을 받던 개혁파들은 새로운 활로를 모색하였고 그 당시 항해술로 건너기 어려운 새 대륙에 진입한 과정이 마치 이스라엘이 이집트를 떠나 가나안에 들어간 과정과 흡사하다. 17세기 브렉시트는 기원전 13세기 출애굽의 생생한 현장이었다.

메이플라워 400주년(1620-2020) 기념 금화.
청교도들은 이스라엘이 '홍해'를 건너듯 영국을 떠나 대서양을 항해하였다.

54 구름기둥 불기둥

עַמּוּד הָאֵשׁ
עַמּוּד הֶעָנָן

여호와께서 그들 앞에 행하사 낮에는 구름 기둥으로 그들의 길을 인도하시고 밤에는 불 기둥으로 그들에게 비취사 주야로 진행하게 하시니(출 13:21).

출애굽 이후 이스라엘은 '구름기둥과 불기둥'을 따라 광야를 행진한다. 구약에 110여 차례, 출애굽기에 39차례 언급된다. 더러는 '기둥' 없이 '구름'과 '불'로 표기된 경우도 나온다(출 19:9, 16, 18; 40:38). 구약에서 불(אֵשׁ)과 구름(עָנָן)은 곧잘 하나님의 임재와 관련된다. 사마리아 오경에는 '구름'과 '불' 앞에 정관사(ה)가 없다. 사마리아 오경은 하나님 현존을 일회적으로 제한할 수 없다는 뜻으로 간주한 것이다. 광야 유랑 기간에 구름기둥과 불기둥은 야웨가 이스라엘을 이끌고 보호한다는 상징성을 얻게 되었다.〈Plaut, 482〉 즐겨 인용되는 구름기둥과 불기둥은 다음 세 가지로 정리할 수 있다.

① 구름기둥과 불기둥은 지진이나 화산 등의 자연현상으로 볼 수 있다. 얼른 떠오르는 자연계의 이미지다. 고대인들에게 화산폭발이나 폭풍우는 신의 분노나 계시로 간주되어 두려움과 공포를 갖게 했다. 엘리야는 강한 바람과 지진과 불 가운데서 하나님을 찾았으나 만나지 못하였다(왕상 19:11-12). 시편은 신의 임재나 현현을 그와 같은 자연현상

으로 간간히 묘사한다(시 18:7; 29:3-9; 104:3-4). 한편 성소의 향단과 등잔대는 다름 아닌 구름기둥과 불기둥의 제의적 구현으로 봐야 한다.

② 떨기나무 불꽃이 모세 한 사람의 특정한 하나님 체험이라면 구름기둥과 불기둥은 이스라엘 공동체가 경험한 하나님이라고 말할 수 있다. 모세가 '꺼지지 않는 불꽃'에서 야웨 하나님을 만나고 출애굽이 비롯되었다면 이스라엘은 신비한 낮의 구름기둥과 밤의 불기둥을 통하여 길고 긴 출애굽의 행진을 이어 갈 수 있었다. 이때 구름기둥과 불기둥은 사실 동일한 현상이 낮에는 구름처럼 보였고 밤에는 불처럼 보인 것이다. 따라서 구름과 불은 "이스라엘을 지키시는 이는 졸지도 주무시지도 않는다"는 시인의 노래처럼 야웨가 낮이나 밤이나 항상 이스라엘을 안내하고 막아 준다는 뜻이다(시 121:4).

③ 구름기둥과 불기둥은 하나님의 능동적이면서도 다이내믹한 존재의 표현이다. 구약의 하나님은 시간과 공간을 초월한 분이다. 그렇기에 현실 세계에 나타나는 하나님의 현존은 상징적으로 그려진다. 출애굽 여정에서 하나님은 신비롭게도 무형이며 비물질적이고 투명하지만 안개처럼 가시적인 존재로 비쳐진다(출 14:24; 16:10; 19:9, 16; 24:15; 33:9-10; 34:5; 40:34-35). 〈Sarna, 70〉 모세가 율법을 수여받을 때 장면이 흡사하다. 즉 야웨가 불 가운데 내려와 구름 같이 떠오르며 온 산이 크게 진동한다(출 19:18). 따라서 구름기둥과 불기둥은 낮과 밤에도 그분의 현존을 인식할 수 있는 신학적 장치였던 것이다.

이 대목에서 하나님 인식의 역설적인 측면에 대한 이스라엘 신앙인들의 고민을 간파할 수 있다. 즉 구름기둥과 불기둥은 위의 세 가지 설명으로 담을 수 없는 하나님의 초월성과 내재성을 집약한 신학적 개념으로 간주해야 한다. 왜냐하면 이 숙어적 표현에는 이스라엘의 경험과 정보로 충분히 묘사할 수 없는 하나님의 초월적인 면모와 그들과 함께하며 이끄시는 내재적인 측면이 동시에 들어 있기 때문이다. 이른바 하나님의 초월성과 내재성의 변증법적인 관계랄 수 있다. 유대 신학자 사르나는 유일신 신앙에서 하나님 인식의 배타성을 지적한다. 어떻게 동일한 하나님이 초월적이기도 하며 또한 내재적일 수 있을까?(Sarna, 215)

이스라엘 신앙인들에게는 자연현상을 넘어 활동하시는 야웨의 초월성을 훼손시키지 않으면서 동시에 이스라엘과 함께하시는 하나님의 내재성을 절묘하게 묘사할 신학적 고안이 필연적이었던 것이다. 사실 엇갈리는 야웨 하나님에 대한 이해는 비단 출애굽 공동체뿐 아니라 구약성서에 줄곧 이어지는 딜레마였다. 광야에 진입한 후 이스라엘은 위기의 순간마다 '구름기둥과 불기둥'으로 묘사되는 하나님의 임재를 경험한다. 보이지 않는 하나님을 하늘의 구름으로 은유하고, 만질 수 없는 그분을 뜨거운 불로 의인화하여 야웨의 초월성과 내재성을 동시에 충족시킨다. 즉 하나님의 초월적 활동은 이스라엘과 동행하는 낮의 구름기둥으로, 내재적 임재는 밤의 불기둥으로 묘사되어 이스라엘 백성을 항상 인도하고 보호하시는 한 분 야웨로 언급한 것이다.

마침내 성막이 완성되자 낮에는 구름이 그 위를 덮고 밤에는 불이 그 가운데 있었다(출 40:38). 이로써 유일신 하나님의 모순적 혹은 역설적 측면을 해소시킬 수 있게 되었다. 더러는 '야웨의 영광'으로 통합되기도 한다(출 16:10; 24:16; 33:22; 40:34, 35; 왕상 8:10-11). 출애굽 당시 이스라엘이 경험한 초월적이며 내재적인 하나님이 구름기둥과 불기둥으로 형상화되었다면 두 성품의 상호내주(perichoresis)는 그의 영광으로 계시되었다.

아빕월 이날에 너희가 나왔으니(출 13:4).

현재 이스라엘의 수도는 예루살렘이 아니라 텔아비브(תֵּל אָבִיב)이다. 구약성서 에스겔에 오직 한 번 언급되어(겔 3:15) 한글로는 **'델아빕'**(개역개정, 새번역), 또는 **'텔 아비브'**(공동번역, 성경)로 음역되었다. 먼저 '아빕'의 용례를 살펴보면 다음과 같다.

① 일반명사로 줄기에서 나온 여린 새순(green shoots)을 뜻한다. 히브리어 '에브'(אֵב)는 처음 돋아난 잎사귀를 가리키고(욥 8:12; 아 6:11), 아랍어 '이비브'는 가축을 방목할 수 있는 널따란 목초지(herbage)를 가리킨다. 아람어 '아나브'는 겨우내 죽은 듯 보이는 잿빛 들판에 파릇한 새싹, 혹은 이파리 없이 피어난 봄꽃이다.

② '아비브'는 보통 보리 이삭이나 햇곡식을 가리키는 집합명사로 쓰인다. 〈Houtman, 158; de Vaux, *Ancient Israel*, 183-184〉 의미상으로 아시리아어의 '신선한, 밝은' 등의 '아바브'와 관련된다. 여기서 보리 이삭이 패서 여물이 아직 들지 않은 푸른빛이 감도는 상태도 해당하고(출 9:31)

봄에 거둬들인 수확물을 뜻하기도 하다(레 2:14). 아마도 이집트 하류에서 2-3월에 거둬들인 추수와 관련된 것으로 보인다.

③ 정관사와 함께 '호데쉬 하아빕'(חֹדֶשׁ הָאָבִיב)은 유대력의 1월이다. 이스라엘의 이집트 탈출이 있었던 시점으로 일 년의 기준이 된다(출 13:4). 하나님은 "너희는 이달을 한 해의 첫째 달로 삼아서, 한 해를 시작하는 달로 하여라"(출 12:2, 새번역)고 명령한다. 하지만 민간전승에서는 '늦은 비'가 오고 푸른빛이 감도는 아빕월을 따른다(신 11:14; 렘 5:24; 욜 2:23). 더구나 아빕월은 밤과 낮의 길이가 똑같은 춘분이 들어 있기 때문에 변화가 비롯되는 시작의 중요성을 감지할 수 있다.

텔아비브의 현재 모습.
이스라엘의 관문이자 수도로서 현대화된 도시지만 '봄의 언덕'이라는 뜻이다.

아빕월은 나중에 니산월(נִיסָן)로 바뀐다(느 2:1). 그 명칭이 '니산'으로 공식화된 사유는 알 수 없으나 이스라엘의 이집트 탈출과 관련된 것으로 보인다. 아빕월이 계절적으로 봄의 시작을 뜻하기 때문에 이집트 탈출의 역사성을 담보하기에 한계가 있다. 따라서 니산, 곧 '탈출'이라는 의미를 직접 언급함으로써(출 13:4) 출애굽의 역사성을 강조하려는 명명(命名)이라고 볼 수 있다. 여기에 계절의 변화가 중첩되어 이집트 탈출은 이스라엘에게 중요한 기념비적 사건으로 인식하게 되었으며 '달의 시작과 한 해의 출발'로 삼았다(출 12:2).

위에서 살펴본 '아빕'의 용례를 염두에 두면서 '텔'(תֵּל)과 함께 연관시켜 보자. 본래 텔은 지표층이 여러 차례 쌓여 봉긋한 언덕이나 산처럼 보이는 인위적 지형을 뜻하는 고고학적 용어다. 이스라엘을 방문하면 마치 커다란 무덤처럼 보이는 텔을 이곳저곳에서 마주친다. 텔은 반드시 물의 확보와 더불어 관측과 방어에 유리한 장소여야 하고 또한 주변에 경작할 들판과 교통의 요충지에 위치한다. 독일성서공회 해설성서는 '텔아비브'가 아카드어로 '오래된 폐허'란 뜻이지만 히브리어로는 '이삭의 언덕'처럼 들린다고 풀이한다. 드보는 '푸른 알곡의 달'로 읽는다. 하지만 앞선 논의를 반영한다면 '봄의 언덕', 곧 '봄이 오는 언덕'으로 옮길 수 있다.

이스라엘 초대 수상 벤 구리온은 1948년 5월 14일 수도 텔아비브에서 이스라엘의 독립을 만천하에 선언하였다. 텔아비브는 시온주의 운동의 선구자 헤르츨의 독일어 소설 제목 '오래된 새 땅'(Altneuland)을 히브리어로 옮긴 말이기도 하다. 번역자는 '오래된 새 땅'에서 새 출발과 희망을 발견하고 '텔아비브'로 해석한 것이다. 여기에는 놀랍게도 텔아비브의 고고학적, 신학적 의미가 정교하게 반영된 셈이다. 왜냐하면 텔의 주인과 시간이 바뀌면서 새 층이 덧입혀지듯 옛 터전 위에 새 이스라엘의 문명이 거듭 세워질 것이기 때문이다. 벤 구리온은 오래된 땅(altland) 위에 새 나라(nueland)의 봄을 꿈꾸며 **텔아비브**에서 이스라엘의 독립을 선포하였다.

포로기 예언자 에스겔은 가장 절망적인 순간에 그발 강가의 '텔아비브'에

홀로 오른다. 긴 겨울이 끝나고 봄(אָבִיב)이 올 무렵 노란 듯 푸른빛이 아지랑이처럼 어른거린다. 아빕월에 새로운 생명이 약동한다. 바로 그때 에스겔이 주의 영에 감동을 받고 '텔아비브'에 올라서 칠 일간 머물렀다. 올해도 '봄의 언덕'에는 겨우내 잠자던 땅 위에 새 생명이 파릇파릇 솟아날 것이다. 어린 햇순이 벌써 움터 오는 아빕월을 맞는다.

해마다 절기가 되면 이 규례를 지킬찌니라
(출 13:10).

이스라엘의 유월절 맞이는 부산하다. 우선 아이들에게 촛불이나 전등을 들게 하고 이곳저곳을 살살이 청소한다. 특히나 침대와 책상 밑이며 식탁 주변을 두세 번 쓸며 빵 조각이나 누룩이 보이지 않게 한다. 심지어 책장 사이에 떨어졌을 빵의 흔적까지도 털어 낸다. 유월절 기간에 이스라엘은 누룩이 없는, 무교병(מַצָּה)을 먹어야 한다(7절). 맛을 돋우는 이스트 없이 구운 빵이다. 아빕월 일곱째 날 혹은 열나흗날부터 이레 동안 지키는 풍습이다. 이때 식료품점의 빵 가게는 완전히 폐쇄하고 접근조차 금지된다.

이렇듯 무교병을 먹으라는 별난 명령은 "처음 난 것은 하나님께 바치라"(출 13:2)와 함께 해마다 지켜야 할 **규례**다. 히브리어 '호크'(חֹק) 또는 '후킴'(חֻקִּים)의 번역이며 이따금 **율례**로 번역된 예도 눈에 띈다(출 18:16; 민 9:14; 15:15). 구약의 법체계는 율법(torah)이 맨 위에 있고 그 아래에 계명과 규례와 법도가 있고 다음으로 칙령과 훈령 등이 나온다. 좁은 지면에 모든 항목을 다루기 어렵고 법도(法度)와 규례를 비교한다.

흔히 법도라고 번역된 '미슈파팀'(מִשְׁפָּטִים)은 공동체의 유지를 위한 규정들로서 그 해당 사항은 자명하고 들으면 절로 수긍이 간다. 예컨대 "품삯은 해가 지기 전에 지불하라"(신 24:15), "추수할 때 모퉁이까지 거두지 말고 이삭도 줍지 말라"(레 19:19) 등은 굳이 설명할 필요 없는 내용이다. 예언서와 시편, 잠언 등에서는 '정의'로 옮겨진다(신 10:18; 32:4; 사 33:5; 암 5:7; 시 33:5; 37:28; 99:4; 106:3; 146:7; 잠 2:8; 8:20. '판결'로 번역된 예도 있다. 시 149:9). 사회정의에 관련된 조항 등이 대부분 법도에 포함된다고 보면 된다.

규례(規例)의 한자가 설명하듯 오랜 관습을 통해서 정해진 규칙이다. 단수는 '호크', 복수는 '후킴'이며 레위기와 신명기의 정결례에 집중된다(레 10:11; 신 14장). 음식법(כָּשֵׁר)은 부정한 것과 정결한 것으로 나뉘지만 논리적인 근거는 허약한 편이다. 예를 들어 돼지는 굽이 갈라졌으나 새김질을 못하므로 먹을 수 없다는 기준은 무엇이란 말인가?(레 11:7) 이스라엘 남자는 모두 할례를 받아야 한다(창 17:10). 왜 그래야 하는지 의문이 들기 마련이다. 이와 같은 '후킴' 때문에 유대인들은 조롱거리가 되기도 한다. 랍비 색스(Jonathan Sacks)는 규례를 직관적으로 이해하기 어렵지만 여기에 '신의 뜻'이 있다고 풀이한다.[42]

본문 출애굽기 13장으로 돌아가면 무교병 식사는 초태생을 바치는 것과 더불어 해마다 지켜야 할 규례다. 사람이나 짐승을 가리지 않고 처음 난 것을 제물로 바친다? 누룩을 넣지 않아 맛없는 빵을 먹는다? '후킴'에는 분명 웃음거리가 될 만한 규정들이 포함되어 있다. 그러나

42 Jonathan Sacks, *Dignity of Difference: How to Avoid the Clash of Civilization* (New York: Continuum, 2003); 임재서 옮김, 『차이의 존중: 문명의 충돌을 넘어서』 (서울: 말글빛냄, 2007), 277.

야웨 신앙의 정체성을 지키며 믿음 생활을 영위할 수 있는 독특하고도 순수한 계율이다. 그리하여 느헤미야는 다음과 같이 선포한다. "(주께서) 몸소 시내산에 내려오시며, 하늘에서 그들에게 말씀하셔서, 바른 법도와 참된 율법, 좋은 **규례**와 계명을 주셨습니다"(느 9:13). 느헤미야에게 규례는 납득할 수 없는 계명이 아니라 하나님이 친히 시내산에서 주신 '선한 율례'다(새번역).

교계 신문에서 보았던 카툰이 떠오른다. 한 사람이 눈을 비비다 렌즈가 떨어져 개미에게 날아갔다. 개미는 영문도 모른 채 자신을 덮친 렌즈를 머리에 이고 엉금엉금 기어간다. 개미는 이렇게 말한다. "하나님, 제 머리에 떨어진 것이 무엇인지 모르지만 저는 끝까지 짊어지고 가겠습니다." 규례의 영문을 알 수 없다. 그러나 이스라엘은 '후킴'을 따라 행하는 것이 하나님께 순종하는 것이라고 믿는다.

규례는 오랜 관습법에 기초한 조례(ordinance)다. 수천 년 동안 쌓인 경험과 지혜가 녹아든 생활 속의 규범이며 이스라엘의 정체성을 확인할 수 있는 계율이다. 모세는 유월절 기간에 유교병(חָמֵץ)을 먹지 말라며 누룩을 보이지 않게 하라고 당부한다. 그 기간에 유교병을 먹는 사람은 이스라엘의 회중으로부터 끊어진다(출 12:15, 19)는 무서운 경고와 함께.

이스라엘 자손을 명하여 돌쳐서 바다와 믹돌 사이의 비하히롯 앞 곧 바알스본 맞은편 바다가에 장막을 치게 하라(출 14:2).

이스라엘이 이집트를 떠난 지 이틀째 모세는 하나님의 명령을 듣는다. "오던 길을 돌이켜 바다와 믹돌 사이의 비하히롯 앞 곧 바알스본 맞은 편 바닷가에 장막을 치라"(14:2; 민 33:7). 한 구절에 이렇듯 많은 지명이 섞여 나온 적은 극히 드물다. 구약에서 '믹돌'은 위 본문을 포함하여 여섯 차례 음역되어 나온다(출 14:2; 민 33:7; 렘 44:1; 46:14; 겔 29:10; 30:6). 창세기 11장에는 뜻을 살려 번역본에 따라 '망대'(望臺) 또는 '탑'(塔)으로 번역하였다(창 11:4). '성읍과 탑'이 바벨탑으로 알려지고 불릴 뿐 성서에 '바벨탑'이 언급된 적은 없다.

과연 출애굽에서 '믹돌', 곧 망대의 위치는 어디일까? 지리적 위치를 추정할 수 있는 고고학적 성과가 꽤 있었다. 2008년 5월, 자히 하와스 이집트 문화재 사무총장은 고고학자들이 라파(Rafah) 지구에서 500m×250m 규모의 성곽 도시를 발굴했다고 발표했다. 라암셋 2세(기원전 1304~1237) 당시 이집트와 팔레스타인을 연결하는 도로 '호루스 길'에서 진흙 벽돌로 세워진 성읍을 발견한 것이다. 이 성곽에 포함된 높이 4m 정도의 망루가 여러 개 확인되었다. 특히 이 일대에서 투트모세 2세(기원전 1516~1504)를 새긴 부조가 발견돼 투트모세 2세의 축성일 가능성이 있다. 그중 크고 위압적인 성곽은 790m×393m 규모의 요새이다. 호프마이어(James K. Hoffmeier)에 따르면 이집트 국경에 여러 군사 시설들이 세워져 선왕의 이름을 붙였다고 주장한다. 예컨대 '멘 마아트레의 성곽', '라암셋 2세의 망루' 등이 그것이다.[43]

믹돌은 주변을 간파하기 쉬운 지역에 세워
경계선을 표시하거나 양치기들의 처소로 쓰였다.

한편 오렌(Eliezer D. Oren)은 구약에 믹돌의 위치를 고고학적 발굴을 통하여 확인하고자 하였다. 그는 논문 제목에서 암시하듯 카르낙 부조와 아나스타시 파피루스 등을 근거로 믹돌의 위치가 나일강 삼각주의 동쪽 경계로서 시내 광야를 건너면 곧바로 만나게 되는 이집트의 국경 수비대

43 팔레스틴 지역에서는 믹돌과 합성된 지명, 곧 Migdol-El, Migdol-Gad, Migdol-Eder 등이 발견된다. E. L. Curtis, "Early Cities of Palestine," *The Biblical World* 7 (1896), 411-424.

가 위치한 한 지역으로 본다.[44] 그런가 하면 후대 예레미야가 언급한 믹돌은 사뭇 다른 느낌이다.

> 애굽 땅에 사는 모든 유다 사람 곧 믹돌과 다바네스와 놉과 바드로스 지방에 사는 자에 대하여 말씀이 예레미야에게 임하니라(렘 44:1).

오렌의 연구에 따르면 위 구절은 당시 이집트가 점령한 식민지이거나 이주민들의 처소를 북에서 동으로 차례대로 기록한 것처럼 보인다. 여기서 믹돌은 이집트의 동쪽 가장자리에 해당한다. 예레미야 46장에서도 믹돌은 가장 먼저 나온다(렘 46:14). 예언자 에스겔은 '애굽 땅 믹돌에서부터 수에네 곧 구스 지경까지'(겔 29:10; 30:6)라고 지칭함으로써 믹돌과 수에네가 이집트의 동서 국경임을 암시한다. 그렇다고 그 지역을 특정할 수 있는 물리적 증거가 있지는 않다.

하우트만(Cornelius Houtman)은 믹돌이 나일강 하류 동북쪽이라기보다 비터 호수 남쪽으로 에담보다 훨씬 아래쪽인 텔 엘 헤르(Tell el-Her) 지역을 경계로 간주한다.[45] 최근 스콜니크(Benjamin E. Scolnic)는 앞에서 논의한 '사자의 은신처'가 호루스의 길에 있는 요새일 것으로 보고, 그렇다면 믹돌은 현재의 '텔 엘 보르그'의 남동쪽 3~5km 부근이라고 제안한다.[46] 지금까지 논의를 종합할 때 믹돌의 위치가 정확히 한 지점으로 일치되지는 않으나 나일강 하류에서 이집트의 동쪽 국경선과 시내

---

44 Eliezer D. Oren, "Migdol: A New Fortress on the Edge of the Eastern Nile Delta," *Bulletin of the American School of Oriental Research* 256 (1984), 32.

45 Cornelius Houtmann, *Exodus* vol 1. (Leuven: Peeters, 1993), 112.

46 Benjamin E. Scolnic, "A New Working Hypothesis for the Identification of Migdol," in *The Future of Biblical Archaeology: Reassessing Methodologies and Assumptions* (ed. J. K. Hoffmeier and A. R. Millard. Grand Rapids: Eerdmans, 2004), 91-120.

반도의 서쪽 경계선에 해당하는 지역으로 높은 망대 혹은 성곽에 포함된 경계초소를 가리키는 용어일 수 있다.

이스라엘 자손을 명하여 돌쳐서 바다와 믹돌 사이의 비하히롯 앞 곧 바알스본 맞은편 바다가에 장막을 치게 하라(출 14:2).

멀리서 바라보는 여자들도 있는데 그중에 막달라 마리아와 또 작은 야고보와 요세의 어머니 마리아와 또 살로메가 있었으니(막 15:40).

출애굽의 지명 믹돌은 한편 신약의 '막달라'를 통해서 이해할 수 있는 측면이 있다. '막달라 마리아'는 '막달라 출신 마리아'라는 뜻이다(마 27:56; 막 15:40). 막달라(מגדלא)는 높은 탑이나 요새를 가리키는 아람어이지만 그 뿌리 말은 히브리어 '가돌'과 어원적으로 관련된다. 히브리어와 아람어는 '사촌 언어'라고 불릴 만큼 글자의 형태와 문법적 유사점이 많다. 믹돌과 막달라는 '큰', '위대한'을 뜻하는 '가달'(גדל)에서 비롯되었고 '막달레나'(Μαγδαληνή)는 그리스어 여성형이다.

예수 시대 막달라는 갈릴리 호수 서쪽, 게네사렛과 디베랴 사이에 있는 성읍이다. '마가단'(Μαγαδάν)은 막달라의 이형(異形) 표기로 보인다(마 15:39). 이곳이 '막달라'라고 불리는 까닭이 있다. 막달라는 요세푸스(F. Josephus)가 '생선 절임'이라는 뜻의 'Taricheia'라고 일렀을 정도로 어업과 생선 가공이 번창한 곳이었다. 갈릴리 호수의 어획량 중 상당 부분이 막달라로 모여들어 중개상들로 붐볐으며 이차 가공도 활발했다.

생선의 신선도는 유통 과정에서 매우 중요하다. 싱싱할 때 팔려 나가면 좋지만 현장에서 소비되지 못할 때 문제가 생긴다. 그리하여 소금에 절이거나, 혹은 말려서 보관하는 방식이 생겨났다. 또 다른 방식으로는 증기로 생선을 가공하는 조리법도 있었다.

막달라 지역은 풍부한 땔감을 이용한 훈제 요리가 발달한 지역이었다. 훈제는 불의 효과적 이용과 밀접한 관련이 있다. 즉 생선을 잘 익히려면 자연히 굴뚝을 높이 세워 바람과 불의 강도를 적절히 활용해야 했다. 따라서 훈제를 위한 높은 굴뚝이 여기저기 세워졌다. 가공공장을 위한 굴뚝이 마치 이 지역의 별명으로 불리다 지명이 된 것이다. 그렇게 붙여진 이름이 아람어로 '막달레나'(ἡ Μαγδαληνὰ)가 되고, 히브리어로 '믹달누니에'(생선의 망대)이다. 이렇듯 절이거나 훈제로 가공된 생선은 예루살렘을 비롯한 여러 지역으로 유통되었고 심지어 로마까지 알려진 진상품이 되었다. 구약의 믹돌과 복음서의 막달라는 높은 탑과 키 큰 굴뚝을 가리키는 히브리어와 아람어다. 복음서에서 막달라는 마리아의 출신 지역을 가리키는 말이다. 믹돌과 막달라가 의미상으로는 유사하지만 공간적으로는 전혀 다른 두 지역이다.

막달라가 높은 굴뚝 때문에 붙여진 이름이라면 믹돌은 주변을 정찰하기 위해 세운 초소나 요새를 뜻한다. 둘의 공통점은 솟은 탑이나 망루여서 한눈에 간파된다는 점이다. 나일강 하류의 국경선 망대이거나 갈릴리 호수의 우뚝 솟은 굴뚝이거나 믹돌과 막달라는 주변의 경관에 비해 크고 높은 인공 구조물인 것은 분명하다.

출애굽 경로에서 믹돌로 알려진 지명은 명백하다. 즉 주변을 두루 살필 수 있는 '높은 것'으로 이집트 백성과 노예들을 감시하고 통제할 수 있는 공간이며 동시에 적군의 동태를 쉽게 포착할 수 있는 지리적인 이점이 요구되는 지점에 위치하였다. 따라서 믹돌이 '높은 망대', 곧 '망루'나 '요새'를 의미하는 지명이라면 필연코 이집트의 국경 지역일 가능성이 높고, 노예 노동자들이 밀집한 곳이라면 나일강 하류의 어느 지점으로 추측할 수 있다. 그렇지만 위에서 확인한 바와 같이 '믹돌'의 어원론적인 설명과 지리적 특징 그리고 지정학적 현상을 통하여 그 지점을 유추할 수 있지만 지도상에서 그 지점을 정확하게 적시한다는 것은 쉽지 않다. 따라서 믹돌의 위치는 출애굽 여정에 포함된 특정 지점을 기술하기 위한 영역으로 국한하기보다는 믹돌의 지정학적이며 상징적인 의미를 살펴보자고 제안하는 것이다.

모세가 이와 같은 국경선 부근의 삼엄한 정찰과 빈틈없는 경비를 모를 리 없었을 것이다. 그러니 왜 이스라엘이 '블레셋 사람들의 땅의 길'을 경유하지 않았는지에 관한 답은 자명해진다. '믹돌'은 출애굽 행로와 관련하여 지리적인 위치를 가리키는 좌표인 것은 확실하나 또한 출애굽의 신학적 의미를 제고하려는 수사적 장치로 볼 수 있다. 다시 말해서 믹돌은 이스라엘을 압제하며 종살이를 강요하던 이집트를 표상하는 상징물로서 국경에 배치된 제국의 표식이라고 간주될 수 있는 것이다. 막달라가 갈릴리 호수 변에 즐비한 훈제공장을 상징하듯, 출애굽기의 믹돌은 단순히 지명을 넘어 지배 세력이던 이집트의 폭력적인 통치를 담아낸 은유다.

이스라엘 자손을 명하여 돌쳐서 바다와 믹돌 사이의 비하히롯 앞 곧 바알스본 맞은편 바다가에 장막을 치게 하라(출 14:2).

출애굽 경로를 기록한 성서 지도에는 바알스본이 고센의 동쪽 지중해와 남쪽 수에즈만 등 두세 군데 표기된 것을 볼 수 있다. 경우에 따라 바알스본이 전혀 언급되지 않는 지도가 있어서 혼란은 가중된다. 바알스본에 관한 학자들의 연구는 지금도 이어지지만 아직 일치된 견해를 찾을 수 없다. 먼저 바알스본의 어원에서 출발하자. 하나의 낱말처럼 보이는 바알스본은 '바알'과 '스본' 두 단어가 결합된 상태다. 따라서 '바알'과 '스본' 그리고 '바알스본' 등의 용례에 대한 다각적인 검토가 필요하다.

우선 바알은 다음과 같이 인명이나 지명과 함께 빈번히 나온다. 바알하난(창 36:38), 바알므온(민 32:38), 바알브올(민 25:3; 호 9:10), 바알갓(수 11:17), 바알브릿(삿 8:33), 바알다말(삿 20:33), 바알하솔(삼하 13:23), 바알세붑(왕하 1:2; 마 10:25), 바알하난(대상 1:49), 바알하몬(아 8:11), 여룹바알(삿 6:32), 므립바알(대상 9:40) 등등. 구약에서 바알은 '주인', '임자'를 뜻하며 아랍어 동사로 '(첩을) 소유하다', 구스어로는 '부유하게 되다'를 뜻하고, 남편(출 21:22; 삼하 11:26)과 상급자(사 16:8)를 지칭하기도 한다. 가나안 사회에서 바알은 최고의 신이었기 때문에 위에 밝힌 것처럼 다양하게 쓰였으며 그만큼 상징성이 컸던 것이다. 바알은 가나안의 풍요와 다산을 관장하는 농경 신이었다. 특히 바알은 이스라엘의 '보이지 않는' 야웨 하나님과 달리 가나안의 '보이는 신'이며 신앙적으로 볼 때 경계의 끈을 놓을 수 없는 불편한 대상이었다. 왜냐하면 바알의 다산과 풍요의 가치는 이스라엘 신앙생활에서 늘 현혹적인 대상이 될 수밖에 없었기 때문이다(삿 2:11-15; 3:8-11; 왕상 16-18장).

지역적으로 볼 때 바알 신상은 지중해 연안을 따라 분포되었으며 그 영향력은 이집트의 나일강 하류에서 가나안 거의 모든 지역에 끼친 것으로 보인다. 시대적으로 바알은 사사 시대를 지나 남북 분열 이후 아합 때에 절정에 이른다(왕상 18장). 갈멜산 대결에서 엘리야가 승리했음에도 불구하고(왕상 18:39), 바알 신앙의 끈질긴 생명력은 수그러들지 않았다. 따라서 출애굽기 저자는 이집트를 탈출한 이스라엘에게 야웨 신앙을 언제든 휘저을 수 있는 위협적인 신 바알에 대하여 경각심을 갖고 있었다고 볼 수 있다. 바알이 가나안 주민에게는 섬겨야 할 주신이지만 이스라엘에게는 갈등을 촉발하는 우상이었기 때문에 경계는 물론 척결의 대상으로 삼을 수밖에 없었다.

히브리어 '스본'이 동사로 쓰이면 '숨기다, 보관하다'는 뜻이며, 명사로 북쪽을 가리키는 방위 명사가 된다. 〈개역개정〉은 '북극', '북편', '북방' 등으로 번역한다(출 26:20, 25; 시 48:2; 89:12; 욥 26:7; 사 14:13; 겔 38:6, 15; 39:2). 리핀스키(E. Lipiński)는 스본이 어디인지 추적하면서 신화적인 의미 등을 다각도로 검토한 바 있다.[47] 스본이 구약에 152차례 나오지만

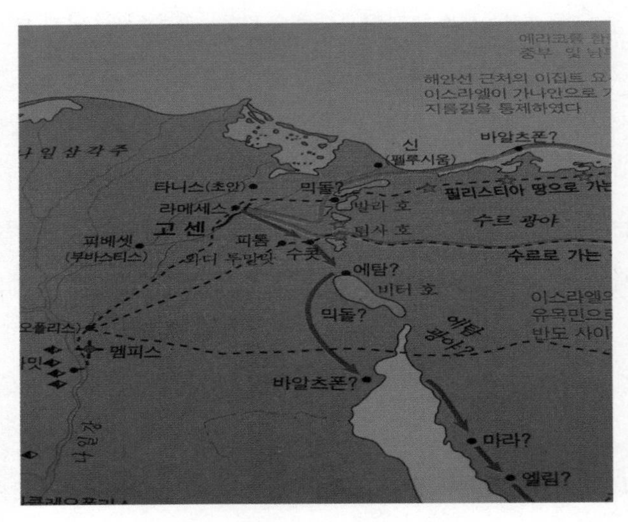

바알스본의 추정 지역(성서 지도, 성서와함께)

고대 근동에서 스본/사본은 가나안의 주신 '바알'의 거처 또는 예배처로 알려졌다(수 13:27). 우가릿 문헌에 의하면 스본이 시리아와 팔레스틴 경계의 거룩한 산이다.

한편 셈족어에서 방향의 기준은 항상 북쪽이라는 점이 스본을 이해할 수 있는 또 다른 단서다. 즉 스본이 방향을 지시하는 북쪽 외에 '본거지'라는 의미를 부각시키면서, 다른 한편으로 동사적 관점에서 '은거지'라는 풀이도 가능하다. 그러나 에스겔은 스본을 폭풍우와 관련된 자연현상으로 묘사한다(겔 1:4; 38:6, 15; 39:2). 비슷한 구절은 잠언에도 언급된다. "사본의 바람이 비를 일으킴같이"(잠 25:23). 따라서 스본은 바람, 비, 천둥, 번개 등과 함께 바알 신앙의 상징성을 보여준다. 이와 함께 스본은 바알과 그를 추종하는 신들이 거주하는 공간, 또는 바알의 성소로 비견되

47 E. Lipiński, "צָפוֹן," *Theological Dictionary of Old Testament* vol 12. 435-443.

기도 한다. 그러므로 바알스본은 '바알의 본거지', 혹은 '북방의 터줏대감' 쯤으로 풀이할 수 있다.

이스라엘은 '종 되었던 집' 이집트를 탈출하였지만 그들 앞에는 또 다른 높은 산이 가로막고 있었다. 즉 폭풍과 풍요, 비와 다산의 신 바알, 그의 본거지 바알스본이었다. 출애굽 이후 자유의 기쁨을 누리던 순간 이스라엘은 예기치 못한 복병 바알과 그 신앙의 본거지 앞에 마주하게 된 것이다. 바알스본은 광야 생활과 사사 시대를 넘어 안정된 왕국을 건설한 후에도 끊임없이 맞닥뜨리게 될 바알 신앙의 막강한 영향력을 암시한다.

60 출애굽 경로와 바알스본

출애굽 경로를 따라가려면 민수기 33장을 참고하는 편이 좋다. 출애굽기 12-19장에도 이스라엘이 겪은 일화들과 함께 경로와 여러 지명들이 소개되지만 민수기보다 자세하지 않다. 민수기에 의하면 바알스본은 이집트 라암셋을 떠난 뒤 숙곳, 에담을 지나 셋째 날 머물던 장소를 묘사하는 중에 한 장소로 언급된다(민 33:7). 두 책 모두 바알스본과 관련된 몇몇 공간을 동시에 소개한 데는 그만한 이유가 있었을 것으로 짐작된다.

바알스본에 관한 일차적 관심은 그곳의 대략적 위치다. 올브라이트(W. F. Albright)는 기원전 6세기경 페니키아의 문헌을 제시하며 바알스본이 나일강 하류의 다바네스(Tahpanhes), 현재 지명 사이드(Said) 항구 인근을 주장한 바 있다(렘 44:1).[48] 호프마이어는 바알스본을 나일강 하류의 발라 호수 부근의 '바알의 바다'일 것으로 추측한다.[49] 그렇게

48 W. F. Albright, "Baal Zaphon," in *Festschrift Alfred Bertholet zum 80 Geburtstag*, ed. Walter Baumgartner (Tübingen: Mohr, 1950), 1-14.

되면 바알스본은 나일강 하류 고센 지역에서 수르 광야 쪽 지중해 연안의 어느 지점으로 압축된다. 즉 현재의 사이드와 신 또는 펠루시움 일대였을 가능성이 높다. 지금까지 논의로 본 바알스본의 위치는 추정지일 뿐 확정하기는 쉽지 않다.

출애굽 초기 경로에 바알스본이 언급된 것은 바알 신앙이 나일강 하류 또는 이집트의 접경 지역에서도 낯설지 않았다는 반증이다. 앞에 소개한 두 학자에 따르면 가나안 바알 신앙이 이미 이집트 고센 지역까지 전파된 것으로 본다. 왜냐하면 나일강 하류의 풍부한 농산물로 인한 활발한 무역과 교류 덕택에 많은 사람들이 오갔을 테고 가나안의 바알 신앙도 자연히 전파되었을 것이다. 이집트와 가나안의 이질적 신앙은 적대적 조율 관계를 통해서 공존할 수 있었다. 훨씬 후대의 기록이지만 기원전 6세기로 추정되는 한 편지에는 "바알스본과 다바네스의 모든 신들의 축복을 빈다"는 구절이 나온다. 바알 신앙과 이집트 신앙의 공존을 반영한 기록이다. 이로써 바알스본과 다바네스의 경제 및 문화적 교류는 확인됨 셈이다.[50] 다만 출애굽 경로의 바알스본을 통하여 이집트를 떠나자마자 곧 대면하게 될 또 다른 문명 가나안의 신앙과 현실이라는 예표가 된다는 점을 염두에 두자.

따라서 바알스본이 출애굽의 초기 경로, 곧 바다를 통과하기 직전에 언급된 것은 다분히 계획된 경로라고 본다. 왜냐하면 바알스본의 지명은 이스라엘의 출애굽 행로에서 단순히 지나치는 지점이 아니기 때문이다. 폭풍의 신 '바알'이 자연재해를 몰고 오듯 이스라엘의 여정에서 피할

---

49 Barbara J. Sivertsen, *The Parting of the Sea: How Volcanoes, Earthquakes, and Plagues Shaped the Story of Exodus* (Princeton: PUP, 2009), 130.

50 Nahum M. Sarna, *Exploring Exodus: The Heritage of Biblical Israel* (New York: Schocken, 1986), 109; 박영호 옮김, 『출애굽기 탐험』 (서울: 솔로몬, 2004), 213.

수 없는 대결을 예고한다.[51] 더구나 '바다'와 함께 바알스본이 언급됨으로써(출 14:2) 바다의 공포와 혼돈을 증폭시키면서 바알 신앙에 대한 경각심을 갖게 하는 효과가 있다. 그러나 여기에는 출애굽 저자의 담대한 신학적 의도가 들어 있다. 다시 말해 야웨가 이스라엘을 바다에서 구원하고 바알스본을 대면하게 함으로써 거대한 혼돈의 세력을 제압한 신임을 입증하고 야웨 하나님 스스로 경배의 대상이 될 것이며 더 나아가 바알을 비롯한 가나안 우상들(gods)에 대한 경계심을 갖게 하려는 장치이기 때문이다.

나중에 시편 시인은 '스본'과 시온을 연결하여 시온산이 야웨의 성소라고 노래한다(시 48:2). '**자폰산**의 봉우리 같은 **시온산**'(새번역), '**북녘**의 맨 끝 시온산'(성경). 연구자들은 바알의 본거지가 우가릿 북쪽의 '스본'산이고 그곳에 바알 신전이 있었다고 본다. 시내산이 야웨 하나님의 산이라면 바알스본은 가나안 최고의 신 바알의 산이다.

출애굽 저자는 이스라엘의 야웨 신앙과 가나안의 바알 신앙의 뿌리 깊은 갈등과 반목을 예리하게 파악한 것으로 보인다. 이 점에서 바알스본의 지리적 위치는 일차적인 검토 대상일 뿐 여기에 더 이상 매일 필요가 없다. 출애굽 경로에서 바알스본의 지점을 확보하는 것보다 더 중요한 교훈은 따로 있다. 그것은 곧 노예에서 자유인으로 거듭난 이스라엘을 또 다른 방식으로 예속시키려는 우상에 대한 경각심을 일깨우려는 신학적 의도다.

51 Houtman, *Exodus* vol 1., 105-106.

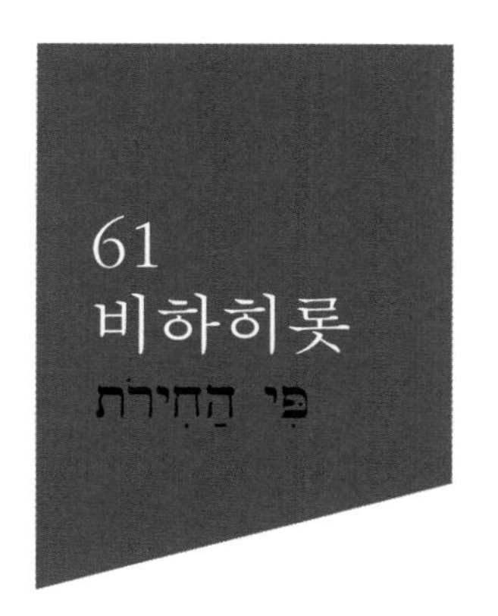

이스라엘 자손을 명하여 돌쳐서 바다와 믹돌 사이의 비하히롯 앞 곧 바알스본 맞은편 바다가에 장막을 치게 하라(출 14:2; 민 33:7-8).

믹돌과 바알스본에 견주자면 비하히롯은 훨씬 더 오리무중이다. 비하히롯은 구약에 오직 3번 언급되며 모두 출애굽 경로와 관련된 지명이다(출 14:2, 9; 민 33:7). 비하히롯이 어려운 것은 고고학적 자료나 여타 문서에서도 동일하거나 유사한 이름이 확인되지 않는다는 점이다. 히브리어로는 '비'와 '하히롯' 두 형태소로 나눌 수 있다. 두 단어의 합성어다. 따라서 이 연구는 '비', '하히롯' 그리고 '비하히롯' 등을 고려해야 하며 출애굽 경로의 연장선에서 분석해야 한다.

먼저 '비'는 이집트어 '피'(Pi)가 순음화된 한글 표기이다. 출애굽기의 '비돔'(1:11)을 비롯하여, 이집트 지명에 '비라암셋', '비하솔' 등도 같은 맥락이며 이 경우 '피'는 신전이나 궁전을 뜻한다. 즉 비돔(Pithom)은 아툼 신전(House of Atum), 비라암셋(Pi-Rameses)은 라암셋의 궁전(House of Rameses) 그리고 비하솔은 하토르의 신전(House of Hathor)을 각각 가리킨다.[52] 또한 '바로'로 알려진 이집트의 최고 관직 '파라오'(Pharaoh)도 이와 같이 분석할 수 있다. 이집트 왕이나 왕조를 일컫기도 하지만 문자적으로는 태양신 '라(Ra)의 신전'이란 뜻이다. 후대 이집트 19왕조(기원전 1306-1200)의 '파라오'는 통치 왕조를 가리키는 용어로 마치 청와대나 백악관처럼 당시 통치자를 상징하게 되었다.[53]

출애굽기에서 이집트어 '피'는 히브리어 '페'(פה)로 쓰여서 신전 대신 '입' 또는 '입구'를 뜻한다. 하우트만은 '피'가 거대한 신전이 아니라 분명히 진입로를 가리키며 이집트어를 마치 히브리어처럼 사용한 것으로 본다. 겉으로는 이집트어지만 내용상으로는 히브리어가 더 중요하다는 분석이다.[54] 이와 관련하여 '하히롯'에 집중할 차례다. 민수기에 '하히롯'(הַחִירֹת)이 한 번 나온다(민 33:8). '하히롯'의 뿌리는 ḥ-r-t로 '새기다, 파다'는 뜻이다. 즉 '하히롯'을 성 주변의 해자(moat)로 볼 수 있다. 해자(垓字)란 보통 외부의 침입을 교란하기 위해 주둔지나 성곽 주변에 강을 끌어들이거나 연못을 파서 물을 채워 놓은 방어선을 가리킨다.

이 점에서 〈70인역〉이 비하히롯을 고유명사로 인식하지 않고 '거주지'(τῆς ἐπαύλεως)라고 번역한 것은 흥미롭다. 왜냐하면 번역자가 '비하히롯'을 '하차로트'(חצרת) 곧 목초지나 농장 등으로 이해했을 가능성이 높기 때문이다. 콥틱어 Achirot는 '사초풀'로 해석할 수 있으니 나일강 하류의 습지 '라스 아타카'(Ras Atakah) 지역을 떠올릴 수 있는 제안이다.[55] 이렇게 되면 하히롯의 지정학적 위치를 가늠하는 데 중요한 단서가

---

52 본래 '비라암셋'은 타니스였는데 람세스 2세가 재건함으로써 붙여진 이름이다. H. H. Rowley, *Student's Bible Atlas*; 『聖書地圖』(서울: 대한기독교서회, 1995), 6.

53 동양에서도 최고 통치자를 지칭하는 왕이나 대통령 등 고위 관리를 전하(殿下), 폐하(陛下), 각하(閣下) 등도 '파라오'와 같이 유사한 경로를 거쳤다고 볼 수 있다. 이를테면 '전하'는 본래 궁궐이나 대궐의 계단 아래 있는 이를 가리키는 뜻이었지만 최고 관직을 가리키는 칭호가 된 것이다.

54 Houtman, *Exodus* vol 1., 124.

55 Max Seligson, "Pi-Hahiroth," *The Jewish Encyclopedia* vol 10., 34.

된다. 히브리를 포함한 이집트 노예들이 토성이나 운하를 건설하던 현장, 또는 새로운 '개척지'의 집단 수용시설이라면 이집트를 표상하는 사랑과 음악과 정열의 신 '하토르'(Hathor)를 세워 노동자들을 위로했을 가능성도 배제할 수 없다. 그렇다면 비하히롯은 '여신 하토르에게 가는 길'이며 그곳을 가리키는 이정표가 된다.

랍비들은 하히롯의 논점을 다소 엉뚱한 각도에서 풀이한다. 중세 유대교 석학 라시는 하히롯을 '헤룻'(ḥerut)과 정관사 '하'의 결합으로 설명한다. 이스라엘이 바로의 압제에서 해방된 자유인이라는 측면을 부각시킨 것이다.[56] 문자적으로 '바로 그 자유'를 뜻한다. 추상명사에 정관사가 결합될 수 없지만 이 경우 특수한 의미로 한정된다. 라시는 그 이유를 이스라엘이 하나님의 권능에 의해 탈출한 후 부여받은 절대적 자유를 유일회적인 의미라고 간주한다. '하히롯'에 대한 지정학적, 공간적 관점이 아니라 신학적 관점에서 본 해석이다. 그것은 곧 이스라엘이 '출애굽'을 통하여 누리게 될 자유를 강조한 것이다. 출애굽기 화자는 본디 이집트어 '하토르'를 히브리어 '하히롯'으로 읽어 이집트의 압제에서 벗어나 이스라엘이 누릴 자유를 반영하고 있다.[57]

56 A. Cohen, *The Soncino Chumash: The Five Books of Moses with Haphtaroth* (Jerusalem: Soncino, 1993), 409.

57 Orly Goldwasser, "Canaanites Reading Hieroglyphs: Horus is Hathor? - The Invention of the Alphabet in Sinai," *Ägypten und Levante* 16 (2006), 121-160; Thomas O. Lambdin, "Egyptian Loan Words in the Old Testament," *Journal of the American Oriental Society* 73.3 (1953), 145-155.

62 믹돌-비하히롯-바알스본: 압제-자유-유혹

출애굽기 14장에 소개된 출애굽 초기 경로는 독자를 당혹스럽게 만든다. 우선 이스라엘이 라암셋을 떠나 숙곳(출 12:37)과 에담을 지나(13:20) 광야로 전진하다가 오던 길로 돌아가라는 명령(14:2) 때문만은 아니다. 또 하나는 야영지 소개에 믹돌, 비하히롯, 바알스본처럼 여러 지명이 동시에 언급되는 경우가 없을 뿐더러 약간 과장하면 미로를 연상케 하기 때문이다(민 33:5-49). 무엇보다 세 지명과 함께 언급된 일반명사 '바다'로 인해 정작 천막을 쳐야 할 공간이 더 혼란스럽다. 이처럼 헷갈리는 출애굽기의 안내를 의식했는지 민수기는 '바알스본 앞 비하히롯으로 돌아가 믹돌 앞'으로 보도하고 있다(민 33:7).

이집트 탈출 이후 세 번째 야영지를 복잡하게 소개한 이유가 따로 있을까? 본문에는 하룻밤 묵을 장소를 소개하기 위한 전치사 '앞'(לִפְנֵי)이 두 차례 나온다. 즉 비하히롯 '앞'과 바알스본 건너 편 '앞'이다. 해당 장소를 설명하기 위한 친절한 안내다. 본문에 따르면 천막의 위치는 바다와 비하히롯을 중심에 두고 오던 길의 믹돌과 비하히롯 앞이며 나갈 길의 바알스본 맞은편 바닷가(עַל־הַיָּם)여야 한다. 더구나 바로의 군대를 생각하면 천막의 위치가 오히려 추격대와 가까워지는 꼴이니 이해하기 어렵다. 정작 바로가 예언한 대로 '광야에 갇힌'(3절) 것인가, 아니면 모세가 예상하고 준비한 교란 작전인가? 이와 같은 맥락에서 보면 탈출 초기 경로의 세 지명을 규명하기 위한 지정학적이며 신학적인 중요성을 다뤄야 하는 근거는 명백하다.

믹돌은 어원에서 확인할 수 있듯 이집트 제국을 상징하는 거대한 감시탑일 가능성이 높다. 특히 국경선 부근의 믹돌이라면 바로의 통치하에 있는 '중다한 잡족'(출 12:38)을 포함한 노동자와 노예들을 감독하기 위한 구조물로서 제국의 막강한 위용을 드러낸다. 따라서 이스라엘을 비롯한 이집트 노예들에게 믹돌이란 최고 권력으로 무장한 제국의 압제와 감시를 표상한다. 이에 비해 비하히롯은 '운하 입구'나 '하토르에게 가는 길'을 뜻하는 이집트어보다는 새로운 여정을 눈앞에 둔 '자유'를 암시하는 히브리어로 읽어야 한다. 중의적인 비하히롯을 놓치면 여전히 믹돌의 연장선에 갇히는 형국이 된다. 왜냐하면 이집트어 비하히롯은 고통스런 노역의 현장과 노예의 삶을 반영하지만, 히브리어는 비하히롯은 과거에 고정된 삶이 아니라 이스라엘의 미래를 엿보게 하는 해석을 함축하기 때문이다.[58]

한편 바알스본은 이스라엘이 새롭게 직면하게 될 현실이다. 바알스본은 이스라엘을 믹돌의 억압과 속박(bondage)과는 달리 새로운 형식의 복종과 예속으로 옭아맬 수 있다. 바알은 생활과 신앙의 두 가지 관점에서 이스라엘에게 경계의 대상이 될 수밖에 없었다. 하나는 가나안의 정착과 농경문화이며 다른 하나는 눈에 '보이는' 바알의 풍요와 유혹적인 형상이

---

58 Targum Onkelos, Rashi 등 유대교의 저작들을 참조하라.

다. 특히 '보이지 않는' 야웨의 현존과 계시 그리고 말씀에 의존하는 이스라엘에게 바알의 매력은 언제든 끌려가기 쉬웠기에 경계의 대상일 수밖에 없었다.

이제 이스라엘은 믹돌과 바다를 벗어나면 제국의 노예에서 광야의 자유인이 된다. 나본(Mois A. Navon)은 비하히롯이 두 차례 쓰인 차이를 비교한다.[59] 즉 '비하히롯 앞'(לִפְנֵי פִּי הַחִירֹת)과 '비하히롯 위'(עַל־פִּי הַחִירֹת)이다.[60] 2절은 바다를 건너기 전의 상황, '자유를 찾아가는 길 앞(לִפְנֵי)'이라면, 9절은 자유로운 몸이 되어 바로의 추격을 피해 '자유의 길 위(עַל)'를 당당히 걷는 것으로 묘사한 것이다. 자유(自由)는 간섭이나 제약을 받지 않고 자기 의지에 따른다는 뜻이다. 영어 free는 원시 독일어 freo에서 비롯되어 '매이거나 갇히지 않는', 또는 '저절로 빠져드는' 상태를 가리킨다. 후자에서 '친구'(friend)가 나왔다. 그러니 자유란 자신도 모르는 중에 어디론가 따라갈 수도 있음을 보여준다. 바알스본을 경계해야 할 이유가 여기에 있다.

출애굽 경로에 등장하는 세 지명 믹돌, 비하히롯, 바알스본은 제국의 압제, 이스라엘의 자유 그리고 우상의 유혹을 각각 상징한다. 이스라엘에게 비하히롯은 믹돌의 치욕과 압제의 자리에서 벗어나 자유의 헌장(憲章)을 선포하는 자유의 현장(現場)이다. 바알스본은 제국의 명예를 벗어나 자유를 누리다가 또 다른 멍에를 초래할 수 있는 탐닉과 방종, 가나안 문화의 유혹을 일깨운다. 이스라엘은 그사이 '비하히롯'에 서 있다.

---

59 Mois A. Navon, "Pi-Hahiroth: The Mouth of Freedom," *Jewish Bible Quarterly* 27/4 (1999), 261.

60 대부분 번역들이 '비하히롯 위'를 살리지 못하고 있다. '비하히롯 곁'(개역개정), '비하히롯 근처'(새번역), 'near Pi-Hahiroth'(NIV), 'by Pi-Hahiroth'(NRSV) 등을 참조하라.

이스라엘 진 앞에 행하던 하나님의 사자가 옮겨 그 뒤로 행하매 구름 기둥도 앞에서 그 뒤로 옮겨(출 14:19).

바로는 히브리 노예들의 탈출 소식에 정예 부대를 동원하여 그들을 추격하게 한다. 그럼에도 이스라엘은 '손을 높이 들고'(בְּיָד רָמָה) 호기롭게 나아갔다(출 14:8). 이집트와 시내 반도의 경계 비하히롯 해변에 다다랐을 무렵 바로의 군대가 바짝 다가왔다. 그러자 이스라엘 백성들은 잔뜩 움츠러들며 모세에게 불평과 원망을 거칠게 쏟아내기 시작한다. 모세는 우선 이스라엘을 진정시켜야 했다. "너희는 두려워하지 말고 야웨의 구원을 보라. 야웨가 너희를 위하여 싸울 것이니 너희는 잠자코 있으라"(13-14절).

하나님의 구원 행위를 묘사하는 동사가 16절에 명령형으로 연속 네 차례 나온다. '(지팡이를) 들라, (손을) 내밀라, (바다가) 갈라지게 하라, (마른 땅으로) 지나게 하라.' 지금까지 하나님의 천사(מַלְאַךְ הָאֱלֹהִים)가 줄곧 이스라엘 앞에서 이끌었다. 출애굽기에서 '사자', 또는 '천사'로 번역된 '말아크'는 선도자처럼 줄곧 이스라엘보다 두세 걸음 앞장서서 간다(출

23:20, 23; 32:34; 33:2). 그런데 앞서 걷던 '하나님의 천사'가 무슨 영문인지 몰라도 이스라엘 뒤로(מֵאַחֲרֵיהֶם) 물러난다. '뒤로'는 전치사구로서 after, 또는 behind로 이해하면 된다. 대부분 동작과 행위가 포함된 공간적인 이동을 의미한다(출 14:4, 8-10; 23:2). 〈Houtman, 6〉

하나님의 천사를 따라 새롭게 열릴 바닷길을 건너면 이스라엘은 바로의 위협으로부터 벗어난다. 그뿐만 아니라 바다가 더 이상 공포와 두려움의 대상이 되지 않을 것이다. 이제 곧 동풍이 불어 바닷물이 양쪽으로 갈라지고 바다에 마른 땅이 활짝 열릴 것이다. 이스라엘 백성들 앞에는 아무도 걷지 않은 길, 곧 좌우에 물이 벽처럼 서 있는 새 길이 뚫린다. 이때 이스라엘을 인도하던 하나님의 천사와 구름기둥이 뒤쪽으로 물러간다. 이 길목을 넘어가면 자유와 해방이 눈앞이다. 왜 이토록 절체절명의 순간 천사가 뒤로 움직여 불안을 조장하는 것일까?

지금껏 이스라엘을 앞에서 인도해 오던 하나님의 천사와 구름기둥의 역할은 여기까지다. 그러니 하나님의 천사는 뒤로 물러설 수밖에 없다. 이스라엘은 이집트 제국의 횡포와 오랫동안(출 12:40) 개개인의 내면화된 한계를 벗어나기 위해 용단을 내려야 한다. 그렇다고 천사들이 순간적으로 공간이동을 하듯 이스라엘을 이집트에서 시내 반도로 옮겨 줄 수는 없는 노릇이다. 설령 그렇게 옮겨 간다고 한들 압제의 땅에서 벗어날 뿐 여전히 주체로서 그들이 다다라야 할 목표 지점에는 이르지 못한다. 이스라엘은 미지의 세계, 또는 젖과 꿀이 흐르는 땅으로 가기 위한 중대한 기로에 서 있는 것이다.

사실 출애굽 '엑소더스'(ἔξοδος)는 미지의 세계로 발걸음을 내딛는 여정이다(눅 9:31).[61] 이렇게 불확실한 상황의 영적 순례라면 반드시

61 Lancaster, *Judaism*, 137.

불순하거나 방해 세력이 똬리를 틀고 있기 마련이다. 그 직접적이며 대표적인 걸림돌이 바로 이집트 제국의 횡포와 간섭이다. 그들은 끝까지 이스라엘의 자유를 인정하지 않았으며 권리를 수용할 수 없었다. 바로는 최대한 압박하고 마지막 순간까지 자신의 힘(force)을 행사하려 한다(출 14:9). 마침내 이스라엘은 최후의 관문을 성공적으로 통과하고 자아를 극복할 것인지 갈림길에서 고독한 결단을 내려야 할 때가 온다.

이집트의 국경선에 이르렀을 때 자유와 해방에 대한 기대보다 바로의 추격으로 긴장감이 고조되었다. 때마침 앞서가던 하나님의 천사가 뒤로 이동하니 이스라엘의 불안감은 증폭된다. 마치 폭풍 전야의 고요처럼 양쪽이 조용하다(20절). 모세가 바다 위로 손을 내밀자 야웨는 바다의 물을 밀어내고 양쪽으로 갈라지게 하셨다. 하지만 앞서가던 하나님의 천사는 없다. 이제는 이스라엘이 오롯이 한 걸음씩 내디뎌야 한다. 아무도 대신할 수 없는 과정이다. 그러나 천사가 뒤에서 지켜본다고 믿는다면 그 길을 '담대하게'(בְּיָד רָמָה) 갈 수 있을 것이다.

이스라엘은 천사의 도움 없이 '바다의 마른 땅'을 성공적으로 건널 수 있을 것인가? 이 과정에서 이스라엘과 이집트의 차이는 두드러진다. 즉 이집트는 이기(self)와 기득권을 고수한 채 바다에 뛰어들었기 때문에 (무의식의 세계에) 빠져 익사당하지만(출 14:28), 이스라엘은 자아(ego)를 내려놓고 그 '자신이 가야 할 길'을 지남으로써 침몰당하지 않았다(사 43:2). 결과적으로 그들은 '다시 태어났고'(ἄνωθεν) 드디어 가나안 땅에 진입할 수 있는 기회를 얻는다(이렇듯 바다의 통과는 기독교적 관점에서 볼 때 일종의 정화[baptizing]로서 통과제의에 해당한다).

64 새벽 אַשְׁמוּרָה

새벽에 여호와께서 불 구름기둥 가운데서 애굽 군대를 보시고 그 군대를 어지럽게 하시며(출 14:24).

구약 시대의 시간 구분은 지금처럼 명확하지 않다. 특히 밤 시간은 더욱 애매하고 일관성을 찾기도 어렵다. 구약 시대에는 이집트의 방식에 따라 세 시간대로 구분하고 신약 시대는 로마식대로 네 단위로 분할한 것으로 보인다. 시편을 통해 잘 알려진 '밤의 한 경점'(אַשְׁמוּרָה בַלָּיְלָה)은 찰나의 순간으로 오해되기 쉽다. 〈개역개정〉의 '경점', 〈새번역〉의 '한순간' 때문인데 실제로는 야간 순찰조의 근무 단위(시 90:4)로 네 시간쯤 된다. 추측컨대 이스라엘은 3교대(אַשְׁמֻרָה)로 편성된 야간 불침번 제도를 두었고 파수꾼을 두 번 교대하였다. 그 교대 시간이 곧 밤 시간의 기준이 되었다(시 63:7; 119:148).

첫 번째 근무조는 저녁 6시부터 10시까지 경비를 맡는다. 초경(אַשְׁמֻרוֹת ראשׁ)이다. 그런데 〈개역개정〉 애가는 '초경'으로(애 2:19), 사사기는 '이경'으로 번역하여 마치 다른 시간대인 양 옮겨 놓았다. 일관성 없이 번역된 경우다(삿 7:19). 두 번째 불침번은 '한밤중'(חֲצִי הַלַּיְלָה)을 책임지는 조다. 문자적으로 '밤의 절반'이라는 뜻이니 영어의 midnight이 적절한 풀이겠다. 밤 10시에서 새벽 2시에 해당한다. 어둡기로는 가장 깜깜하고 수면으로는 가장 깊은 잠에 빠져들 시간대이다(출 12:29; 삿 16:3; 룻 3:8; 시 119:62).

세 번째는 새벽(אַשְׁמֹרֶת הַבֹּקֶר)으로 새벽 2시부터 아침 6시까지 순찰한다(출 14:24; 삼상 11:11). 문자적으로 보면 아침 교대조를 가리키며 시간적으로 '동틀 무렵', 곧 '이른 아침'이다. 위 본문의 '새벽'은 바로 세 번째 교대조에 해당하며 동시에 일반적인 시간의 흐름에서 밤과 아침의 중간이 된다. 이른바 불침번 새벽조를 신학적으로 눈여겨봐야 할 이유는 바로 야웨 하나님의 구원 시간에 직결되기 때문이다.

성서에는 세 번째 파수꾼의 활동 시간에 놀라운 일들을 증언하고 있다. 야경(night watch)의 입장에서 새벽이 마지막 근무라면(시 130:6) 일반인의 입장에서 그 시간은 하루가 시작되는 순간이다. 즉 밤의 어둠이 걷히고 빛이 밝아 오는 '동틀 무렵'이다. 그리하여 구약에서 새벽은 여러 차례 언급되어 그 상징하는 바가 크다. 예컨대 하나님은 새벽에 이스라엘을 깨우시고 도우신다(시 57:8). 여호수아가 여리고성을 무너뜨린 것은 일곱 번째 날 새벽이었고(수 6:15), 사울이 암몬을 향해 진격할 때 세 번째 불침번 시간이었으며(삼상 11:11), 시인은 새벽에 하나님이 도우실 것이라고 확신의 노래를 불렀다(시 46:5).

새벽에 대한 몇 단어 중에 대표적인 낱말을 살펴보면 다음과 같다.

① '샤하르'(שַׁחַר)가 동사로는 '일찍 찾다', '열심히 살피다', 명사로는 '아침', '시작'을 뜻한다(수 6:15; 욥 38:12; 41:18; 시 57:8; 108:2; 110:3; 139:9; 호 6:3; 욜 2:2; 욘 4:7). 어원은 '검다'에서 비롯되었다. 칠흑같이 어두운 밤에 엷은 새벽빛이 감도는 순간이다. 많은 경우 '새벽', 또는 '동틀 무렵' 등으로 번역되기도 한다(창 19:15; 32:26; 느 4:21; 욥 38:12; 시 110:3; 139:9;

아 6:10; 사 58:8; 호 6:3; 10:15; 욘 4:7).

② '보케르'(בֹּקֶר)는 대부분 '아침'으로 옮긴다. 한글 성서에서 이따금씩 '새벽'으로 번역되는 경우는 거의 '이른'이란 부사어와 함께 사용되거나(삿 16:2; 19:25; 룻 3:14; 삼상 29:10; 삼하 17:22; 욥 38:7; 시 46:5; 습 3:5), 또한 파수꾼의 교대를 가리키는 '아슈무라'와 함께 '새벽'(אַשְׁמֹרֶת הַבֹּקֶר)을 의미하기도 한다.

③ '빛'을 의미하는 '오르'(אוֹר)가 '새벽'으로 번역된 예도 몇 차례 나온다(삿 16:2; 느 8:3; 욥 3:9). 여기에 새벽 '샤하르'와 연결된다. 이사야는 '새벽 햇살'(새번역)처럼 '새벽'과 '빛'을 동격으로 표현하여 강조한다(사 58:8).

우리가 세 번째 파수꾼 교대 시간인 '새벽'에 주목하는 이유는 명확하다. 야곱이 일어나 벧엘에 제단을 쌓은 시간(창 28:18), 모세가 두 돌판을 가지고 시내산에 오른 때(출 34:4), 무엇보다도 출애굽 사건과 관련하여 야웨의 구원 활동이 마치 '새벽 햇살'처럼 펼쳐지는 성스러운 시간이기 때문이다. 야웨가 불과 구름 기둥 사이에서 이집트 군대를 어지럽히시고 이스라엘을 바로의 손아귀에서 건져 내신 때가 바로 이 시간대였다(출 14:24). 신약에 따르면 예수의 부활도 역시 '해 돋을 때'(πρωι), 곧 세 번째 불침번이 지키는 '새벽'이었으며(막 16:2), 장차 오실 구원자는 아예 '새벽 별'(ὁ ἀστὴρ ὁ λαμπρὸς ὁ πρωινός)로 은유되기도 한다(계 22:16). 야웨는 '아침마다 어김없이'(בַּבֹּקֶר בַּבֹּקֶר) 자신의 공의를 햇빛처럼 비추신다(습 3:5).

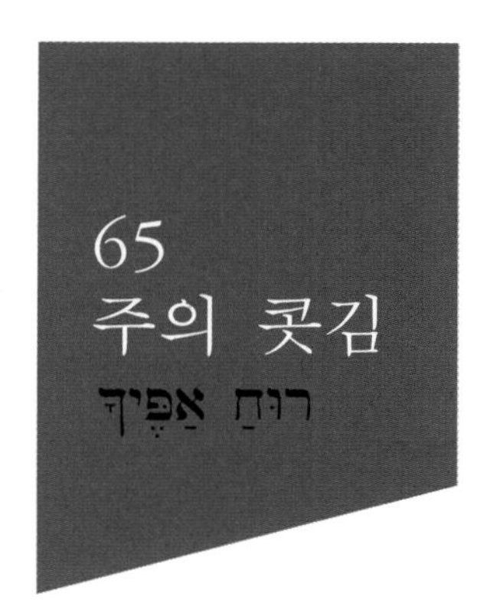

65 주의 콧김 רוּחַ אַפֶּיךָ

주의 콧김에 물이 쌓이되 파도가 언덕같이 일어서고 큰 물이 바다 가운데 엉기니이다(출 15:8).

구약성서에서 숫자 7의 용례는 빈번할 뿐 아니라 상징성 또한 크다. 그러나 7의 기원에 대한 일치된 의견이나 만족할 만한 해명은 없는 실정이다. 랍비들의 풀이는 다소 엉뚱하다. 즉 사람의 얼굴이 눈, 코, 귀, 입 등 일곱 개의 구멍으로 이뤄졌다는 사실로 7의 기원을 설명한 것이다. 흥미롭게도 얼굴의 중심으로 불리는 인중(人中)을 기준으로 볼 때 위의 눈, 코, 귀는 둘씩이고, 아래는 입, 배꼽, 요도, 항문 등은 하나씩이다. 탈무드의 지혜가 여기서도 적용된다. 이를테면 신체에 두 개씩 있는 기관은 많이 사용하라는 뜻이고, 하나씩 있는 것은 아껴 쓰고 조심해야 한다는 것이다. 눈, 코, 귀로는 부지런히 살펴보고 샅샅이 냄새 맡고 세밀하게 귀담아들으라는 뜻이며, 입 등으로는 반드시 필요한 경우가 아니라면 함부로 놀리지 말라는 교훈으로 받아들일 수 있다.

논의를 위해 코에 집중하자면 바로 아래의 입과 크게 대조적이다. 예컨대 두 개의 코(אַף)와 하나의 입(פֶּה) 사이의 차이는 확연하다. 후자가 땅에선 난 물질을 먹는 기관이라면(욥 12:11) 전자는 하늘에서 온 기체를 마시는 기관이다. 야웨 하나님이 사람을 지으실 때 (사람의) 코에 (하나님의) '생기'(נִשְׁמַת חַיִּים)를 불어넣었다(창 2:7). 〈개역개정〉의 '생기'는 번역에 따라 '생명의 기운'(새번역), '입김'(공동번역), '생명의 숨'(성경)이다. 다시 '둘'과 '하나'의 쓰임을 따르자면 입은 (땅의 것을) 먹고 말하는 것에 과용을 경계해야 하고, 코는 둘이니 열심히 (하늘의 것을) 들이마시고 충분히 숨을 쉬라는 뜻으로 읽힌다. 굳이 수치로 말하자면 코를 두 번 활용해야 한다면 입은 한 번 사용으로 충분하다.

그러나 사람의 경우와 반대로 하나님이 코를 많이 사용하면 큰 재난이 생긴다. 출애굽기 15장은 '바다의 노래'다. 출애굽을 경험한 시인이 거룩하신 하나님과 그의 위엄(גָּאוֹן)을 찬미하는 내용이다. 그 중간에 '주의 콧김'(רוּחַ אַפֶּיךָ)이 등장한다. 문법적으로 양수(兩數)이기 때문에 '당신의 두 콧바람'이 정확하다. '코'(אַף)는 더러 사람(창 27:45; 49:6; 잠 14:29)과 하나님의 진노를 의미한다(출 4:14; 34:6; 신 9:19; 왕하 24:20). 이렇듯 호흡 기관인 코가 추상적인 개념인 분노와 동의어로 간주된 이유는 숨이 빨라지면서 콧김이 거칠게 나온다면 화가 나 있다는 의미로 설명할 수 있다. 따라서 '긴 코'(אֶרֶךְ אַפַּיִם)는 '인내하다, 화를 더디 내다'는 뜻이 된다(출 34:6). 하나님의 '두 코에서 나온 거센 바람'은 잔잔한 물을 모으고 요동시켜 마침내 큰 파도를 일으켜서 원수들을 물리친다.〈Durham, Touch, *Taste and Smell*, 298〉 시인은 8절에서 네 개의 동사(נָזַל נִצַּב עָרַם קָפָא)를 활용하여 하나님의 진노를 점층적으로 고조시키고 있다.

특이하게 타르굼은 신인동형론적인 묘사인 강력한 '주의 콧김으로'를 '하나님의 말씀을 통하여'로 살짝 바꾸어 놓았다.〈Houtman, 283〉 그 이유가 궁금하다. 타르굼은 바다의 노래에서 8절 후반의 '바다 가운데 깊음'(תְּהֹמֹת בְּלֶב־יָם)에서 태초의 혼돈과 공허와 흑암을 엿본 것이다. 하나님이 세상을 창조하기 전에 흑암이 '깊음'(תְּהוֹם) 위에 있었고 '하나님의 영'이 움직이고 있었다(창 1:2). 따라서 타르굼은 창세기의 '영'(אֱלֹהִים רוּחַ)과 출애굽기의 '콧김'(רוּחַ אַפֶּיךָ)을 동일한 것으로 간주한 것이다. 그러나 이 둘 사이를 연결하기 위해 시편 33에 기댈 필요가 있다. 왜냐하면 시편 33은 이른바 '말씀에 의한 창조'를 노래한 성서의 근거가 되기 때문이다.

시편 33에서 하나님의 '입김'(רוּחַ פִּיו)과 '야웨의 말씀'(דְּבַר יְהוָה)은 평행된다(6절). 시인의 "그가 말씀하시니 세상이 창조되었고 그의 명령으로 모든 것이 나타났도다"(9절)라는 고백은 세상 창조가 하나님의 '말씀'에서 기인했음을 노래한다. 창세기의 '하나님의 기운'(רוּחַ אֱלֹהִים)과, 출애굽기의 '주의 콧김'(רוּחַ אַפֶּיךָ) 그리고 시편의 '하나님의 입김'(רוּחַ אַפֶּיךָ)은 모두 '루아흐'를 공유하여 창조적이며 신적인 힘을 보여준다. 마르틴 부버에 따르면 '루아흐'는 '밀치고 나오는 힘'(Geistbraus)으로 창조적 행위와 관련된다. 〈Friedman, *Martin Buber's Life*, 63〉

'주의 콧김'은 출애굽의 구원과 해방을 일으킨 하나님의 역동적인 힘이다. 그러나 신인동형론에 갇히지 않고 문자적 표현보다 훨씬 크신 '하나님의 말씀'(타르굼)이 되어 태초의 흑암을 다스리는 창조적인 권능을 보여준다. '주의 콧김'은 바로의 횡포와 막강한 군사력을 잠재우고 마침내 이스라엘의 질서와 평온이라는 또 다른 창조와 해방의 세상을 연다.

아론의 누이 선지자 미리암이 손에 소고를 잡으매 모든 여인도 그를 따라 나오며 소고를 잡고 춤추니(출 15:20).

'매리'(Mary)는 예수의 어머니 '마리아'에서 비롯된 이름이다(마 1:18). 그리하여 마리아는 신성한 이름으로 간주되면서도 신앙인들에게 많은 사랑을 받는 이름이 되었다. 가톨릭교회에서 마리아는 신앙의 본보기로서 성인을 넘어 예수 그리스도와 거의 동급으로 간주되는 숭모의 대상이다. 흔히 '성모 마리아, Madonna, Our Lady, Notre Dame' 등으로 불리는 데는 그만한 이유가 있는 것이다. 학문 영역에 '마리아학'(Mariology)이라는 분야가 있다. 글자 그대로 마리아에 관하여 전문적으로 연구하는 학문이며 '마리아 연구센터'는 독자적으로 그 연구에 집중하는 기관이다. 마리아의 일생과 죽음에 관한 신비로운 일화들이 넘쳐난다. 성서에는 동정녀로서 예수를 잉태한 사실에 머물지만 가톨릭교회는 그녀를 어떠한 흠결이나 부족함이 없는 완벽한 여성으로 간주한다. 그리하여 그녀가 죽은 후에 육체와 영혼이 하늘로 올라갔다는 믿음까지 생겨난 것이다.

마태복음에 등장하는 '마리아'가 구약의 출애굽기에 나오는 '미리암'과 동일한 이름이라면 의아해하는 사람들이 있다. 이것은 구약성서의 히브리어가 외국 언어로 번역되는 과정에서 생겨난 현상이다. 즉 기원전 3세기 그리스어로 번역된 〈70인역〉은 마리암(Mariam)으로 음역하였으나 기원후 5세기 라틴어 성서는 마리아(Maria)로 옮겼다. 마지막 자음 m의 탈락이다. '솔로몬'의 경우는 반대로 본래 슬로모(שְׁלֹמֹה)에 마지막 자음 n이 첨가된 경우다. 라틴어 성서가 광범위하게 사용되면서 미리암은 자연스레 마리아(Maria) 또는 매리(Mary)로 자리한 것이다. 복음서에 예수의 어머니 마리아, 마르다의 자매이며 나사로의 누이 마리아, 막달라 마리아 등 동일한 이름이 여럿 등장한 것은 그만큼 미리암이라는 이름이 유대인 사회에서 친숙하다는 증거다.

미리암은 아므람과 요게벳의 딸이며 모세와 아론의 누이다. 사실 미리암의 어원은 분명하지 않다. 동사로 '아이를 간절히 원하다', 또는 '높이다'가 되고 분사형으로는 '사랑받는 이'라는 뜻으로 풀이할 수 있다. 한편 미리암이 '야웨를 사랑하다', 또는 '야웨로부터 사랑받는 사람'이라고 설명하는 학자도 있다.〈Ross, "Miriam," *IDB* 3, 402〉 아랍어 '마람'(Maram)이 히브리어와 유사하게 '아이를 원하는 사람'을 뜻한 것으로 보아 '미리암'은 라헬이나 한나처럼 임신을 간절히 원하는 모성적 본능을 일깨운 이름으로 볼 수 있다(창 30:22; 삼상 1:10). 사실 미리암의 결혼과 출산에 대한 정보는 성서에 없다.

미리암이 처음 등장하는 출애굽기 2장에서는 익명으로 나온다. 모세가 성장하여 더 이상 숨길 수 없자 부모는 그를 갈대 상자에 담아 나일강에 버린다. 이때 그녀는 단지 '모세의 누이'로 언급되었을 뿐이다(출 2:4, 7-9). 그의 부모 역시 이름이 드러나지 않는다. 그러나 출애굽기 15장은 미리암의 직책과 가족 관계를 명백히 밝힌다. 미리암은 '여선지자'이며 '아론의 누이'다. 모세의 누이를 예상한 독자들은 잠시 멈칫한다. 형제간의 서열은 아마 미리암, 아론 그리고 모세 순일 것이다. 그러면 모세의 누이보다 '아론의 누이'가 더 적절하다.

한편 '여선지자 미리암'은 다소 낯설다. 구약 전통에서 여성의 리더십이 이따금씩 언급되곤 한다. 예컨대 미리암은 드보라(삿 4:4), 훌다(왕하 22:14), 노아다(느 6:14) 등과 함께 여선지자 대열의 위대한 여성이다. 탈무드는 여기에 한나, 아비가일, 에스더까지 묶어 유대교의 일곱 여선지자로 꼽는다. 미리암이 여선지자의 맨 앞에 당당히 서 있는 이유는 분명하다. "야웨를 찬송하라 그는 높고 영화로우신 분 말과 기병을 바다에 던지셨도다"(출 15:21). 그녀가 소고를 치며 부른 '미리암의 노래'는 성서에서 가장 오래된 노래 중의 하나다.

미리암의 춤(Vatican Graeti, 752)

미리암은 광야 유랑 중 모세가 구스 여인을 취한 일로 아론과 합세하여 모세를 비난한다(민 12:1). 이 일로 인해 그녀는 나병에 걸려 얼굴과 온몸이 눈처럼 하얗게 변하고 말았다. 결국 진영 밖에 7일 동안 격리되었다가(민 12장) 돌아왔으나 광야 유랑 생활 40년이 끝나던 정월 가네스 광야에서 죽어 그곳에 묻혔다(민 20:1).

67 너의 하나님 너의 치유자 יְהוָה רֹפְאֶךָ

가라사대 너희가 너희 하나님 나 여호와의 말을 청종하고 나의 보기에 의를 행하며 내 계명에 귀를 기울이며 내 모든 규례를 지키면 내가 애굽 사람에게 내린 모든 질병의 하나도 너희에게 내리지 아니하리니 나는 너희를 치료하는 여호와임이니라(출 15:26).

하나님의 속성을 포함하는 짧은 구문이 믿음의 표어로 곧잘 활용되곤 한다. 이를테면 여호와 이레(창 22:14), 여호와 닛시(출 17:15), 여호와 샬롬(삿 6:24), 여호와 로이(시 23:1), 여호와 삼마(겔 48:35) 등이다. 만군의 여호와(יְהוָה צְבָאוֹת)는 앞뒤가 바뀌어 번역되었을 뿐 형식은 같고 상당히 친숙한 호칭이다(사 6:3). '츠바옷'은 하나님을 보좌하는 천사의 무리를 상징하며 천상회의로 여겨진다(시 89:5-8; 사 14:24-27). '만군의 여호와 하나님'으로도 소개된다(삼하 5:10; 렘 5:14). 출애굽기는 또 다른 이름 '여호와 라파'를 소개한다.

이스라엘이 홍해를 건넌 후 수르 광야로부터 긴 행군에 돌입한다. 마라에 당도했을 때 이스라엘은 한 차례 시험을 겪는다. 사흘 길을 걸어왔으나 마실 물이 없다. 백성들은 광야의 타는 목마름을 더는 견디지 못하고 이내 폭발한다. 모세는 하나님께 부르짖는다. 하나님은 한 나무(עֵץ)를 가리키며 그 나무를 던져 단물로 바꾼다(25절). '여호와 라파', 곧 치료의 여호와가 여기서 등장하는 것은 어딘지 낯설다. 따라서 그

어원과 용례를 찾아볼 필요가 있다.

근동에서 '라파'(רָפָא)는 비슷한 의미로 사용되었다. 아람어는 '병을 고치다', 이디오피아어는 '꿰매다', 아랍어는 '수선하다, 짜깁다, 달래다' 등으로 쓰인다. 히브리어 '라파'는 본래 도처 사막의 짠 물을 마실 수 있게 한 사건에 관련되거나 비롯되었을 가능성이 크다(왕하 2:21-22; 겔 47:8). 구약의 쓰임을 보면 '고치다, 깁다'(출 21:19)에서 질병의 치료(레 13:18; 14:3; 신 28:27), 의사(창 50:2; 대하 16:12)를 뜻하며, 깨진 항아리가 온전하게 되어(렘 19:11), 하나님의 '치료'(창 20:17)와 '구원'(시 107:20) 등으로 확대되고 있다. 또한 공동체의 상처를 치유하거나(호 6:1; 사 57:18-19; 렘 6:14), 개인의 고통(렘 17:14; 시 41:4)과 아픔(시 147:3)을 위로하고 회복시키는 경우도 있으며, 더 나아가 단순한 의료의 행위를 넘어(렘 8:22), 용서와 축복(사 53:5), 생명의 주관자와 동등한 치유의 회복과 구원(신 32:29)을 의미하기도 한다.

한글 번역은 영어 역본처럼 대부분 '치료'에 머문다(개역개정, 새번역 등). 하지만 영어 cure가 아니라 heal을 쓴 것은 치료(治療)보다 치유(治癒)로 읽을 것을 암시한다. 전자가 누군가 개입하여 질병의 개선이나 회복을 일으킨다면 후자는 자신이 낫고자 하는 의지와 태도에서 비롯된다(요 5:6). 독일어 heilen은 치유의 의미를 중의적으로 함축한다. 즉 '치유하다, 온전케 하다, 구원하다'를 뜻하는 것처럼 하나님은 온갖 병증의 개선과 치유(heil)를 가리키며 또한 율법과 계명의 순종을 통하여 영적 구원(heil)의 길을 열어 주신다.

하나님이 이스라엘을 치유하기 위한 장치는 25절에 암시되었다. 야웨가 모세에게 한 나무를 '가리키신다'(יָרָה). 이것은 치유의 결정적인 단서다. '야라'는 '가리키다, 제시하다, 감독하다' 등으로 번역되는데 토라(תּוֹרָה)가 여기서 나왔다. 〈Sarna, 84〉 '한 나무'는 곧 토라를 상징한다(잠 3:18). '여호와 라파'는 25절처럼 쓴 물을 바꾸어 마실 수 있게 한다는 하나님의 놀라운 이적과 동시에 세상의 창조주이자 전능자이며 질병을 치유케 하시는 유일하신 분임을 함께 확인한다(신 32:39). 〈Houtman, 309〉

'너의 하나님 야웨'는 계약 조문에 적힌 권위적인 표현이고 '너의 치유자 야웨'는 칭송하는 용법에 해당한다. 〈Durham, 369〉 마라의 쓴 물을 달게 바꾸듯 순종하는 자의 질병을 고치고 마침내 구원의 기쁨을 얻게 하신다. 야웨는 이스라엘의 하나님이자 온전케 하는 구원자로서 그의 백성에게 '야웨의 음성'(קוֹל יְהוָה)으로 답하신다(출 19:19). 법도와 율례 곧 율법 등이다(25-26절). 율법을 순종하고 계명을 따르면 각종 악성 종기, 치질, 옴, 습진, 광기, 실명, 정신병 등으로 고통받지 않을 것이다(신 28:27-28). 치유자이신 하나님 야웨가 함께하신다.

이스라엘이 광야를 통과하는 동안 갈증은 여전히 반복될 터이나 마라의 쓴 경험을 통하여 달콤한 율법을 알게 되었다. 즉 다시 목마르지 않을 샘물이다(요 4:14). '여호와 라파'는 낯설고 두려운 광야에서 마주할 온갖 풍토병과 질병에 취약한 이스라엘에게 사막의 오아시스처럼 안도감을 주는 이름이다. 이스라엘은 하나님과 계약을 아직 맺지 않은 상태에서 치유자 하나님을 먼저 만났다. '여호와 라파'는 구원자 하나님을 찬양하는 이름이다.

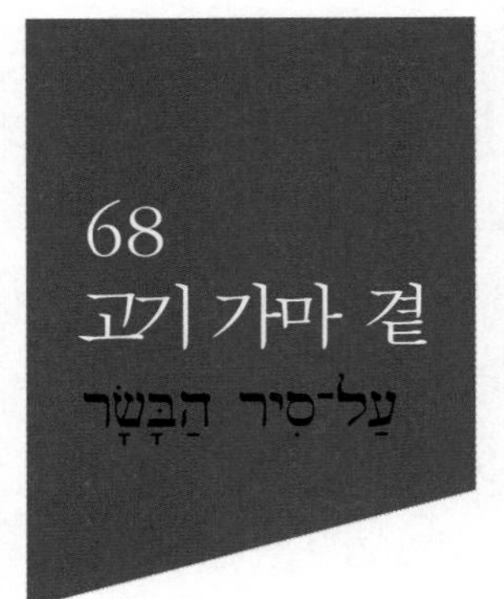

68 고기 가마 곁

עַל־סִיר הַבָּשָׂר

그들에게 이르되 우리가 애굽 땅에서 고기 가마 곁에 앉았던 때와 떡을 배불리 먹던 때에 여호와의 손에 죽었더면 좋았을 것을 너희가 이 광야로 우리를 인도하여 내어 이 온 회중으로 주려 죽게 하는도다(출 16:3).

바로와 옥신각신 힘겨루기 끝에 모세가 이스라엘을 이끌고 광야로 나온 지 45일째. 열두 샘물과 일흔 그루의 종려나무가 있던 오아시스 엘림에서 여독을 푼 후 모세와 이스라엘의 본격적인 광야 행진은 시작된다. 이때 이스라엘 백성은 모세와 아론을 향하여 불만이 터져 나온다. 엘림의 물을 마시고 그늘에서 충분히 휴식한 후라 이번에는 먹거리 타령이다. 비록 노예 신분이었어도 이집트에서는 고기와 떡을 배불리 먹었는데 광야에서 배고파 죽을 지경이라며 원성이다.

광야의 불평은 처음이 아니다. 앞서 사흘 길을 걸어 마라(מָרָה)에 도착했을 때 '쓴 물'(硬水) 때문에 한바탕 소란이 있었다(출 15:23). 뜨거운 사막을 행진하는 중에 갈증을 해소할 물이 없다면 절로 불평할 수밖에 없다. 모세는 지체하지 않고 쓴물을 단물로 바꾸어 흥분을 가라앉힌다. 그러나 신 광야(מִדְבַּר־סִין)에서 이스라엘은 상당히 논리적으로 모세와 아론을 압박하며 자신들의 정당성을 주장한다. "우리가 이집트 땅에서 고기 가마 곁에 앉았던 때와 떡을 배불리 먹을 때 야웨의 손에 죽었다면 좋았을 텐데 너희는 우리를 광야에서 굶어죽게 하는도다"(3절). 마치 경험했던 일을 묘사한 것처럼 해석할 수 있는 대목이다. 해당 구절을 면밀히 검토해야 할 이유다.

이스라엘은 이집트에서 벽돌을 굽고, 성읍을 건축하며, 농사에 투입되는 등 힘든 노동에 시달리던 노예들이었다(출 1:14). 그들이 이집트에서 요리했다는 기록은 없으나 매일 필요한 음식을 만들어 가족이 함께 먹었을 것이다. 먼저 '고기 가마'를 살펴보자. 대체로 '가마'나 '냄비'로 번역된 '시르'(סִיר)는 흙이나 구리로 만든 조리 도구다. 주둥이는 길고 높이는 얇아서 육류나 야채를 쉬이 익힐 수 있게 설계되었다(출 27:3; 38:3; 겔 24:3). 문제는 '고기 가마 곁'(עַל־סִיר הַבָּשָׂר)이 함축하는 정황적인 의미보다 문자적인 뜻으로 받아들이기 쉽다는 점이다. 마치 풍성한 식탁을 연상케 하는 이 구절은 온 가족이 '한 상'에 둘러앉아 함께 식사하고 가장(家長)의 말씀을 듣는 경우를 상정한다. 이른바 '밥상 공동체'(table fellowship)를 가리키는 것이다. 그러니 '고기 가마 곁에 앉아 있던 때'는 육고기(meat)를 배불리 먹고 느꼈을 포만감을 표현한 것이 아니다.

민수기는 이집트에서의 식생활을 생생하게 증언한다. "이집트에서 생선을 공짜로 먹던 것이 기억에 생생한데, 그 밖에도 오이와 수박과 부추와 파와 마늘이 눈에 선한데"(민 11:5, 새번역). 광야에서 만나(מָן) 외에 먹을 것이 없다며 불평하며 내뱉은 말이다. 적어도 육고기가 충분히 허용되지 않았고(출 16:8, 12) 만나가 이집트의 음식보다 못하다는 뜻이다. 히브리들의 주식은 빵(לֶחֶם)이었다(출 34:28; 창 31:54). 그들이 노예로 살았던 고대 이집트의 빵 요리는 예술의 경지에 이르렀으며 미식으로 정평이 나 있었다. 한 연구에 의하면 이집트의 빵은 57가지, 케이크가 38종류가 있었다니 쉬이 상상할 수 없는 지경이다.[62]

다시 '고기 가마 곁에 앉았던 때'로 돌아간다. 이스라엘 백성은 마치 이집트에서 풍족한 식탁을 누린 것처럼 '고기 가마 곁'을 언급하며 불만을 토로한다. 서양에서 '이집트의 고기 가마'는 눈앞의 유익을 위해 자유를 파는 기회주의라는 속담으로 활용된다. 어떤 불평이라도 정당성은 있다. 거기에 과장과 왜곡이 널뛴다는 점을 유의해야 한다. 이스라엘 백성은 마라에서 마실 물이 없다며 투덜거리고(출 15:24), 이집트에 매장지가 없어서 광야에서 죽게 하느냐며 원성을 높이며(출 14:11), '고기 가마 곁'에서 배불리 먹었다며 항변한다(출 16:3). 사람의 기억은 항상 옳지 않다. 자신에게 유리한 대로 인식하기 때문이다. 대부분 과거를 변형하여 현재의 상황이 더 좋지 않다고 시나리오를 쓰는 것이다. 광야의 이스라엘 역시 마찬가지다.

62 Jozef A. Vergote, *Joseph en Égypte* (1959), 258.

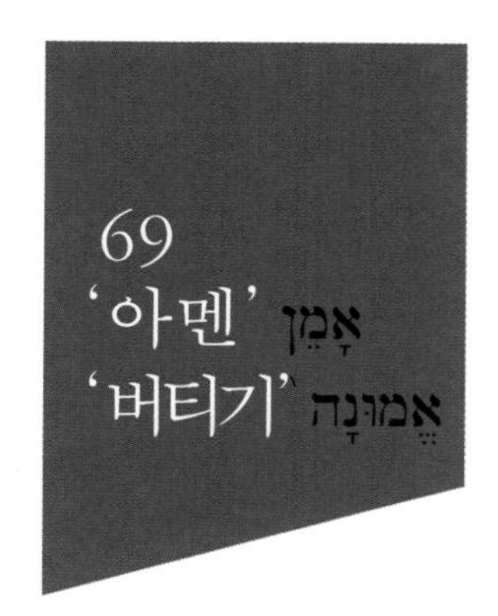

모세의 팔이 피곤하매 그들이 돌을 가져다가 모세의 아래에 놓아 그로 그 위에 앉게 하고 아론과 훌이 하나는 이편에서, 하나는 저편에서 모세의 손을 붙들어 올렸더니 그 손이 해가 지도록 내려오지 아니한지라(출 17:12).

'아멘'은 교회의 용어 중에서 가장 즐겨 쓰는 말이다. 사전적으로 '안전하다, 신실하다, 영양분을 주다' 등을 뜻하는 아람어 '아만'에 뿌리를 두고 있다. 히브리 동사는 '끝까지 버티다, 지지하다, 양자로 기르다'(에 2:7), 수동태가 되면 '견고하다'(사 22:23), '지속적이다'(삼하 7:16), '굳게 서다'(사 7:9) 등 영속적인 면이 강조되고, 사역형에서 '굳건하다'(사 28:16), '믿다, 의지하다'(출 4:1, 31; 사 7:9; 합 1:5; 시 116:10)로 내면화된다. 여기에서 전치사(בְּ)와 함께 쓰이면 '~를 확신하다, 믿다'로 신앙의 대상과 일치하려는 의미를 갖는다(출 19:9; 삼상 27:12; 대하 20:20; 욥 4:18; 렘 12:6). 한편 부사 '아멘'(אָמֵן)은 신명기 27장에 연거푸 12차례 언급된 대로 '진실로 그렇게 되기를'이라는 뜻으로 앞서 선언된 저주에 대한 확인이다. 기도의 말미나 설교 중의 '아멘'이라는 응답도 같은 맥락이다(신 27:15-26; 왕상 1:36; 렘 11:5; 시 41:14; 72:19; 89:53; 106:48; 사 65:16).

'아만'에서 파생된 명사는 네 가지로 정리할 수 있다. 첫째, '아만'(אָמָּן)은 숙련공, 장인(匠人), 예술가 등을 가리킨다(아 7:2). 둘째, '아몬'(אָמוֹן)은 잠언에서 세상의 기초를 놓은 건축가(the Architect), 곧 하나님으로 묘사된다(잠 8:30). 나중에 '아멘'은 하나님의 이름이 된다(계 3:14; 사 65:16). 고유명사로 다윗의 큰아들 '암논'과 므낫세의 아들 '아몬'이 모두 '신실한 자'를 뜻하고, 성가대 '헤만'(הֵימָן)도 같은 뜻이다(대상 6:33). 또 다른 명사 '에메트'(אֱמֶת)는 언제든지 믿을 수 있고 한결같으며 지속 가능한 상태라는 뜻에서 진실, 또는 진리라는 추상적 의미를 확보한다(시 45:5; 슥 8:19). 마지막으로 명사 '에무나'(אֱמוּנָה)는 '흔들리지 않음, 꾸준함, 충실함, 견고함' 등으로 쓰인다. 한글 성서는 '에무나'를 '신실, 진리, 성실' 등으로 옮겨 문맥에 따라 차이를 두었다(신 32:4, 시 37:3, 119:86, 잠 12:17, 사 25:1, 렘 5:1).

하박국에서 '에무나'는 믿음으로 번역된다. "의인은 믿음으로 말미암아 살리라"(합 2:4). 중세 교회 개혁의 구호처럼 활용되었고, 게다가 루터의 번역으로 '에무나'는 대부분 '믿음'(Glaube)으로 이해한 측면이 있다. 그러나 사전적 풀이에 의한 '흔들리지 않고 끝까지 버티다'는 의미를 새겨야 한다. 구약에서 맨 먼저 나온 '에무나'는 출애굽기 17장 12절에서 그 본래적인 뜻을 잘 짚어 낼 수 있다.

그 손이 해가 지도록 내려오지 아니한지라(개역개정)
so that his hands remained steady till sunset(NIV)
해가 질 때까지 그가 팔을 내리지 않았다(새번역)
so his hands were steady until the sun set(NRSV)

〈개역개정〉과 NIV는 마치 자동사처럼 옮겼으나, 〈새번역〉과 NRSV의 번역이 더 원문에 가깝다. "그의 두 손의 **버티기가** 해가 질 때까지 **지속되었다**"(사역). 익숙한 '믿음'에 비하면 느낌이 다르지만 '버티기'는 모세가 어떠한 한계 상황에서도 끝까지 포기하지 않는 상황이다. 모세가 이를 악물며 포기하지 않고 두 손을 버티자 이스라엘이 아말렉과 전쟁에서 승리하였다.

우리는 보통 "사람이 마음으로 믿어 의에 이르고 입으로 시인하여 구원에 이르느니라"(롬 10:10)는 바울의 가르침 때문에 '믿음'을 가치 판단의 척도나 신앙고백의 수단으로 생각하기도 한다. 심지어 구원받은 날짜까지 알고 있어야 '믿음이 있다'고 간주하는 극단주의자들도 있다. 구약의 믿음, '에무나'는 극성스럽게 신앙생활을 하다가 제풀에 넘어지는 것이 아니다. 믿음이란 양보할 수 없는 소신 이전에 어떤 경우에도 굴하지 않으며 끝까지 버티고 마지막 순간까지 견디는 신념과 의지다. 마가도 마지막 때의 박해와 시험을 끝까지 버티라며 다음과 같이 권고한다. "나중까지 견디는 자는 구원을 얻으리라"(막 13:13).

이사야는 급기야 메시야의 통치를 '에무나'라고 선포한다(사 33:6). 예언자는 하나님이 주시는 '시대의 평안(에무나)'이 정의와 공의 그리고 하나님 경외가 마지막 순간까지 방해받지 않고 꾸준히 실현되는 것이라고 본 것이다.

70 천부장 백부장 십부장

너는 또 온 백성 가운데서 능력 있는 사람들 곧 하나님을 두려워하며 진실하며 불의한 이익을 미워하는 자를 살펴서 백성 위에 세워 천부장과 백부장과 오십부장과 십부장을 삼아(출 18:21).

모세는 아내와 두 아들을 장인의 그늘에 맡겨두고 이집트로 떠났다. 이드로는 사위 모세와 이스라엘의 근황이 몹시 궁금했을 것이다. 이집트 국경에서 벌어진 이스라엘의 탈출 사건과 야웨 하나님의 하신 일이 미디안 제사장에게도 풍문으로 전해졌다(출 18:1). 가까스로 이드로는 딸 십보라와 두 손자 게르솜과 엘리에셀을 데리고 모세의 장막을 찾았다. 서로 문안하고 그동안 이집트에서 겪은 과정과 기적적인 사건을 나누었다. 그러자 이드로는 야웨를 찬양하고 모든 신보다 뛰어난 분이라고 고백한다(출 18:10-11).

이렇듯 화목한 분위기는 지속되지 못하고 모세의 바쁜 일정 때문에 중단된다. 즉 모세는 다음 날 아침부터 저녁까지 백성의 재판 때문에 꼼짝하지 못하고 그 자리를 지켜야 했다. 모세 혼자 모든 일을 도맡아 처결하는 것이 제사장 이드로의 눈에 잡혔다. 아론의 협력은 바로를 설득하는 데 일조했지만 광야 생활에서 발생하는 여러 가지 송사에 모세를 도와줄 사람은 없었던 것이다. 백성들은 기다리느라 지치고 모세 한 사람이 모든 일을 관여한다면 오래갈 수도 없거니와 마침내는 기력이 쇠할 수밖에 없다.

이때 원로의 경험과 지혜와 경륜이 필요하다. 이드로는 "르우엘, 이드로, 호밥"에서 논의한 대로 '대감' 또는 '폐하'를 의미하듯 자문이나 법적 상담을 할 수 있는 지식과 경험을 두루 갖춘 인물이다. 그가 모세의 하루 일과를 살펴본 후 대뜸 "자네가 그렇게 하는 것은 좋지 않다"고 평가한다(17절). 만기친람(萬機親覽)이란 말이 있듯 혼자 송사를 도맡는다면 효율적이지도 않을 뿐 아니라 한 사람이 막중한 책임을 지는 상황이다. 이드로는 모세에게 다음과 같이 이른다. "하나님을 두려워하고 진실하며 불의를 미워하는 사람을 세워 '율례와 법도'를 가르치고 천부장, 백부장, 오십부장, 십부장을 세워 그들이 재판하게 하라. 그러면 큰 사건은 모세가 맡고 작은 일은 그들이 나눠 가지면 자네의 업무가 가벼워지리라"(20-21절).

여기에 '천부장, 백부장, 오십부장, 십부장'이 처음 나온다. 이 직책들은 금세 알 수 있듯 글자 그대로 천 명, 백 명, 또는 열 명의 군사를 통솔하는 군사 용어다. 송사를 다루던 상황에서 군대 지휘관을 암시하는 조직은 맥락에 썩 들어맞는다고 보기는 어렵다. 그러나 책임을 나눠 가지는 경우 일의 효율을 높일 수 있다는 원리를 사막의 원로에게서 확인한다. 〈Eli Gottlieb, "Mosaic Leadership: Charisma and Bureaucracy in Exodus 18," *Journal of Management Development* 31.9 (2012), 974-983〉 모세의 짐을 '가볍게 한다'는 22절의 히브리어 '칼랄'(קלל)의 사역형으로 '빛을 비추다, 밝게 하다'는 뜻이다. 그러니 체력적 부담이 적어 가뿐하다는 의미보다는 불현듯 '깨우치다'는 뜻으로 읽어야 한다.

모세는 자신의 권한을 부분적으로 내려놓는다. 자신의 임무를 누군가에게 맡기려면 신뢰할 수 있어야 한다. 이드로는 교육과 제도를 통한 신뢰구축 프로그램을 제안한 것이다. 이 대목에서 이드로의 충고가 빛나는 이유는 두 가지다. 하나는 민주적인 사법체계를 갖추었다는 점과, 다른 하나는 지휘체계의 효율성을 높였다는 점이다. 나중에 여호수아(수 22:14), 사울(삼상 18:13), 다윗(삼하 18:1), 여호사밧 등이 천부장과 백부장 등을 세워 자신의 지휘관으로 삼는다.

이스라엘이 이집트에서 나올 때는 모세를 정점으로 일사분란하게 움직여야만 탈출이 가능한 상황이었다면 광야 유랑 시절은 모세 한 사람이 더 이상 백성들의 모든 것을 관리할 수 없는 상황이었다. 그럼에도 이드로의 눈에는 모세가 여전히 출애굽을 이끌던 지도자로 백성들의 송사와 요구 앞에 일일이 대응하는 미분화된 방식을 취하고 있었다. 이 점에서 이드로의 조언과 모세의 수용이 보여준 의의는 크다. 즉 합리적인 방식으로 이스라엘을 조직하여 체계적으로 교육하고 다스릴 수 있는 기틀을 다진 것이다.

모세에게 이드로는 혈통으로 장인이고 신앙적으로 이방인이다. 한 부족의 제사장이자 원로의 권고를 수용함으로써 모세는 '까마귀 집단 같은' 이스라엘을 광야에서 어떻게 이끌 것인지 해답을 찾은 것이다. 천부장, 백부장, 오십부장, 십부장을 세운다는 것은 모세의 절대적 권력을 내려놓는다는 것이고, 그렇게 분담한다면 모세의 책임이 훨씬 가벼워진다는 사실 앞에 모세는 화들짝 놀란 듯 깨우치고 있다.

3장

할라카(הֲלָכָה) : 새 삶의 원칙

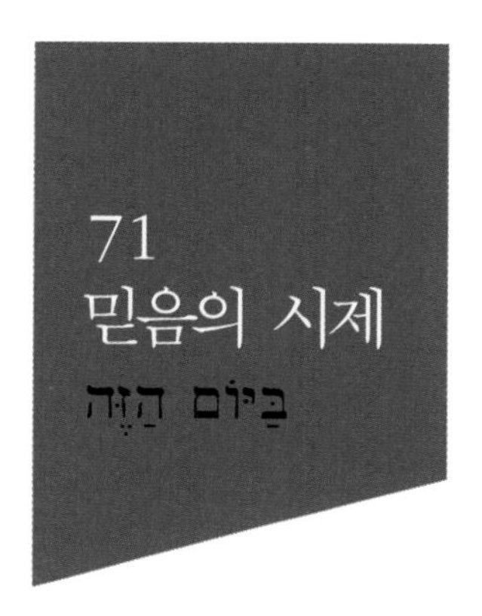

이스라엘 자손이 애굽 땅에서 나올 때부터 제 삼월 곧 그 때에 그들이 시내 광야에 이르니라(출 19:1).

이스라엘은 드디어 바로의 추격을 완전히 벗어나 시내 광야에 당도한다. 출애굽기 19-24장은 하나님과 이스라엘이 계약이라는 새로운 관계를 형성한다는 점에서 그리고 오경의 핵심을 집약한 계시의 말씀을 수여하는 장면을 포함하고 있다는 점에서 가장 중요한 본문에 속한다. 그런데 도입부에서 시내 광야에 이른 시점이 눈에 들어온다. "이스라엘 자손이 애굽 땅을 떠난 지 삼 개월이 되던 이날(בַּיּוֹם הַזֶּה) 그들이 시내 광야에 이르니라"(출 19:1).

이미 지난 사건이니 과거형 표현이 논리적이며 자연스럽다. 문제는 '삼 개월이 되던 날'의 히브리어 본문이다. 사실 위의 인용 본문은 시내산 계시와 관련하여 많은 주석가들을 난처하게 만든다. 왜냐하면 '삼 개월이 되던 날'이라는 시간 부사절의 히브리어는 분명히 '이날'(on this day)로 기록되었기 때문이다. 시내 광야에 나온 지 셋째 달은 '그날'(on that day)은 정확한 번역과 표기로 볼 수 없다. 〈개역한글〉은 '그때', 〈개역개정〉은 '삼 개월이 되던 날', 〈새번역〉과 〈공동번역〉은 '바로 그날'로, NJPS와

NRSV는 'on that very day,' GNB은 'on that day,' NIV는 'on the very day'로 각각 옮겨서 약간의 차이를 보이지만 과거의 시점에 초점을 둔다는 공통점이 있다. 대부분 번역이 거의 일치한다고 해서 옳은 번역이랄 수는 없다.

구약에서 '그날'로 번역할 수 있는 표현은 따로 있다. 즉 출애굽기 5장 6절 '그날에'(בַּיּוֹם הַהוּא)는 지시 형용사(that)를 활용한 방법으로 오경은 물론 구약 전반에 빈번하게 나온다(창 26:32; 33:16; 48:20; 출 13:8; 14:30; 32:28; 레 22:30; 민 6:11; 9:6; 32:10; 신 21:23; 31:17-18, 22). 특히 예언서에서 심판의 날은 '그날'(바욤 하후)이다(사 22:25; 28:5; 렘 25:33; 49:26; 겔 24:27; 호 1:5; 암 8:3).

따라서 본문의 '이날', 'on this day'(바욤 하제)는 얼핏 보기에 문법적으로 오류처럼 보인다. 심지어 유대교의 해설 미드라시조차 '그날'로 주석하고 있으며 위에서 확인한 대로 대부분 번역도 과거에 무게를 두고 있다. 〈Sarna, *Exodus*, 103〉 그러나 본문이 '그날'이 아니라 '이날'로 표기한 것은 시내산 계시의 비제한성에 있다. 즉 계시가 특정한 시간에 일어난 일이지만 과거의 시점으로 국한시킬 수 없다는 점을 밝히려는 것이다. 제이콥 뉴스너(Jacob Neusner)는 토라의 현재성을 강조하며 다음과 같이 주장한다.

> 토라의 언어는 '준다, 지금, 여기, 오늘, 오늘 아침, 우리에게, 나에게 등'처럼 항상 현재형이다. 계시가 매일 지금 여기에 있는 것이라면 역사적인 시간의 문제가 아니다. [그럼으로써] 토라를 낭독하는 상황이 어떻게 다르든지 계시는 항상 영원하고 항상 똑같다.[1]

---

1 Andrew M. Greeley and Jacob Neusner, *The Bible and Us: A Priest and a Rabbi Read*

즉 토라, 하나님의 말씀이 계시될 때는 언제든 상관없이 바로 '오늘' 나에게 주어진 것이며 현재적인 사실임을 강조하는 것이다. 따라서 일회적인 시내산 계시는 현실 생활에서 반복될 수 있으며 토라가 주어진 '오늘'을 경험할 수 있게 된다. 이와 관련하여 간혹 '~기도드렸습니다'라고 과거형으로 간구하는 경우가 있다. '처음과 마지막'이며(사 44:1), '이제도 있고 전에도 있었고 장차 올 자요 전능한'(계 1:8) 하나님을 과거에 속한 분으로 제한하는 불경한 언사다.

믿음 생활이란 과거에 일어난 계시의 사건을 현실에서 확인하고 자신의 삶에 반복적으로 내면화하는 과정이다. 여기에 계명의 주기적인 반복과 매일의 실천이 강조되는 측면이 있다. 계시의 순간은 짧고 간헐적이며 일시적이기 때문에 규칙적이며 반복적인 기억과 일정한 의식(ritual)을 통하여 믿음을 지켜야 한다는 교훈이다. 출애굽기 19장 1절은 모세와 이스라엘에게 주어진 시내산 계시를 과거의 사건으로 묻어 두지 않고 반복해서 되새기려는 방안을 제시하는 셈이다.

이스라엘 자손이 애굽 땅에서 나올 때부터 제 삼월 곧 '이날에'(בַּיּוֹם הַזֶּה) 그들이 시내 광야에 이르니라(출 19:1).

따라서 믿음의 시제는 항상 지금이며 현재형이다. 심지어 몇천 년 전에 있었던 출애굽과 부활을 '지금' 경험하며 '오늘' 접속할 수 있는 것도 같은 이유다. 하나님이 항상 함께하시기에 누릴 수 있는 특권이다(출 3:12).

Scripture Together (New York: Warner Books, 1990), 8.

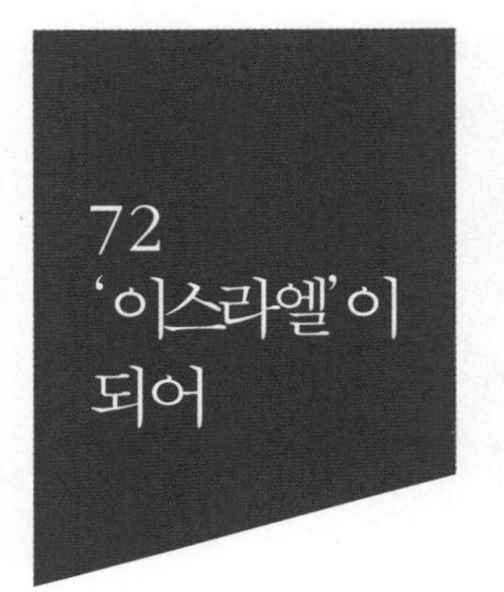

그들이 르비딤을 떠나 시내 광야에 이르러 그 광야에 장막을 치되 이스라엘이 거기 산 앞에 장막을 치니라(출 19:2).

출애굽기 19-24장은 십계명을 비롯한 계약법을 포함하고 있다. 앞 단원 1-18장의 이집트 탈출과 뒤따르는 단락 25-40장의 성막 건축을 통한 규칙적인 예배의식의 제정을 앞뒤로 연결하는 고리 형식을 취한 것이다. 그렇다면 그 둘 가운데 놓인 이 문단의 신학적 의미가 궁금해진다. 출애굽기 19-24장의 주제는 시내산 현현과 계시이다. 대부분 출애굽기 전체의 구성과 신학적 중요성을 강조한 나머지 이 단락의 1-2절을 단순히 도입부로만 여기고 여기에 포함된 요점을 놓치고 있는 상황이다.

저자가 1절에서 '이날'을 강조하여 계시의 현재성을 강조한다면 2절에서는 이스라엘의 내적 단합과 하나로 일치된 모습에 초점을 맞추고 있다. 알려진 대로 출애굽기 19-24장은 하나님과 이스라엘의 언약을 맺는 상황과 내용을 전한다. 특히 19장 1-2절은 그간의 출애굽 경과를 매우 짧게 묘사하지만 출애굽기 19-24장의 계명과 계시에 결코 가려지지 않는 중요 사항을 다루고 있다. 이미 1절에서 계시의 순간을 현재로 명시하였듯 2절에는 또 다른 요소를 배치한다. 즉 1-2절의 흐름은 계속되기 때문에 연결해서 살펴보면 1절에서 '이스라엘 자손'(בְּנֵי־יִשְׂרָאֵל)은 복수 형태로 언급되고 2절에서도 계속 주어로 사용된다. 그러나 2절 마지막 문장 "시내산 거기 산 앞에 천막을 쳤다"에서는 주어가 갑자기 단수 '이스라엘'(יִשְׂרָאֵל)로 바뀐 것이다.

〈미드라시〉는 두 구절에서 주어가 3인칭 복수 '이스라엘 자손들'로 쓰이다가 마지막에서 단수 '이스라엘'로 변화된 것을 주목한다. 〈Plaut, 528〉 '이스라엘 자손'은 이집트를 떠날 때(לָצֵאת), 시내 광야에 당도했을 때(בָּאוּ), 다시 르비딤을 떠날 때(וַיִּסְעוּ), 시내 광야에 이르렀을 때(וַיָּבֹאוּ), 장막을 칠 때까지(וַיַּחֲנוּ) 줄곧 주어가 동일하게 남성 복수형으로 쓰인다. 그러나 하나님의 산 '거기'(שָׁם)에 장막을 칠 때(וַיִּחַן) 주어는 단수 '이스라엘'로 표기된 것이다. 한글처럼 단수와 복수의 개념이나 용례가 뚜렷하지 않은 경우 좀처럼 파악하기 어려운 대목이다. 과연 '이스라엘 자손들'에서 '이스라엘'로 바뀐 이유는 무엇일까?

랍비들의 해석은 이렇듯 눈에 확 띄지 않지만 미세한 차이를 명확히 읽어 내는 데서 빛난다. 세 가지 견해로 압축된다. ① 수많은 잡족들이 계시 앞에서 각각 분리되었다(나흐마니데스), ② 이스라엘의 장로들을 가리킨다(이븐 에즈라), ③ 이스라엘 백성의 혼연일체(渾然一體)를 의미한다(라시). 〈Cohen, 452〉 ①은 이스라엘의 순수성을 강조하지만 출애굽 공동체의 결속을 놓치고, ②는 하나님과 모세 사이의 중간 대표들을 드러내는 설명이나 '장로들'을 위한 독립된 천막의 설치로 보기에는 미흡하다. 라시는 이스라엘의 모든 백성이 한마음 한뜻(complete unanimity of the whole people)이 된 상태라고 ③의 입장을 견지한다. 이집트 제국의 학대를 견디지 못해 탈출을 감행한 '이스라엘 자손'은 태생적으로 일사분란한 지휘계통으로 통제될 수 없었다. 그들의 인적 구성이 '수많은 잡족'이 아니던가?(출 12:38) 자유에 대한 갈망으로 제국의 영토를 벗어났지만 막상 그들의 여정은 녹록지 않았다. 더구나 오랜 압제로 인한 자유에 대한 동경이 큰 만큼 모세의 지도력에 순순히 응하기 어려웠다. 뛰어난 통솔력과 내부적인 연대감 없이 그들의 목적지까지 도착할 수 있을지 장담할 수 없었다.

이렇듯 결코 낙관할 수 없는 여정이었지만 상호신뢰와 결속력이 자라나기 시작한다. 바로의 장자가 죽은 후(출 12:29) 이스라엘 자손은 부푼 희망으로 라암셋을 떠났다(37절). 구름기둥과 불기둥을 따라 광야로 나아가던 중 그들은 바로에게 쫓기고 홍해를 건너며(14:22) 모세를 믿고 따르기 시작한다. 마라에서는 마실 물이 없다고 불평하고(15:23), 신 광야에서 굶어 죽게 되었다고 원망할 때(17:18) 단물과 만나와 메추라기로 채우는 동안 하나님에 대한 의지와 내적인 공동체 의식을 다지는 계기가 되었다(16:16). 한편 르비딤에서 아말렉과 전투는 외적으로 이스라엘을 한층 더 결속시켜 주었다. 여기에 미디안 사제 이드로의 조언은(18:25) 이스라엘의 지휘체계를 강화시켰을 뿐 아니라 촘촘한 유대감을 갖는 하나의 공동체로 만들었다. '르비딤에서 시내 광야에 이르는' 동안 '이스라엘 자손'에서 '이스라엘'로 새롭게 태어난 것이다.

그렇다. 이집트 탈출 이후 이스라엘 자손들은 좌충우돌 부딪히고 원망하던 '수많은 잡족'의 무리에 지나지 않았다. 그러나 이집트를 떠난 지 삼 개월이 된 지금(בַּיּוֹם הַזֶּה) '이스라엘'이 되었다. 사분오열 제각각이던 출애굽 무리가 점차 하나의 이스라엘, 오합지졸 이스라엘 백성이 마침내 한마음 한뜻, 단수로 표기된 '이스라엘'로 거듭난다. 이집트를 떠난 석 달 동안 이스라엘은 '한 이스라엘'이 되어 하나님의 산 앞에 장막을 친 것이다. 이제야 비로소 이스라엘은 하나님의 계시를 마주할 수 있게 되었다. 이 순간을 기다리시던 하나님은 모세를 통하여 이스라엘에게 토라를 계시하신다. "나는 너(단수)를 이집트 땅 종이던 집에서 인도해 낸 네(단수) 하나님 야웨라"(출 20:2). 이스라엘과 하나님은 지금(בַּיּוֹם הַזֶּה) 계시를 통하여 온전한 하나가 된다. 2절에서 확인한 인칭의 변화는 결코 가벼이 넘길 수 없는 차이이다.

73
야곱의 집 이스라엘 자손
בֵּית יַעֲקֹב בְּנֵי יִשְׂרָאֵל

모세가 하나님 앞에 올라가니 여호와께서 산에서 그를 불러 가라사대 너는 이같이 야곱 족속에게 이르고 이스라엘 자손에게 고하라(출 19:3).

이집트를 떠나고 석 달이 되어 이스라엘 백성은 출애굽의 일차 목표인 시내 광야의 산(הָהָר)에 도착한다. 그때 하나님은 모세를 통하여 '야곱의 집과 이스라엘 자손들'에게 말씀하신다. 그 내용은 다음 장의 십계명이다(출 20:2-17). 위 3절에서 '야곱의 집'과 '이스라엘 자손'은 동어반복을 피한 이중 강조다. '야곱'과 '이스라엘'은 잘 알려진 대로 두 이름이나 동일한 인물이고(창 32:28), '집'과 '자손'은 부분으로 전체를 가리키는 제유법에 해당한다. 이 구절은 한 집단을 연거푸 언급하며 의미를 증폭시키는 효과를 의도한 것이다.

유대교 랍비들은 모세가 십계명(עֲשֶׂרֶת הַדְּבָרִים)을 선포할 때 처음에는 부드럽게 그러나 나중에는 강한 어조로 말하였다고 설명한다.〈Plaut, 522〉 왜냐하면 앞의 대상은 야곱의 '딸들'이고 나중은 이스라엘의 '아들들'이었기 때문이라는 것이다. 과연 이 짧은 구문에 그토록 민감한 차이가 있을까? 어떻게 그들은 '야곱의 집과 이스라엘의 자손'에서 여성과 남성의 청중을 구분한 것인지 궁금하다.

히브리어 두 번째 알파벳 '베트'(ב)는 이스라엘 지역의 가옥(בַּיִת) 형태와 연관이 있다. 보통 주택의 외관을 단순화시키면서 발음[b]을 따고 본래 의미를 형상화하였다. 자연히 이 글자에는 당시 유목민적인 삶의 단면이 들어 있다. 즉 남성들은 사냥과 목축을 위해 집을 떠나고 여성들은 일정한 집에 머물며 자녀를 돌보았다. 따라서 여성들이 주로 집에 있었기 때문에 집과 여성이 중첩되는 개념을 포착한 것이다. 한국의 '집사람'도 같은 맥락이다. 히브리어 '집'과 '여성'은 직접적이다. 곧 '딸'(בַּת)과 '집'(בַּיִת)의 용례를 보자. 히브리어 명사는 절대형과 소유격에 해당하는 연계형 사이에 보통 약간의 변화가 생긴다. 특히 '집'(바이트)의 경우 복수형 '바팀'(בָּתִּים)은 연계형에서 '바테'(בָּתֵּי: 나의 집들)가 되어 흡사 '비티'(בִּתִּי: 나의 딸)처럼 들린다. 이렇듯 바트와 베이트는 용례에 따라 서로 호환적이어서 같은 뿌리에서 비롯된 것으로 간주한다. 두 낱말은 실제 교차적으로 쓰인다.

해당 문장은 '야곱의 딸 이스라엘의 아들'로 읽어야 논리적인 대구(對句)가 되며 전체를 아우르는 의미가 살아난다. 유대 랍비들은 이 점을 간파하고 야곱의 딸들은 부드럽고 여성적인 어조로 읽고 이스라엘의 아들들은 크고 우렁찬 남성적 음성으로 읽는다! 그러므로 야곱의 딸은 율법의 최초 교사가 된다. "여성을 가르친다는 것은 가정 모두를 교육하는 것과 같다." "이스라엘 어머니는 자녀를 교육시킨다. 그렇지 않다면 학교에 보낼 것이다." 유대교 격언이다. 모세가 이스라엘 백성 앞에서 계명의 말씀을 선포할 때 여성을 먼저 언급한 이유는 분명하다. 왜냐하면 여성이야말로 계명을 준수하게 하는 촉진자(prompter)이며 자녀 교육의 실행자이기 때문이다.〈*Exodus Rabba* 28:2〉 유대의 정체성을 모성에 두는 이유가 여기에 있다.

그렇다면 야곱은 누구이며 이스라엘은 또한 누구란 말일까? 야곱과 이스라엘은 반복을 피한 중언법(hendiadys)에 해당하지만 의미상의 구별은 확연하다. 전자가 혈족으로 이어진 야곱 가문의 혈연 공동체라면 후자는 시내산에서 야웨와 맺은 계약 공동체이며 믿음의 자손들이다. 그들은 혈연 공동체에서 출발했으나 핏줄에 얽매이지 않고 야웨 중심의 믿음을 함께 나누는 무리들이다. 나아가 야곱의 '딸'과 이스라엘의 '아들'은 메리즘(merism)으로 모든 이스라엘(כָּל־יִשְׂרָאֵל)을 가리키며 야웨 신앙으로 하나가 된 공동체다.

이제 출애굽기 19장 1-2절에 사용된 동사의 인칭 변화를 놓치면 안 된다. 왜냐하면 이스라엘이 이집트를 떠나 시내 광야에 '이르고', 르비딤을 '떠나' 시내 광야에 '이르다'는 모두 3인칭 복수형으로 묘사되다가 '장막을 치다'는 단수형이기 때문이다. 즉 이스라엘이 복수 '그들'로 나오다가 그 산에서 하나님의 계명을 듣기 바로 직전에는 '이스라엘' 단수로 의인화된다. 오합지졸이던 이스라엘이 그제야 하나가 된 것이다. 한마음과 한뜻으로 하나님 앞에 서 있게 되었다. 그때 비로소 하나님은 율법을 **야곱의 딸**과 **이스라엘 자손**에게 선포하신다. "나는 너(단수)를 이집트 땅 종이던 집에서 인도해 낸 네(단수) 하나님 야웨라"(출 20:2).

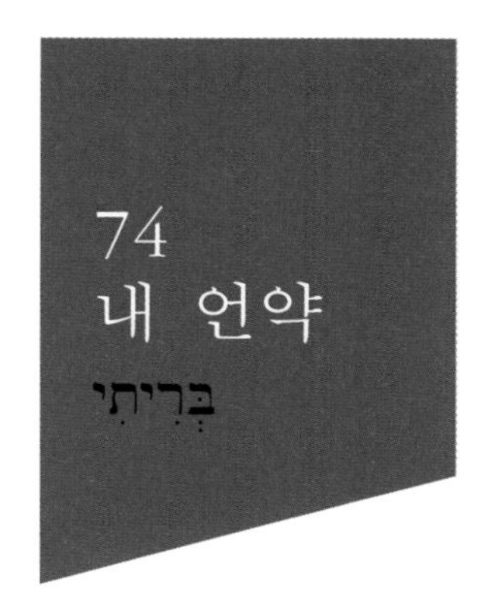

세계가 다 내게 속하였나니 너희가 내 말을 잘 듣고 내 언약을 지키면 너희는 열국 중에서 내 소유가 되겠고(출 19:5).

이집트를 떠나고 삼 개월이 되던 '이날'(בַּיּוֹם הַזֶּה) 이스라엘은 시내 광야에 도착한다. 이 대목의 현재형은 표기는 어딘지 어설프다. 지난 시점을 기술할 때 '그날'(בַּיּוֹם הַהוּא)이라는 과거(on that day)가 자연스러운데 현재형 '이날'(on this day)로 나오기 때문이다. 하나님과 이스라엘이 맺은 시내산 계약의 현재적 의미와 그 중요성을 강조하는 수사법으로 읽어야 한다.

출애굽기 19-24장은 신학적으로 큰 주제 곧 십계명(출 20:1-19)과 계약법(출 20:20-23:33)을 담고 있지만 전체적으로 언약의 체결 과정을 긴 호흡으로 묘사한다. 모세는 하나님의 산에 세 차례 오르면서(עָלָה) 하나님과 이스라엘 사이를 중재한다(출 19:3; 24:1, 12). 먼저 하나님은 모세에게 언약의 근거를 밝히고(4절) 방향과 목표를 제시한다(5-6절). 이에 이스라엘 백성은 언약의 내용을 확인하고 한 목소리로 화답한다. 마지막으로 피의 의식을 거행하고 '언약서'를 백성들 앞에서 낭독한다.

그때 이스라엘은 "야웨의 모든 말씀과 율례를 준행하겠다"고 세 번째 외친다(출 19:8; 24:3,7).

위 단원에서 '내 언약', '언약서', '언약의 피'로 세 차례 나오는 언약은 히브리어 베리트(בְּרִית)의 번역이다. 어원적으로 보면 '먹다'와 '묶다'와 관련이 있다. '먹다'는 앗시리아어 '바루'(barú)와 히브리어 '바라'(בָּרָה, 삼하 12:17; 13:6), '묶다'는 아카드어 '비리투'(birítu)에 뿌리를 둔 족쇄, 또는 쇠고랑 등을 가리킨다. 둘 다 언약, 또는 계약을 이해하는 데 중요한 사항이다. 즉 후자는 계약의 양측 당사자를 결속한다는 점에서, 전자는 계약 체결을 최종적으로 확인하는 식사라는 점이 계약의 핵심이기도 하다.

동양에는 회맹(會盟) 또는 맹약(盟約)이라 부르는 동맹 의식이 알려져 있다. 회(會)는 만나는 시간과 장소를 가리키며, 맹(盟)은 소의 왼쪽 귀를 잘라 그 피로 서약을 기록하고 남은 피를 마심으로써 결의를 다진다. 주로 제후가 자신의 영주들을 불러 서로 서약과 충성을 확인할 때 행하던 의식이다. 반드시 하늘과 땅, 산과 강의 신들을 증인으로 세운다. 회맹은 희생제물과 예물을 북쪽 땅에 묻고 끝까지 지킬 것을 다짐하면 종결된다. 나관중의 소설 『삼국지』의 도원결의(桃園結義)는 일종의 회맹이다.

구약성서에서 언약 체결은 '계약을 자르다'(כָּרַת בְּרִית)라고 표기된다. 여기서 '자르다'가 어색하게 들리지만 계약식사(covenant meal)에서 유래된 점을 상기하면 자연스럽다. 계약의 절차에 따라 최종 결의에 도달하면 성대한 축하 잔치가 벌어진다. 이때 음식을 칼로 자르는 마지막 의례가 계약의 절정을 이룬다. 출애굽기 24장은 이 장면을 상징적으로 묘사한다. "언약의 피를 백성에게 뿌린 후 모세와 장로 칠십 인은 시내산에 올라 하나님을 뵙고 '먹고 마셨더라'(וַיֹּאכְלוּ וַיִּשְׁתּוּ)"(출 24:11). 이스라엘 백성은 하나님 앞에 있다가 죽을 수도 있다(출 19:21-22; 33:20). 그러나 하나님과 언약을 맺는 당사자는 그분과 함께 먹고 마시는 특권이 주어진다(창 31:54). '먹고 마시다'의 두 동사는 언약의 마지막 장면 곧 식탁의 화기애애한 장면을 떠올리게 한다.

구약의 '베리트'와 동양의 회맹은 몇 가지 점에서 공통적이다. 언약이 구두로 성사되지 않고 비장한 의례로 진행되었다는 점과, 언약의 성사된 후 함께 식사와 잔을 나누었으며, 그렇기에 피로 맹약하듯 단단한 결속력이 요구된다는 점 등이다. 하나님은 이스라엘과 언약을 맺으면서 "내 언약(בְּרִיתִי)을 지키면 너희는 내 소유(סְגֻלָּה)가 되리라"고 선언한다. 이것은 계약의 주도권이 누구에게 있는지, 동시에 계약의 파트너 이스라엘이 어떠한 존재인지 잘 보여준다.

75
제사장 나라
מַמְלֶכֶת כֹּהֲנִים

세계가 다 내게 속하였나니 너희가 내 말을 잘 듣고 내 언약을 지키면 너희는 열국 중에서 내 소유가 되겠고 너희가 내게 대하여 제사장 나라가 되며 거룩한 백성이 되리라 너는 이 말을 이스라엘 자손에게 고할찌니라 (출 19:5-6).

축복에 관한 성구 가운데 곧잘 활용되는 본문의 하나다. "세계가 다 내게 속하였나니 너희가 다 내 말을 잘 듣고 내 언약을 지키면 모든 민족 중에서 내 소유가 되겠고 너희가 **제사장 나라**가 되며 거룩한 백성이 되리라." 지금까지 '제사장 나라'는 ① 하나님께 봉헌된 나라, ② 이방의 중보자로서 이스라엘, ③ 제사장이 다스리는 왕국, ④ 제사장 같은 왕 등으로 해석되었다. 이 가운데 중보자로서 의미가 강력하게 지지를 받아 왔다. 그것은 이방에 대한 중보자가 신약성서의 내용, '왕 같은 제사장'(벧전 2:9)과 잘 연결된다고 간주되었기 때문이다. 〈고원, 365〉

초기 번역 성서 역시 이 구문의 정확한 의미를 찾기 위해 고심한 흔적이 보인다. 〈70인역〉은 '왕 같은 제사장'(royal priesthood), 〈불가타〉는 '사제적 통치'(regnum sacerdotale), 〈페쉬타〉는 요한계시록처럼 '나라와 제사장'(계 1:6; 5:10) 등으로 미세한 차이가 있다. 〈70인역〉이 본문의 내용에 비교적 근접한 것으로 보이나 해석의 여지는 남는다. 그렇다면 모세가 말한 '제사장 나라'는 어떻게 가능할까? 고대 이스라엘에서 제사장은 아론과 그의 후손에게만 주어진 직위였다. 사제 계급의 외면적 특징은 예배를 통한 하나님과 사람 사이의 중재에 있다. 그러나 본문은 사제의 본원적인 임무와 역할 이전의 단계에 초점을 둔 것으로 보인다. 즉 '제사장 나라'에 대한 사전적 의미와 이해는 고대 사회에서 사제들이 신탁을 받고 전달하는 과정에서 필연적으로 일어난 기록과 해독에 기초하고 있다는 것이다. 고대 사회에서 글자는 신성한 것으로 인간의 소관 사항이 아니었다. 글자는 하나님의 말씀이나 세상의 섭리를 알리는 도구, 곧 신적 영역에 속한 것으로 간주되었다(출 32:16; 신 9:10; 민 5:23; 사 29:11; 단 5:25).

고대 이집트 문자를 히에로글리프(hieroglyph)라고 부른다. 두 낱말로 이뤄져 '신의(hieros) 문자(glyphs)', 또는 '신비로운 그림'이란 뜻이다. 즉 상형문자는 비밀스런 기호와 상징적인 글자 등이 포함된다. 따라서 문자를 쓰고 읽는 사람은 선택된 극소수에 지나지 않았다. 더구나 복잡한 상형문자의 습득과 더불어 기록은 뛰어난 기억력을 요구하였기 때문에 특수한 영역, 소수의 인원으로 제한될 수밖에 없었다. 여기에 근접한 부류는 사제들이었다. 신탁을 받고 해독하여 전하는 중재자로서 기록은 필연적으로 뒤따랐다. 이런 점에서 상형문자는 '사제의 문자'였던 것이다.

흥미롭게도 성직자를 뜻하는 영어 clergy는 '서기, 사무원'에서 비롯되었다. 이것은 중세 유럽의 종교 문화적 현상이 내포된 개념이다. 당시 성직자들은 읽고 쓰는 일과 교육에 거의 독점적 권리를 누리고 있었다. 모세는 이스라엘이 제사장 나라가 되기 위해서 "너희가 내 말을 잘 듣고 내 언약을 지키면"이라는 조건을 제시한다. 히브리어는 상형문자가 아니라 22개의 글자로 이뤄진 알파벳이다. 하나님의 말씀과 계약을 잘 이해하고 준행하려면 문맹이 아니라 '글을 읽고 풀이할 수 있어야'

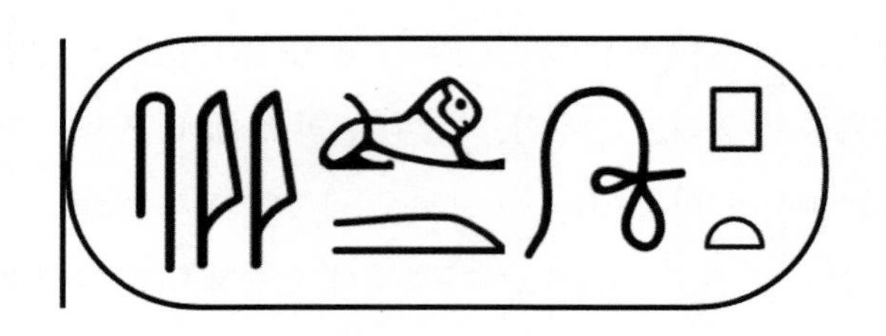

샹폴리온이 로제타스톤에서 읽은 프톨레마이오스.
1799년 발굴되어 이집트 상형문자를 해독하는 데 결정적인 계기가 되었다.

한다. 따라서 제사장 나라는 문해력과 긴밀한 관련이 있다. 고대 사회에서 글은 특정 계급의 소수에게만 독점되었다는 점을 상기한다면 '제사장 나라'는 모든 사람이 글을 배우고 지식을 쌓을 수 있는 공동체를 가리킨다(삿 8:14를 보라). 이제 '제사장 나라'는 하나님의 말씀을 읽고 인식할 수 있는 '보편적인 문해력'(universal literacy)으로 받아들일 수 있다. 〈Sacks, 226〉

지금 우리는 엄청나게 많은 정보의 바다 가운데 살아간다. 누구나 글을 읽고 필요한 지식을 얻을 수 있다. 최근 스마트폰과 인터넷의 보급은 문해력의 비약적인 확산을 가져왔다. 여기저기 '말씀'이 넘쳐나며 사설(邪說) 또한 어지럽게 날린다. 문해력은 갖추고 있으되 역설적으로 말씀과 사설의 혼미한 경계 가운데서 참된 앎을 찾지 못하고 있다. 지금 우리에게 '제사장 나라'는 홍수처럼 넘실거리는 지식과 정보를 바르게 읽고 파악하는 수준을 뛰어넘어 하나님 말씀에 대한 정확한 지식을 요한다. 즉 창조 세계의 질서와 하나님의 우주 섭리를 알아차리고 식별하게 하는 제사장의 역할이 필요한 때다.

제사장 나라는 개혁자들의 '만인사제설'(priesthood of all believers)과 확연한 차이가 있다. 후자가 누구든지 사제의 중재 없이 하나님을 직접 예배할 수 있다는 신학적 개념이라면, 전자는 사제의 문해력을 내세운 하나님과 백성 사이의 중재를 중히 여기는 구약적인 개념이다. 제사장 나라의 전제는 하나님의 소유이고 결과는 '거룩한 백성'이다.

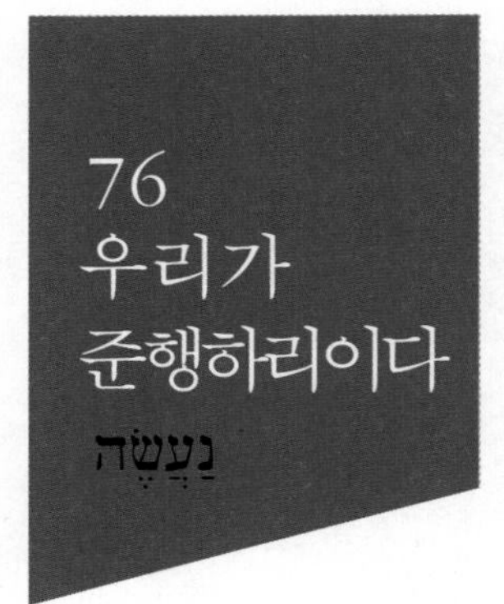

백성이 일제히 응답하여 가로되 여호와의 명하신 대로 우리가 다 행하리이다 모세가 백성의 말로 여호와께 회보하매(출 19:8; 24:3, 7).

성서에 '세 번'이 이따금씩 언급된다. 대표적으로 이스라엘 모든 남자는 일 년에 세 차례 하나님을 예배해야 한다(출 23: 17; 34:23; 출 16:16). 발람은 이스라엘을 세 차례 축복하였는가 하면(민 24:10), 삼손은 들릴라를 세 번이나 조롱한다(삿 16:15). 야웨는 실로에서 사무엘을 세 차례 부른 후에 이스라엘의 선지자로 삼는다(삼상 3:8). 그런가 하면 다윗과 요나단은 세 번 절하고 헤어졌으며(삼상 20:41), 엘리야는 세 번 엎드려 죽은 아이를 위해 야웨께 기도한다(왕상 17:21). 신약에도 베드로는 예수를 세 번 부인하고(막 14:72), 부활 후 베드로는 '주님을 사랑합니다'(φιλῶ σε)며 세 차례 거듭 고백한다(요 21:15-17; 참조. 행 10:17).

그렇다면 이렇게 세 번씩 반복되는 이유가 무엇인지 궁금하다. 일차적으로 강조의 반복이다. 중요한 부분을 밑줄 긋거나 굵게 표기하듯 세 차례 연거푸 언급함으로써 중복 확인하는 방식이다(사 6:3; 계 4:8). 고대 근동에서 세 차례 동일하게 진술한다면 법적인 효력이 있는 것으로 간주했다. 시내산에서 계약을 맺는 과정에 이스라엘 백성은 똑같은 응답을 세 번이나 반복한다. 첫 번째는 체결 전이다. 모세가 장로들에게 전하자 백성들이 "야웨가 명하신 대로 우리가 준행하리라(נַעֲשֶׂה)"고 말한다(출 19:8). 원칙적인 반응이다. 다시 체결을 앞두고 계약을 한 번 더 확인하자 백성들은 한목소리로 "우리가 준행하겠다"고 다짐한다. 마지막으로 계약을 체결한 후 '언약의 책'(סֵפֶר הַבְּרִית)을 낭독하자 온 이스라엘이 "야웨께서 말씀하신 모든 것을 지키리라"며 거듭 다짐한다(출 24:3, 7). 처음 두 번은 문자적으로 '따르겠습니다'지만 세 번째는 '준행하고 듣겠습니다'라며 실천 의지를 두 동사로 확인한다.

이스라엘이 시내산 계약을 맺으면서 야웨 하나님께 세 차례 '나아세'라고 반복한 것은 법적인 책임을 넘어 열두 부족이 한마음으로 실행하려는 태도다. 처음 구절은 '백성 모두가 함께'(출 19:8), '모든 백성이 한목소리로'(출 20:3) 이스라엘의 하나됨(יַחְדָּו)을 강조하고, 세 번째는 '준행하고 지키겠습니다'(출 20:7)이며 실천에 대한 결연한 의지를 두 동사에 담는다. 특히 눈길이 가는 대목은 마지막의 '나아세 웨니스마'(נַעֲשֶׂה וְנִשְׁמָע)다. 문자적으로 '(먼저) 준행하고 (나중에) 듣는다'로 풀 수 있다. 토라를 알지 못한 상태에서도 미리 준수한다는 것은 논리적으로 맞지 않는다. 그럼에도 경건한 신앙인들에게 낯선 교훈이 아니다. 그들은 토라를 듣기 전에 실천에 옮긴다. 왜냐하면 사람이란 계명을 들은 후에는 실천하기 싫어지기 때문이다. 〈Plaut, 595〉

시내산 계약을 맺으며 이스라엘 백성이 '나아세'를 세 번 선언하여 계약의 주체이신 하나님과 온전히 하나가 되었음을 확인한다. 숫자 3은 동서양을 막론하고 통일성과 완전성을 함축한다. 노자는 3에서 만물이 나온다고 설파한다.[2] 고대 신앙인들은 숫자 3에서 특별한 의미와 가치가 있다고 여긴 것일까? 이스라엘의 3번 절기 준수(출 23:14), 사무엘을 3번 부르심(삼상 3:8), 다윗과 조나단이 3번 절하고 헤어짐(삼상 20:41), 엘리아가 갈멜 제단에 네 통으로 물을 3번 부음(왕상 18:34), 다니엘의 하루 3번 예루살렘을 향한 기도(단 6:10), 베드로의 3번 부인(마 26:75)과 예수의 "네 양을 먹이라" 3번(요 21:17) 등등. 그리하여 3번 거듭한 행위는 관용적인 어법으로 빈번히 쓰인 것을 알 수 있다.

계약에 참여한 이스라엘 백성은 12지파로 구성되어 있다. 12지파를 자세히 보면 3의 확장된 형태다. 광야에서 성막과 함께 행진할 때 각 세 지파가 네 방향을 호위한다(민 2:1-34). 이스라엘 12지파는 '한목소리'로 3번 '나아세'를 외치며 의지를 밝힌다. 시내산 계약을 통해 야웨는 이스라엘의 하나님이 되고, 이스라엘은 야웨의 백성이 되었다(출 6:7; 레 26:12; 렘 31:33; 겔 11:20). "우리가 한마음으로 준행하리이다." 이스라엘은 야웨와 맺은 계약을 책임적인 자세로 지키며 지속적으로 수행해야 하는 의무감을 갖는다.

2 道生一 一生二 二生三 三生萬物 (도덕경 42).

77
우레와 번개와 구름
קֹלֹת וּבְרָקִים וְעָנָן

제 삼일 아침에 우레와 번개와 빽빽한 구름이 산 위에 있고 나팔 소리가 심히 크니 진중 모든 백성이 다 떨더라(출 19:16).

모세가 시내산에 오른 뒤 셋째 날 아침에 우레(קֹלֹת)와 번개(בְּרָקִים)가 치며 구름(עָנָן)이 잔뜩 낀 채 나팔 소리마저 크게 들리자 백성들이 두려워 떤다. 산이 진동하며 불꽃이 여기저기 나고 곳곳에 연기가 덮여 있는 가운데 야웨가 나타나신다. 마치 떨기나무의 현현(theophany)과 비슷하며 엘리야가 호렙산에서 야웨를 대면한 장면과도 부분적으로 겹친다(출 3:2-4; 왕상 19:11-12). 특히 '우레, 번개, 구름'은 고대 근동 세계에 깊숙이 뿌리 박힌 신 현현 묘사로 빈번하게 보인다(출 20:18을 보라).

구약에서 일반적인 견해는 아니지만 베스터만은 에피파니(ephiphany)와 티오파니(theophany)를 구분한다. 후자는 하나님의 뜻을 선포하기 위한 현현을 의미하고(출 19, 24장; 신 33:2; 시 18, 29편; 사 59:15-20), 전자는 이스라엘을 구원하기 위하여 나타나는 현현을 가리킨다고 본다(출 3-4, 6장; 왕상 5-8장; 시 97편; 사 6장). 출애굽기 19장은 야웨의 뜻을 이스라엘에게 전달하고 언약을 맺기 위한 현현이므로 에피파니다. 자연현상에 대한 생생한 묘사는 야웨와 이스라엘의 언약이라는 위대한 장면 앞에서 저절로 공포와 전율을 자아내게 한다. 야웨의 현현을 설명하는 세 낱말, 우레, 번개, 구름을 살펴보기로 한다.

먼저 우레(קֹלֹת)는 단수 '콜'(קוֹל)의 복수로 목소리, 노랫소리, 웃음소리, 악기음, 연설, 일반적인 소음, 자연의 소리, 동물의 소리 등이 망라된다. 두 가지 견해를 소개한다. 하나는 '우레'가 복수형인 이유로 신 현현을 고조시키려는 연주 소리가 크다는 뜻이고 다른 하나는 〈70인역〉 번역이다. 즉 우레의 복수를 따르지 않고 단수(אֱנוֹשׁ)로 번역함으로써 '하나님의 소리'로 인식한다는 점이다. 우박 재앙에 관련해서는 '우레와 우박'이 동시에 몇 차례 반복함으로써 하나님의 음성과 재앙이라는 이중적인 의미를 증폭시킨다고 볼 수 있다(출 9:23, 28, 29, 32, 33). 이렇듯 우레를 하나님의 '소리'로 이해한다면 다음 단락의 '모든 말씀'은 자연스럽게 들린다. "이 모든 말씀은 하나님이 하신 말씀이다"(출 20:1, 새번역).

둘째 번개(בְּרָקִים)는 마찬가지로 복수이며 구약에 7차례 나오는데 대부분 신 현현과 관련된다(욥 38:35; 시 18:15; 77:19; 135:7; 렘 10:3; 51:16). "그의 번개가 세계를 비추니 땅이 보고 떨었도다"(시 97:4). 동사 '바라크'(בָּרַק)는 '번쩍이다, 빛나다'에 뿌리를 두고 있다. 단수(בָּרָק)는 비유적으로 재빠른 동작에 비견되었다(신 32:41; 욥 20:25; 겔 21:15, 20, 33; 나 3:2; 합 3:11). 번갯불은 순식간에 지나가기에 놓치기 십상이다. 구름이 하늘을 잔뜩 가리고 있을 때 번개가 치면 세상이 한눈에 보인다. 따라서 번개는 하나님의 위엄과 신비를 상징하는 개념으로 인식될 수 있었다.

세 번째 구름(עָנָן)은 형용사 '빽빽한'(כָּבֵד)이 따르고 우레와 번개와 달리 단수형이다. '구름기둥'에서 하나님의 현존과 인도를 떠올릴 수 있듯(출 13:21; 신 31:15) '빽빽한 구름' 역시 신 현현과 관련된다. 유사한 구절로 '흑암, 또는 먹구름'(עֲרָפֶל)이 있다(출 20:21). 하나님의 신비와 영광을 나타내는 또 다른 은유다(출 16:10). 우레와 번개가 하나님을 청각과 시각으로 인식할 수 있게 한다면 구름은 다른 감각기관을 요구한다. 더구나 구름이 가늠할 수 없이 짙게 펼쳐 있다면 그 광경은 보이지 않고 들을 수 없는 신비로운 하나님을 묘사한 것이다. 신학적으로 말하자면 내재적이며 초월적인 하나님의 변증적인 존재 방식이다.

본문에서는 우레, 번개, 구름을 한꺼번에 등장시켜 비범한 자연현상에서 하나님의 현현을 드러낸다. 구약에서 신 현현 관련 묘사는 대부분 놀라고 떨려서 은연중 내뱉는 시적 표현으로 나온다(신 33:2; 삿 5:4-5; 시 18:8-16; 77:17-19; 97:2-4; 사 29:6; 30:30; 64:2-3; 슥 9:14). 그러나 근동의 신들은 의인화된 자연현상 그대로이지만 구약의 유일신 하나님은 세상을 손수 지으신 분으로 창조된 세상과 구별될 뿐 아니라 오히려 삼라만상을 다스리신다. 지진과 화산활동을 연상하는 우레, 번개, 구름 등을 자세하게 서술한 이유는 모세와 이스라엘이 그 가운데서 경험한 하나님 경외와 인식을 사람의 언어로 전달하려는 것이었다. 특히 복수와 단수를 넘나드는 자연현상으로 하나님 현현의 위엄과 신비를 보여준다.

78 역사적 서언인가? 제1계명인가?

나는 너를 애굽 땅, 종 되었던 집에서 인도하여 낸 너의 하나님 여호와로라(출 20:2).

유대교와 기독교는 십계명을 핵심 교리로 공유하지만 분류 방식에 미세한 차이가 난다. 기독교에서 흔히 도입 구절로 취급하는 "나는 너를 애굽 땅, 종 되었던 집에서 인도하여 낸 너희의 하나님 야웨라"(출 20:2; 신 5:6)를 유대교는 제1계명으로 삼는다. 유대교의 제1계명에 대한 견해는 한동안 십계명의 도입구로 보는 입장과 첫 계명으로 간주하는 입장으로 나뉘어 활발한 논의가 있었다. 중세 유대교의 이븐 에즈라는 이 구절은 명령형이 아닌 평서문인데 어떻게 계명이 될 수 있겠는가 반문한다. 하지만 그는 '계명'은 아니지만 모든 계명의 원천이며 권위의 근원이라고 인정한다. 이에 반해 라시는 "나는… 너의 하나님 야웨라"를 제1계명으로 강력히 주장한다.

초기 기독교 학자들은 "나는… 너의 하나님 야웨라"와 "너는 나 외에 다른 신을 있게 말라"를 결합하여 하나의 계명으로 이해한 경우가 있다. 물론 최근 연구자들 중에도 앞에 언급한 두 구절을 첫 계명으로 받아들이는 예가 없지 않다. 그러나 중세 교회 개혁 이후 신 · 구교를 막론하고 이 구절을 오직(!) 십계명의 역사적인 도입으로 여긴다. 여기에 근동의 힛타이트 조약문의 발견이 한몫했다. 즉 역사적인 서문에 주권자의 소개라는 유사한 형태가 확인된 것이다. 따라서 기독교 학자들은 이 구절을 근동의 조약에 나오는 서문처럼 십계명의 주권자를 소개하며 역사적인 배경을 설명하는 구절로 간주한다. 그러나 십계명의 서문은 고대 조약에 비해 간명하다. 최근 연구에 의하면 십계명의 이 구절이 후대에 첨가된 구절로 인정하는 추세다. 해릴슨에 의하면 본래 십계명과 직접적인 관련이 없었으나 그 본문을 예배에서 낭독하면서 편입되었을 가능성을 타진한다.

그렇다면 유대교가 이 전문을 제1계명으로 삼는 까닭은 무엇일까? 역사적 연구는 자칫 십계명의 본래적인 의미를 놓치는 오류를 범할 수 있다. 유대교의 제1계명이 어떤 의미인지 본격적인 논의가 필요한 지점이다. 모세 마이모니데스는 구약성서의 모든 계명을 긍정계명과 부정계명으로 분류하였다. 그는 긍정계명 245항의 첫 명령을 "나는 … 너의 하나님 야웨라"고 소개한다. 다시 말해서 이 구절에서 하나님의 존재를 믿게 하는 긍정적인 요구와 모든 존재의 근원자가 야웨임을 밝힌 선언이자 명령이라고 본 것이다. 마이모니데스는 십계명의 처음 구절은 긍정계명으로서 계명 중의 가장 중요한 계명으로 삼고 다음과 같이 주장한다.

> 이 계명을 통하여 우리는 하나님을 믿으라는 명령을 듣는다. 즉, 존재하는 모든 배후에는 그 창조자이신 절대자가 있다는 사실을 믿는 것이다. 이 사상이 곧 '나는 너를 애굽 땅 종 되었던 집에서 인도해 낸 너의 하나님 야웨'에 표명되어 있다.

따라서 마이모니데스에 의하면 하늘과 땅 위에 있는 모든 것의 존재를 가능케 한 절대자(first cause)가 있다는 사실을 아는 것과 믿는 것이야말로 으뜸가는 계명이 된다.

위 본문이 유대교의 제1계명이건 기독교의 역사적인 서문이건 상관없이 십계명에서 차지하는 비중은 중차대하다. 즉 "나는… 너의 하나님 야웨라"는 신앙의 길을 인도하는 향도와 같은 역할을 하고 있기 때문이다. 이 점에서 예일 대학교의 차일즈는 십계명에서 열 가지 계명은 각각 '서언', 곧 유대교의 제1계명과 불가분의 관계를 유지한다고 밝혔다.

> 나는… 너의 하나님 야웨라. 그러므로 너는 나 외에 다른 신을 네게 있게 말지니라.
> 나는 … 너의 하나님 야웨라. 그러므로 너는 너의 하나님의 이름을 망령되이 일컫지 말라.
> 나는 … 너의 하나님 야웨라. 그러므로 안식일을 기억하여 거룩하게 지키라.
> 나는 … 너의 하나님 야웨라. 그러므로 네 부모를 공경하라.
> 나는 … 너의 하나님 야웨라. 그러므로 살인하지 말라.
> …

필로는 위 본문의 중요성을 '무신론은 모든 죄악의 근원'이라고 강조한다. 즉 '야웨 하나님'을 무시하고 부주의한다면 결과적으로 우상을 섬기고, 하나님의 이름을 함부로 부르게 되며, 안식일을 기억하지 못하는 등의 잘못을 저지르게 된다. 따라서 "나는 너의 하나님 야웨라"가 십계명에서 여러 차례 언급되어 각 계명과의 긴밀한 연관성을 강조한 것이다(출 20:5, 7, 10, 12; 신 5:11, 14, 15, 16). "나는 너의 하나님 야웨라"는 권유적 명령이 아니라, '신앙고백적인 계명'으로 모든 계명의 대전제이며 출발점이다.

79 '너의 하나님' VS '너희들의 하나님' יְהוָה אֱלֹהֶיךָ

나는 너를 애굽 땅, 종 되었던 집에서 인도하여 낸 너의 하나님 여호와로라(출 20:2).

이스라엘 백성이 이집트를 떠난 지 3개월이 되었을 때다. 하나님이 시내산에서 이스라엘 백성을 향하여 말씀하신다. "나는 … 네 하나님 야웨라"(개역개정). 이 문장을 현재처럼 이해하려면 몇 가지 설명이 필요해 보인다. 왜냐하면 이스라엘 백성을 2인칭 단수 '네 하나님'으로 표기하고 있기 때문이다. 즉 이스라엘 60만 명을 칭할 때 2인칭 남성 복수 '너희들의'(כֶם)가 아니라 남성 단수 '너의'(ךָ)로 표기한 것이다. 히브리어 인칭대명사는 2인칭 단수와 복수는 물론 심지어 남성과 여성으로 나뉘어 있다. 그러나 사실 로마자 계열의 언어에서 대부분 2인칭 단수와 복수의 형태가 동일하기 때문에 번역에 큰 문제가 없다. 하지만 우리말 번역의 경우 2인칭 성별 구분은 없으나 '너'와 '너희들'의 차이를 정확히 제시할 필요가 있다.

〈공동번역〉과 〈새번역〉은 히브리어 단수를 우리말 2인칭 복수 '너희'로 옮긴다. "너희 하느님은 나 야웨다"(공동번역), "나는… 주 너희의 하나님이다"(새번역). 아마도 두 번역이 본문의 형식을 따르지 않고 복수형으로 번역한 것은 내용 동등성의 원칙에 따른 결과일 것이다. 이스라엘 공동체를 '단수'로 간주하기보다 복수 '너희'를 선택하여 논리적 일치를 꾀한 것이기 때문이다. 그렇다면 히브리어 성서가 이스라엘 전체를 가리켜 '네' 하나님(אֱלֹהֶיךָ)이라고 굳이 단수를 취한 이유는 무엇일까?

첫째는 2인칭 단수에 전체의 대표성을 부여하는 경우다. 부족 집단이나 특정 공동체를 가리키는 전형적인 지칭 방식이다. 예컨대 한 부족의 족장은 개인이 아니라 그가 속한 공동체를 대표하게 된다. 모세는 출애굽을 이끈 지도자이며 하나님과 이스라엘 사이를 중재하는 인물이다. 따라서 모세는 이스라엘의 지도자이며 중재자로서 그 집단을 대표하는 상징성을 갖는다(출 20:18-21; 신 5:4-5). 본문에서 '네 하나님'은 일차적으로 모세의 하나님을 가리키지만 결국은 이스라엘 전체의 하나님이란 사실에 도달한다. 개인 모세를 통하여 이스라엘 전체를 표상하는 것이다.

둘째는 이스라엘을 2인칭 단수로 특정한 것은 복수로 여길 때 간과할 수 있는 개인의 중요성을 놓치지 않고 있다는 사실이다. 설교자에게 청중은 개인인지 집단인지 선택적 대상이 된다. 항상 이원적으로 나눌 수 없지만 후자를 대상으로 여기면 개인의 영역이 줄고, 전자를 향하여 설교하면 공동체의 입지가 좁아진다. 다시 말해서 설교가 개인에게 집중하면 볼록렌즈처럼 한 영혼에 모아지는 집중 구조를 띠고, 집단을 향하면 오목렌즈처럼 확산 구조의 대중설교가 된다. 본문에서 출애굽 공동체를 '네 하나님'으로 밝힌 것은 한 사람이 자칫 집단으로 취급되어 개인의 인격과 고유함을 소홀히 할 수 있다는 사실을 경계하는 신학적 장치다. 출애굽은 사회적 사건이어서 일차적으로 공동체를 향하지만 그렇다고 해서 한 개인을 결코 간과할 수 없다. 이 점에서 설교자는 청중이 아무리 많다 해도 한 사람을 대하듯 선포해야 한다는 결론을 얻을 수 있다. 왜냐하면 '너희' 하나님은 개인과 거리가 먼 집단일 수 있으나 '네' 하나님은 한 사람을 직접 대면하는 인격체이기 때문이다.

셋째로 '너희 하나님'이 아니라 '네 하나님'인 이유는 또 있다. 십계명은 하나님이 이스라엘을 이집트에서 탈출시킨 분으로서 일방적으로 명령하고 계명의 실천을 요구하는 내용이 아니다. 하나님과 이스라엘의 관계는 상호 인정하는 계약에 뿌리를 두고 있다. 즉 이스라엘은 하나님의 백성이 되고 야웨는 그의 하나님이 되는 것이다(출 6:7; 레 26:12; 사 40:1). 계약 관계는 '나'와 '너'라는 인격적인 출발점 위에 상호적인 책임이 뒤따른다. 따라서 2인칭 단수 '네 하나님'에는 필사자의 실수가 아니라 야웨 하나님이 출애굽 공동체를 대하여 인격적 만남과 계약적 관계 그리고 상호적 책임을 반영하고 있다.

위와 같이 출애굽 공동체를 2인칭 단수로 지칭한 데는 신학적으로 분명한 근거가 있다. 십계명 서문에서 "나는 네 하나님 야웨라"고 명시한 것은 하나님이 이스라엘 백성 한 사람 한 사람과 일대일의 계약으로 이해해야 한다. 그럼으로써 십계명의 각 조항은 모세로 대표되는 출애굽 당사자 개개인뿐 아니라 이스라엘 전체가 순종하고 지켜야 할 의무가 된다. 따라서 여기서 2인칭 단수 '너'는 엄밀하게 개인에 매몰되지 않고 본질적으로 연대적 책임과 심리적으로 공동체적 일체감을 갖게 한다. 〈Sarna, 109〉

80 안식일을 기억하여 거룩하게 지키라

זָכוֹר אֶת־יוֹם הַשַּׁבָּת לְקַדְּשׁוֹ

안식일을 기억하여 거룩히 지키라(출 20:8)

어떻게 안식일을 기억하여 거룩하게 하라는 것일까? 오랜 질문이며 어려운 문제다. 일상의 삶을 영위하기 위한 노동 금지는 물론이려니와 물질세계의 상태 변화도 허락되지 않는다. 예컨대 전깃불을 끄거나 켜기 위해 스위치를 누르는 것은 노동일까? 단순한 행위를 노동으로 단정하기 어렵지만 성냥이나 전기가 없는 상태를 떠올리면 쉽게 답이 나온다. 불을 지피기 위해서 육체의 힘과 고도의 기술이 요구된다. 여기에 '상태의 변화'가 일어나기 때문에 허락되지 않는 일로 간주하는 것이다. 이렇듯 일의 수고와 상태의 변화를 가져오는 모든 행위는 안식일 계명에 어긋난다.

탈무드는 안식일에 금지된 39가지를 구체적으로 제시한다.〈*BT Shabbat* 49b〉 한 랍비는 안식일 금지법은 성막 건설에 필요한 노동을 근거로 제정되었다고 설명한다. ① 파종, ② 경작, ③ 베기, ④ 단 묶기, ⑤ 탈곡, ⑥ 키질, ⑦ 고르기, ⑧ 빻기, ⑨ 체질, ⑩ 반죽, ⑪ 빵 굽기, ⑫ 털 깎기, ⑬ 세척, ⑭ 다듬기, ⑮ 표백, ⑯ 실잣기, ⑰ 천 짜기, ⑱ 고리 만들기, ⑲

옷감 직조, ⑳ 실타래 분리, ㉑ 옷감 접기, ㉒ 옷감 풀기, ㉓ 바느질, ㉔ 옷감 찢기, ㉕ 덫 놓기, ㉖ 도축, ㉗ 가죽 벗기기, ㉘ 소금절이, ㉙ 손질, ㉚ 다지기, ㉛ 마름질(裁斷), ㉜ 글쓰기, ㉝ 지우기, ㉞ 건축, ㉟ 해체, ㊱ 불 끄기, ㊲ 불 켜기, ㊳ 망치질, ㊴ 옮기기.〈*Mishna Shabbat* 7:2〉 이상은 ①~⑪은 음식, ⑫~㉔는 옷감, ㉕~㉛은 가죽, ㉜~㊴는 성막 짓기 관련 등의 네 범주로 분류된다.

안식일의 유대인 구역. 북적이던 거리가 한산하다.

유대교에서 숫자의 상징성은 크고 신비하다. 우연인지 십계명 단락 외에 안식일 규정 중에는 히브리어 낱말 40개를 활용한 예가 있다(출 35:1-3; 레 23:1-3). 구약에서 숫자 40은 상당히 빈번한 편이다. 노아의 홍수 40일, 모세의 시내산 40일, 가나안 정탐 40일, 광야 40년, 엘리야의 호렙산 40일, 다윗과 솔로몬 왕위 40년, 요나의 니느웨 40일, 예수의 시험 40일 등등 열거하기 어려울 정도다. 이렇듯 숫자 40의 상징성이 뛰어난데 안식일 규정은 왜 39가지인지 궁금하다. 성서에서 숫자 39는 생소하지만, 바울은 약간 다른 방식으로 언급한 바 있다. "유대아 사람들한테 40에서 하나 빠지는 매를 맞은 것이 다섯 번입니다"(고후 11:24, 새한글성경). 바울은 39대의 매를 5차례 맞은 것이다. 신명기에 의하면 동족에게는 40대 이상 태형이 금지되었다(신 25:3). 안식일 금지 계명 '라메드 테트 멜라코트'(Lamed Tet Melchot)는 '39가지 노동'이란 뜻이다.

이제 본문으로 돌아가자. "안식일을 기억하여 거룩하게 지키라." 안식일에 금지된 39가지 계명을 따르면서 안식일을 지키면 저절로 40번째 계명을 실행하게 된다. 39가지 일은 금지 명령이기 때문에 행하지 않은 채 마지막 한 계명에 집중하면 안식일이 완성되는 것이다. 또한 숫자 40은 정화와 재생이라는 신학적 의미가 깃들어 있다. 이스라엘의 광야 40년은 기대와 혼란이 뒤섞인 기간이었다. 광야 40년을 통하여 이스라엘은 노예근성과 피해의식 등의 어두운 과거를 씻어 내고(정화) 자유인으로 새롭게 거듭날 수 있었다(재탄생). 그런 후에 이스라엘은 비로소 가나안에 진입하게 된 것이다. 흥미롭게도 랍비들은 배아(胚芽)의 형성 기간을 40일로 생각하였다.

일곱째 날 안식일에 관한 계명이 히브리어 알파벳 일곱 번째 글자(ז)로 시작한다. '기억하다'라는 뜻의 히브리어 '자카르'(זָכַר)는 과거의 단순한 회상이 아니라 사람 또는 사건에 깊은 관심과 온 신경을 곤두세워 고도로 집중시키는 일이다. 따라서 집중력은 적극적인 참여를 유도하고 마침내 구체적인 행동으로 이끈다. 안식일은 기억에서 이제 거룩한 행위로 완성된다. 거룩이란 일상의 삶(mundane existence)을 내면의 음성에 맞춰 영적인 경험으로 반복 승화시키는 일이며 그 결과 절대자와 하나가 되는 것이다. 따라서 안식일의 성별된 시간은 성전의 거룩한 공간으로 연결된다.

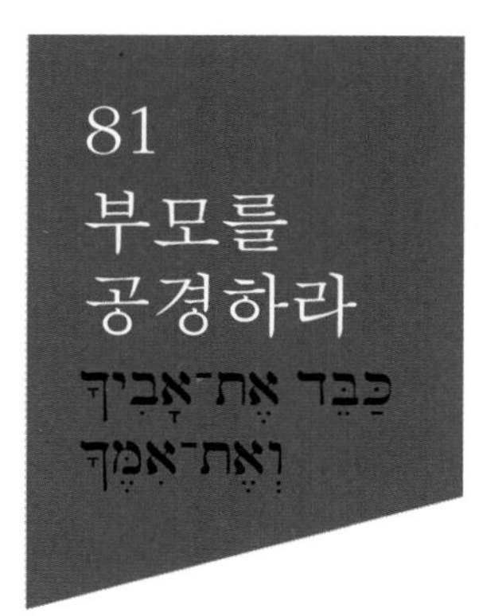

네 부모를 공경하라 그리하면 네 하나님 여호와가 네게 준 땅에서 네 생명이 길리라(출 20:12).

동서고금을 통하여 부모 공경은 인류의 가장 큰 윤리다. 히브리어 'אב'(아버지)는 '가족에게 음식을 제공하는 이', 'אם'(어머니)는 '식구를 하나로 묶어 주는 이'란 뜻이다. 한편 한자 '父'는 손에 씨, 불, 회초리, 또는 도끼를 들고 있는 형상에서 비롯되어 '씨 뿌리는 사람', 곧 아버지, 어른 등을 가리킨다. 어머니 '母'는 아이에게 젖을 먹이는 형상을 땄으며 양육자, 돌보는 사람이라는 뜻으로 자리 잡았다. 영어 parents(부모)는 '생산하는, 낳는 자'를 의미하는 라틴어 parens에서 유래한 것으로 한 낱말에 두 역할을 담은 표현이다.

학자들은 십계명이 본래 부정형으로 주어졌을 것이라고 본다. 계약법이 제시하듯 "자기 아버지나 어머니를 치는 자는 반드시 죽일지니라"(출 21:15, 17)처럼, "네 부모를 학대하지 말라"로 추측할 수 있다. 레위기는 "어머니와 아버지"를 공경하라며 어머니를 앞세운다. 성결법전의 형성 시 사회적 변화를 엿볼 수 있다. "너희 각 사람은 어머니 아버지(וְאָבִיו אִמּוֹ)를 공경하라"(레 19:3). 이렇듯 어머니를 아버지보다 먼저 내세운 것은 이스라엘의 조용한 혁신이며 진보다. 한편 미슈나 시대에는 어버이, parents 등처럼 두 부모를 통칭하는 단어, 호라(הוֹרָה)가 등장한다. 호라는 '임신한'(하라)에서 온 개념이지만 토라의 뿌리인 동사 '야라'(יָרָה)와 관련된다. '토라'(תּוֹרָה)는 영적인 교훈과 삶을, '모라'(מוֹרָה)는 도덕적 가르침과 윤리를 그리고 '호라'는 부모로서 기본적인 삶의 안전과 보호를 뜻한다.

히브리어 '공경하라'(כַּבֵּד)에 쓰인 동사는 피엘형(Piel)으로 뜻을 강조한 강의형(強意形)이다. 기본 동사의 의미를 반복 또는 강조, 확장시키는 경우에 주로 활용된다. 다음의 예시를 참조하라. 거룩하게 하다(קִדַּשׁ), 완전하게 하다(שִׁלַּם), 가르치다(לִמַּד), 말씀하다(דִּבֶּר), 축복하다(בֵּרַךְ), 명령하다(צִוָּה), 송축하다(זִמֵּר), 찬양하다(הִלֵּל). 〈Lamdin, 191〉 이상의 피엘 동사들은 일회적인 동작으로 그치지 않고 반복적으로 활용되는 경우로 본래적 의미를 강화한다. 부모 공경 계명은 보상이 뒤따르는 유일한 계명이다. 특히 약속의 땅에서 왕국이 유지되어야 할 전제조건으로서 간주된다. 계명의 준수에 대한 약속까지 직접 언급된 이유다.

부모 공경에 '카베드'와 이스라엘과 "네 하나님 야웨"를 언급한 것은 종교적인 의무일 뿐 아니라 사회적인 차원을 동시에 내포한 것이다. 더구나 '카베드'가 하나님께도 동일하게 활용되었기에, 이 계명에는 위로 제의적 명령과 아래의 사회적 명령을 완충하는 역할이다. 지금은 부모 공경을 나이에 상관없이 자녀가 지켜야할 계명으로 인식되지만 본래는 연로하여 누군가의 도움과 돌봄이 필요한 경우에 해당한다. 〈Houtman, 57〉 〈70인역〉의 번역 '티마'(τίμα)는 새겨들을 만하다. 경제력이 없는 어른에게 '음식, 음료, 옷' 등을 제공하라는 의미다(마 15:4, 6; 엡 6:2; 딤전 5:3). 외경 〈집회서〉에 부모 공경에 대한 구절을 일부 소개한다.

주님께서는 자식들에게 아비를 공경하게 하셨고
또한 어미의 권위를 보장해 주셨다.
아비를 공경하는 것은 자식들에게 기쁨을 얻고
그가 구하는 것을 주님께서 들어주시리라.
아비를 공경하는 사람은 오래 살 것이며
주님께 순종하는 사람은 어미를 평안케 한다. …
말과 행실로 네 아비를 공경하여라.
그러면 그가 그의 축복을 받으리라.
아비의 축복은 그 자녀의 집안을 흥하게 하고
어미의 원망은 그 집안을 뒤엎는다. …
너는 네 아비가 늙었을 때 잘 보살피고
그가 살아 있는 동안 슬프게 하지 말아라.
그가 설혹 노망을 부리더라도 잘 참아 받고
네가 젊고 힘 있다고 해서 그를 업신여기지 말아라.
아비를 잘 섬긴 공은 잊혀지지 않으리니
네 죄는 용서받고 새 삶을 이룰 것이다.
자기 아비를 저버리는 것은 하느님을 모독하는 것이요
어미를 노엽게 하는 것은 주님의 저주를 부르는 것이다(집회서 3:1-16).

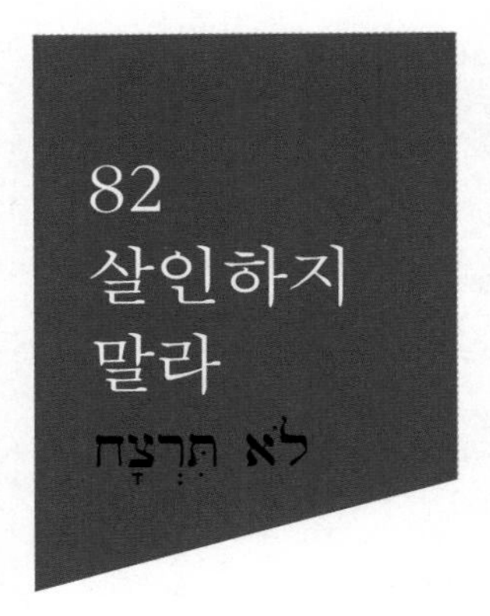

살인하지 말찌니라(출 20:13).

한글 '죽이다'에 해당하는 동의어가 제한적이지만 영어와 한자는 상당히 다양하다. 예컨대 kill, murder, slay, assassinate, homicide, massacre, 살(殺), 시(弑), 도(屠), 륙(戮) 등이다. 십계명의 여섯 번째는 "살인하지 말라"이다. 한글 번역은 대부분 '살인'으로 옮긴다. 영어 성서는 You shall not kill(KJV, NJB), You shall not murder(NRSV, NIV)로 미세한 차이가 드러난다. 전자는 합법적이거나 실수로 죽이는 경우라면, 후자는 의도적, 곧 악의적으로 살해한다는 뜻이다.〈Carasik, 162〉 최근 영역은 대부분 후자를 따르고 있다(GNB, CEV). 그렇다면 살인의 범위가 어느 정도 제시된 셈이다.〈김용규, 320〉

히브리어 '죽이다'는 낱말은 여럿이다. '카탈'(קָטַל)은 '가격하다, 멍들게 하다' 등을 뜻하며 드물게 사용된다. 주로 짐승을 죽일 때 쓰이며 영어 slay, 한자로 도(屠)에 해당한다(시 139:19; 욥 24:14). '하라그'(הָרַג)는 160여 차례 나온다. '죽이다, 살해하다, 파괴하다'는 뜻으로 원한을 품고 살인하는 경우와(창 4:8) 멸절시킨 예도 간혹 발견된다(삿 9:5; 에 3:13).

무엇보다 하나님의 진노로 인한 살해는 이 범주에 포한된다(창 20:4; 출 4:23; 13:5; 22:24; 시 59:11; 암 2:3). 그러나 적과 교전 중에 상대를 죽이거나 강도와 싸우다가 살해한다면 정당방위다(민 25:5; 출 32:27; 신 13:10). 따라서 영어 kill, destroy 등으로 번역하여 불가피한 살인에 대한 정당성을 확보하는 경우를 가리킨다.

또 다른 히브리어는 '헤미트'(הֵמִית)다. '죽다'라는 뜻의 '무트'(מוּת)의 사역형으로 200차례 넘게 사용되었다. 대체로 전쟁이나(수 10:26) 왕의 명령으로(출 1:16; 에 4:11) 죽이는 경우, 도시를 멸망시키는 행위다(삼하 20:19). 또한 하나님의 심판으로 죽게 되는 경우도 위의 '하라그'와 동의어처럼 쓰인 적도 있다(신 32:39; 삼상 2:6; 사 65:15). '나카'(נָכָה)는 히필형에서 '치다, 죽이다'는 의미로 적어도 95차례 이상 언급된다. 문자적으로 '타격하다, 포획하다, 멸망시키다'는 뜻이나 전염병이나 질병에 의한 죽음(출 3:20; 민 14:12; 신 28:22, 27, 28, 35), 집단적 파멸이나 한 지역의 몰살 등을 가리킨다(창 14:7; 수 8:24; 10:33). 한자로 묘사하면 도륙(屠戮)에 가깝다.

'라차흐'(רָצַח)는 제6계명을 이해하는 가늠자다. 구약에 40여 차례 활용되었다. 이 동사는 오직 사람을 살해한 경우에 쓰인다. 전쟁이나 법의 집행 과정에 일어날 수 있는 살인과 다르다. 경우에 따라서 명백한 살인(시 62:3)과 정의 실현(민 35:30)을 가리킬 때도 있다. 대부분 '부지중 살인'이나 '과실치사'의 경우에 언급된다(신 4:42; 19:3-4; 수 20:3). 사실 도피성은 실수나 부주의에 의한 살인에만 허용된 공간이다(רָצַח, 민 35:6, 11, 25-28; 수 20:3, 4, 6; 21:13, 21, 27, 32, 38). "이에는 이 눈에는 눈"으로 대표되는 동태복수법(lex talio)에서 확인하듯(출 21:23-25) 살인은 자칫 피의 보복과 악순환으로 이어질 수 있다. 그러니 "살인하지 말라"는

그 고리를 차단하려는 것이다.〈라콕, 133-134〉

전통적인 주석은 '라차흐'(רָצַח)의 소극적인, 곧 최소한의 의미를 밝히는 데 주력해 왔다. 예컨대 슈탐은 '라차흐'가 통용되는 공간을 계약 공동체로 간주하고 그 안에서 벌어지는 반사회적인 폭력과 그로 인한 살인을 뜻한다는 입장이다.〈Johann J. Stamm, *The Ten Commandments*, 99〉 즉 하나님과 맺은 계약의 의무를 "살인하지 말라"와 연결함으로써 살인에 대한 경각심을 높이면서 야웨 주도의 계약 공동체를 세우려는 의지를 반영하고 있다는 것이다. 랍비들은 훨씬 근원적이며 폭넓은 시야로 '라차흐'의 범주를 논의한다. 즉 동료를 공개적으로 망신을 주거나 모독하는 경우, 여행자들에게 안전한 거처를 마련하지 않아 재산상의 손해가 나게 하는 경우까지 여기에 포함시킨다. 12세기 유대인 현자 이븐 에즈라의 경고는 여전히 설득력이 있다. "손이나 말로 살인할 수 있고 비밀의 발설이나 인신공격으로 죽일 수 있다. 또한 부주의와 무관심으로 누군가를 죽일 수 있으며, 목숨을 건질 수 있지만 구조하지 못한 경우도 [넓은 의미에서] 살인에 해당한다."〈Etz Hayim, 447〉

지금은 살인에 대한 더 정교하고도 예민한 분석과 정의가 요청되는 시대다. 성서의 '라차흐'를 현실에 비춰 보자면 낙태와 안락사를 넘어 테러, 아동 학대, 협박과 폭언, 집단 따돌림, 인격 모독, 성적 학대, 데이트 폭력, 경제적 착취, 그루밍 범죄, 갑질, 합법을 가장한 착취 등이 두루 포함될 수 있다. 결코 문자적인 의미로 가둘 수 없는 명령이다(마 5:21-24). 살인이란 사람의 영혼을 짓밟거나 죽여서 정상적인 삶을 누리지 못하게 하는 일체의 행위다.〈김용규, 323〉 제6계명은 창조주 하나님으로부터 비롯되며 귀속된다. 왜냐하면 오직 하나님만 생명을 주관하시며(신 30:20; 시 42:8; 삼하 14:14; 욥 12:10) 목숨보다 귀중한 것은 없기 때문이다

(마 16:26). 그러므로 하나님은 자신의 형상과 모양대로 사람을 지으시고 (창 1:26-28; 9:6) 이 계명으로 생명의 소중함을 일깨운 것이다. 따라서 "살인하지 말라"는 어떠한 조건이나 예외 없는 금지명령이며 시간과 공간을 초월하여 준수되어야 할 필연법이다.

83
탐내지 말라 … 탐내지 말라
לֹא תַחְמֹד

네 이웃의 집을 탐내지 말라 네 이웃의 아내나 그의 남종이나 그의 여종이나 그의 소나 그의 나귀나 무릇 네 이웃의 소유를 탐내지 말라(출 20:17).

십계명의 분류는 유대교와 기독교의 차이가 있고, 개신교와 가톨릭의 분류에도 다른 점이 있다. 개신교와 유대교의 열 번째 계명은 "네 이웃을 탐내지 말라"인데 비하여 가톨릭의 열 번째는 "내 이웃의 아내를 탐내지 말라"가 된다. 후자는 17절의 상반절과 하반절을 나누어 두 계명으로 분류하였으며 9~10계명에 "탐내지 말라"가 각각 들어 있다. 십계명 전체적으로 볼 때 개신교의 1~2계명이 가톨릭의 한 계명으로 간주되기 때문에 계명의 숫자는 양쪽 모두 열 계명으로 똑같다.

열 번째 "탐내지 말라"는 앞의 계명들과 달리 행위가 아니라 내면의 욕망과 계획 등에 관한 교훈이어서 '하마드'(חמד)의 정확한 의미를 규명해야 한다. '하마드'는 '원하다, 갈망하다, 탐내다'로 시리아어나 아람어의 '칭송하다, 찬성하다'에 먼 지점에서 맞닿는다. 열 번째 계명에 "탐내지 말라"(לֹא תַחְמֹד)가 두 차례 나온다. 사르나는 '하마드'를 물질과 사물에 대한 욕구와 탐심으로 인한 소유욕이라고 설명한다.〈Sarna 114〉 실제로

17절에 금지된 7가지(집, 아내, 남종, 여종, 소, 나귀, 이웃의 소유) 모두 당시의 재산, 곧 소유의 개념으로 보면 된다(출 34:24; 신 7:25; 수 7:21; 미 2:2). 잠언은 아름다운 여인을 보고 마음에 품지 말라고 충고함으로써 7계명과 10계명을 동시에 경계한다(잠 6:25; 딤전 6:10).

한편 신명기 평행구절에서 두 번째 하마드가 '아와'(אָוָה)로 대체되어 의미상의 차이를 보여준다. 두 동사는 동의어지만 신명기에서 '하마드'(חמד)가 일반적인 의미의 탐심을, '아와'(אָוָה)는 주관적, 심리적 욕망을 강조하는 것으로 구별하기도 한다. 그러나 두 동사는 십계명 마무리 단계의 정신적이며 감정적인 과정을 적절하게 반영할 수 있는 방식으로 동어반복 대신 동의어로 채택된 것이다. 한 계명에 두 차례 "탐내지 말라"고 반복한 이유는 무엇인가? 가장 흔한 강조법은 동어반복이다(출 3:4; 34:6). 에피주식스(epizeuxis)라 일컫는 수사법이다. 탐욕(貪慾)이란 끊임없이 경계하고 깨어 있지 않으면 언제고 비집고 나올 수밖에 없는 충동이기에 거듭 일깨운다. 그러나 "탐내지 말라"는 내면적인 상태로 아직 범죄로 행위화되지 않기 때문에 책임을 묻거나 처벌할 수 없다.

중세교회는 식탐(Gula), 나태(Accidia), 육욕(Luxuria), 교만(Superbia), 분노(Ira), 질투(Invidia), 탐욕(Avaricia) 등을 '7대 죄악'(Septem Peccata Capitalia)으로 규정한다. 왜냐하면 7대 죄악은 십계명의 다른 원칙들을 어길 수 있게 하는 근원이라고 여겼기 때문에 중세교회는 따로 분류하여 신앙인들을 교육한 것이다.[3] 카수토의 지적처럼 "탐내지 말라"는 동작과 행위보다 한 걸음 더 들어가 마음의 숱한 갈망과 무의식적인 욕구라는

3 David Noel Freedman, *The Nine Commandments: Uncovering the Hidden Pattern of Crime and Punishment in the Hebrew Bible* (New York: Doubleday, 2002), 159. 경북 봉화의 '칠극(七克)성당'은 '7대 죄악'을 삶에서 떨쳐 내고자 했던 신앙을 기리기 위해 건립되었다.

근원적인 혹은 본능적인 욕망으로 이해해야 한다.〈Cassuto, 249〉 열 번째 계명은 그 자체로 교훈이 되지만 동시에 1~9계명을 모두 아우른다. 이것은 범죄와 처벌로 이어질 수 있는 마음과 태도를 다스리게 하는 말씀이다. 예수가 "음욕을 품고 여자를 보는 자마다 마음에 이미 간음하였다"고 질타하신 이유도 같은 맥락이다(마 5:28).

하나님은 사람에게 불가능한 계명을 요구하시지 않는다.〈Kushner, 34〉 열 번째 계명에 대한 흥미로운 해석은 "탐내지 말라"가 이중적인 금지명령의 족쇄가 아니라 축복에 대한 적극적인 확인과 약속으로 볼 수 있다는 점이다. 헤셸은 그의 저작『안식일』에서 열 번째 계명의 의미를 "공간 속에 있는 소유를 탐내지 말고, 시간 속에 있는 것만을 탐내라"고 풀이한다.〈Heschel, 169〉 즉 하나님께 속한 것을 추구하며 욕망하라는 뜻이다. 왜냐하면 첫 계명부터 아홉 번째 계명을 지킨다면 이웃이 가진 것에 대하여 부러워하지 않을 축복과 보상이 있을 것이기 때문이다. 따라서 열 번째 계명에 두 번 반복된 인간 내면의 욕망과 탐심에 대한 금지는 역설적으로 하나님에 관한 긍정 계명이 되어 토라, 하나님의 말씀을 탐내라는 능동적인 교훈으로 읽는다.

십계명은 '네 하나님 야웨'(יְהוָה אֱלֹהֶיךָ)로 시작되어(출 20:2) '네 이웃'(לְרֵעֶךָ)에서 끝난다(17절). 그 중간에 서 있는 우리는 위로 하나님을 사랑하고 아래로 이웃과 함께 살아야 한다. 즉 하나님과 이웃이라는 두 중요 대상을 십계명에서 확인할 수 있다. 마지막 계명은 우리에게 주어진 말씀을 순종할 때마다 지녀야 할 하나님과 이웃에 대한 온전한 마음가짐을 제시한다.

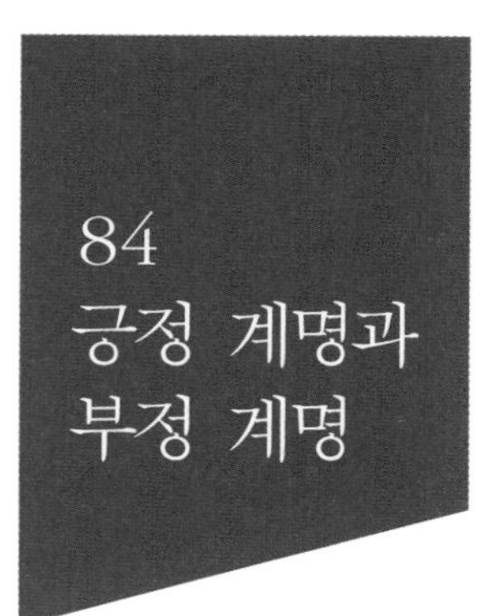

84 긍정 계명과 부정 계명

나는 너를 애굽 땅, 종 되었던 집에서 인도하여 낸 너의 하나님 여호와로라(출 20:2, 8, 12-17).

기원후 3세기 랍비 시믈라이(רבי שמלאי) 이후 유대교는 613개의 계명(מִצְוֹת)을 가르친다.〈BT. Mak, 23b〉 오리겐과 삼위일체에 관해 토론한 바 있는 시믈라이는 오경에 나오는 계명을 차례로 정리하여 위와 같은 결론을 얻었다. 그러나 히브리어 '토라'(תּוֹרָה)를 수치로 바꾸면 611이 되어 편차가 생긴다. 랍비들은 그 차이를 다음과 같이 푼다. 즉 모세가 이스라엘 백성에게 선포한 계명은 611개이고, 하나님이 직접 말씀하신 계명은 2개로서 모두 613계명이 된다.〈Leibowitz, 305〉 그 둘은 탈무드의 십계명 처음 두 계명을 가리킨다(출 20:2-3; 신 5:6-7). 기독교와 유대교의 십계명 분류에 미세한 차이가 있다는 점을 상기해야 한다.

유대교는 오랜 논란 끝에 십계의 서언을 제1계명으로 삼는다.〈Cassuto, 241〉 "나는 … 너의 하나님 야웨라"(출 20:2). 그리고 출애굽기 20장 3절과 4-6절의 내용이 묶여 두 번째 계명이 된다. 탈무드의 분류에 따르면 십계명에는 긍정형이 셋이고, 나머지 일곱은 부정형이다. 한편 마이모니데스(1135~1204)

마이모니데스는 무슬림의 핍박을 받으면서도 토라 연구, 물리학, 의학 등에 놀라운 업적을 남겼다.

는 토라를 부정 계명 365개와 긍정 계명 248개로 나눈다. 이때 토라의 부정 계명은 1년 365일의 날짜와 관련되고, 다른 한편 긍정 계명은 신체의 힘줄(sinew) 248개와 동일하다고 여긴다. 〈Abrahams, 28〉 탈무드는 전체 613개의 계명이 시간(365일)과 사람(248개 힘줄)에 연관된 것은 우연의 일치가 아니라 중요한 메시지가 내포된 것으로 해석한다. 이를테면 일 년 365일 중 어느 하루도 토라와 분리하여 생각할 수 없으며, 또한 신체의 세미한 부분까지도 계명과 긴밀하게 연관되어 있다는 것이다. 따라서 이스라엘의 삶은 '하나님의 말씀' 토라와 떼려야 뗄 수 없는 상호 불가분의 관계를 형성한다. 토라 613계명은 시내산에서 일회적으로 선포되고 활자화된 문서가 아니라 일상생활 곳곳에서 묻어나도록 설계된 살아 있는 말씀이 된다.

다시 십계명으로 돌아가 긍정과 부정의 경우에 어떤 차이와 신학적 의도가 있는지 살펴보자. 예컨대 "안식일을 기억하여 거룩하게 지키라"는 계명은 긍정 명령이다. 어떻게 하면 안식일을 거룩하게 지킬 수 있다는 말일까? 예수 당시 바리새인들의 가장 큰 고민이었다. 그들은 39가지 금지 규율(Lamed-Tet Melachot)을 제정하여 안식일 계명에 최선을 다했다. 그러나 39가지 규정으로 담지 못하는 새로운 환경이 조성되면서 안식일 규정은 새로이 추가될 수밖에 없었고 급기야 몇 권의 책으로 엮어야만 했다.〈Neuwirth, *Shemirath Shabbath*〉 안식일 준행을 위한 항목은 점점 많아지고 마침내 사람이 안식일을 위한 존재로 바뀌는 상황이 되고 말았다(막 2:27). 과연 안식일 계명의 끝이 어디며 안식일을 어떻게 지켜야 거룩하게 할 수 있다는 것인가? 이와 같이 긍정 계명의 실천에는 그 끝이 없다. 무한정이다. 어느 누구도 완성할 수 없다. 부모 공경도 마찬가지다. 아무리 효심이 깊어도 부모 공경의 완성은 멀고 여전히 수행해야 할 여지는 남는다.

이쯤에서 부정 계명의 실천은 어떠한지 비교해 보자. 개혁교회는 십계 중 8가지 계명이지만 유대교는 7계명이 부정형이다. 그중에서 "살인하지 말라"(출 20:13)는 계명은 어떤가? 그 계명의 실천은 안식일의 긍정 계명과 달리 비교적 손쉽다. 왜냐하면 그 일에 연루되거나 가담하지 않으면 그것으로 벌써 계명을 준수한 것과 같고 충분하기 때문이다. 학자들은 이따금 십계명 전체가 본래 부정형으로 주어졌을 가능성을 제기한다. "안식일을 소홀히 하지 말라, 부모를 학대하지 말라" 등처럼 예상할 수 있다. 부정 계명은 최소의 수행으로 인간의 자유의지를 최대치로 열어 둔 장치인 셈이다.

열 계명 중에서 부정 계명이 더 많은 이유를 생각해 볼 수 있을까? 개인의 편차가 있겠지만 가까운 어른이나 상사의 부탁에 거절하는 일이 그리 쉽지 않다. 왜냐하면 "예"보다 "아니요"를 위해서는 상당한 용기가 필요하기 때문이다. 그러니 십계의 7개를 포함한 365개의 부정 계명은 상대적으로 대답하기 어려운 "아니요"를 실천하게 한다. 예수는 "예"와 "아니요" 하고 분명히 할 것을 가르친다. "너희는 '예'할 때에는 '예'라는 말만 하고, '아니요'할 때에는 '아니요'라는 말만 하여라. 이보다 지나치는 것은 악에서 나오는 것이다"(마 5:37).

출애굽기에 111개의 계명이 들어 있다. 그중에서 부정형은 60개이고 긍정형은 51개다. 전체 토라에서 부정형 계명 365개와 긍정형 계명 248개는 사람이란 모름지기 단 하루도, 한순간도 하나님의 계명과 무관하게 존재할 수 없다는 뜻이다. 레위기의 음식법과(레 11:1-47) 신명기의 '셰마'에도 (6:4-9) 동일한 신학적 관점이 적용되었다.

85
다듬은 돌로 쌓지 말라
לֹא־תִבְנֶה אֶתְהֶן גָּזִית

네가 내게 돌로 단을 쌓거든 다듬은 돌로 쌓지 말라 네가 정으로 그것을 쪼면 부정하게 함이니라(출 20:25).

예배를 위한 제단은 장소에 상관없이 토단이면 충분하지만(24절) 나중에 돌단으로 바뀐 것으로 추측된다. 제단 규정은 위 구절, "네가 내게 돌로 제단을 쌓거든 다듬은 돌로 쌓지 말라 네가 정으로 그것을 쪼면 부정하게 함이니라"와 신명기 27장에 약간 다른 방식으로 언급된다. "곧 돌단을 쌓되 그것에 쇠 연장을 대지 말지니라 너는 다듬지 않은 돌로 네 하나님 야웨의 제단을 쌓고 그 위에 네 하나님 야웨께 번제를 드릴 것이며…"(신 27:5-6). 여호수아가 에발(עֵיבָל) 산에 제단을 쌓을 때(수 8:31), 특히 솔로몬의 성전 건축 과정에도 충실히 따른다. "이 성전은 건축할 때에 돌을 뜨는 곳에서 다듬고 가져다가 건축하였으므로 건축하는 동안 성전 속에서는 방망이나 도끼나 모든 철 연장 소리가 들리지 아니하였다"(왕상 6:7).

이후 이스라엘 역사에서도 제단 규정은 상당히 엄격하게 준수되었다. 기원전 2세기 예루살렘 성전은 시리아의 안티오커스 4세에 의해 완전히 짓밟혔다. 건물은 파괴되지 않았으나 이교도 의식이 거행되고 성전으로서 기능을 잃고 더럽혀지고 말았다. 마카비 혁명으로 성전을 회복하자 유다는 이방인들로 인해 부정하게 된 제단을 헐어 한쪽에 쌓아 두었다. 율법의 지시를 따라 "자연석을 가져다가 전의 제단과 같은 제단을 새로" 세웠던 것이다(마카비상 4:47). 한편 요세푸스는 헤롯 성전에 관한 보고를 남겼다. 헤롯이 제단을 건립하는 동안 율법이 제시한 대로 쇠 연장을 활용하지 않았다고 전한다.〈『유대전쟁사』 5.5,7〉

동사 '가자'(גזה)의 용례는 많지 않고 시편에서 "내 어미의 배에서 나를 갈라놓으셨다"(시 71:6)에 한 번 나온다. '자르다, 다듬다'는 뜻으로 이해할 수 있다. 그렇다면 자연석을 활용하여 제단을 쌓으라는 뜻일까? 문제는 '다듬은 돌'로 번역된 명사 '가지트'(גָּזִית)에 대한 이해와 기준이다(왕상 7:9; 사 9:9; 겔 40:42; 암 5:11; 애 3:9). 보통 '다듬은 돌'이라고 말할 때 인위적인 도구를 통해 변형시킨 상태를 가리킨다고 볼 수 있는데 어떤 도구를 활용했는지가 관건이다. '다듬은 돌'(אַבְנֵי גָזִית)은 쇠로 만든 연장, 예컨대 망치, 도끼, 또는 정 등으로 자연석을 가공한 것이다. 본문은 철제 금지가 아니라 '칼' 또는 '돌을 뜨는 도구'로 해석되는 '헤레브'(חֶרֶב)를 사용하여 '부정하다'는 결과를 알려 준다.

그렇다면 제단을 쌓을 수 있는 돌은 자연석을 포함하여 채석장에서 떼어 낸 바위일 가능성이 많다. 고대인들이 바위를 쪼개는 방식을 알면 이해가 쉽다. 그들은 바위를 갈라내기 위해 먼저 바위의 결을 따라 나무못을 일정한 간격으로 박고 물을 몇 차례 붓는다. 수분을 충분히 빨아들인 나무못이 팽창하면서 단단한 바위에 틈새가 생기면 저절로 떨어진다. 약간의 인공적인 위력이 들어가지만 고대인들에게는 자연석에 가깝다. 그러므로 출애굽기 20장의 '다듬은 돌'이란 철제 연장을 통해 정교하게 작업한 상태라고 봐야 한다.

'다듬은 돌'(גָּזִית)과 열왕기상에 언급된 '채석장의 완벽한 돌'(אֶבֶן־שְׁלֵמָה מַסָּע)과의 차이는 분명하다(왕상 6:7). 후자는 예배를 위한 제단 건립에 합당하고 전자는 부정하다. 이처럼 다듬지 않은 돌을 고집하는 이유는 무엇일까? 미슈나는 여기에 몇 가지 근거들을 제시한다. 첫째, 제단의 건립은 하나님 예배와 평화를 기원하는 것인데 공격용 무기에 쓰이는 철제 도구를 활용한다는 것은 그 목적과 정신에 위배된다. 둘째, 제단과 성전에서 사람의 안녕을 기원하지만 철제 도구는 전쟁을 목적으로 한다. 셋째, 돌을 다듬는다는 것은 우상을 새기는 일이기 때문에 어떤 형상이라도 섬기지 말라는 계명에 어긋난다. 넷째, 철로 만든 칼은 지상의 권력을 상징하며 영적인 삶에 도움이 되지 않는다. 〈*Mishnah Middot* 3:4〉

86 청동률 עַיִן תַּחַת עַיִן

그러나 다른 해가 있으면 갚되 생명은 생명으로, 눈은 눈으로, 이는 이로, 손은 손으로, 발은 발로, 데운 것은 데움으로, 상하게 한 것은 상함으로, 때린 것은 때림으로 갚을찌니라(출 21:23-25; 신 19:21).

이른바 "눈에는 눈, 이에는 이"라는 동해복수법(lex talionis)은 한동안 잔인하고 미개한 피의 복수라 여겨 왔다. 하지만 보복의 악순환을 막기 위한 법 정신의 진보로서 법의 역사에서 의미 있는 발걸음이었다. 기원전 18세기 함무라비 법전에 뿌리를 둔 이 법은 그보다 3~4세기 이른 우르남무(Ur-Nammu) 법전과 비교하면 차이가 두드러진다.[4]

우르남무 법전(기원전 21세기)	함무라비 법전(기원전 18세기)
눈을 상해하면 은 반 미나를 물어야 한다.	눈을 상하게 하면 상대의 눈을 상하게 한다.
이를 부러뜨리면 은 두 세겔을 지불한다.	뼈를 부러뜨리면 상대의 뼈를 부러뜨린다.

우루남무 법전에 의하면 법 정신과 원칙이 공정하게 준행되기보다는 가진 자들의 재화로 대신할 수 있는 법의 남용 가능성이 많아 보인다.

4 채홍식 역주, 『고대근동 법전과 구약성경의 법』 서울: 한님출판사, 2008.

함무라비 법전은 동일한 신분에 한정되지만 얼핏 섬뜩한 복수를 조장하는 것처럼 들린다(196조). 그렇지만 범죄로 인한 사적인 복수를 막고 죄형법정주의의 기초를 놓은 것으로 평가받는다.

이와 같은 법 정신은 출애굽기의 계약법전에도 유지된다. "생명은 생명으로, 눈은 눈으로, 이는 이로, … 갚을지니라"(출 21:23-25). 즉 동해복수법이 출애굽 공동체 이스라엘을 견지하려는 규범이자 출발점이었다(레 24:20; 신 19:21). 형법의 조항에 그친 것이 아니라 삶을 영위하기 위한 최소한의 방편이며 철학이었다. 이후 유다 왕국도 "눈에는 눈"으로 대표되는 계율을 근간으로 삼았다. 시인과 지혜자는 사람의 행한 대로 돌아온다며 교훈하였고(시 62:12; 잠 24:29), 포로기를 전후한 예언자들 역시 "네가 행한 대로 너도 받을 것이라"며 경계하였다(옵 1:15; 렘 25:14; 겔 18:30). 이렇듯 대등하게 주고받는다는 점에서 **청동률**(Bronze Rule)이라 일컫는다.

시간이 한참 지나고 나사렛 예수는 보복의 고리를 원천적으로 끊는 새로운 윤리를 제시한다. "그러므로 무엇이든지 남에게 대접을 받고자 하는 대로 너희도 남을 대접하라"(마 7:12; 눅 6:31). 언필칭 **황금률**(Golden Rule)이다. 예수의 선언은 하늘에서 갑자기 떨어진 교훈이 아니다. 황하의 탁류가 땅속 깊이 잠류하여 맑은 물이 되듯 이스라엘은 혹독한 바빌론 포로기와 유랑의 파고를 겪으면서 청동률을 숙성시켰고 마침내 한 위대한 스승을 통하여 황금률로 분출시키기까지 시간이 필요했다.

포로 귀환 이후 쓰이기 시작한 〈타르굼〉은 아람어 해설 성서다. 〈타르굼〉 레위기는 이웃 사랑을 다음과 같이 풀이한다. "원수를 갚지 말며 동포를 원망하지 말며 이웃을 사랑하라. 네가 싫어하는 일을 남에게 시키지 말라"(타르굼 19:18). 유대인의 스승 힐렐은 단호하지만 간명하게

법 제정자: 메네스, 모세, 함무라비
(보드맨 로빈슨 작, 1935. 스미소니언 미국 미술관)

가르친다. "네가 싫어하는 일을 남에게 시키지 말라. 이것이 토라의 핵심이며 나머지는 해설이다"(Hillel, Sabbath 31). 탈무드의 교훈도 뒤따른다. "네가 싫어하는 일은 아무에게도 행하지 말라"(Tobit 4:15; 참조. Didache 1:2; 집회서 31:15). 그러나 황금률에 미치지 못하기에 **백은율**(Silver Rule)로 불린다. 근자에는 황금률 대신 **백금률**(Platinum Rule)이 오르내린다. 즉 상대가 원하는 대로 하게 하라! 주로 비즈니스 업계에서 소비되는 상업적인 뉘앙스가 강하지만 귀담아들을 만한 부분이 있다. 〈D. Rönnedal, "The Golden Rule and The Platinum Rule," *Journal of Value Inquiry* 49 (2015), 221-236〉 청동률은 아브라함의 고향 '두 강 사이' 메소포타미아에서 흘러나와 팔레스틴 요단강과 실로암 연못을 적시며 유대 랍비들에게서 백은률로 숙성하였으며, 마침내 갈릴리 호수가의 예수에게서 황금률로 완성된 것이다. "눈에는 눈 이에는 이"가 원시 출애굽 공동체를 유지를 위한 법의 근간이었다면, "남에게 대접받고자 하는 대로 남을 대접하라"는 예수 공동체를 위한 새로운 윤리의 출발점이 된다. 청동률의 위대한 진보이며 진화다.

너는 이방 나그네를 압제하지 말며 그들을 학대 하지 말라 너희도 애굽 땅에서 나그네이었었음 이니라(출 22:21).

"나그네를 압제하지 말라"는 약자보호법의 맨 앞에 언급된다(21-27절). 그 이유는 역지사지로 보면 명쾌하다. 이스라엘이 이집트에서 나그네로 억압을 받았기 때문이다. 언약법에서 나그네 억압 금지 명령은 다면적인 함의가 들어 있다. 즉 그들의 불안한 신분 때문에 법적, 사회적, 경제적 그리고 심리적으로 불이익을 받거나 손쉬운 착취의 대상이 된다. 출애굽기의 '나그네'(גֵּר)를 비롯하여 구약성서에 외국인은 이방 사람(נֵכָר), 거류인(תּוֹשָׁב), 타국 품꾼(שָׂכִיר), 본토인(אֶזְרָח) 등 다양한 형태로 나온다.

① **게르**(גֵּר): 대표적인 나그네, 또는 외국인이다. 주로 장기간 체류하는 합법적인 거주자들이다. 이스라엘은 이집트의 게르였다(출 22:21; 23:29). 한글 번역은 이주자, 이방인, 장기 체류자, 나그네(시 119:19) 등 여러 가지로 옮겼다. 게르의 권리와 지위는 아래 거주자들보다는 안정적이었다. 예컨대 게르는 안식일에 휴식할 수 있으며(출 20:10; 23:12), 이스라엘의 절기에 참여할 의무도 있고(출 12:19; 레 17:8), 동일한 특권을 누릴

수도 있었다(신 16:11; 레 25:47). 게르가 이스라엘에 머무는 것은 법적 권리로서 제사 음식에 대한 불허 외에는(신 14:21) 책임과 의무에 있어서 내국인과 거의 같다. 개종자(proselyte)를 가리킬 수도 있다(대하 30:25). 출애굽과 관련지어 탈출 당시 이집트인들도 포함되었고 이스라엘에게 우호적인 다른 나라 사람들도 해당된다(사 56:3). 타국인, 또는 낯선 사람으로 번역하여 거리감을 부각시킨다(민 35:15).

② **네카르**(נֵכָר): 엄격하게는 '벤 네카르'이며 사업이나 여행처럼 단기간 방문하는 사람들을 가리키는 개념이다(신 14:21). 이 낱말은 보통 이방인으로 번역되어 유월절 식사나 성소에 들어올 수 없는 사람들로 분류되고(겔 44:9) 포로 귀환 이후에 느헤미야가 벌인 개혁의 대상이 되기도 하였다(느 9:2). 일반적인 외국인을 지칭할 때 네카르가 빈번하게 쓰이고(출 21:8; 왕상 8:43), 이방 신을 언급할 때도 활용되었다(창 35:2, 4; 신 31:16).

③ **토샤브**(תּוֹשָׁב): 히브리어 '토샤브'는 주로 '우거'(寓居), '우거하는 자'로 옮겨졌다. 이때 '우거'는 얼른 알아차리기 힘든 한자말이다. 남의 집이나 타향에서 잠시 머문다는 뜻이다. 아브라함이 헤브론에 머물 때 "나는 나그네요 거류하는 자"라며 사라의 매장지를 물색한다. 여기에 쓰인 낱말이 '게르와 토샤브'다. 굳이 구별하자면 토샤브는 앞서 논의한 게르보다 거주기간이 짧은 경우이며 그의 식솔들까지 포함된다. 동거인, 임시 거주자 등으로 번역되기도 한다(레 25:47). 시편 시인은 떠돌이처럼 정처 없지만 주님과 함께하니 그의 하소연을 들어주십사 아뢴다(시 39:19).

④ **샤키르**(שָׂכִיר): '샤키르'는 본래 고용된 인력을 가리키는 전문 용어다. 출애굽기 12장 45절에 '타국 품꾼'은 적절한 번역이다. 요즘으로 치면 이주 노동자에 해당한다. 샤키르가 꼭 외국인이라고 단정적으로 말할

수는 없으나 품꾼에 대한 부정적 인상은 강하게 남는다(렘 46:21). 그럼에도 토라는 품꾼에 대한 처우는 엄격하며(신 15:18) 그들을 학대하는 것 또한 언약법이 강력하게 규제한다(신 24:14; 레 19:13; 욥 7:1,2).

⑤ **에즈라(אֶזְרָח)**: 본토인(native)으로 번역된 '에즈라'가 이스라엘 또는 히브리인을 지칭하는지 분명하지 않다. 다만 본토인은 게르와 대립되는 개념으로 쓰인다(출 12:19, 48; 민 15:29; 겔 47:22). 그렇다면 에즈라는 최소한 출애굽 당시에 사용되던 용어로 보기는 어렵다. 이스라엘이 가나안 진입한 후 주인 의식을 갖고 '본토인'을 쓴 것으로 추정된다. 에즈라는 이스라엘의 삶과 신앙에서 다수를 구성하는 대표적인 계층이다. 그에 미치지 못한 경우를 이방인, 거류자, 나그네, 품꾼 등으로 구별하였다.

역사적으로 어느 사회나 나그네, 고아, 과부에 대한 보호와 배려는 중요한 덕목이었다. 동양에서는 홀아비를 포함시킨다. 네 부류의 궁벽한 백성을 뜻하는 사궁민(四窮民)이다. 구약의 주요 배경인 사막과 광야에서 환대는 유목 사회에 계승되는 오랜 관습이며 상생의 전통이다.[5] 십계명을 통하여 하나님과 이스라엘의 관계를 정립한 이후 이스라엘은 공동체가 피할 수 없는 이방인들과 사회적 약자들을 위한 자비와 정의와 의의 율법을 익히 알고 있었다.〈더햄, 539〉 언약법의 어조는 단호하다. "나그네를 압제하지 말고(לֹא־תוֹנֶה) 학대하지 말라(לֹא תִלְחָצֶנּוּ)." 왜냐하면 그들이 부르짖으면(צָעֹק יִצְעַק) 하나님은 반드시 그들의 울부짖음을 들으실(אֶשְׁמַע שָׁמֹעַ) 것이기 때문이다(23절; 말 3:5을 참조하라).

---

5 임봉대, "구약성서에 나오는 환대(Hospitality)에 관한 소고 (小考): 다문화 사회에서의 성경이해," 「구약논단」 18.3 (2012. 09), 34-59.

88 과부 אַלְמָנָה

너는 과부나 고아를 해롭게 하지 말라(출 22:22).

성서 번역은 이따금 논란을 일으킨다. 특정 병증이나 부류를 지칭하는 번역어가 비하 또는 편견을 내포하는 경우가 있기 때문이다. 번역 성서가 시대의 흐름을 능동적으로 따라잡지 못한 것이다. 이를테면 '과부'(寡婦)가 대표적이다. 〈개역개정〉과 〈성경〉을 비롯한 대부분 한글 성서가 '과부'로 옮겼다. 부부로 살다가 남편과 사별한 여인을 가리키는 중세기적 용어다. 미망인(未亡人)이란 대안이 있지만 어감이 좋은 편이 아니다. 남편이 죽으면 따라 죽어야 하는데 '죽지 않고 살아 있는 사람'이란 뜻이다. 가치중립적이며 포괄적인 번역어가 절실히 요청된다.

'알마나'(אַלְמָנָה)는 남편을 여읜 사람이다. 어원은 부부의 사회적 형태를 비롯하여 사별한 여인이 겪을 수 있는 현실적 어려움을 헤아려 보게 한다. 동사 '알람'(אָלַם)은 '묶다'와 관련되어 부부의 연대를 암시한다. 아랍어 알람은 '고통을 겪다', 아람어로 '분을 품다', 앗시리아어는 '요새'(fortress)를 가리킨다. 즉 두 사람을 부부로 단단히 묶어 주는 관계가 해체되었을 때 겪을 여러 가지 고충과 불이익을 보여주는 동시에 공격의 대상이 된다는 암시다.

한편 형용사의 용례는 훨씬 더 현실적인 상황을 반영한다. 즉 '알만'(אַלְמָן)은 '과부가 된', '버림받은'(렘 51:5), 또는 '말 못하는'(출 4:11; 사 56:10), 명사 '일렘'(אִלֵּם)은 '벙어리' 등을 뜻한다(시 38:14; 잠 31:8; 사 35:6; 합 2:18). 즉 혼자가 된 여성은 하소연할 대상을 잃어 막막한 데가 없으니 혼자 냉가슴을 앓을 수밖에 없다.

계약법전은 고대 이스라엘에서 여성이 배우자와 사별하고 눈앞에서 겪는 피할 수 없는 현실을 직시한다. 모세는 이스라엘에게 "과부나 고아를 해롭게 하지 말라"고 당부한다. 언약법에 소개된 흔히 약자보호법은 세 부류의 빈곤계층을 겨냥한다. 즉 나그네와 과부와 고아다. 맹자는 사궁민(四窮民)이라 하여 여기에 홀아비를 포함한다. 네 부류의 궁핍한 백성, 환과고독(鰥寡孤獨)이다. 〈맹자(孟子) 양혜왕下 5-2〉 그러나 성서는 홀아비를 과부처럼 돌볼 대상으로 여기지 않는다. 왜냐하면 고대 사회에서 남성은 아내와 사별한 후에도 재혼의 기회가 여전히 있고 과부에 비해 훨씬 더 많은 특권을 누리는 남성 중심 사회를 인정하기 때문이다. 그런 이유 때문인지 구약성서에 과부는 57차례 언급된 반면 홀아비는 단 한 번도 나오지 않는다(렘 51:5의 '홀아비'는 본문에 없고 한글 번역 때 추가되었다).

다시 출애굽기 22장의 과부로 돌아간다. 부부 사이는 예나 지금이나 각별하다. 하루 종일 가까이 지내고 날마다 함께 식사하며 모든 일에 대화를 주고받으며 하루 일과를 함께 나누는 대상이다. 창세기에 의하면 부부란 서로 돕고 상호 보완해 주는 관계다(창 2:18). 이와 같이 부부는 신체적으로 깊은 친분을 나누고 정서적으로 강력한 공감대를 형성하면서 자녀를 함께 양육하고 서로의 삶을 풍요롭게 하는 존재이며 대상이 아닌가? 그런데 하루아침에 남편을 잃었다면 얼마나 세상이 무섭고 두렵겠는가! 그러니 과부라는 히브리어에는 '말할 수 없는'(אִלֵּם) 슬픔과 아픔을 겪는다는 뜻이 포함된 것이다. 탈무드에 따르면 심지어 재력을 갖추거나 사회적 지위가 있더라도 과부는 여전히 돌볼 대상이며 약자다. 왜냐하면 배우자를 잃고 우울해지거나 쇠약해지기 쉽기 때문이다.〈Carasik, 192〉

과부나 고아를 해롭게 하지 말라는 22절은 독립적인 구문으로 종결되지 않고 다음 구절에 결론적인 강조점을 둔다. "만일 그들을 해롭게 하여 그들이 내게 부르짖으면 내가 반드시 그 부르짖음을 들으리라." 마치 동태복수법처럼 "눈에는 눈으로 이에는 이로" 갚을 것이라는 보복적인 경고가 뒤따른다.〈Cassuto, 292〉 나중에 신명기와 예언자들이 과부를 돌보며 착취하지 말 것을 일관되게 주장한 이유를 알 수 있다(신 10:18; 14:29; 24:17-22; 27:19; 사 1:17; 렘 7:6; 22:3; 겔 22:7; 슥 7:10). 어느 사회에서나 과부와 고아는 일차 보호 대상에 해당한다. 출애굽기의 약자보호법은 이스라엘의 역사적 경험과 하나님의 사랑을 인식할 수 있는 리트머스 시험지와 같다. 보호자를 잃은 여성이 괴롭고 답답하여 하소연한다면 하나님은 반드시 그 부르짖음을 들을 것이다(23절).

네가 만일 너와 함께한 내 백성 중에서 가난한 자에게 돈을 꾸어 주면 너는 그에게 채권자같이 하지 말며 이자를 받지 말 것이며(출 22:25).

언약책(출 24:7)은 하나님과 이스라엘의 계약한 내용을 가리킨다. 이스라엘 공동체를 유지하기 위한 기본적인 계율들이 포함되어 있다. 그중에 약자보호법과 이자 금지법이 눈에 띈다. 사회복지는 모든 공동체가 함께 나눠야 할 책임과 의무라지만 이자 금지는 고개를 갸우뚱하게 만든다. 언약책은 동족에 한정된 경우지만 돈을 빌려주면 이자를 받지 말라고 규정한다. 히브리어 '네셰크'(נֶשֶׁךְ)와 '타르비트'(תַּרְבִּית)다. '네셰크'가 11차례 활용되었고(신 23:20; 시 15:5) 더러는 두 낱말이 나란히 나오기도 한다(레 25:36-37; 겔 18:8, 13, 17; 22:12; 잠 28:8). 두 단어는 보통 이자, 또는 고리(高利)를 뜻한다. 큰 차이 없이 동의어처럼 쓰이나 '네셰크'는 선이자이고 '타르비트'는 반대로 복리이자처럼 이자율이 눈덩이처럼 증가되는 경우로 설명하기도 한다.[6]

6 Samuel E. Loewenstamm, "נשך and תרבית/מ," *Journal of Biblical Literature* 88.1 (March 1969), 78-80.

〈사마리아 오경〉은 '네셰크' 대신 '카풀'(כפול), 곧 '두 배'로 이자율을 제한하고 있다. 정착 생활이 아니라 유목 생활을 근거로 형성된 조항이기 때문에 이자율이 높았을 것으로 유추할 수 있다. 분명한 것은 고대 가나안 지역의 이자율이 터무니없이 높았을 뿐 아니라 채권자의 횡포가 악독하여 벗어날 수 없었기에(잠 22:7) 언약책은 이자를 원천적으로 금지시킨 것이다. 미드라시는 '네셰크'를 마치 뱀이 무는 것과 흡사하다고 비유한다. 처음에는 물린 상처가 대수롭지 않고 큰 통증을 못 느끼지만 점차 온몸이 부어오르다가 급기야 목숨까지 위협받게 된다.〈*Exodus R.* xxx〉 다시 말해 이자란 보이지 않는 상처 같아서 신경 쓰지 않지만 이자가 결국에 채무자를 삼키고 만다는 강력한 경구다.〈Houtman, 228〉

출애굽기의 '이자 금지' 항목은 인도주의적인 관점에서 평가할 수 있다. 여기에 사용된 용어가 누구의 이해와 관점을 반영한 것인지 살펴보는 것은 중요하다. 예컨대 이자를 뜻하는 한자와 영어를 보라. 利子는 이로울 利와 어조사 子로 구성되어 문자적으로 '이로운 것', 또는 남의 돈을 빌려 쓴 대가로 취하는 '금전적 이득'을 가리킨다. 한편 영어 interest는 양자 사이에 발생하는 법적 권리나 정당성을 뜻한다. 이자의 사전적 혹은 법률적인 의미보다 누구에게 유익하며 누구를 위한 정당성인지가 문제다. 그것은 두말할 것도 없이 채무자가 아니라 채권자의 이자(利子)이며 채권자의 권리(interest)를 대변하는 용어다. '네셰크'의 사전적 의미는 '물어뜯다'지만 랍비들은 선이자와 연관해서 '물어뜯기다', 또는 '갉아먹히다'는 수동적인 뜻을 읽는다. 왜냐하면 '네셰크'는 채무자의 입장에서 보면 이자의 희생자이기 때문이다. 히브리어 '네셰크'는 채무자의 용어다.

그렇다고 이자 금지에 대한 이해를 약자보호법이나 인도주의 관점에 머물면 그 정신을 정확히 헤아리지 못한다. 왜냐하면 언약책은 크게는 하나님과 이스라엘, 좁게는 이스라엘이 한 가족이라는 맥락을 놓치고 있기 때문이다. 출애굽기의 이자 금지 규정은 경제학 원론이나 재산증식의 전략과 거리가 멀다. 이스라엘은 하나의 공동체, 한 가족이라는 사실에 토대를 둔다. 본문에 "이자를 받지 말라"보다 "채권자(נֹשֶׁה)같이 하지 말라"는 구문이 앞선다. 채권자는 빌린 돈을 갚지 못하면 채무자를 종으로 삼을 수 있는 막강한 권리가 주어졌다(왕하 4:1). 돈을 빌렸다가 갚지 못한 것 때문에 노예가 될 수 있다면 더 이상 계약 공동체가 아니다. 이자 금지 조항은 단지 사회경제적 약자를 보호하는 차원을 넘어 내 가족 중 누군가를 노예로 만들 수 있는 이자를 원천적으로 허용하지 않는 사회에 대한 염원이 반영된 것이다.

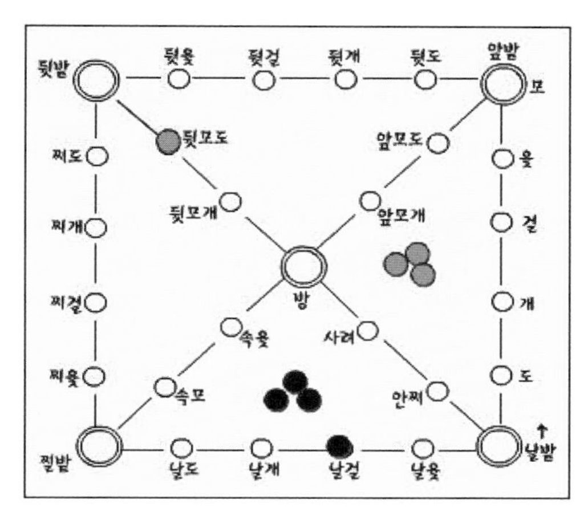

출애굽기의 약자보호법과 우리의 전통 윷놀이 규칙은
깜짝 놀랄 정도로 대비된다.

우리 전통 민속 중 윷놀이를 이자 금지 정신에서 들여다보면 흥미로운 점이 관찰된다. 윷놀이의 민속적 가치나 전래 놀이문화를 평가 절하하려는 의도는 전혀 없다. 우선 윷놀이의 규정은 지나치게 승자 중심적이다. 예컨대 윷이나 모가 나오면 한 차례 순번에서 4걸음 또는 5걸음을 갈 수 있다. 윷놀이의 최대치를 확보한 것이다. 눈여겨볼 점은 윷이나 모의 경우 다시 한번 기회가 주어진다는 사실이다. 그런가 하면 앞서던 말을 잡을 때 역시 한 차례 더 던질 수 있다. 거의 강자 독식처럼 보인다. 반대로 한 번 던져서 1걸음 곧 도가 났거나, 심지어 잡혔을 때는 아무런 보호 장치가 없다. 약자는 무방비 상태이며 나락으로 떨어지기 십상이다. 계약법전의 인도주의 정신을 살린다면 윷이나 모가 날 때가 아니라 도나 가던 말이 잡힐 경우 새로운 기회를 주는 것이 옳다.

언약책은 공동체에서 이자를 금지함으로써 채권자가 채무자를 노예로 삼을 가능성을 미리 차단하고 있다. 야웨의 통치가 실현되는 평등하고 아름다운 사회를 위한 머릿돌이다. "이자 없이 돈을 꿔주는 사람은 모든 계명을 지킨 것과 같다." 〈*Exodus. R.* 31.4〉

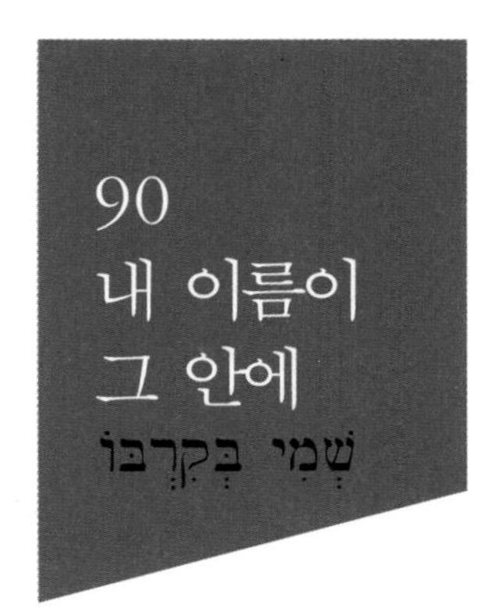

너희는 삼가 그 목소리를 청종하고 그를 노엽게 하지 말라 그가 너희 허물을 사하지 아니할 것은 내 이름이 그에게 있음이니라(출 23:21).

수수께끼 같은 구절이다. 하나님의 이름이 '그 안'에 있다니? 앞의 שְׁמִי는 '나의 이름'이다. 뒤의 בְּקִרְבּוֹ는 자세한 설명이 필요하다. 즉 전치사(בְּ), 전치사(קֶרֶב) 그리고 접미대명사(וֹ)로 된 전치사구다. 구약에 22차례 언급되며 물리적, 정신적인 의미로 '가운데, 내면'을 가리킨다(왕상 3:28; 시 109:18). 그렇다면 '그'로 번역된 3인칭 남성단수는 어떻게 해석할 수 있을까? 보통 두 가지 해석이 통용된다.

첫째는 천사다. 20절에 언급된 사자(מַלְאָךְ)로 하나님의 대리자를 가리킨다. 이 점에서 천사는 이 맥락에 자연스럽다. 유대교 일부에서는 대천사장(הַשַּׂר הַגָּדוֹל) **미가엘**(단 12:1; 유 1:9)이나, 탈무드에 나오는 하늘의 서기관 **메타트론**(מטטרון)으로 간주한다.[7] 〈*BT Hagigah* 13; Carasik, 203〉 두 번째는 토라 또는 법궤다. 하나님의 시내산 계시는 토라로 대표된다. 그 토라는

7 George Foot Moore, "Intermediaries in Jewish Theology: Memra, Shekinah, Metatron," *The Harvard Theological Review* 15.1 (1922), 41-85.

두 돌판에 새겨져 법궤에 보관된다. '나의 이름'이 토라에 들어 있다는 의미다. 이스라엘의 행진에 법궤가 항상 앞장선다(민 10:33). 모세는 시내산 계시를 마무리하면서 하나님의 이름을 강조한다. 신 현현 후에 하나님의 이름을 다시 확인하는 형식은 낯설지 않다(출 34:5-6).

또한 '내 이름이 그 안에'를 해석하려면 하나님 이름을 다뤄야 한다. 흔히 '거룩한 네 글자'로 알려진 야웨(יהוה)는 구약에 6,823차례 등장한다. 유대 전통에 따르면 본래 발음대로 읽지 못하고 '아도나이'(אֲדֹנָי)로 대체된다. 영어 the LORD, 독어 das Herr, 한글 '주' 등으로 번역된다. 그러나 엄밀하게 구약의 하나님 이름이 또 하나 언급되었다. 오직 네 차례만 언급된 신명은 '에흐웨'(אֶהְיֶה)다. 출애굽기 3장에 집중적으로 나온다(출 3:14[×3]; 호 1:9).[8] '에흐웨'는 번역본에 따라 그리스어 ἐγὼ εἰμι, 영어 I AM으로 옮기지만 음역으로 번역될 수밖에 없다. 〈타르굼〉에 의하면 모세가 만난 하나님은 '에흐웨'이고 '에흐웨 아셰르 에흐웨'는 그 의미에 대한 해설이다.〈Carasik, 21〉 즉 '에흐웨'는 어제나 이제나 언제나 늘 동일한 분이라는 뜻이다.

위에서 야웨와 에흐웨 두 신명을 확인하였다. 에흐웨의 첫 글자(א)는 알파벳의 시작이며 하나님의 선재하심과 언제나 동질적인 분을 상징한다. 야웨의 첫 글자(י)는 10번째 자음으로서 하나님의 10가지 신적인 힘 또는 신성(ספירות)을 가리킨다. 이와 같이 하나님의 두 이름의 첫 글자는 통칭(epithet) 아도나이의 처음과 마지막 글자로 읽거나 관련시킨다. 즉 하나님은 세상의 시작과 끝이며 '주인'(the Lord)이다. 그분은 항상 자비로운 하나님이다. 그렇기에 그는 이스라엘 백성의 고통을 보고 부르짖음을 듣고 모세를 보내어 해방시키려는 것이다(출 3:7-8).

---

8 김정철, "호세아 1:9b의 אהיה에 관한 연구," 「신학연구」 48 (2006), 37-63.

아도나이(אֲדֹנָי)의 가운데 두 글자 딘(דין דִּן)은 정의를 의미한다. “내 이름이 그 안에 있음이라”(출 23:21). ‘내 이름’(שְׁמִי)은 에흐웨와 야웨이고 ‘그 안’(בְּקִרְבּוֹ)은 정의(justice)의 하나님을 내포한다. 하나님은 자비로 그의 백성을 인도하지만 또한 동시에 정의로 다스리기도 하신다. 자비와 정의의 견제와 균형이다. ‘아도나이’라는 호칭에도 두 성품이 절묘하게 들어 있다. 가운데 두 글자는 정의의 하나님을, 처음과 마지막 두 글자는 자비의 하나님이다. 따라서 이스라엘은 하나님의 본래 이름 ‘야웨’(יהוה)나 ‘에흐웨’(אֶהְיֶה) 대신 ‘아도나이’(אֲדֹנָי)라고 부르게 된 것이다. 여기서 유의할 점은 아도나이가 1인칭 나에게 한정된 ‘나의 주님’이 아니라 온 인류의 주인으로서 ‘the Lord’라는 사실이다.

위 구절은 모세가 계약법을 선포한 후 약속된 땅을 바라보며 하나님의 이름과 정의의 명분으로 이스라엘 회중에게 계명에 대한 순종과 계약의 실천을 요구하는 대목이다. 신 현현 장면에서 야웨의 다양한 표현이 언급되듯(출 34:6-7) ‘내 이름이 그 안에’도 하나님의 속성을 압축적으로 역설한 것이다.

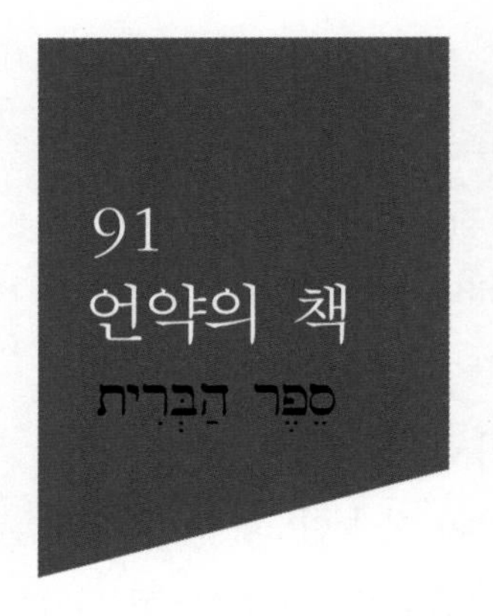

91 언약의 책 סֵפֶר הַבְּרִית

언약서를 가져 백성에게 낭독하여 들리매 그들이 가로되 여호와의 모든 말씀을 우리가 준행하리이다(출 24:7).

모세는 아론과 나답과 아비후를 데리고 70장로와 함께 야웨를 예배하고 산 위에서 하나님의 모든 말씀을 기록한다. 이튿날 모세는 산에서 내려와 제단과 열두 기둥을 쌓고 번제와 화목제를 드린다. 이윽고 언약의 책을 이스라엘 앞에 낭독하니 모든 백성이 "우리가 준행하리이다"라고 응답한다. '언약의 책', 또는 '계약법'은 머리글의 표에서 보듯 20장 22절부터 23장 33절까지다. 크게 보면 '미슈파팀'(הַמִּשְׁפָּטִים)과 '드바림'(דִּבְרֵי יְהוָה) 등 두 갈래로 구분된다. 이를테면 21-22장 후반은 주로 법정의 판결문처럼 보이고, 22-23장은 대부분 하나님의 절대적 명령이다. 따라서 후자는 필연법(apodictic law)이고, 전자는 판례법(casuistic law)으로 불린다.

판례법은 더러 결의론적 법이나 사례법으로 번역되기도 한다. 아쉽게도 구약의 미슈파트 번역은 율례, 법도, 규례, 법령, 판결, 정의, 심판 등등 다양하기 이를 데가 없다. 우선 미슈파팀에는 제사법(출 20:22-26), 노예법(21:2-11), 사형법(21:12-22:17), 상해법(21:18-22:17)으로 요약된다. 공동체에서 빈번하게 벌어지는 사례들을 유형별로 나누고 법제화한 것이다. 다음 구절을 보라. "어떤 사람의 소가 그 이웃의 소를 받아서 죽게 하였을 경우에는, 살아 있는 소는 팔아서 그 돈을 나누어 가지고, 죽은 소는 고기를 나누어 가진다"(출 21:35). 이와 같은 법의 확립은 이웃 사이에 생겨날 수 있는 분쟁을 신속하게 해결하면서 공동체 유지를 위한 비용을 최소화하게 한다. 이때 공명정대한 (impartial) 판결이야말로 미슈파팀의 출발이며 판례법의 핵심이다. 따라서 신명기는 '재판은 하나님께 속한 것'(הַמִּשְׁפָּט לֵאלֹהִים הוּא)이라고 규정한다(신 1:17).

한편 필연법은 절대법, 정언법, 당연법, 정명법, 규정법, 단언법 등 여러 가지로 표현된다. 편의상 '필연법'으로 칭하지만 본문은 '야웨의 말씀들'(דִּבְרֵי יְהוָה)이다. 사형법(출 22:18-20), 약자보호법(22:21-23:9), 휴경과 절기법(23:10-17), 기타(23:18-33) 등이다. 사실 필연법의 형식은 이미 십계명에서 소개된 바 있다. 언약의 책에 다시 정언명령으로 선포한 것은 더욱 복잡다단해진 공동체의 이해관계를 반영하여 하나님과 이스라엘 사이를 재확인하는 셈이다. "너희는 나그네(גֵּר)를 학대하지 말며 억압하지 말라 너희도 이집트에서 나그네였느니라"(출 22:21). "너희는 가난한 사람의 송사라고 정의를 굽게 하지 말라"(출 23:6). 앞의 인용은 그 원인을 밝혔으나 사실 필연법은 합리적인 근거나 구체적인 예증이 필요 없는 정언(定言) 명령이며 그럼으로써 그것은 '하나님의 말씀'으로 간주될 수밖에 없다.

칸트는 정언명령의 본질을 명확하게 설파한다. 즉 필연법이란 어떤 동기나 목적에 의존하지 않고 보편적인 원칙을 제시하는 논리적 진술이다. 따라서 그 실천의 근거는 도덕성이 아니라 합리성에 있다. 결과가 좋든 나쁘든 상관없이 반드시 수행해야 하는 객관적이며 필연적인 명령이다. 이와 같은 필연법 앞에 이스라엘이 서 있는 이유는 그들이 계약 공동체의 일원으로서 모름지기 하나님의 절대명령을 따라야 할 대상이기 때문이다. 여기서 모세는 바로의 압제로부터 탈출한 동기와 계약법의 원칙에 따라 금지할 것과 실천할 것을 선언할 뿐이다. 판례법에서 살펴본 대로 위반 시 처벌 규정이 뒤따르지 않는다. 만약 필연법을 거스른다면 신성을 거부한 것이며 공동체의 분란을 야기한 것이기 때문에 그 결과는 모두에게 해악이다. 필연법은 야웨 하나님의 본성에 충실하며 그 신앙공동체의 건강한 유지를 위한 명령이다.

언약의 책에 들어 있는 두 가지 미슈파팀과 드바림은 씨줄과 날줄처럼 결합되어 출애굽기의 중심부를 이룬다. 그 둘의 문학적 장르와 성격을 뚜렷이 구분하기 위해 상황적 명령과 절대적 명령으로 나누기도 한다. 모세가 이스라엘의 행정과 조직에 대하여 이드로의 조언을 들었다면(출 18:25), 사법과 판결에 대하여 바빌론의 함무라비 법전의 영향을 받았을 가능성을 엿보게 한다(출 21:22-25). 따라서 둘은 '삶의 자리'(Sitz im Leben)가 서로 다른 것처럼 보이나 출애굽 공동체 이스라엘의 정체성을 보여주는 동시에 평등한 사회와 제의 공동체(Kultgenossenschaft)라는 분명한 목표의식을 제시하고 있다. 모세는 언약의 책에 기록한 내용을 확고히 하고자 선명한 제의적 행위를 통하여 매듭짓는다. 그는 피를 백성에게 뿌리며 미슈파팀과 드바림은 야웨가 이스라엘과 맺은 언약의 피(דַם־הַבְּרִית)라고 선포한다.

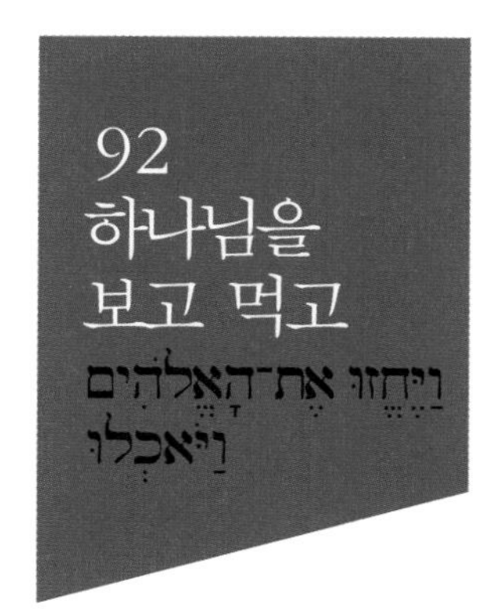

하나님이 이스라엘의 존귀한 자들에게 손을 대지 아니하셨고 그들은 하나님을 보고 먹고 마셨더라(출 24:11).

출애굽기 24장은 계약이 마무리되고 식탁을 함께 나누는 장면에서 절정에 이른다. 대략 다음과 같이 일곱 단계로 진행되는 상황이다.

① 모세와 아론, 나답, 아비후 그리고 70장로가 멀리서 야웨를 경배한다.

② 모세가 말씀과 계명을 백성에게 전하자 그들은 준행하겠다고 응답한다.

③ 모세가 그 내용을 기록하고 제단을 쌓아 피를 뿌린다.

④ 모세가 '언약의 책'을 백성에게 낭독하고 그들은 따르겠다고 말한다.

⑤ 모세가 '언약의 피'를 백성에게 뿌린다.

⑥ 모세와 아론, 나답, 아비후 그리고 70장로가 산에 올라간다.

⑦ 그들이 하나님을 보고 먹고 마신다.

모세는 친절하게 계약 내용을 파악하여 백성들에게 확인하여 동의를 얻자 기록으로 남긴다. 그 기록한 내용을 가지고 열두 기둥을 세워 제사를 드리고 피를 뿌려 정결하게 한다. 백성들에게 두 번째로 낭독하자 준행하겠다고 다시 화답한다. 모세와 장로들이 하나님의 산에 올라 그분을 뵙고 먹고 마시는 장면으로 계약의식이 마감된다.

위 내용에서 '하나님을 보았다'는 구절이 눈에 들어온다. 이스라엘의 신앙전통에 어긋난다. 야웨 대신 '아도나이'라고 부르는 맥락과 비슷하다. 언제부터 비롯되었는지 알 수 없지만 하나님을 보거나 가까이 있으면 그 사람은 죽임을 당할 수 있다고 여겼다(출 19:21-22; 33:20). 본문은 경신사상을 부합시키려는 신학적 의도가 들어 있다. 그리하여 그들이 본 하나님의 형체를 매우 추상적이며 극도로 일반화시켜 묘사한다. 하나님의 발 아래는 "청옥을 편 듯하고 하늘같이 청명하더라"(10절). 풀어 보자면 '마치 사파이어 길 같고 하늘처럼 맑고 투명하였다'는 뜻이다. 사실상 참으로 아름답고 장엄하며 거룩하다. 모세와 장로들의 경외심을 반영한 표현으로 감히 하나님을 우러러볼 수 없는 두렵고 떨리는 심경이 우러나는 장면이 아닐 수 없다.

10절과 11절에 각각 나오는 '하나님을 보다'의 히브리어 동사는 '라아'(רָאָה, to see)에서 '하자'(חָזָה, to behold)로 바뀐다. 전자는 모세와 장로들이 하나님을 뵌다는 두려움으로 힐끗 쳐다보거나 무심결에 눈을 들어 본다는 뜻이고, 후자의 유심히 살펴본다는 의미와 뉘앙스의 차이는 크다. 아람어로 '하자'는 '내면의 환상을 보고 알게 되다'는 뜻이다. 비슷하게 구약의 '하자'는 주로 선견자(先見者)로 번역되어 육안으로 볼 수 없는 영적 장면이나 환상을 본 경우에 활용되었다(암 7:12; 사 29:10). 여기서 '호제'(חֹזֶה), 곧 '환상을 보는 사람'이 비롯되었다(삼하 24:11; 왕하 17:13).

모세와 이스라엘 장로들은 시내산에 올라 '하나님을 보는' 초자연적인 현상에 초점이 있다. 하나님 대면(וַיֶּחֱזוּ אֶת־הָאֱלֹהִים)이야말로 지복(至福) 중의 하나다. 산상수훈에는 '마음이 청결한'(οἱ καθαροὶ τῇ καρδίᾳ) 사람이 누릴 수 있다고 설파한다(마 5:8). '먹고 마시다'는 이중적 뉘앙스를 함축한다. 하나는 하나님을 보고도 죽지 않았다는 은유이며, 다른 하나는 계약의 성사에 따른 기분 좋은 식사의 포만감이다(참조. 전 3:13; 사 22:13). 하우트만은 '마셨다'(וַיִּשְׁתּוּ) 대신에 1절처럼 '경배하였다'(וַיִּשְׁתַּחֲוּ)로 읽어야 한다고 제안하고 있다. 〈*Exodus* 3.295; *Exodus* 1.8〉

유대교에서 '먹는다'는 의미는 중의적이다. 유월절 만찬에서 '역사를 먹고', 계약의 최종 단계인 식탁에서 언약 음식을 '먹는다.' 언약을 승인하는 절차다. 마치 계약 내용을 확인하며 조인식 서명에 해당하는 절차가 식사, 곧 '먹는 의식'이다. 보통 사람 사이의 계약에서도 양쪽 당사자들이 함께 식탁에 앉음으로써 서로 형제가 된 것을 확인하고 공동체의 일원이 된다(창 31:54). 따라서 계약식사는 상호 축하하는 자리이자 동시에 계약이 발효되는 시점이다. 하나님을 '보고 먹고 마신' 사람들의 행복이다.

여호와께서 모세에게 이르시되 너는 산에 올라 내게로 와서 거기 있으라 너로 그들을 가르치려고 내가 율법과 계명을 친히 기록한 돌판을 네게 주리라(출 24:12).

페르시아 다리우스(기원전 522-486)는 자신의 공적을 아람어, 엘람어 그리고 아카드어 등 세 가지 문자로 새겨 놓았다. 베히스툰 비문(Behistun Inscription)이다. 약 3세기 후 프톨레마이오스 5세(기원전 205-180)는 이집트 상형 문자, 민간 문자 그리고 그리스 문자로 적은 로제타 석판(Rosetta Stone)을 남겼다.[9] 고대 파피루스나 점토판과 달리 베히스툰 비문과 로제타 석비처럼 돌에 새긴 것은 먼저 파손 가능성을 줄이면서 영구성을 확보한 점과, 또한 최고 통치자의 위엄을 드러내기 위한 것이다. 출애굽기는 야웨가 돌판에 율법과 계명을 '친히 새겨'(וְהַמִּכְתָּב מִכְתַּב) 모세에게 전한 것으로 묘사한다(출 32:16).

모세는 하나님으로부터 언약의 내용이 새겨진 돌판을 받는다. 위에 언급한 베히스툰 비문이나 로제타 석비에서 보듯 모세의 돌판은 두 가지 점을 모두 충족한다. 왜냐하면 1) 야웨가 직접(כָּתַבְתִּי) 그리고 2)

9 기원전 538년 이스라엘의 포로귀환을 언급하고 있는 고레스 원통형 비문(Cyrus Cylinder)은 작은 크기(22.5x10cm) 때문인지 오직 아카드 쐐기 문자로만 적혀 있다.

헨리 롤린슨이 베히스툰 비문을 해독함으로써 기원전 6세기 전후 역사의 비밀을 풀었다.

단단한 돌판(לֻחֹת הָאֶבֶן)에 새겨 영구적 보존을 꾀한 것이기 때문이다. 고대 근동에서 통용되던 최고 권위자의 공식적인 문서 형식을 갖추고 있다. 십계명을 새긴 '돌판'을 분석해 보자. 히브리어 표기는 단일하지 않기 때문에 혼란스럽다. 기본적 표현은 '돌판'(לֻחֹת הָאֶבֶן, 출 24:12)이지만 때로 '증거판'(לֻחֹת הָעֵדֻת, 출 31:18), '증거의 두 판'(שְׁנֵי לֻחֹת הָעֵדֻת, 출 32:15) 등으로 다양하다. 표기는 다양하나 한 가지 공통점은 돌이나 바위에 신탁을 기록했다는 사실이다.

고려는 세계 최초의 금속 활자를 만들었다. 우연히 활자 기술이 뛰어났기 때문에 빚어진 현상일까? 고려는 불교의 국가였다. 그들의 불심은 부처의 가르침을 새겨 소지하려는 데서 확인된다. 지역마다 불경을 베껴 쓸 수 있는 공간, 사경원(寫經院)과 사경에 전념할 사경승(寫經僧)까지 두었다. 불자들의 사경 방식은 매우 다양하였다. 글을 쓸 줄 모르면 시주를 통하여 사경승에게 부탁하고, 경우에 따라 돌에 새기는 석경(石經), 금가루나 은가루를 활용한 금사경(金寫經)과 은사경(銀寫經), 심지어 핏방울을 뿌린 혈사경

(血寫經)까지 전해 온다.〈김경호,『韓國의 寫經』〉 고려 불자들은 어떻게 하면 불경을 오랫동안 생생하게 간직할 수 있을지 골몰하였다. 개인의 영역에 그치지 않고 국가의 안녕을 위한 신심으로 드러난 것이 해인사에 소장 중인 대장경이다. 여러 방식의 사경 기술과 간절한 불심이 결과적으로 세계에서 가장 먼저 금속 활자를 만든 것이다. 21세기 인류는 기록과 기억의 혁명적인 시대를 살고 있다. 반도체 칩은 손가락 한 마디 정도의 크기에 수십 권의 책과 사진, 동영상을 담을 수 있는 기술이며 언제든 불러올 수 있는 편리성까지 갖추었다. 심지어 아직도 더 많이 기록하고 더 빨리 불러오는 장치를 찾는다. 그렇다면 수백 년 후에 현재 메모리칩에 보관한 숱한 정보를 되살릴 수 있을까? 정교하고 세밀하게 발전하는 나노기술의 성장에 놀라지만 베히스툰 비문처럼 후세에 전달될지 불확실하다. 돌에 새긴 글귀가 마모되기까지 수백 년의 시간이 필요하지만 메모리칩에 저장된 정보는 순식간에 잃을 수 있다.

하나님과 이스라엘이 맺은 언약의 증표인 돌판은 당시 문화와 기술 수준에서 볼 때 권위를 느끼게 하면서도 뛰어난 정보저장 방식이었다. 그러나 돌에 새긴 글은 지진, 천둥, 번개, 바람 등으로부터 안전할 수 없다. 더구나 언약 당사자인 이스라엘의 변심은 언약을 언제든 무효화할 수 있기 때문이다. 이스라엘의 배신으로 인해 모세는 증거판을 파기한다(출 32:1-20). 기원전 6세기 예레미야는 혁신적인 방식으로 유다와 계약을 체결한다. 전통적인 돌판 대신 '마음에 새긴' 언약을 선포한 것이다(렘 31:31-33). 돌에 새긴 계명은 자연재해로 인한 마모와 당사자의 배신으로 언제든 깨질 수밖에 없었다. 이제 '새로 맺는 언약'(בְּרִית חֲדָשָׁה)은 마음에 새김으로써 결코 파기할 수 없는 방식과 영구적인 면모를 확보한 것이다.

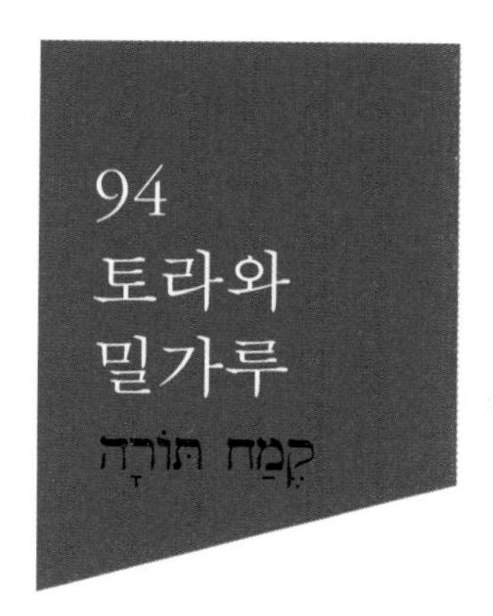

여호와께서 모세에게 이르시되 너는 산에 올라 내게로 와서 거기 있으라 너로 그들을 가르치려고 내가 율법과 계명을 친히 기록한 돌판을 네게 주리라(출 24:12; 왕상 4:22).

밀(חִטָּה), 보리(שְׂעֹרָה), 귀리(שִׁבֹּלֶת), 호밀(דֹּחַן), 나맥(כֻּסֶּמֶת) 등은 팔레스틴의 주요 식재료다(신 8:8; 겔 4:9). 이 알곡들을 가루로 만들어 빵을 굽는다. 곡식의 종류는 달라도 '밀가루'라고 해두자. 히브리어 밀가루는 '솔레트'(סֹלֶת)와 '케마흐'(קֶמַח) 두 낱말이 쓰인다. 둘의 구분은 솔로몬의 하루 양식을 소개한 본문이면 충분하다. 입자가 고우면 솔레트(fine flour)이고 굵거나 갈아야 할 알곡이면 케마흐다(왕상 4:22). 그렇다고 두 낱말의 차이가 항상 명백하지는 않다. 여러 번 정제한 솔레트로 빵을 구워 손님을 접대했고(창 18:6), 소제(מִנְחָה)로 하나님께 드렸으며(출 29:2, 40), 무교병을 만들어 절기를 지켰다(레 2:4; 민 6:15). 또한 정성스럽게 구운 빵을 성소의 '순결한 상' 위에 놓았다(레 24:5).

케마흐의 용례를 보면 주로 한두 번 빻은 가루다(사 47:2). 기드온은 미디안과 전쟁 중에 '가루 한 에바'로 무교병을 만들어 야웨께 예배하였다(삿 6:19). 사울은 신접한 여인의 집에서 '굵은 가루'로 만든 무교병을 먹었다(삼상 28:24). 압살롬의 반란을 피해 다윗이 마하나임에 도피했을 때 암몬 족속이 가져온 음식물 중에 밀보리와 함께 케마흐가 들어 있다(**삼하** 17:28; **대상** 12:41). 엘리야는 사르밧 여인의 마지막 남은 '한 움큼의 케마흐'로 만든 음식을 먹고(**왕상** 17:12), 엘리사는 케마흐를 가져오게 하여 해독제로 사용한다(**왕하** 4:41). 사무엘이 젖을 떼고 한두 차례 빵은 가루가 케마흐였다(**삼상** 1:24). 본래 케마흐는 추수하지 않은 알곡이나 더 정제해야 할 알갱이를 뜻한다(호 8:7).

랍비들은 토라를 곧잘 밀가루에 견주어 설명한다. 예컨대 "밀가루가 없으면 토라가 없고(אֵין קֶמַח אֵין תּוֹרָה), 반대로 토라가 없으면 밀가루도 없다"는 격언이 그것이다. 〈*Pirkei Abot* 3:21〉 랍비들은 밀가루의 어떤 점이 토라와 유사하다고 여긴 것일까? 밀과 보리 등은 적절한 온도와 습기가 주어지면 저절로 싹이 트고 자라서 열매를 맺는다. 그러나 그 열매를 곧장 음식으로 섭취할 수는 없다. 수확 이후에도 음식이 되기까지 몇 단계의 가공 과정을 거쳐야 한다. 추수 뒤에 우선 알곡과 쭉정이를 분류하고 건조시킨다. 다음에 절구나 맷돌에 찧어 고운 가루를 걸러내는 과정을 여러 차례 반복한다. 여기에 우유와 소금을 넣고 반죽하여 숙성시킨 후 적당한 불에 굽는다. 이렇듯 쌀을 뜻하는 한자 米에 여든여덟 번의 수고가 깃들어 있다는 해석처럼 알곡은 수많은 손길과 공정 과정을 통하여 비로소 허기를 채우는 몸의 영양소가 된다.

이스라엘에게 토라(תּוֹרָה) 역시 자연이 알곡을 내듯 시내산에서 하나님의 선물로 주어진 것이다. 그러나 토라를 영적인 양식으로 삼기 위해서는 알곡으로 빵을 만드는 것처럼 연구와 해석이라는 정성과 노고가 요청된다. 랍비들은 이런 점에서 토라와 말씀(דָּבָר)의 관계를 알곡과 빵의 관계로 비유한 것이다. 알곡이 없으면 토라도 없고 토라 없이 알곡도 없다는 경구는 토라 연구를 위한 체력을 갖추라는 뜻이 아니다. 저절로 맺은

고대 이집트의 맷돌

야생의 알곡에서 영양소를 얻으려면 수고가 있어야 하듯 토라가 말씀이 되어 영혼의 양식이 되려면 비슷한 과정이 소요된다는 의미다. 토라를 힘써 나 자신과 연관 짓지 않으면 아무런 관련도 찾을 수 없고 무의미한 글이 되고 만다. 그리하여 랍비들은 토라 연구에 게을리하지 말고 정진할 것을 거듭 강조한다.〈랭커스터, 48-49〉

전통적으로 랍비 학교는 학생에게 학비를 요구하지 않는다. 학생은 오직 토라 연구에 정진하고 힘쓰라는 뜻이다. 힐렐(기원전 110~CE 10)은 나무꾼으로 일하며 공부해야 했다. 학비를 못 내면 수업에 참여할 수 없었다. 어느 날 힐렐이 지붕에서 몰래 듣다가 발각되고 그의 사정을 알게 된 랍비는 수업료를 면제해 주었다. 이 일로 인해서 랍비 교육은 회당과 공동체가 후원하는 계기가 되었으며 그 전통은 지금도 유지된다. 한 사람의 랍비가 토라 연구와 해석에 얼마나 지대한 공헌을 하는지 인식하기 때문이다. 토라와 알곡의 비유는 이중적이다. 하나는 알곡과 토라가 음식이 되기 위해서는 빻아서 가루를 만들고 반죽하는 고된 노력이 요구된다는 점이다. 다른 하나는 사람이 날마다 음식을 섭취하듯 하나님의 말씀도 마찬가지로 매일 필요한 양식이라는 사실이다. 자연이 사람의 수고 없이 열매를 내듯 하나님은 토라를 이스라엘에게 주셨다(출

24:12). 그러나 사유와 지성과 영적 모든 노력을 경주하여 풀어야 토라가 말씀 곧 양식이 된다.

4장

세데르(סֵדֶר)
: 예배와 질서

95 성막과 교회

모세는 산 위에서 사십 일을 머무는 동안 성막(מִשְׁכָּן) 건축에 대한 계시를 듣는다. 출애굽기 25장 이하에 언급된 성막 제작 과정은 매우 상세하다. 아이들이 집을 그리면 대부분 지붕을 먼저 그린 다음에 기둥을 세우고 바닥을 차례로 완성해 간다. 그러나 건축가의 순서는 그 반대다. 먼저 땅의 기초를 튼튼하게 다진 후에 그 위에 주춧돌을 놓는다. 그런 후 기둥을 세우고 벽과 천정 순으로 마무리 짓는다. 성막에 관한 기사는 마치 숙련된 건축가의 손길이 느껴질 만큼 정교하고 체계적이다(출25:1-31:17).

성막의 평면도를 보면 가로세로 50규빗 정사각형 두 개가 동서 방향으로 나란히 놓인 형태다. 동쪽 정사각형은 바깥뜰이며 한가운데 5×5규빗의 **번제단**이 있고 성소 입구에 **물두멍**이 위치한다. 바깥뜰과 성소 사이의 휘장을 지나면 20×10규빗의 성소다. 그 안의 북편에 2×1규빗의 **진설병상**이, 남편에 **등잔대**가 그리고 지성소 바로 앞에 1×1규빗의 **분향단**이 자리한다. 서쪽 정사각형의 내부 10×10규빗 정사각형은 지성소이며 그곳에 길이 2.5, 너비 1.5 규빗의 **법궤**(אֲרוֹן)가 안치되어 있다. 이 공간은 성막에서 가장 거룩한 장소이기 때문에 오직 대제사장만 출입할 수 있고 대속죄일에만 허용된다(레 16:34).

<성막의 구조>

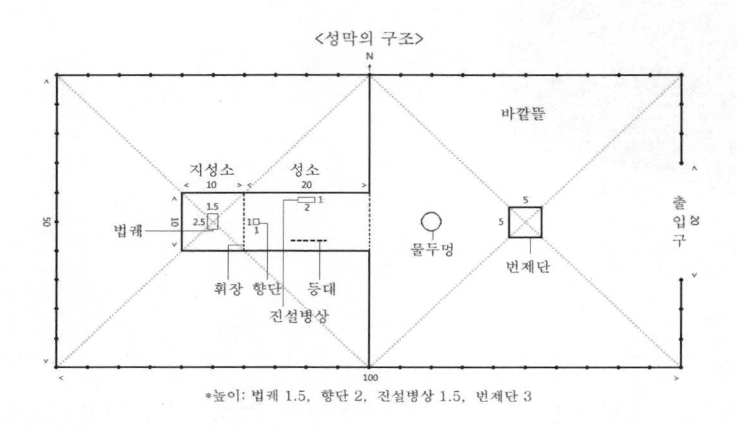

*높이: 법궤 1.5, 향단 2, 진설병상 1.5, 번제단 3

성막의 주요 성물은 차후에 하나씩 풀어 가기로 하고 우선 평면도에서 그 방향과 흐름을 따라가 본다. 성막의 동선(動線)은 동쪽 문으로 들어와 서쪽의 지성소를 바라보는 구조다. 제사장은 제물의 피를 입구에 뿌리고 기름은 번제단에서 불사른다(레 17:6). 그리고 돌아서서 물두멍에서 씻고 성소로 나아간다(출 30:17-21). 예배자 역시 동쪽 입구로 들어오기 때문에 자동적으로 서쪽을 바라본다. 결국 제사장과 헌제자의 시선은 하나님의 공간 지성소를 향하게 된다는 점이다. 이 방향은 성막의 구조와 예배자에게 중요한 시사점을 제공한다.

기원전 10세기 솔로몬의 예루살렘 성전과 기원후 3세기 시리아 두라 유로포스(Dura Europos) 회당 그리고 12세기 중국 개봉(開封)시의 유대교 회당 청진사(清眞寺) 등은 성막의 구조를 따라 동쪽에 입구를 두고 서쪽의 제단과 지성소를 바라보도록 설계되었다. 아침에 성막에 들어가서 해를 등지고 제의에 참여하면 서쪽의 하나님 공간은 눈이 부셔서 쳐다볼 수 없게 된다. 거룩하신 분을 육안으로 대면할 수 없다(출 33:20)는 이스라엘 신앙이 반영된 설계와 구조다. 따라서 이 방향은 예배자를 저절로 경건한 자세와 태도를 갖추게 한다. 교회 건축에서 가장 중요한 것은 방향이다. 안타깝게도 많은 한국교회가 성막의 기본 구도와 상징성을 놓치고 있다.

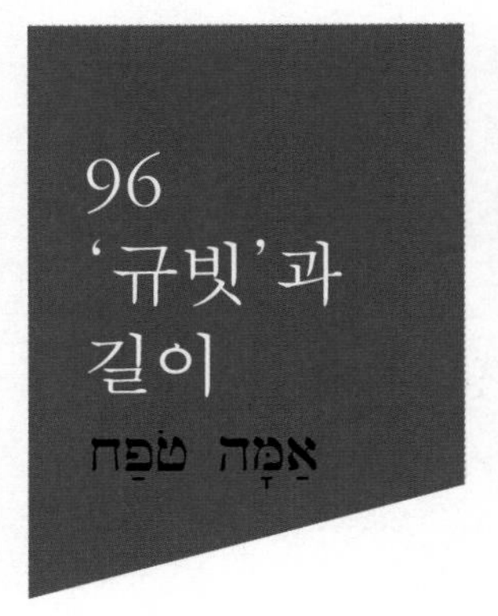

그들은 조각목으로 궤를 짓되 장이 이 규빗 반, 광이 일 규빗 반, 고가 일 규빗 반이 되게 하고(출 25:10).

이스라엘을 비롯한 고대 근동에서 도량형의 기준으로 인체를 활용한 점이 눈에 띈다. 그 이유는 첫째, 누구나 손쉽게 활용할 수 있다는 편의성과, 둘째로 언제든 사람들의 인정과 합의가 이뤄진다는 점 때문이다. 이 두 가지 사항을 만족시키기 위한 최상의 선택을 신체의 특정 부위에서 찾은 것이다. 누구나 언제든 자신의 손가락이나 팔을 이용하여 길고 짧은 길이를 측정할 수 있다. 다양한 길이 단위가 손가락, 손바닥, 팔꿈치 등에서 비롯된 이유다. 특히 성막 제정과 관련하여 많은 치수가 언급되기 때문에 구약의 '길이 단위'에 대하여 정리한다.

① 에츠바(אֶצְבַּע): 구약에서 가장 작은 단위이며 단 한 차례 '손가락 두께'로 나온다. 보통 집게손가락을 기준으로 삼는다. 예레미야는 느부갓네살이 예루살렘 성전에서 빼앗아 간 전리품 목록을 소상하게 기술한다. "한 기둥의 높이가 십팔 규빗이요 그 둘레는 십이 규빗이며 그 속이 비었고 그 두께는 '네 손가락'(אַרְבַּע אֶצְבָּעוֹת) 두께라"(렘 52:21). 미터법으로 환산하면 1.85-2.4cm쯤이다.

② 토파흐(טֹפַח): 손바닥의 너비로 영어의 '팜'(palm)과 비슷하지만 세미한 차이가 있다. 즉 '팜'은 엄지와 검지 사이에서 손바닥의 접히는 지점까지이고, '토파흐'는 손가락 네 개가 나란히 만나는 부분이다. 어림잡아 7.4cm쯤으로 환산된다(1팜은 7.63 cm). 에츠바 4개는 1토파흐와 같다. '손바닥 넓이', 또는 '손바닥 너비'(겔 40:5)는 성막 건립과 관련해서 규빗과 함께 빈번히 활용되었다(출 25:25; 왕상 7:26; 대하 4:5; 시 39:5). 토파흐를 여섯 차례 거듭하면 한 규빗의 치수와 같아진다.

③ 제레트(זֶרֶת): 이사야는 누가 어리석게 '뼘'으로 하늘을 재겠냐고 힐문한다(사 40:12). '제레트'는 지금도 세계 곳곳에서 손쉽게 활용하는 단위로서 '한 뼘'이다. 성인 남자의 엄지 끝에서 약지(또는 애지)까지로 대략 22.86cm 정도의 길이다. 특히 블레셋 장수 골리앗(גָּלְיָת)의 신장을 두고 "여섯 규빗 한 뼘"(שֵׁשׁ אַמּוֹת וָזָרֶת)이라고 묘사한다(삼상 17:4). 출애굽기 25장에서는 언약궤의 단위를 "길이 두 규빗 반, 너비는 한 규빗 반, 높이는 한 규빗 반"으로 규정하고 (출 28:10), 제사장의 판결 흉패 규격은 "길이와 너비가 한 뼘씩" 두 겹의 정사각형이다(출 28:16). 여기서 '반'은 제레트가 아니라 절반(half)을 뜻하는 히브리어 하치(חֲצִי)로 표기되었다. 3토파흐는 1제레트이며 또한 1/2규빗이다.

④ 암마(אַמָּה): 성서의 길이 단위 중 규빗이 가장 많이 알려졌다. 규빗은 사실 히브리어가 아니다. 라틴어 cubitum은 팔꿈치란 뜻이다. 〈불가타〉의 라틴어 규빗(cubitum)이 히브리어의 자리를 차지한 셈이다. 본래 '암마'는 성인 남성의 중지에서 팔꿈치까지(45.72cm)를 가리킨다. 출애굽기 25장 성막 건립과 관련하여 암마가 여러 차례 언급된 점과 신명기에 일반 규빗(אַמַּת־אִישׁ), 또한 '사람의 보통 규빗'(개역개정) 또는 '보통 자'(공동번역, 새번역)로 표현된 것으로 보아 암마가 구약 시대의

표준 단위였음을 알 수 있다(창 6:15; 7:20; 민 35:4; 신 8:3; 왕상 6:2; 에 5:14; 겔 40:12).

1규빗은 6토파흐이고, 1토파흐는 4에츠바다(EBS 화면 캡쳐).

일반 규빗과 구별되는 '긴 규빗'(왕실 규빗)을 사용한 예도 있다. 에스겔은 환상에서 본 담의 길이가 "팔꿈치에서 손가락에 이르고 한 손 너비가 더한 자"(אַמָּה וָטֹפַח)로 설명한다(겔 40:5; '한 장대 곧 큰 자', 겔 41:8). 그러니까 한 규빗과 한 토파흐로 길이가 53.34cm가 된다는 뜻이다. 한글 성서의 에스겔이 암마를 영어 번역 규빗을 따르지 않고 '척'(개역한글, 개역개정), 또는 '자'(공동번역, 새번역)로 옮긴 점은 흥미롭다(겔 40:5; 43:13).

사사기에 '규빗'이 한 번 나오는데 실상은 히브리어 '고메드'(גֹּמֶד)다(삿 3:16). 〈70인역〉과 〈불가타〉는 '뼘'(span)으로, 〈개역개정〉과 NKJV와 NRSV는 '규빗'으로, 〈공동번역〉과 〈새번역〉은 '한 자'로 옮겼다. '한 자'는 대략 30.3cm로 2/3규빗쯤 된다. 에훗이 허벅지 안쪽에 숨겼다면 '규빗'은 살짝 크고 '한 자'로 표기된 '고메드'가 적당하다.

⑤ 카네(קָנֶה): 에스겔서에 '장대'(קָנֶה)로 소개하며 그 치수까지 자세하게 묘사되었다. 장대는 갈대를 뜻하며 길이는 3.2m가량이다. 한 장대는 '긴 규빗' 여섯의 합과 같다. 에스겔의 환상에 '담의 두께가 한 장대, 높이도 한 장대'가 등장한다(겔 40:5). 환상 속에 나타나는 인자가 측량한 '장대'는 모두 '긴 규빗'으로 성막 건설의 수치와 차이가 난다.

97 진설병 לֶחֶם פָּנִים

상 위에 진설병을 두어 항상 내 앞에 있게 할지니라(출 25:30).

역사는 갈등과 연합을 통하여 합종연횡을 거듭해 왔다. 그 중심에는 생존을 위해 먹어야 할 음식이 들어 있다. 가뭄이나 홍수 등은 양식을 안정적으로 확보할 수 없게 하는 변수다. 사람들은 먹거리를 찾아 이주하거나(창 12:10; 룻 1:1), 빼앗기 위하여 힘을 겨루었다(창 26:10). 양식을 획득하거나 보존하기 위해 더러는 위협하거나 연합하고, 더러는 상대와 다투거나 심기를 맞추기도 한다(창 25:34). 고대 근동의 전쟁 또한 날마다 필요한 음식의 지속적인 확보에서 자유롭지 않다. 이렇듯 역사는 어떻게 채색되어도 떡과 전쟁의 기연불연(不然其然)이다.

떡을 가리키는 히브리어 **레헴**(לֶחֶם)이 '다투다, 싸우다'라는 뜻의 **라함**(לָחַם)에서 비롯되었거나 연관된다는 사실은 얼른 납득하기 어렵다. 근동의 아랍어 '겨루다', 시리아어 '연합하다, 맞추다, 위협하다' 등도 어원상 흡사하다. 역시 같은 뿌리에서 나온 것으로 보이는 르훔(לְחוּם)은 '창자, 또는 내장'을 가리키는데(습 1:17) 음식물이 체내에서 분해되고 흡수되는 과정과 현상을 반영하듯 함축적이다. 한편 명사로는 **레헴**(לֶחֶם)과 **밀하마**

(מִלְחָמָה)가 되어 후자는 싸움이나 전쟁을, 전자는 떡이나 음식을 가리킨다.

성막의 성소에 등잔대와 분향단과 함께 진설병상이 놓여 있다. 여기 진설병이 떡 곧 **레헴**이다. 고운 가루로 구운 떡 열두 덩이를 한 줄에 여섯 개씩 두 줄로 배열한다(레 25:5-9). 이스라엘 열두 지파를 가리킨다. 성소의 떡은 가나안 종교의 제의 음식과 달리 그 기원이 분명하지 않다. 가나안 전통에 의하면 제단의 음식은 신에게 바치는 희생제물이다.〈Torah, 612〉 그러나 성소의 떡은 야웨와 이스라엘의 영원한 언약이다(레 24:8). 따라서 둘의 성격은 전혀 다르다. 즉 이스라엘을 먹이시는 분은 야웨라는 의미다(출 16:15). 성소의 떡은 '진설병'(לֶחֶם פָּנִים)으로 표기되었다. 번역에 따라 '진설병'(개역개정), '거룩한 빵'(새번역), '제사 떡'(공동번역), 'the table shew-bread'(흠정역), 'the sacred bread'(GNB), 'the bread of the Presence'(NRSV) 등 다양하다.

진설병(레헴 파님)의 핵심은 '파님'(פָּנִים)에 있다. 문자적으로 '브니엘'(פְּנִיאֵל)이 '하나님의 얼굴'이니(창 32:30) '레헴 파님'은 (하나님의) '얼굴을 마주하는 떡'이라는 뜻이다. 따라서 성소의 떡은 신의 얼굴, 곧 하나님의 현존을 의미한다. 그것은 다시 그의 백성 이스라엘을 먹이며 보호하고 함께한다(민 6:24-26). '파님'은 또한 '보이다', 또는 '내부의'라는 뜻도 있다. 19세기 러시아 랍비 말빔은 떡의 얼굴이 하나님의 현존을 상징하지만 떡의 주요한 기능은 인체의 자양분을 제공하는 것이기 때문에 '내면'을 강조한 의미로 본다. 다시 말해 떡의 외면보다는 영양소를 가리키는 '내용'(contents)으로 간주하는 것이다. 이렇게 되면 '내면의 떡'이 되어 자연스럽게 영적인 의미 곧 토라와 관련된다.

성소의 떡은 하나님의 얼굴과 신의 현존을 암시하지만 사람에게 필요한 양식이 하나님에게서 비롯된다는 점을 보여준다.〈Houtman,

393〉 그리하여 시편 시인은 만나를 하늘 양식이라고 고백하는 것이다(시 78:24; 105:40). 이 점에서 성소의 떡은 가나안 제의의 희생제물과 전혀 다른 것이며 또한 전쟁의 승자가 쟁취하는 전리품이 아니다. 성소의 떡은 사람이 하루도 건너뛸 수 없는 날마다 필요한 양식으로 하나님의 은총을 매일 경험하는 신학적 고안이 된다.

더욱이 진설병상에 대접, 숟가락, 병, 잔 등을 둠으로써 음식을 섭취하기 위한 도구들이 소개된다. 떡은 하나님의 은총이며 동시에 육체의 자양분을 가리킨다. 성소의 떡은 뺏고 빼앗기는 전쟁의 획득물이 아니라 하나님의 현존이며 그의 백성에게 주시는 '일용할 양식'이다(마 6:11). 광야의 이스라엘에게 두 가지 레헴이 요구된다. 하나는 육신의 레헴, 빵(לֶחֶם)이며 다른 하나는 영적인 레헴, 하나님의 긍휼(רֶחֶם)이다. '하나님 얼굴의 떡'이 신체에 필수적인 양식이라면 '하나님의 긍휼'은 그분의 은혜를 갈망하는 모든 이들에게 필요한 영적 양식이다.

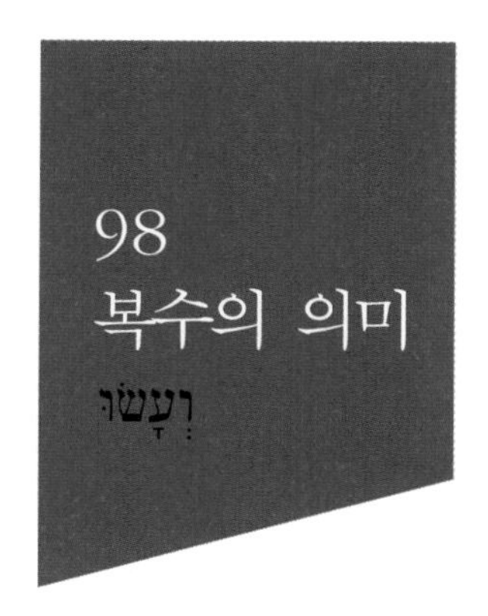

98 복수의 의미 וְעָשׂוּ

내가 그들 중에 거할 성소를 그들이 나를 위하여 짓되(출 25:8, 10; 28:4, 6).

성막의 부품 제작에 필요한 재료는 대략 보석(금, 은, 놋)과 섬유(실, 베, 털) 그리고 향품(기름) 등 7가지다(출 25:3-7). 이 과정은 모두 재료를 활용한 제작이기 때문에 히브리어 동사 '아싸'(עָשָׂה)가 사용되었다. '아싸'는 성막과 관련하여 50차례 이상 나온다. 눈여겨볼 것은 단수형과 복수형이 번갈아 나온다는 점이다. 빈도수로 보면 단수형 완료(וְעָשִׂיתָ)와 미완료(תַּעֲשֶׂה)가 출애굽기 25-30장에 이르러 압도적인 비율로 쓰인 것을 알 수 있으며(출 25:11, 13, 17-18, 23-29, 31, 34; 25:18, 29; 26:1, 4, 5, 7, 17; 27:3, 8; 28:11, 14, 15, 39, 40; 29:2, 36, 38, 39; 30:1, 4, 37), 복수형 역시 완료(וְעָשׂוּ)와 미완료(יַעֲשׂוּ)가 함께 나온다. 특히 복수로 표기된 본문은 성소와 법궤 제작(출 25:8, 10)에 그리고 제사장의 직분과 복식(흉패와 에봇)을 만들 때 사용되었다(출 28:3, 4, 6). 복수 동사는 이스라엘을 3인칭으로 여기고 단수는 모세를 2인칭으로 일컫는다는 것을 알 수 있다.

복수와 단수의 변화를 보여주는 본문은 언약을 맺기 전의 상황과 겹친다. 출애굽기 19장은 성막 제작의 경우와 달리 3인칭 복수에서 3인칭 단수로 전환되는 과정이 포함되어 있다. 즉 이스라엘 자손이 이집트를 떠난 후 3개월이 지나는 동안 르비딤을 떠나 시내 광야, 곧 하나님의 산에 머물기 위해 장막을 친다(1-2절). 이 과정에서 이스라엘은 줄곧 3인칭 복수 '그들이' 시내 광야에 도착하고(בָּאוּ), '그들이' 르비딤을 출발하여(וַיִּסְעוּ), '그들이' 시내 사막에 들어와서(וַיָּבֹאוּ) '그들이' 광야에 텐트를 설치한(וַיַּחֲנוּ) 후, 마지막 문장에는 단수 '이스라엘'(יִשְׂרָאֵל)이 '그 산' 앞 그곳에 장막을 친다(וַיִּחַן־שָׁם). 이집트 땅을 떠난 후 언급된 일련의 동사 주어 3인칭 복수는 '이스라엘 자손'이지만, 모세가 하나님을 만나기 위해 준비하는 단계에서 주체는 3인칭 단수 '이스라엘'로 바뀐 것이다.

이집트 탈출 이후 '수많은 잡족'에 불과하던 이스라엘은 시내 광야에 당도했을 때는 하나의 이스라엘, 오합지졸 무리들이 드디어 한마음 한뜻이 되었기에 단수 '이스라엘'로 표기되었다. 마침내 이스라엘은 한마음 한뜻으로 하나님의 산 앞에 장막을 치고 비로소 하나님의 계시 앞에 마주할 수 있게 되었다. 모세가 산 위에 오른 지 사흘째 시내산에서 연기와 불과 땅이 진동하는 중에 하나님은 모세에게 나타나 말씀하신다(출 19:19). "나는 너(단수)를 이집트 땅 종이던 집에서 인도해 낸 네(단수) 하나님 야웨라"(출 20:2). 시내산에서 하나님은 단수로 표기된 '하나인' 이스라엘에게 말씀하신 것이다.

그렇다면 성막 제작 과정에서 일어난 인칭의 변화는 어떻게 이해할 수 있을까? 모세에게 말씀하신 2인칭 단수는 성막 전반에 관련된 부품을 만들라는 명령이라면 3인칭 복수는 상당히 제한적이다. 즉 '이스라엘 자손'을 가리키는 복수 형태는 하나님이 머물 8절의 성소(מִקְדָּשׁ), 길이 $2\frac{1}{2}$, 너비 $1\frac{1}{2}$, 높이 $1\frac{1}{2}$ 규빗의 법궤(10절) 그리고 제사장의 복식 제작에 활용되고 있다(출 28:3-5). 따라서 이스라엘 자손 '그들'은 이스라엘 개개 인보다 출애굽 공동체 모두 하나님의 현존을 상징하는 법궤의 제작 과정에 책임적인 자세로 참여하라는 뜻이다. 자연히 하나님의 현존과 직접 관련되는 거룩한 공간은 물론이며 성막에서 이뤄질 모든 제의의 책임자인 제사장의 옷과 흉패와 에봇 등에도 동일한 원리가 반영된 것으로 볼 수 있다. 성막의 여러 부품들이 연합하여 하나의 거룩한 공간을 완성하듯 이스라엘의 개별적 협력과 연대가 이스라엘 자손이라는 거룩한 공동체를 하나로 묶어 주는 것과 같은 이치다.

시내산에서 계명을 받은 모세와 이스라엘은 성막의 건축과 함께 예배 공동체를 형성하게 된다. 성막의 한가운데 놓인 가장 거룩한 장소 법궤를 제작하는 일은 모든 이스라엘 자손의 자발적인 헌신과 정성이 요구된다. 왜냐하면 법궤 안에 안치된 두 돌판에 들어 있는 십계명은 모든 이스라엘 자손이 지켜야 할 계명이기 때문이다. 따라서 이스라엘 모든 자손에게 법궤의 제작에 참여하라는 명령은 동시에 토라의 순종과 실천을 함께 요구한 셈이다. 유대교의 한 현자는 다음과 같이 풀이한다. "이스라엘 모든 자손에게 법궤 제작에 기여하게 하고 토라를 각각 맛보게 하라." 이와 관련해 "토라를 배우고 깨우친 망나니가 무지한 대제사장보다 낫다"는 격언과 함께 생각할 구절이다. 〈Moses ben Haim Alshech〉

99
성막을 위한 일곱 가지 예물
תְּרוּמָה

이스라엘 자손에게 명하여 내게 예물을 가져오라 하고 무릇 즐거운 마음으로 내는 자에게서 내게 드리는 것을 너희는 받을찌니라(출 25:2).

모든 이스라엘은 성막 건설을 위해 각종 예물(תְּרוּמָה)을 '자발적인 마음으로' 바친다. 〈개역개정〉은 '기쁜 마음으로', 〈새번역〉은 '마음에서 우러나와'다. 히브리어 동사는 '나다브'(נָדַב)의 칼형(יִדְּבֶנּוּ)이며 아랍어의 '고상하다, 관용적이다'와 관련이 있다. 성막을 위한 헌물은 어떤 것이나 자발적이며 너그럽게 준비된 것을 드려야 한다. "마음이 감동된 모든 자와 자원하는 모든 자"가 야웨께 예물을 바친다(출 35:21). 서원이나 자원하는 제물도 같은 맥락이다(레 7:16; 22:18, 21; 암 4:5).

히브리어 '테루마'(תְּרוּמָה)에 대한 설명은 다소 복잡하다. 구약에 76차례, 출애굽기에 17차례 사용되었다. 동사 원형 '룸'(רוּם)이 '올리다, 높이다, 고양시키다' 등을 가리킨 것으로 보아 따로 구별한 예물이다. '테루마'는 히필형에서 유래한 것으로 '신성하게 바칠 목적으로 선택되었다'는 뜻이니 바치는 이의 경건한 태도와 정성이 읽힌다. 〈70인역〉은 흥미롭게도 '만물, 가장 뛰어난, 최고' 등에 해당하는 'ἀπαρχὰς'로 옮겼으며, 〈불가타〉는 primitiae, 곧 '헌신적인 예물'(devotional gift)이라는 뜻으로 해석한다. '테루마'는 번제를 위한 제물이 아니라 성막 건축과 유지를 위하여 구별된 예물로 간주된다. 그런가 하면 '나오다'(בּוֹא)의 목적어로 '테루마'가 9차례나 활용된다(출 35:21-29). 하나님께 다가가기 위하여 준비해야 할 예물이라는 뜻이겠다.

출애굽기 25장 3-7절은 이스라엘의 마음에 감동되어 스스로 바친 '예물'의 목록이다. 모두 일곱 가지로 분류된다.〈Houtman, 337〉 ① 금속: 금, 은, 놋으로 지성소에 가까울수록 귀중한 금속이 사용된다. 예물 목록에 철이 없는 이유가 궁금하다. 당시 철의 사용이 알려지지 않은 희소성 때문이거나 신학적 근거 때문이었을 것이다. 즉 강력한 살상무기로 활용되던 철은 성막 건축에 적합하지 않다고 여긴 것이다(출 20:25; 신 27:5-6). ② 색실: 청색, 자색, 홍색 실, 가는 베실, 염소털. 두로와 시돈 등 페니키아 항구는 염색 산업으로 유명했고 지중해 무역을 이끌던 주력 상품이었다. 청색, 자색, 홍색 실은 고대 사회에 값비싼 물품이었다. 특히 1.4g의 청색 염료를 얻으려면 만 이천 마리의 조개가 필요하다는 조사가 있다.〈Durham, 576〉 따라서 고대로부터 청색은 사회적 지위와 경제적 부요를 상징했다. 구약에서 하나님을 묘사할 때 간접적으로 사용되었다(출 24:10). 베실과 털실 역시 고귀한 신분을 위한 품격 있는 옷감으로 간주되었다(창 41:42). ③ 옷감: 물들인 숫양 가죽, 해달 가죽. 당시 가죽은 의상이나 덮개로 긴요하게 쓰였다. 해달, 혹은 돌고래는 신비의 동물 유니콘과 동일시되거나 베두인들의 신발 재료로 활용되는 딱딱한 가죽이다. ④ 목재는 대부분 아카시아(שִׁטִּים)다. 싯딤은 팔레스틴 주변에 광범위하게 분포되어 있다(민 25:1; 33:49; 신 10:3; 수 2:1). 황갈색 목재로 내구성이 뛰어나며 가볍고 병충해에 강하기 때문에 이동식 성소에 적합하다.〈Houtman, 156〉 ⑤ 기름: 등유(שֶׁמֶן)는 등잔의 불을 밝히기 위한 것으로 올리브기름을 깨끗하게 정제한 것을 가리킨다(출 27:20). 참기름, 아마유, 동물 기름 등이 활용되었지만 성소의 등잔에는 찌꺼기 없이 걸러 낸 올리브기름을 활용하여 성소의 연기나 그을음을 최대한 억제하였다. ⑥ 향료: 향품(קְטֹרֶת) 역시 최상품이 요구되었다(출 30:23-25). 향료는 번제 과정에 발생하는 불결한 냄새를 중화시키고 성소 주변을 성화한다는 상징적인 물품이다. ⑦ 보석(אֶבֶן): 호마노와 기타 보석은 불분명하다. 에덴동산의 비손에 호마노가 어렴풋이 언급되지만(창 2:12) 에스겔이 제시한 각종 진귀한 보석들을 참조할 수 있다(겔 28:13).

출애굽기 25-31장까지 성막 건축 기사는 긴 호흡으로 이어진다. 일정한 패턴이 반복적이다. 즉 '야웨가 모세에게 말씀하여 이르시되'(לֵאמֹר וַיְדַבֵּר יְהוָה אֶל-מֹשֶׁה)로 시작되는 단화가 7차례 거듭된다(출 25:1; 30:11, 17, 22, 34; 31:1, 12). 성막 건축에 필요한 7가지 예물은 그 첫 번째 단화에 포함되어 있다. 유대교 전통에서 예물, 테루마(תְּרוּמָה)는 주간 단위로 주어지는 성서일과의 분량을 가리키는 전문 술어다. 이스라엘 백성이 '자발적인 마음으로' 성막 건설을 위해 예물을 드리듯 매주 맞이하는 '성서일과'를 예물처럼 읽고 한 주를 살게 된다. '야웨가 모세에게 말씀하여 이르시되'로 시작되는 일곱 번째 단화는 놀랍게도 일곱 번째 날 안식일로 귀결되고 있다. 7가지 예물을 통하여 거룩한 공간이 거룩한 시간을 만난다.

그들은 조각목으로 궤를 짓되 장이 이 규빗 반, 광이 일 규빗 반, 고가 일 규빗 반이 되게 하고(출 25:10).

이스라엘은 광야 유랑 시절 궤(אֲרוֹן)를 앞장 세웠고 심지어 전쟁에 나갈 때도 궤를 모시고 나가면 승리한다고 믿었다. 궤의 노래는 '쿰마 아도나이'(קוּמָה יְהוָה), '슈바 아도나이'(שׁוּבָה יְהוָה)라는 두 마디가 핵심이다(민 10:35-36). 모세는 궤가 출발하고 돌아올 때마다 야웨께 외쳤다. 이렇듯 궤가 중요한 대상이나 표기 방식은 다양하다. 〈새번역〉의 경우 '증거궤'(אֲרֹן הָעֵדֻת), '주님의 언약궤'(אֲרוֹן בְּרִית־יְהוָה), '하나님의 궤'(אֲרוֹן אֱלֹהִים) 그리고 '법궤', 또는 '궤' 등으로 번역되었다. 히브리어 '아론'(אֲרוֹן)은 상자, 석관 등 네모난 물건으로 윗부분이 열린 형태다. 노아의 '방주'와 비슷하지만 그 표기는 '테바'(תֵּבָה)다(창 6:14). 출애굽기 25장은 그 '궤'의 제작을 소상하게 제시한다.

궤는 사막에서 자라는 아카시아(שִׁטִּים) 나무로 만들며 크기는 2.5×1.5×1.5 규빗이다. 이사야는 '싯딤'으로 음역한다(사 41:19). 사면의 벽 안팎은 순금으로 덮어 씌운다. 싯딤은 궤는 물론이고 성소의 진설병상과 성막 주변에 세운 널판까지 두루 쓰인다(출 25:10, 23; 26:15, 26). 광야에서 쉽게 구할 수 있는 흔하고 값싼 재질이지만 싯딤이 하나님의 도구나 처소로 활용된다는 사실이 중요하다. 한 연구에 의하면 시내 반도 인근에 8백여 종의 아카시아가 조사되었다. 또한 순금으로 궤의 사면 안팎을 싸는 것은 금의 광채를 통하여 절대자 하나님을 신비롭게 구현한 장치다. 즉 하나님의 배타적 공간을 표상하는 궤의 내부는 태양에 반사되는 금빛 때문에 육안으로 쉽게 볼 수 없게 된다.〈Zornberg, 331〉 황금의 아름다움과 매혹과 가치를 하나님의 현존에 투영한 신학적 고안이다. 비잔틴 문명의 금빛 향연에서 알 수 있듯 금장식은 하나님에 대한 신비와 황홀경을 동시에 충족시킨다.

그렇다면 금빛이 시각을 분산시키는 궤 안에 무엇을 담았을까? 출애굽기는 언약의 돌판을 언급한다. "내가 네게 줄 증거판을 궤 속에 두라"(16절; 참조. 신 10:5). 열왕기상에 의하면 솔로몬 성전의 궤 안에는 '두 돌판'(הָאֲבָנִים שְׁנֵי לֻחוֹת)이라고 구체적으로 적시한다(왕상 8:9). 한편 히브리서는 "만나를 담은 금 항아리, 아론의 싹 난 지팡이 그리고 언약의 돌판"이 들어 있다고 증언한다(히 9:4). 그러나 탈무드에 따르면 십계명의 두 돌판, 모세의 지팡이, 만나를 담은 금 항아리, 아론의 싹 난 지팡이, 야곱의 돌베개 등으로 더 많다. 다소 차이는 있으나 십계명을 새긴 두 돌판이 들어 있다는 점은 공통적이다. 그러나 유대교는 궤가 2층 구조이고 아래층에는 돌판 조각들이 들어 있고, 위층에는 두 번째로 받은 십계명 돌판이 보관되어 있다고 본다. 출애굽기 본문의 맥락은 하나님이 직접 새기신 돌판, 곧 궤 속에 들어 있는 '증거'(עֵדוּת)가 핵심이다(출 24:12; 25:16).

성막 건축에서 궤의 제작과 관련하여 주의 깊게 살펴야 할 점이 있다. 즉 성막에 관한 모든 규정이 2인칭 모세에게 주어지는 데 비하여 궤의 제작은 3인칭 복수 '그들이' 만들도록 요구되고 있다(10절). 다시 말해 '모세에서 이스라엘로' 제작 주체가 달라진다. 특별한 의도가 있을

궤의 황금빛은 하나님의 현존을 육안으로 볼 수 없는 신학의 구현이며
반영이다(Bible on Line).

까? 궤는 '돌판에 새긴 율법과 계명'(출 24:12)을 영구히 보존하는 상자다. 이스라엘의 모든 관심은 자연히 율법과 계명에 집중된다. 따라서 궤를 포함하여 성막의 건축 규정이 교육 방식으로 제시되는 것이다. 이스라엘은 율법과 계명의 대상이지만 동시에 실천의 주체가 된다. 그러니 율법을 담는 궤를 짜는데 '그들이' 주도적이어야 한다.〈Sarna, 159〉 궤의 제작은 모세 개인이 아니라 이스라엘 백성의 책무다. 그렇기에 '3인칭 복수' '그들'(עָשׂוּ)이라고 명기하여 주체적으로 참여하게 한 것이다.

지성소 안의 궤는 성막의 핵심 공간이다. 금으로 반짝이는 궤 안에 십계명 돌판이 보관되어 있다. 아름답고 내구성이 뛰어난 보석 안에 '열 마디 말씀'이 압축되어 있다는 것은 황금처럼 소중하며 값지다는 뜻이다. 십계명은 하나님과 언약의 근간이 되는 종교적 도덕적 계율로서 이스라엘의 삶과 신앙의 토대이며 목표다. 이스라엘은 언약의 말씀을 실천하며 그 공동체를 유지해야 한다. 따라서 하나님은 '그들이'(עָשׂוּ) 직접 궤를 만들도록 제작 현장에 불렀으며 율법 준행의 주체가 되게 하신다.

정금으로 속죄소를 만들되 장이 이 규빗 반, 광이 일 규빗 반이 되게 하고(출 25:17).

'카포레트'(כַּפֹּרֶת)는 주로 출애굽기 성막 건설과 관련하여 18차례, 구약에 모두 27차례 나온다. 히브리어 동사 '덮다, 가리다, 달래다, 용서하다'의 '카파르'(כָּפַר)에 뿌리를 둔다. 유대교 성서와 일부 번역본은 카파르의 어원을 살려 '덮개'(NJV, NEB), 또는 '뚜껑'(NASB, NIV) 등으로 옮긴다. 〈개역개정〉은 '속죄소', 〈새번역〉과 〈공동번역〉은 '속죄판'으로 번역하지만 '구역'(舊譯, 1911)은 '시은소'(施恩所)다. 〈흠정역〉의 'mercy seat'를 따른 것으로 보인다. 비교적 최근의 NRSV(1989)도 〈흠정역〉을 잇는다.

카포레트는 '속죄소, 시은소, 뚜껑' 등 세 번역으로 압축된다. 먼저 뚜껑은 사전적 의미를 받아들인 것으로 법궤의 한 부분처럼 오인하게 한다. 법궤의 제작 과정에서 이미 그 덮개까지 만들어진 상태를 전제한 것이기 때문에(10-16절) 카포레트는 하나님의 배타적인 공간에서 이뤄지는 독자적인 역할에 초점을 둔 것이다. 따라서 카포레트가 '법궤의 위'에 놓인다고 해서(21절) '뚜껑'으로 번역하면 그 의미와 기능이 축소되거나 법궤의 일부로 예속된다.〈Houtman, 381〉 출애굽기의 성막 제작 과정에서 이미 법궤의 뚜껑과 카포레트를 서로 다른 물품으로 소개하고 있고(출 31:7; 35:12; 37:5) 외부 증언도 이를 뒷받침한다. 〈Sarna, 161〉 즉 법궤의 뚜껑(ἐπίθεμα)은 금 고리 네 개의 경첩으로 법궤에 붙어 있고 양쪽의 두 그룹이 얼굴을 마주하고 있는 카포레트가 덮개 위에 놓여 있다. 〈Houtman, III. 135, 137〉 법궤에 언약의 두 돌판을 넣은 후 뚜껑을 덮고 카포레트를 그 위에(עַל) 놓는다(출 40:20).[1] 요세푸스의 증언을 비롯한 유대교 학자들의 견해에 따르면 카포레트는 법궤 위에 놓인 별도의 견고한 순금의 널빤지(slab)다. 따라서 법궤와 카포레트는 별도의 두 가지 성물로 봐야 한다. 〈Houtman, 381〉

두 번째는 '속죄소'다. 카포레트가 피엘동사 '키페르'(כִּפֵּר)에서 비롯되어 '덮개, 뚜껑'을 가리키지만 나중에는 화목제(propitiatory)를 뜻하는 차별화된 용어로 활용되었다. 〈70인역〉 '힐라스테리온'(ἱλαστήριον)은 신약의 '화목제물'(롬 3:25)과 '속죄소'(히 9:5)로 약간 혼선을 일으킨다. 그리스어로 화목제물은 '힐라스모스'(ἱλασμος)이고 속죄소는 '힐라스테리온'으로 위치를 상정한다. 〈70인역〉이 카포레트의 공간적 의미를 인식한 것은 옳다.[2] 따라서 속죄소는 '죄의 대속을 위해 속전을 지불하는 곳'으로 이해할 수 있다(출 21:30; 레 4:26; 시 32:1). 번제단에서 헌제자의 제물이 태워지고 성소의 분향단(τρ́ςοθ)에서 연기로 사라진다. 이렇듯 헌제자의 죄는 지성소에 들어오기 전에 이미 해소된 상태다. 그렇다면

1 히 9:4의 증언을 토대로 법궤에 '만나를 담은 금항아리, 아론의 싹 난 지팡이, 언약의 두 돌판'이 들어 있다고 믿어 왔다. 하지만 출 25:16과 왕상 8:9는 오직 언약의 돌판만 언급한다. 한편 탈무드는 그 밖에도 "모세의 지팡이, 야곱의 돌베개"도 있었다고 증언한다.

2 Klaus Koch, "Some Considerations on the Translation of *kapporet* in the Septuagint," in D.P. Wright et al (eds.) *Pomegranates and Golden Bells: Studies in Biblical, Jewish, and Near Eastern Ritual, Law, and Literature in Honor of Jacob Milgrom* (Winona, IN: Eisenbrauns, 1995), 65-75.

지성소의 카포레트에서는 무슨 일이 벌어질까?

대제사장은 일 년에 단 하루 지성소에 들어간다. 법궤 위의 카포레트에 수송아지와 염소의 피를 일곱 번 뿌리고 하나님께 속죄한다(레 16:18). 카포레트에서 두 그룹의 양쪽 얼굴이 서로 마주하며 하나로 연결되듯 그곳에서 하나님은 이스라엘을 만나고 말씀하신다(출 25:22). 이스라엘의 죄는 이미 연기와 향으로 속죄되었기에 카포레트는 하나님의 배타적 현존(現存)에 그 신학적 의의가 있다. 그러니 카포레트는 이스라엘의 죄보다 하나님의 임재와 인도에 초점을 두어야 하고 그 점을 부각시켜서 번역해야 한다. 이 점에서 시은소(施恩所), 곧 '은혜를 베푸는 곳'이 힘이 실린다. 루터 역시 'Gnadenstuhl,' 최근 개정된 〈예루살렘 성경〉도 '시은소'로 번역한다. 사르나는 시은소가 해석에 가까우며 카포레트의 내재적 의미를 담아내지 못한다는 입장이다.〈Sarna, 161〉 시은소가 카포레트의 어원적 의미를 부분적으로 넘은 것처럼 보이지만 적어도 하나님의 절대적 은총을 살려 낸 번역이다. 가장 거룩한 곳 지성소, 하나님의 현존 법궤, 그분을 호위하는 그룹 그리고 '카포레트'는 하나님의 완전한 주권이 실현되는 공간이다. 하나님은 번제단에서 죄를 불사르고 카포레트에서 은혜를 주신다. 사족 하나. 휴 스토웰(Hugh Stowell)의 찬송 〈이 세상 풍파 심하고〉에서 마지막 단어는 본래 '시은소'다. 그런데 「새찬송가」는 속죄소나 덮개도 아니고 "주의 전"으로 바꾸어서 카포레트의 본뜻과 뉘앙스가 전달되지 않는다.

102
두 그룹
שְׁנַיִם כְּרֻבִים

금으로 그룹 둘을 속죄소 두 끝에 쳐서 만들되 (출 25:18).

시은소 양쪽에는 두 '그룹'이 마주 보고 서 있다(출 25:20). 히브리어는 복수(כְּרֻבִים)형이나 한글 '그룹'은 단수를 취한 꼴이다. 구약에 주로 출애굽기, 열왕기상, 에스겔 등에 90여 차례 언급되었다. 앗시리아어 karābu는 '은혜롭다, 복을 빌다', 형용사 karubu는 '위대한, 강한', 아카드어 kuribu는 '날개 달린 황소'를 뜻한다. 후자에서 그 기원을 찾는다면 고대 메소포타미아와 가나안의 신전이나 왕궁 입구를 지키는 수호 신상에 가깝다. 그룹은 어원론적인 연구나 신학적인 의미로나 조사하면 할수록 깊은 미궁으로 빠져든다. 여기서는 성막에 등장하는 '두 그룹'의 역동적인 의미를 찾는 데 집중한다.

그룹의 일관된 형태를 찾기는 어렵지만 사람과 짐승의 형상이 섞인 반인반수(therianthropic)의 혼성체이다. 〈Sarna, 161〉 날개가 언급된 경우는 빈번하게 목격된다(출 25:20; 37:9; 왕상 6:24; 8:6; 사 6:2; 겔 10:8; 11:22). 일부에서는 그룹을 날개 달린 사자의 몸과 사람의 얼굴 형상으로 간주하는 측면이 강했으나 성서는 우호적이지 않다. 예컨대 다리가 둘 또는 넷인 새 모양인지, 사람 얼굴에 날개 달린 동물인지 경우에 따라 다르다.〈Houtman, 383〉 더구나 규모에 대해서도 솔로몬 성전에 세워진 그룹은 10규빗 높이에 5규빗 날개로 제시하고 있지만(왕상 6:23-24) 다른 곳은 침묵한다.

그렇다면 그룹의 기능은 어떠한지 논의를 바꿔 보자. 다음 두 가지 견해로 압축할 수 있다. 1) 가시적(visible): ① 수호자 - 고대 근동의 지중해와 팔레스틴에서 반인반수의 생물이 신전의 입구를 지킨다. 그룹은 성소나 특정 공간을 보호한다(창 3:24; 출 25:22; 왕상 8:6; 겔 28:14, 16). 휘장에 새긴 그룹은 성막의 훼손이나 침범을 막는 상징적인 장치다(출 26:1, 31; 36:35; 대하 3:13, 14). 이 점에서 랍비들의 해석은 특이하다. 즉 '케루빔'(כְּרֻבִים)을 전치사(כ)와 아람어 '라비'(רביא)로 읽고 '어린이와 같은'으로 이해한다.〈*Sukkah* 5b〉 흔히 성화에서 '날개 달린 어린 천사'(putto)가 성인을 수호하는 이미지는 여기에서 연상된 것이다. ② 왕좌: 그룹은 하나님의 앉은 자리이고, '그룹에 좌정하신 분'(יֹשֵׁב הַכְּרֻבִים)은 하나님의 별칭이 된다(왕하 19:15; 시 80:1; 99:1). 특히 '만군의 야웨'(יְהוָה צְבָאוֹת)로 언급될 때 하나님은 항상 '그룹에 좌정하신 분'으로 불린다(삼상 4:4; 삼하 6:2; 사 37:16). 솔로몬 성전에서 하나님의 보좌는 언약궤로 묘사되고 그룹 날개가 그 자리를 덮는 것으로 보아 수호자와 겹친다(왕상 8:6-7). '스랍'도 흡사한 성격이다(사 6:1-2). 이 둘은 눈에 띈다.

2) 비가시적(invisible): ③ 그룹은 하나님의 이동 수단 수레(chariot)다. 그러나 바람처럼 잡을 수 없다. 엘리야가 '불수레'(רֶכֶב־אֵשׁ)를 타고 하늘로 날아가듯 하나님은 그룹을 타고 이동한다. "(하나님이) 그룹을 타고 다니심이여 바람 날개를 타고 높이 솟아오르셨도다!"(시 18:10; 참조. 시 104:3) 시인은 변화무쌍한 바람에서 하나님의 자유로운 이동을

포착한 것이다. 하나님의 운행은 그룹의 신속한 이동 장치가 있기에 가능한 일이다(겔 9:3; 10:4; 대상 28:18). ④ 그룹은 하나님의 영광을 드러낸다. 에스겔은 마치 수호자, 수레 그리고 하나님의 보좌를 합성한 듯한 모습의 그룹을 본다(겔 1:5-28). 즉 사람, 사자, 황소, 독수리 등 네 얼굴을 가진 생물은 각자의 날개로 덮어 주고(23절), 황옥의 바퀴가 달려 있으며(16절), 머리에 보좌가 있다(26절). 무엇보다 이 모든 현상은 신 현현과 관련되어 결국 하나님의 영광을 드러내는 표징이 된다(겔10:4). 성전은 그룹들과 함께 야웨의 영광스런 광채로 가득 차 경외심을 불러일으킨다. 하나님의 영광과 수레는 보이지 않는다.

시은소에 '두 그룹'이 양쪽을 지킴으로써 하나님의 내재적 측면과 초월적 측면, 곧 하나님의 현현과 영광을 동시에 보여준다.〈Sarna, 161〉 두 그룹은 등잔대의 일곱 촛대처럼 바닥의 시은소, 곧 '은총의 자리'와 금 한 덩어리의 단일체(monolithic)라는 점이 중요하다(19절).〈Houtman, 387. **불가타와** 70인역은 별개로 본다〉 두 그룹과 시은소는 분리된 두 물체가 아니다. '하나'의 뿌리에서 생성되었으나 결코 나뉠 수 없다. 다시 말해서 두 그룹은 이스라엘을 인도할 하나님의 내재성과 초월성을 표상하는 신성의 현존이며 영광의 보좌로 간주되는 것이다.

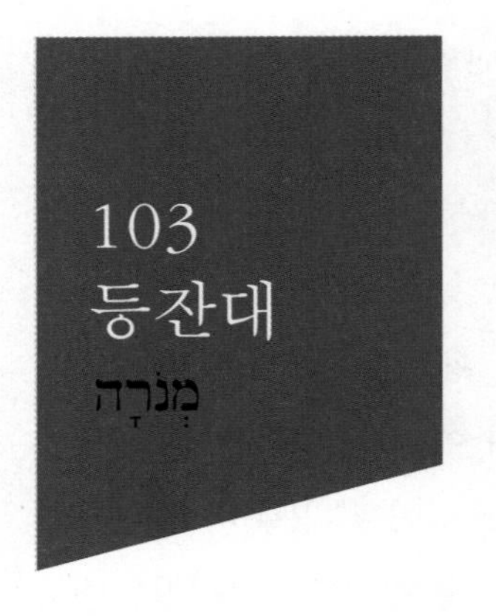

너는 순금으로 등잔대를 쳐 만들되 그 밑판과 줄기와 잔과 꽃받침과 꽃을 한 덩이로 연결하고 (출 25:31-40; 37:17-24).

'등잔대', 'candlestick'은 히브리어 '메노라'(מְנֹרָה) 번역어로는 적합하지 않다. 왜냐하면 메노라는 등잔 받침과 불(light)을 함께 갖추고 있기 때문이다. 라틴어 candelabrum, 영어 lampstand, 〈70인역〉의 λυχνία 등은 두 개념을 충족시킨다. 등잔(נֵר)과 등잔대가 한꺼번에 언급된 경우를 보면 부분으로 전체를 가리키는 제유법으로 볼 수 있다(**왕하** 4:10; **대상** 28:15). '메노라'는 구약에 41차례 쓰이는데, 출애굽기에 20차례, 그중 25장 31-35절에 7차례 집중적으로 언급되었다.

메노라의 제작은 상당히 세밀하게 제시되었으며 정교한 제작 기술이 요구된다. 순금 한 달란트(כִּכַּר זָהָב טָהוֹר)로 밑판, 기둥과 가지, 잔, 꽃받침 그리고 꽃까지 연결된 단일체로 만들어야 한다(36절; 민 8:4). 메노라는 가운데 줄기를 중심으로 양쪽의 세 가지가 서로 연결되는 나무 형상이다. 여섯 가지에는 살구꽃 모양의 잔이 각각 세 개씩, 중앙 기둥에는 네 개의 잔과 꽃받침이 새겨 있다. 오른쪽 그림은 출애굽기 25장의 규정을 충실히 따른 것으로 한 회당의 휘장(פָּרֹכֶת)에 새겨진 '메노라 시편'이다.[3]

1세기 막달라 회당에서 발굴된 메노라.
막달라 스톤의 메노라 발굴(2009년)로 티투스 개선문의 메노라
이후 지난 2천 년 동안 이어진 논란의 종지부를 찍었다.

등잔(גְּבִיעַ)은 살구꽃 형상으로 안쪽에 기름을 채울 수 있는 접시 모양이며 가장자리는 밖을 향한다. 그런데 왜 살구꽃(מְשֻׁקָּדִים)이 활짝 핀 모습일까? 여기에 히브리어의 유음을 이용한 수사법이 들어 있다. 히브리어 '샤케드'(שָׁקֵד)는 명사로 '살구나무', 분사형 '쇼케드'(שֹׁקֵד)로 '주의 깊게 살피는, 항상 깨어 지키는' 등으로 읽을 수 있다(렘 1:11-12). 메노라의 불은 계속 켜 두어야 한다(레 24:2). 하나님은 밤에도 주무시지 않고 이스라엘을 지키신다는 시인의 노래는 메노라의 신학과 믿음을 반영한다(시 121:3-4). 따라서 살구나무는 메노라의 재료를 암시하는 한편 하나님이 쉬지 않고 그의 백성 이스라엘을 보호하신다는 점을 암시한다.

한편 메노라의 최우선적 기능은 성소에 불을 밝히는 것이다. 이제 메노라의 형상을 눈여겨봐야 한다. 메노라 받침에서 올라온 줄기를 중심으로 일곱 가지는 누가 봐도 나무 모양을 본뜬 것으로 짐작할 수 있다. 왜 하필 나무 형상으로 구현한 것일까? 흥미롭게도 메노라의 재료와 제작 방식이 제시될 뿐 정확한 치수를 알 수 없다. 다행히 랍비 전승에 따르면 메노라의 높이를 18토파흐(טֶפַח), 양쪽 끝 두 등잔의 간격을 12토파흐로 규정하고 있다.〈Men, 28b; Rashi〉 토파흐는 규빗(אַמָּה)보다 작은 단위로서 약 1/3뼘,

3 김창주, "메노라에 비친 시편 67,"「신학사상」187 (2019년 겨울), 51-77.

8cm에 해당한다(출 25:25). 〈불가타〉는 *quatuor digitis,* 메노라의 키 18토파흐는 3규빗에 해당하니 진설병상보다 높다(23절). 랍비들이 18토파흐로 높이를 산정한 것은 우연이 아니다. 메노라와 진설병상은 성소에서 남북으로 마주한다. 메노라의 불빛은 열두 덩이 떡이 놓인 북쪽 진설병을 향해 비춘다. 〈불가타 민 8:2 참조하라〉 히브리어 생명(חַי)은 숫자로 풀면 18이 되고 메노라의 빛은 이스라엘의 생명과 관련이 있다고 간주되었다.

고대 신앙에서 나무는 신성한 대상이다. 아브라함은 브엘세바에 에셀(אֵשֶׁל) 나무를 심고 거기서 영원하신 야웨의 이름을 예배하였다(창 21:33). 떨기나무에서 하나님이 불꽃(בְּלַבַּת־אֵשׁ)으로 나타나듯 메노라는 신 현현의 거룩한 장소다. 그러므로 성소의 메노라는 이른바 '빛의 나무'(Tree of Light)가 된다. 메노라는 하나님의 빛과 생명을 하나의 상징에 담아낸 뛰어난 신학적인 고안이다. 사실 메노라에서 빛과 생명나무의 연상은 매우 밀접하고 자연스럽다. 〈Houtman, 411〉 즉 메노라의 기름은 나무의 수액이며, 불빛은 나무의 꽃과 열매다. 특히 메노라의 불빛은 마치 나무의 가지처럼 사방으로 뻗어 나간다. 이제 나무 모양의 메노라에서 생명(חַי)을 떠올리고 한 걸음 더 나아가 '생명나무'(עֵץ חַיִּים)를 연상하게 되었다(창 2:9). 〈Meyers, 181〉

빛은 가장 강력한 상징이다. 빛은 창조주 하나님과 생명을 효과적으로 이어 준다. 시인은 "야웨는 나의 빛이며 … 생명의 원천이도다"라고 노래한다(시 27:1; 참조. 36:9). 메노라의 일곱 등잔은 불빛을 극대화시켜 성소를 밝히며 두루 퍼져 나간다. 메노라의 빛은 성소의 어둠을 몰아낼 뿐 아니라 세상의 모든 생명을 살린다. 빛의 나무, 곧 '메노라'는 항상 깨어 불을 밝히고 생명을 자라게 하며 많은 열매를 맺게 한다(참조. 요 1:4; 8:12).

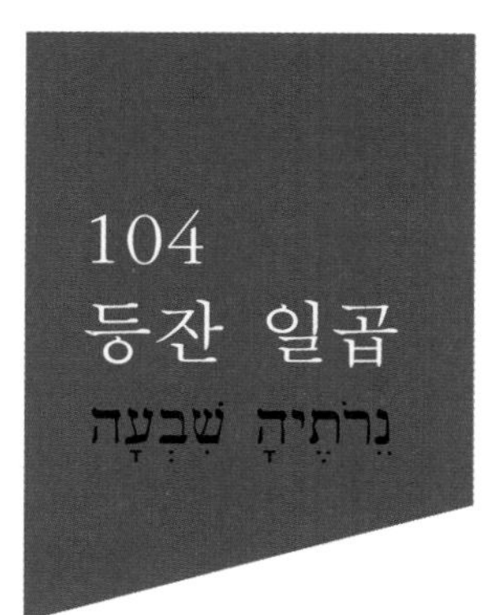

등잔 일곱을 만들어 그 위에 두어 앞을 비추게 하며(출 25:37).

등잔 일곱과 그 불집게와 불똥 그릇을 정금으로 만들었으니(출 37:23).

출애굽기에서 숫자 일곱의 상징성은 두세 곳을 제외하면 그다지 눈에 띄지 않는다. 미디안 제사장의 일곱 딸(2:16), 일곱째 날(12:15; 16:26; 24:16; 31:15) 그리고 메노라의 '등잔 일곱' 등이다(25:37; 37:23). 그러나 성막 재료(25:3-7)와 성막 건축 기사(25-31장)에는 7이라는 숫자를 직접 쓰지 않는 방식으로 그 신성함을 표현한다. 예컨대 가나안의 일곱 부족(신 7:1; 출 3:8), 가나안 지역의 일곱 가지 식량(신 8:8), 불순종의 결과로 나타날 일곱 질병(신 28:27-28), 솔로몬의 중보기도(왕상 8:31-51) 등에도 일곱을 앞세우는 대신 나열하는 방식으로 강조한다.

특이하게도 성막 건축을 소개하는 긴 단락 서두에 '야웨께서 모세에게 말씀하여 이르시되'가 일곱 번 반복된다(25:1; 30:11, 17, 22, 34; 31:1, 12). 주의 깊게 성서를 읽는다면 누구나 성막 제작의 일곱 단화에 숫자 7의 상징이 중첩되어 그 거룩한 뜻을 극대화한다는 사실을 알아차린다. 더구나 처음 단화에 '등잔 일곱'을 직접 명시하여 메노라의 불빛이 눈에 띄게 한다. 이와 같이 성막 건립에는 숫자 7을 암시적으로, 또는 명시적으로 활용하여 성막의 신비를 더해 준다. 이때 성막 건축의 일곱 단화 가운데 '등잔 일곱'은 마치 '바퀴 안의 바퀴'(הָאוֹפַן בְּתוֹךְ הָאוֹפָן)처럼 돋보이는 수사다(겔 1:16).

출애굽기 성막 기사(출 25-31장)가 창조의 7일 서사(창 1:1-2:3)와 비슷한 논리 구조라는 주장은 간간히 제기되어 왔다.〈Brueggemann, 144〉 후자가 바빌론 포로의 절망과 혼돈의 상황에서 질서와 조화를 내세운 하나님 통치를 안식일 제의에 투영한다면, 전자는 출애굽 이후 불안정한 자유와 반복되는 유랑 생활에서 신뢰와 동행을 앞세운 하나님의 임재를 안식일 계명으로 귀결시킨다. 창세기는 시간의 관점에서 안식일에 다다르고 출애굽기는 공간의 관점에서 안식일을 결론으로 삼았다. 따라서 두 본문은 창조의 7일 구조에서 성막의 의미를 보게 하고 성막의 일곱 단화에서 천지 창조의 신학을 읽을 수 있게 하는 상호 보완적 관계가 형성된 것이다.

위의 왼쪽 사진은 기원전 140~37년 하스몬 왕조(Hasmonean Dynasty)의 마지막 왕이자 대제사장이던 마타디아스 안티고누스의 통치 때(기원전 40-37) 제조된 동전이다. 오른쪽은 현대 이스라엘이 되살린 반 세겔짜리

동전이다. 핵심은 일곱 등잔이다. 메노라의 일곱 촛대는 두말할 것 없이 창조의 7일을 연상시킨다. "등잔 일곱을 만들어 그 위에 두어 앞을 비추게 하라"(37절). 태초에 하나님이 혼돈과 공허의 깊은 흑암으로부터 '빛'(אוֹר)을 창조하셨듯이(창 1:2-3), 제사장은 등잔에 불을 켜서(הֵאִיר) 어두운 성소를 밝힌다(출 25:37). 안티고누스 역시 일곱 등잔을 동전에 새겨 통용시킴으로써 메노라의 불빛이 유대 공동체를 넘어 세상을 비추게 하고 싶었을 것이다.

출애굽기 저자는 성막 건립을 통하여 천지 창조의 신학을 견주어 읽게 한다. 성막 기사의 처음 단화와 창조의 첫날에서 공통분모는 '빛'이다. 아론이 아침마다 성소의 불을 켜듯 첫째 날 하나님은 온 세상을 비추는 빛을 지으셨다. 성막 제작의 일곱 단화 중 처음에 '등잔 일곱'(שִׁבְעָה נֵרֹתֶיהָ)을 배치한 것은 창조의 첫 번째 빛(אוֹר), 곧 완벽한 광명을 가리킨다. 예언자 이사야는 그 광명한 빛을 보고 다음과 같이 증언한다. "(그날에) 햇빛(אוֹר)은 일곱 배가 되어 일곱 날의 빛과 같을 것이라"(사 30:26).

105 한 성막을 이루라

וְהָיָה הַמִּשְׁכָּן אֶחָד

금 갈고리 오십을 만들고 그 갈고리로 앙장을 연합하여 한 성막을 이룰찌며(출 26:6).

몸은 하나인데 많은 지체가 있고 몸의 지체가 많으나 한 몸임과 같이 그리스도도 그러하니라 (고전 12:12).

성막의 구조는 50규빗 정사각형 두 개가 동서로 나란히 놓인 형태다. 더 자세히 보자면 오른쪽부터 뜰, 성소, 지성소 등 세 공간으로 나뉜다. 요세푸스는 성막의 세 공간을 인간의 영역과 하나님의 영역으로 나눌 수 있다고 본다. 사람이 마치 땅과 바다에서 생활하듯 성막의 뜰과 성소가 사람에게 허용된 장소라면, 지성소는 오직 하나님의 배타적 공간으로 일반 백성이 드나들 수 없는 하늘과 같은 영역이다. 그러나 성막 건립 과정에서 분리된 두 정사각형과 세 공간이 결국은 '하나의 성막'(הַמִּשְׁכָּן אֶחָד)을 이룬다.

성막의 입구에서 지성소까지 동선을 따라가는 동안 점차 거룩의 상승을 체감할 수 있다. 일반 백성, 사제, 대제사장 등의 차례로 단계마다 출입이 제한적이며, 기물에 쓰인 재료는 구리(נְחֹשֶׁת), 은(כֶּסֶף), 순금(זָהָב טָהוֹר)으로 차등을 두었다. 얼핏 보면 은의 용처가 두드러지지 않으나 성소의 벽을 쌓기 위해 바닥에 고정된 40개의 받침으로 쓰인다(출 26:19; 36:24). 지성소와 성소를 단단히 받치며 뜰의 경계를 짓는 이음새 역할로 활용되었다.

건립 순서	재료	출입 대상
지성소: 언약궤, 시은소	순금, 금테	대제사장
성소: 상, 등잔대, 분향단	순금, 은	사제, 레위인
뜰: 번제단, 물두멍	청 동	일반 백성

위 구절은 청색, 자색, 홍색 실로 그룹을 수놓은 28×4규빗의 휘장 열 폭을 만들어 다섯 폭씩 연결하여 지성소와 성소의 지붕을 덮는 장면이다. 모든 공정에 '세심한 주의력과 예술적인 기교'가 필요한 이유가 여기서도 확인된다.〈더햄, 604〉 휘장을 다섯 폭씩 잇고 청색 실로 만든 50개의 고리(לוּלָאָה)를 양쪽으로 나란히 놓는다(5절). '고리'는 손잡이, 직물의 코, 장식 고리로 번역할 수 있는 루프(loop)에 해당한다. 그 후 루프와 루프 사이를 금 갈고리(קַרְסֵי זָהָב)로 묶는다. 걸쇠를 뜻하는 후크(hook)는 '걸다, 단단히 묶다, 매다'는 뜻이다. 루프와 훅의 차이가 관건이다. 루프가 비교적 헐렁한 연결 고리라면 후크은 강력한 결합을 가리킨다. 휘장과 휘장이 흔들리지 않게 '금 갈고리'로 동여매야(חָבַר) 사막의 모래바람에도 끄떡없다. 마침내 '안전하고 완전한'(שָׁלֵם) 성막, 하나의 성막이 완성된다.

유대교 신학자 카라시크(Michael Carasik)는 성막의 이해를 돕기 위해 요세푸스의 우주론적 관점과 달리 중간 단계를 뜻하는 메소코즘(mesocosm)이라는 용어를 차용한다.〈Carasik, 229〉 이를테면 성막은 대우주이신 하나님과 소우주인 사람이 공존하는 공간이란 의미다. 따라서 성막은 나중에 '회막, 만남의 장막'(אֹהֶל מוֹעֵד)으로 불리는데 그것은 피조물이 창조자 하나님을 만날 수 있는 영역을 가리키는(출 27:21; 28:43; 29:4) 중립 지대로서 메소코즘의 다름 아니다. 성막은 지성소, 성소, 뜰로 구분하여 하나님의 공간과 사람의 영역을 나누고 사제를 통하여 둘의 만남을 가능케 구현한 신학의 성과다.

성막 건립에 느슨한 루프와 단단한 후크가 사용된 것은 바로 이 때문이다. 마치 금과 구리 사이에 은이 중간 역할 하듯 루프와 후크가 적절히 묶고 조인다.

수많은 잡족(雜族)과 다양한 인종의 출애굽 집단이 하나의 야웨 신앙 공동체가 되듯(출 12:38; 민 11:4) 다양한 질료와 이질적인 물품들로 구성된 성막의 기구들이 연합하고 마침내 열 폭의 휘장으로 지성소와 성소를 덮어 '한 성막'을 완성한다(11절). 보이는 부분과 보이지 않는 다양한 신체 기관, 단순한 것과 복잡한 것이 '한 몸'을 이루듯(고전 12:12) 하나님의 말씀도 마찬가지로 계명, 규례, 법도, 증거 등이 모두 한 율법을 구성한다(신 7:11). 하나님은 모든 것을 포용하고 함유하고도 자신의 본성을 유지하시기 때문에 한 분이며 온전하신 분이다(신 6:5). 솔로몬의 '하늘과 하늘들의 하늘'(הַשָּׁמַיִם וּשְׁמֵי הַשָּׁמַיִם)이라는 고백처럼 우리는 하나님을 모시기에 부족하다(왕상 8:27). 그렇듯 하늘과 땅에 두루 편재하시는 하나님이 놀랍게도 성막에서 그의 피조물인 사람과 공존한다는 놀라운 신학적 성찰이 곧 '성막 메소코즘'이다. 아름다운 보석, 다채로운 색상의 휘장, 철과 나무와 가죽을 활용한 각종 부품, 크고 작은 수치로 만든 수많은 기구들이 루프와 후크로 결합되어(חָבַר) '한 성막'이 된 것이다.

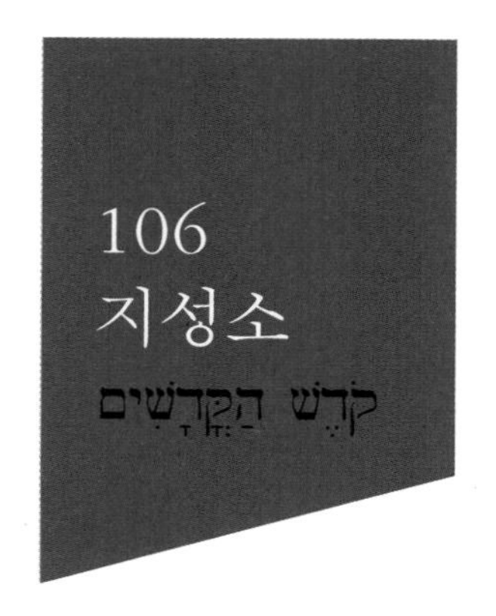

106 지성소 קֹדֶשׁ הַקֳּדָשִׁים

그 장을 갈고리 아래 드리운 후에 증거궤를 그 장안에 들여놓으라 그 장이 너희를 위하여 성소와 지성소를 구별하리라 너는 지성소에 있는 증거궤 위에 속죄소를 두고(출 26:33-34).

지성소는 성막의 서편 성소 중앙에 10×10규빗 정사각형의 배타적 장소다. 밖으로 성소가 둘러 있고 안으로 언약궤가 놓여 있다. 지성소를 지칭하는 히브리어는 셋이다. קֹדֶשׁ הַקֳּדָשִׁים(코데쉬 하코다쉼), הַקֹּדֶשׁ(하코데쉬), דְּבִיר(드비르)는 차례로 출애굽기, 레위기, 열왕기상에 집중적으로 언급된다. 지성소는 일 년에 단 하루 대속죄일에 오직 한 사람 대제사장에게만 허용되지만 '거룩한 옷'(בִּגְדֵי־קֹדֶשׁ)을 입어야 하는 등 엄격한 제한이 뒤따른다(레 16:4, 17).

지성소를 논의하려면 두 가지 점에 유의해야 한다. 먼저 히브리어 최상급의 활용과 의미를 살펴야 한다. 바울은 자신을 '히브리인 중의 히브리인'(Ἑβραῖος ἐξ Ἑβραίων)이라고 소개한다(빌 3:5). 전형적인 히브리어 최상급 표현 '~의 ~' 형식이다. 예컨대 '종들의 종'(עֶבֶד עֲבָדִים, 창 9:25), '안식일의 안식일'(שַׁבַּת שַׁבָּתוֹן, 출 31:15), '족장들의 어른'(נְשִׂיא נְשִׂיאֵי, 민 3:32), '신들 중의 신'(אֱלֹהֵי הָאֱלֹהִים, 신 10:17), '하늘의 하늘'(שְׁמֵי הַשָּׁמַיִם, 왕상 8:27), '헛되고 헛되다'(הֲבֵל הֲבָלִים, 전 1:2), '아가'(שִׁיר הַשִּׁירִים, 아 1:1),

'왕 중의 왕'(מֶלֶךְ מְלָכִים, 겔 26:7) 등이 동일한 수사다(스 7:12). 따라서 קֹדֶשׁ הַקֳּדָשִׁים을 문자적으로 옮기자면 '거룩 중의 거룩'이지만 〈흠정역〉은 최상급 의미를 살려 the Most Holy Place로 적절하게 옮겼다. 한글 성서는 〈흠정역〉과 중국 〈문리역〉의 영향을 받아 한자어 至聖所(지성소)를 따른 것이다(우리말 성서 번역 계보도 참조하라).

한자 번역어 지성소(至聖所)를 조명할 차례다. '지상명령'은 예수의 마지막 교훈으로 알려진 마태복음 28장 19-20절을 가리킨다. 흔히 지상명령을 예수가 땅 위에서 남긴 마지막 당부라고 짐작하기 쉽다. 至上명령이다. 또한 산상수훈이 예전에는 지복(至福)설교로 불리기도 했다. 한편 〈개역개정〉의 '지극(至極)히 높으신 하나님', '지존'(至尊)/ '지존자'(至尊者)는 야웨의 이름 '엘리온'(עֶלְיוֹן)의 번역이다(창 14:18-19; 민 24:16; 시 7:17; 77:10; 애 3:35). 영어 the Most High를 살려서 '지존', '지존자'로 옮긴 것이다. '지상명령', '지복설교' 그리고 '지존'에 모두 '지성소'와 마찬가지로 한자 '이를 지'(至)가 들어 있다. 이때 지(至)는 '끝까지 가다'는 뜻으로 최상급을 함축한다. 그러므로 지상명령은 으뜸가는 명령, 지복설교는 가장 복된 설교, 지존자는 가장 존귀하신 분이다(히브리어 '엘리온'은 최상급이 아니다). 마찬가지로 지성소는 가장 신성한 장소를 일컫는 최상급 표현이다.

솔로몬 성전과 관련해서 지성소는 '코데쉬 하코다심' 대신에 '드비르'(דְּבִיר), 곧 '내소'로 나온다(왕상 6:5, 16). 원급이지만 최상급을 의미한다. 〈불가타〉와 〈70인역〉의 번역도 지성소의 분석에 도움이 된다. 〈불가타〉는 신탁이 전달되는 곳이라는 oraculum으로, 〈70인역〉은 내소의 히브리어 독음을 따라 '다비르'(δαβιρ)로 음역하고 있다. 〈70인역〉과 라틴어 번역자들이 지성소의 신학적 의미를 풀어내려는 고민의 흔적을 엿볼 수 있다. 지성소는 성막 구조로 볼 때 입구에서 가장 깊숙한 곳이다. 라틴어 oraculum과 히브리어 דָּבָר는 하나님의 말씀과 관련이 있으며 성막의 가장 내밀한 공간(innermost)이다. 그곳에 언약궤가 위치하며 또한 '언약의 말씀 십계명'(דִּבְרֵי הַבְּרִית עֲשֶׂרֶת הַדְּבָרִים)이 들어 있지 않은가! 따라서 지성소는 신탁(oracle)의 공간이며 '하나님의 말씀'(δαβιρ)을 들을 수 있는 '가장 은밀한 장소'가 된다.

유대교 신비주의 '카발라'는 지성소를 하나님의 자발적인 제한, 곧 침춤(צמצום)으로 설명한다. 우주에 편만하신 하나님이 스스로 제한하고 수축하여 한 곳에 집중시킨다. 성막의 지성소는 하나님이 자신을 응축(contract)한 절대적 공간이다. 이 점에서 지성소는 '보석 중의 가장 아름다운 보석'(עֲדִי עֲדָיִים)이랄 수 있겠다(겔 16:7). 에스겔의 환상을 빌면 '바퀴 안의 바퀴'(הָאוֹפַן בְּתוֹךְ הָאוֹפָן)처럼(겔 1:16; 10:10) 지성소는 '성소 안의 성소'로서 하나님의 현존을 배타적인 공간으로 구축한 것이다. 이렇듯 성막의 가장 내밀한 공간(דְּבִיר)에서 신탁, 곧 하나님의 말씀(דָּבָר)을 들을 수 있기에 지성소는 '거룩 중의 거룩' 곧 가장 신성한 곳이 된다.

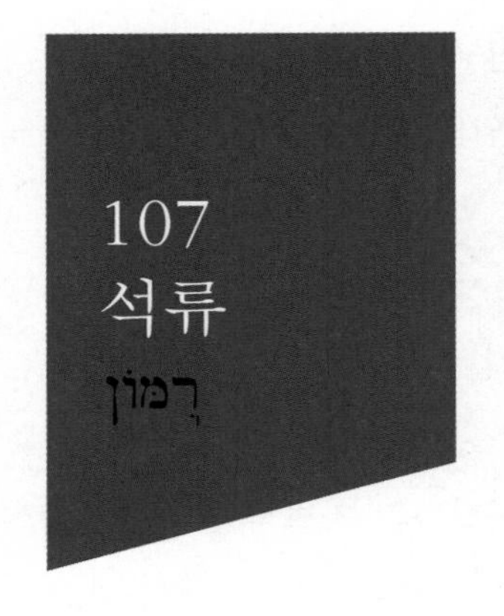

그 옷 가장자리로 돌아가며 청색 자색 홍색실로 석류를 수놓고 금방울을 간격하여 달되 그 옷 가장자리로 돌아가며 한 금방울, 한 석류, 한 금방울, 한 석류가 있게 하라(출 28:33-34).

유대교의 상징은 극히 제한적이다. 다른 신이나 우상은 물론 어떤 형상도 용납되지 않기 때문이다(출 20:4). 그럼에도 촛대, 다윗의 별, 석류 등 일부는 유대교 역사를 통해 중요한 상징으로 자리 잡았다. 촛대와 다윗의 별이 유대 신앙과 민족의 정체성에 연관된 상징이라면 석류는 다면적인 은유가 포함되어 있다. 성막의 제작 중에 자세하게 묘사된 제사장 복식에 석류가 들어 있다. 석류는 예복 아랫단에 빙 둘러 방울과 번갈아 수놓게 한 것이다. 그렇다면 석류는 어떤 의미일까?

모세는 각 지파에서 한 사람씩 선발하여 가나안을 정탐하게 한다. 그들이 모세에게 가져온 열매 중 하나가 석류다(민 13:23). 풍요를 상징하는 석류는 가나안의 대표적 작물에 속한다(신 8:8). 아가서 시인은 붉은색 꽃송이와 화려하게 치장된 열매, 감칠맛 나는 향취에 넋을 잃은 듯 노래한다. 석류나무 동산(아 4:13), 석류 한쪽(4:3; 6:7). 푸른 잎의 배색에 눈에 확 띄는 강렬한 빛의 붉은 꽃, 풍부한 과즙, 상큼한 미각(8:2)과 뛰어난 장식성 때문에 대중적이었고 제사장의 예복에 장식된 것이다.

나중에 솔로몬은 성전의 기둥에 400개의 석류를 두 줄로 아로새겨 민족의 번영과 왕조의 흥왕을 기원했다(왕상 7:18, 42).

한편 석류는 히브리어 '림몬'으로 지명과 인명에서도 쉽게 찾을 수 있다. 아람어에서 유입된 민간 신앙이 엿보인다. 지형적으로 낭떠러지를 뜻하는 명사(민 33:19; 수 15:32; 19:45; 삿 20:45; 슥 14:10)로 쓰이는 '하다드림몬'(הֲדַד־רִמּוֹן)은 요시야의 죽음을 애도하던 므깃도 근처의 계곡을 가리킨다(슥 12:11). 사람의 이름인 경우는 가나안의 바람과 비와 천둥의 신을 의미한다. 예컨대 베냐민 족속의 브에롯 사람 '림몬'(삼하 4:2), 벤하닷의 아버지 다브림몬(טַבְרִמּוֹן)은 '림몬은 선하다'는 뜻이며(왕상 15:18), 림몬의 신당(בֵּית רִמּוֹן)은 고대 가나안 신앙과 연관된다(왕하 5:18).

고대로부터 석류는 모양과 열매가 특이하여 상징성이 뛰어났기 때문에 동전에 새겨지기도 했다. 오랜 유랑과 강대국의 지배를 벗어나 유다 독립 왕국을 재건한 하스몬 왕가의 요한 히르카누스(기원전 127~104)는 화관(wreath)을 두르고 양각 뿔 사이에 석류를 새긴 동전을 발행하였다. 이후 로마 항전 때(기원후 66~74) 반 세겔짜리 동전은 세 개의 석류를 가운데 두고 고대 히브리어(paleo-Hebrew)로 '거룩한 예루살렘'을 양각하였다. 현재 이스라엘은 로마 항전 때 주조한 세 송이 석류를 1리라(lira)에 그리고 양각과 석류 하나를 2세겔 동전에 새겨 유통하고 있다.

이와 같이 석류는 성과 속을 넘어 신비로운 열매로서 유대교와 초기 기독교의 상징으로 자리 잡았다. 〈Mary Abram, "The Pomegranate: Sacred, Secular, and Sensuous Symbol of Ancient Israel," *Studia Antiqua* 7.1 (2009), 23-33〉 '다윗의 별'처럼 보이는 육각형의 꽃받침은 유대 왕조와 하나님의 통치라는 더 심오한 의미를 담을 수 있었다. 더 나아가 석류는 잠언의 '은쟁반에 새겨진 금 사과'처럼 '하나님의 말씀'으로 간주되어(잠 25:11) 오경의 613개 계명같이 석류 알갱이도 동일하게 613개라고 주장하기도 한다. 그것은 마치 석류의 씨앗이 가득 들어 있듯 이스라엘이 무리지어 토라를 배운다는 유비이지 숫자에 있지 않다. 이처럼 석류는 제사장의 복식에 수놓아 살아 있는 제의로 발전되었고 다산과 풍요라는 모든 인류의 소망 위에 하나님의 말씀과 영원한 삶을 표상하게 되었다.

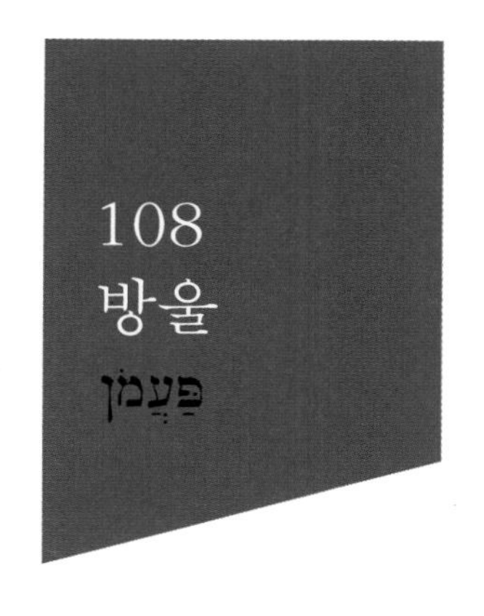

그 옷 가장자리로 돌아가며 청색 자색 홍색실로 석류를 수놓고 금방울을 간격하여 달되 그 옷 가장자리로 돌아가며 한 금방울, 한 석류, 한 금방울, 한 석류가 있게 하라(출 28:33-34; 39:24-26).

제사장의 예복 중에서 방울은 유아적 장식으로 눈에 띈다. 에봇(אֵפוֹד) 아랫단 가장자리에 수놓은 석류와 함께 번갈아 달려 있다. 아론을 위한 '영화롭고 아름답게' 지은 거룩한 의복에 방울을 달다니 선뜻 이해하기 어렵다. 유대교 전승에 의하면 방울이 12, 24, 36개, 심지어 360개라는 주장도 있으나 확인할 수 없다.[4] 해당 구절은 방울의 숫자나 모양에 관해 침묵하니 더 묻는 것은 곤란하다. 자연히 제사장 예복에 달린 방울의 역할에 주목하게 된다. 더구나 청색, 자색, 홍색, 실로 자수(刺繡)한 석류와 달리 방울을 실물로 장식한 이유는 무엇인지 궁금하다.

방울(פַּעֲמֹן)은 '치다, 때리다'의 '파암'(פַּעַם)에서 비롯되었다고 보면 마찰이나 타격으로 소리를 내는 타악기(percussion) 종류로 간주할 수 있다. 제사장이 지성소(הַקֹּדֶשׁ)에 들고날 때마다 딸랑거리는 장치다. 제사장이 성소와 지성소를 오가며 제의를 집행하는 것은 오랜 훈련과 고도의

4 Cornelis Houtman, "On the Pomegranates and the Golden Bells of the High Priest's Mantle," *Vetus Testamentum* 40.2 (1990), 223-229.

집중력을 요구하는 의식이다. 특히 지성소를 드나들 때 제사장의 긴장은 더욱 고조된다. 따라서 방울 소리는 35절에 언급된 바와 같이 제사장의 움직임을 통해서 그의 생존을 알리는 일종의 신호인 셈이다. 제사장이 지성소에서 의식을 집례하는 동안 성소의 사제와 레위인들은 방울 소리를 들을 수 있다. 따라서 방울이 지속적으로 울린다면 지성소 밖의 사제들은 제사장이 임무를 차질 없이 수행하고 있다고 여긴다. 외경 집회서는 제사장의 방울에 대하여 다음과 같이 묘사한다. "어깨걸이 술에는 석류와 금방울을 많이 달아 발걸음을 옮길 때마다 성전 안에 울려서 당신 백성의 자녀들로 하여금 그 소리를 듣고 깨우치게 하셨다."〈집회서 45:9〉

제의용 방울은 고대 가나안을 비롯하여 시베리아 무당, 라틴 아메리카 원주민 등이 활용한 것으로 세계 도처에서 발견된다. 방울이나 호루라기 또는 짝짝이 등 소음을 내는 기구들은 액막이(apotropaic) 제의와 관련된다. 주로 산당의 입구나 문지방 등에 떠돌아다니는 악한 영을 쫓아낸다고 여겼다. 가나안 전통 신앙에 따르면 사당 주변이나 현관은 귀신들이나 악마가 자리한 곳이다. 아스돗의 다곤 신전 문지방을 밟지 않는 이유다(삼상 5:5). 그러니 방울 소리가 주위를 환기시켜서 나쁜 기운을 몰아내면 안전하게 예배할 수 있는 여건이 조성된다고 믿은 것이다. 그리하여 교부 요한 크리소스토무스는 제의용 방울을 목이나 팔목에 매고 다닐 것을 권고한 바 있다.

고대 신앙인들은 방울 소리에서 자연현상의 천둥을 연상했고 또한 악한 영을 쫓아내는 동시에 두려움을 갖게 한다고 보았다. 방울 소리는 손으로 만지거나 눈으로 볼 수 없으며 오직 청각으로 인식할 뿐이다. 이렇듯 물리적 실체를 확인하기 힘든 소리를 이스라엘의 제의에 포함시킨 것은 상징성 때문이다. 즉 이스라엘은 방울에서 자연현상이 아니라 야훼 하나님 경외라는 제의의 상징을 이끌어 낸 것이다. 따라서 제사장이 지성소를 넘나들 때 사제와 회중들은 방울 소리를 들으면서 보이지 않는 하나님의 임재를 확인하며 그 의식에 참여하게 된다.

제사장의 예복에 달린 방울의 기능은 다음 세 가지로 정리된다. 첫째는 주술적 기능으로 악귀나 나쁜 영을 배제시킨다. 둘째로 상징적 의미로 딸랑거리는 소리는 육안으로 볼 수 없는 하나님의 현존을 제의적으로 구현한 것이다. 마지막으로 참여자들의 집중력을 유도하는 장치다. 제사장의 방울이 인근 민족들의 액막이 신앙과 흡사한 점이 있으나 이스라엘은 미신적 요소를 최소화하고 상징성을 강화하여 제의에 포함시켰다.[5] 방울 '파아모님'은 그 자체가 신성한 대상이 아니다. 하지만 제사장의 '거룩한 옷'(בִּגְדֵי־קֹדֶשׁ)에 장식되어 그가 지성소를 넘나들 때마다 울리는 소리는 신성한 음성이 되어 회중에게 전달된다.〈Friedmann, 45〉 제사장의 방울은 들을 수 없고 볼 수 없는 하나님을 대상화한 신학적 고안이다. 요세푸스는 이 점에서 제사장의 방울을 '아름다운 발명품'이라고 찬사를 보낸다.〈*Antiquities* iii 7.4.〉 지금은 방울이 종탑에 갇혀 있거나 예배의 시작을 알리는 소품으로 전락하였다.

5 Jonathan L. Friedmann, "The Magical Sound of Priestly Bells," *JBQ* 46 (2018), 41-46.

너는 우림과 둠밈을 판결 흉패 안에 넣어 아론으로 여호와 앞에 들어갈 때에 그 가슴 위에 있게 하라 아론이 여호와 앞에서 이스라엘 자손의 판결을 항상 그 가슴 위에 둘찌니라 (출 28:30).

아론의 가슴에 판결 흉패(חֹשֶׁן הַמִּשְׁפָּט)가 있고 우림과 둠밈(וְהַתֻּמִּים הָאוּרִים)이 그 안에 들어 있다. 제사장은 성소에 들어갈 때마다 하나님의 뜻을 알려 주는 물체를 반드시 착용해야 한다(29절). 구약에서 우림과 둠밈이 함께 4차례(출 28:30; 레 8:8; 스 2:63; 느 7:65), 전자만 단독으로 2차례(민 27:21; 삼상 28:6), 선후가 바뀐 예도 한 차례 보인다(신 33:8). 이를 규명하려면 두 가지 사실을 염두에 두어야 한다. 하나는 우림과 둠밈이 장엄의 복수(plurales intensivus) 형태이며, 다른 하나는 동어반복을 피하는 이중적 묘사(hendiadys)라는 점이다. 둘 다 본래의 의미를 강화하는 데 활용되는 수사법이다.

우림은 '불꽃, 빛'(אוּר)의 복수이며, **둠밈**은 '완전, 진실, 순수'(תֹּם)의 복수이다. 문자적으로는 '빛들과 진실들'이 되어 어딘지 어색하고 뭔지 애매하다. 히브리어 복수는 양적 다수에 한정하지 않고 탁월성, 위엄성, 강렬함, 추상성, 확장성 등을 복수 형태로 담아 그 의미를 강조한다. 예컨대 하나님(אֱלֹהִים)은 신성의 위엄, 하늘(שָׁמַיִם)과 용들(תַּנִּינִים)은 크고 강렬한 것, 삶(חַיִּים)과 물(מַיִם)은 확장성, 구원(יְשׁוּעוֹת)은 추상성을 반영한다. 〈Ember, "The Pluralis Intensivus in Hebrew," 195-231〉 한자 문화권에서 뛰어난 군주를 대왕(大王), 큰 땅을 대륙(大陸), 큰 바다를 대양(大洋)으로 표기하여 광대한 영토와 뛰어난 지도력을 강조하는 방식과 흡사하다. 우림과 둠밈은 단순 복수가 아니다. 신적 권위와 신비로운 계시를 보여주는 수사법으로서 정관사와 함께 복수형을 취한 것이다.

한편 우림과 둠밈은 동의어를 활용한 중언법(tautology)에 속한다. 〈70인역〉과 〈불가타〉는 사무엘상 14장 41절(새번역)에서 우림과 둠밈을 다음과 같이 언급한다. "오늘 저에게 응답하지 않으시니 웬일이십니까? 주 이스라엘의 하나님, 그 허물이 나에게나 나의 자식 요나단에게 있다면 우림이 나오게 하시고 그 허물이 주의 백성 이스라엘에게 있다면 둠밈이 나오게 하십시오." 요세푸스는 위 구절 때문인지 우림과 둠밈을 긍정과 부정을 가리키는 각기 다른 물건으로 기술하였으며 일반적으로 두 개의 주사위 또는 제비뽑기로 인식되어 왔다. 〈강승일, "우림과 둠밈, 에봇 그리고 언약궤: 제사장의 점술 도구들," 112-135〉 우림과 둠밈은 '혼돈과 공허', '형상과 모양'처럼 둘을 뜻하기보다는 동어반복을 피하며 하나를 극대화시키는 수사법이다. 실제 우림만 언급된 경우가 있고(민 27:21, 삼상 28:6) 둠밈이 먼저 나온 예를(신 33:8) 기억한다면 두 가지 다른 것을 의미한다고 보기 어렵다는 결론에 이른다.

다른 한편 우림과 둠밈은 하나님의 성품을 상징하는 표식으로 보기도 한다. 즉 우림의 첫 글자(א)와 둠밈의 첫 글자(ת)는 하나님의 기호인 '처음과 마지막'(사 44:6, 48:12)의 다른 개념이라는 것이다(계 1:8; 22:13). 우림과 둠밈이 세상의 시작과 끝을 가리킨다면 세상 곳곳을 완벽하게 두루 비추는 빛으로 이해할 수 있게 된다. 여기서 번역 성서의 도움을 받을 수 있다. 즉 〈70인역〉은 '계시와 진리'(δήλωσις ἀλήθεια)로, 제롬은 '완전과 교훈'(perfectio et doctrina), 〈불가타〉는 '교훈과 진리'(doctrina et veritas), 루터는 '빛과 공의'로 옮겼다. 네 번역의 공통점은 있으나 통일된 의미나 용어를 찾기는 어렵다.〈Muss-Arnolt, 193-224〉 차라리 우림과 둠밈의 히브리 음역을 그대로 취하는 것이 낫다. 그럼에도 그 본디 중언법의 의미를 살리자면 '완벽한 빛'이라고 옮길 수 있다. 이사야는 야웨의 날에 "달빛이 햇빛 같고 햇빛은 일곱 배가 되어 일곱 날의 빛과 같으리라"(사 30:26)고 선포한다. 제사장의 가슴에 붙인 판결 흉패가 진리를 계시하듯 야웨 앞에서는 모든 것이 밝히 드러난다. 완벽한 빛, 곧 해보다 일곱 배 밝은 빛은 온 세상의 모든 사람과 사물을 투과하여 마침내 진실을 드러낼 것이다.

아론의 가슴에 우림과 둠밈을 붙였다. 본문은 "가슴(לֵב) 위에 두라"며 29-30절에 세 차례나 반복한다. 그 이유는 하나님의 판결은 머리의 이성과 논리, 경험과 지식이 아니라 '완벽한 빛'이 투영되는 가슴, 곧 마음과 정신에서 이루어지기 때문이다. 따라서 느헤미야는 우림과 둠밈을 갖춘 제사장의 출현을 기다린다(스 2:63; 느 7:65). 하나님은 '완벽한 빛'이기에 그 앞에서 아무도 무엇도 숨길 수 없다. 오직 진실만 버텨 낼 뿐이다. 우림과 둠밈을 제사장의 예복에 포함시킨 이유는 우리가 항상 야웨 앞에 서 있다는 사실을 상기시키려는 것이다.

제사장의 흉패 안에 들어 있던 우림과 둠밈의 모양과 크기는 알 수 없으며, 예루살렘 성전의 파괴 이후 사라졌다.

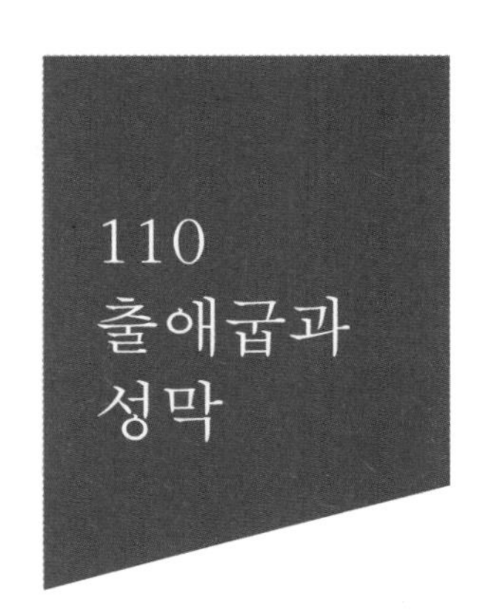

110 출애굽과 성막

출애굽기 25장 이후는 이집트 탈출의 박진감과 광야 생활의 긴장감이 갑자기 풀어지고 성막 건축에 관한 기사가 중첩되면서 이야기의 전개와 흐름이 느려진다. 더구나 성막의 각종 재료와 물품과 크기 등이 독자의 머릿속을 혼란스럽게 만든다. 왜 성막 건축을 두 번이나 소개하는 것일까?(출 25:1-31:17; 35:1-39:31) 사실 바로에게 이스라엘을 보내 달라고 요구할 때 모세는 이미 그 이유를 명확히 제시하였다. 즉 "우리는, 하나님이 우리에게 말씀하신 대로, 광야로 사흘 길(דֶּרֶךְ שְׁלֹשֶׁת יָמִים)을 나가서, 주 우리의 하나님께 제사를 드려야 합니다"(출 8:27; 3:18; 5:3).

모세와 이스라엘은 바로와 옥신각신 끝에 드디어 이집트 땅을 벗어났고 3개월이 지난 후 시내 광야에 도착한다. 모세는 아론, 나답, 아비후와 이스라엘 장로 70명과 함께 시내산에 올라 셋째 날을 기다려 하나님과 언약을 맺고 백성들은 준행하겠다고 서약한다(출 24:3, 7). 이스라엘이 지켜야 할 십계명과 계약의 말씀들이다. 이후 다시 모세는 시내산에 올라 일곱째 날을 기다려 야웨를 만난다. 구름 속에 40일을 머물며 모세는 마침내 성막 건립에 관한 야웨의 명령을 듣게 된다. 성막 건축에서 완공까지 모든 이스라엘의 참여와 헌신이 요구되었다(출 30:13). 그렇다면 하나님을 어떻게 예배할 것인가? 제사, 경배, 섬김이다. 그러니 하나님을 모실 공간과 의식을 집례할 사제의 필요성이 요구된다. 따라서 성막 건축 규정에 못지않게 제사장의 위임 역시 중요하여 그에 대한 자세한 조항이 포함된 것이다(출 28:1- 29:46).

지금까지 모세가 하나님과 이스라엘의 유일한 중재자였으나 성막 건립과 동시에 제사장을 세워 공식적인 제의를 책임지게 한다. 제의 중심 사회에서 시내산 계시의 핵심은 예배의 제정이랄 수 있다(출 24:3-8). 이 점에서 두 차례 묘사되는 성막 건립 과정은 제사장의 직무가 어떤 의미인지 긴 호흡으로 풀어낸 것이다. 레위기에 따르면 고대 이스라엘의 제의는 목적과 방식에 따라 다양하다. 그러나 가장 기본적인 형식은 희생제물을 잡아 제사드리는 것이다. 히브리어 '자바흐'(זָבַח)가 대표적인 희생제의에 해당된다. 성막 제의와 관련하여 경배하다(שָׁחָה)와 예배하다(עָבַד)를 함께 논의해야 한다. 왜냐하면 위의 세 동사는 출애굽의 목표를 성막 건축을 통하여 명료하게 제시하기 때문이다.

① 제사하다(זָבַח): 고대 사회의 제사는 희생제물을 드리는 것이었다. 모압과 페니키아 등지에서는 왕의 아들을 신께 바쳤고(신 12:31; 왕하 3:27) 심지어 유다와 이스라엘의 왕들도 유사한 제의를 행하였다(왕하 16:3; 21:6). 이집트의 열 번째 재앙인 장자 희생도 역시 넓은 의미에서 야웨께 제물로 드린 것과 같은 맥락이다(출 13:15). 가장 흔하고 일반적인 제의 형태는 범죄의 대가로 희생제물을 신에게 바치는 행위다(창 8:20; 22:13; 출 34:15). 성막 건립과 함께 이스라엘 백성은 제사장을 통하여 제정된 제의와 방식에 따라 하나님을 섬길 수 있게 된 것이다.

② 경배하다(שָׁחָה): '자바흐'가 사제의 행위라면 '샤하'는 예배자의 동작과 태도를 가리킨다. 특히 동사 샤하(שָׁחָה)는 재귀형태(Hishtafel)로 사전적 의미는 '머리를 숙이다, 엎드리다, 예배하다' 등이다(출 4:31; 12:27; 24:1; 34:8). 이 동작은 제사 의식이 진행되는 동안 하나님을 향한 예배자의 겸허한 자세와 모습을 요구한다. 최대한 몸을 낮추고 머리를 땅에 숙이는 일련의 행위는 결국 자신을 향하게 된다. 여기에 '경배하다'의 재귀동사는 상호적이며 반복적인 수행을 함축하고 다시 규칙적인 제의가 뒤따르게 된다.

③ 예배하다(עָבַר): 다양한 의미로 쓰이되 예배와 관련하여 '섬기다, 의무를 행하다'로 해석된다(출 3:12; 4:23; 7:16, 26; 10:3). 아바드는 의무적인 과업을 기꺼이 따르는 일이다. 마치 종(עֶבֶר)이 주인을 위해 반복적인 일을 지속적으로 수행하듯(출 5:18) 이스라엘은 유월절을 비롯한 각종 절기와 정기적인 안식일 제의를 통하여 하나님께 아뢰고 섬기는 예를 갖춘다(출 13:5). 종의 수고와 섬김처럼 이스라엘의 하나님 예배에도 수고와 섬김이 뒤따른다. 출애굽의 동기는 '일'(아바드)의 노예에서 비롯되지만 그 목적은 하나님을 섬기라는 '예배'(아바드)다.

성막 건립과 완공으로 인하여 이스라엘의 희생제물을 바치는 제사(זָבַח)와 하나님 앞에서 몸을 낮추는 경배(שָׁחָה)와 반복적으로 드리는 정규 예배(עָבַר)의 기초가 놓였고 마침내 출애굽의 목표가 달성되었음을 보여준다. 따라서 출애굽기 후반에 두 차례 언급된 성막 건축 기사는 제도적인 제의의 확립에 얼마나 큰 저항이 있었는지, 또한 반복적인 제의가 신앙 여정에 얼마나 중요한지를 일깨워 준다.

무릇 계수 중에 드는 자마다 성소의 세겔로 반 세겔을 낼지니 한 세겔은 이십 게라라 그 반 세겔을 여호와께 드릴지며(출 30:11-16; 38:24-26).

성막 건축을 위해 조사를 받은 603, 550명은 '성소의 세겔'로 각각은 한 '베가' 곧 '반 세겔'(מַחֲצִית הַשֶּׁקֶל)씩을 드렸다. 스무 살 이상의 이스라엘 남자는 모두 생명의 속전을 야웨께 바쳐야 한다. 부자라고 더 낼 수 없고, 가난하다고 적게 내서는 안 된다. 공동체를 위한 공평하고 정당한 요구다. 그렇다면 '한 세겔'이 아닌 '반 세겔'을 바치게 한 이유는 무엇일까? 더구나 하나님께 제물을 드릴 때는 아무런 흠이 없는 온전한 것으로 드려야 한다고 구약성서는 수차례 강조하지 않은가?(레 22:21; 시 51:19) 먼저 이스라엘의 화폐의 단위에 대하여 알아보자.

구약 시대 이스라엘에서 쓰이던 화폐 종류는 일곱 가지다. 달란트로 알려진 키카르(כִּכָּר: 3천 세겔, 60미나, 35kg, 출 25:39; 38:27), 미나(מָנֶה: 50세겔, 왕상 10:17; 느 7:71), 세겔(שֶׁקֶל: 20게라, 12g, 창 23:15; 출 30:13), 베가(בֶּקַע: 반 세겔, 창 24:22; 출 38:26), 게라(גֵּרָה: 출 30:13; 레 27:25; 겔 45:12), 빔(פִּים: 2/3세겔, 삼상 13:21), 크시타(קְשִׂיטָה: '은'으로 번역. 창 33:19; 수 24:32; 욥 42:11). 〈Plaut, 636〉 큰 단위부터 작아지는 순서로 나열했지만 중간의

'세겔'이 기준인 것을 금방 알 수 있다. 세겔이 표준적인 단위라는 것은 1/2세겔(출 30:13; 38:26), 1/3세겔(שְׁלִשִׁית הַשֶּׁקֶל, 느 10:32), 1/4세겔(שֶׁקֶל רֶבַע, 삼상 9:8) 등으로 활용된 사실로도 확인된다.

세겔은 히브리어 'שָׁקַל,' 아람어 'תְּקַל'에 뿌리를 둔 단어로 '들다, 무겁다, 지불하다' 등을 뜻한다. 다니엘 5장의 '데겔'(תְּקֵל)은 세겔의 아람어다(단 5:27). 이렇듯 세겔은 고대 이스라엘의 기준 도량형이다. 특히 성전의 예물이나 왕궁의 세금을 낼 때 쓰였다(출 30:13; 38:24-26; 레 5:15; 27:3, 민 3:47; 삼하 14:26). 그러나 보통 시장이나 평민들 사이에서 통용되던 것과는 차이가 있었다(창 23:16; 대상 21:25; 렘 32:9; 슥 11:12). 그리하여 이따금 '성소의 세겔'(שֶׁקֶל הַקֹּדֶשׁ)이라는 용어가 사용되기도 한다. 즉 성전에서 측정하는 방식은 일반 거래보다 엄격하게 적용했을 것으로 유추할 수 있다(출 30:13; 민 7:13, 19 등). 〈Sarna, 196〉 성소의 세겔은 하나님께 드린 예물이기 때문에 정직하게 바쳐야 하고 그럼으로써 '신성한 세겔'(sacred shekel)이 된다.

에스겔이 하루 음식으로 20세겔을 섭취한 것으로 보아 반 세겔이 어느 정도인지 가늠할 수 있다(겔 4:10). 성막 건축을 위한 '반 세겔'은 부담스럽지 않아 누구라도 바칠 수 있는 분량이다. 〈Carasik, 268〉 따라서 이스라엘 모두가 참여할 수 있게 하려는 현실적 제안으로 본다. 또 다른 관점에서 반 세겔의 영성적 의미다. 유대교 전통에서 히브리어 '세겔'은 단지 성전에 바치는 예물의 단위가 아니다. 세겔의 숫자값(gematria)은 '영혼'을 뜻하는 '네페쉬'(נֶפֶשׁ)와 동일하다. 다시 말해서 '반 세겔'이란 영혼의 절반이란 뜻으로, 곧 '상한 영혼'(broken spirit)이며 하나님 앞의 '겸허한 마음'이다.

경동교회 건물의 바깥벽은 고르지 않고 투박하다. 건축가는 구운

적색 벽돌을 반으로 쪼갠 후 거친 면을 밖으로 쌓아올려 '기도하는 손'을 형상화했다. 예배당을 통해 경건한 믿음을 구현하려는 건축가는 '반 세겔' 곧 '상한 영혼'의 히브리 신앙을 '파벽돌'(broken brick)로 반영한 것이라고 말할 수 있다. 하나님은 상한 갈대를 꺾지 않으시고(사 42:3), 마음이 상한 자를 가까이하며(시 34:18), 상한 심령을 치유하는 분(겔 34:16)이다. 그림은 기원전 2세기 마카비 시대의 '반 세겔' 동전으로 고대 히브리어(paleo-Hebrew)가 새겨져 있다.

세겔은 구약에 100여 차례 언급되는 돈의 기본 단위다. 특히 두로와 카르타고를 비롯하여 모압, 에돔, 페니키아 등지에서 활용되었으며 세겔은 지금도 이스라엘에서 유통되는 화폐 단위다. 본문의 세겔은 동전이라기보다 12그램 정도의 은(כֶּסֶף)이다. 이스라엘에서 동전은 기원전 7세기 이전에는 발굴되지 않는다. 성전에 생명의 속전으로 바쳤던 '반 세겔'은 누구라도 정성껏 드릴 수 있는 분량이다. 복음서의 '반 세겔'은 헬라어 두 드라크마(δίδραχμα)의 〈개역개정〉 번역이다(마 17:24). 반 세겔은 간절한 마음으로 드리는 '상한 심령'이다. "하나님께서 구하시는 제사는 상한 심령이라 하나님이여 상하고 통회하는 마음을 주께서 멸시하지 아니하시리이다"(시 51:17).

112 브살렐과 בְּצַלְאֵל 오홀리압 אָהֳלִיאָב

내가 유다 지파 훌의 손자요 우리의 아들인 브살렐을 지명하여 부르고 … 내가 또 단 지파 아히사막의 아들 오홀리압을 세워 그와 함께하게 하며(출 31:2, 6a).

하나님은 '마음에 지혜 있는 자 곧 내가 지혜로운 영으로 채운 자'에게 제사장 복장을 만들 수 있도록 명령하신다(28:3). 마찬가지로 성막의 설계와 건축에도 그와 흡사한 인격과 재능과 지혜를 고루 갖춘 사람이어야 했다. 제사장 복장의 재단사는 능력과 자격만 제시하였지 성막의 설계자와 건축가처럼 구체적으로 누군가를 거명하지 않는다. 그러나 성막 설계자와 건축가를 열두 지파 중에서 지명한다. 즉 '브살렐'(בְּצַלְאֵל)과 '오홀리압'(אָהֳלִיאָב)이다. 두 사람이 선택된 이유는 무엇인가? 그들의 이름 속에 단서가 들어 있다.

구약에서 브살렐은 여럿 등장한다. 즉 역대상 2장 20절에서 갈렙족의 후손으로, 에스라 10장 30절에는 바빌론 포로에서 귀환한 명단에도 브살렐이 나온다. 출애굽기에서 브살렐은 성막을 제작하는 큰 임무를 맡고 있는 인물로서 유다 지파에 속한다. 브살렐(בְּצַלְאֵל)의 이름에 그가 성막을 설계할 수밖에 없는 단서가 숨어 있다. 브살렐은 전치사와 두 개의 명사가 결합된 상태다. 즉 전치사 브(בְּ)+살(צַל)+엘(אֵל)이 연결되어 문자적으로 '하나님의 그림자 안에', 또는 '하나님의 보호 안에'를 뜻한다. 그러나 사람 이름이니 '하나님의 그림자 안에 거하는 자'라거나 '하나님의 보호 아래 있는 사람'이라고 번역할 수 있다. 이와 같이 브살렐은 이미 그 자신의 이름에 하나님의 형상을 품고 있었기 때문에(창 1:26-27) 하나님의 처소를 설계할 수 있었을 것으로 해석할 수 있다.

출애굽기 저자는 성막 설계자 브살렐에 대하여 다음과 같이 기술한다. '하나님의 영을 그에게 충만하게 하여 지혜와 총명과 지식으로 여러 가지 재주'(출 31:3)가 뛰어난 사람이다. 이스라엘은 이집트 노예 생활로 인한 벽돌 찍기와 성벽 쌓기 등 원시적이고 단순한 기능만을 반복적으로 수행했다. 그럼에도 브살렐은 금과 은 각종 보석은 물론 나무까지 다룰 수 있는 등 공교한 일을 해낼 수 있는 장인(匠人)이었다. 그가 하나님의 영에 충만한 사람이라고 평가받는 이유가 여기에 있다(출 31:3; 35:31).

한편 오홀리압(אָהֳלִיאָב)은 인명으로 성막 건설과 관련해서 5차례 언급되고 '장막'(tent)라는 뜻을 이름에 활용한 예가 몇 차례 나온다. 에서의 아내 오홀리바마(אָהֳלִיבָמָה)로 8차례(창 36:2, 5; 대상 1:52), 에스겔이 사마리아와 예루살렘을 빗대어 오홀라(אָהֳלָה), 오홀리바(אָהֳלִיבָה)로 부를 때 5-6차례 집중적으로 등장한다(겔 23:4, 22, 44 등). 오홀리압은 아버지(אב)와 장막(אֹהֶל)이 연계되어 '아버지의 장막', 또는 '아버지는 나의 장막'으로 풀이할 수 있다. 오홀리압은 조각, 세공 그리고 각종 실과 천을 활용한 정교한 일에 뛰어난 장인이다(출 31:6; 35:35). 따라서 브살렐과 오홀리압 두 인물은 하나님의 거처할 성막을 설계하고 건축할 수 있었다. 즉 성막은 다름 아닌 하나님의 그림자이며 또한 동시에 그분의 거할 거룩한 장막이었다.

이렇듯 브살렐과 오홀리압이 선택된 이유는 성막 건설에 공헌한

중추적인 두 인물이라기보다는 성막의 원리, 곧 성소의 의미를 파악하고 구현할 수 있었기 때문이다. 또 한 가지 브살렐은 최대 유다 지파를, 오홀리압은 작은 단 지파를 대표한다는 점에서 이스라엘 열두 지파가 함께 협력하여 성막 건축에 참여하였으며 마침내 완성한 사실을 반영한 것이다.

브살렐(Bezalel)은 현대 이스라엘 예술의 산실로서 대표적인 교육기관의 이름이다. 이른바 Bezalel Academy of Arts and Design이다. 1906년에 설립된 전문 학원으로 예술과 디자인을 선도하는 명실공히 이스라엘 예술가들의 요람이다. 최근 100주년을 기념하며 미술, 건축, 도예, 디자인, 사진, 영화 등 예술사 및 각종 이론에 이르기까지 영역을 넓히고 있다. 놀랍게도 성막 설계와 건립에 가장 공헌한 인물 **브살렐**을 소환하여 그의 창조적 예술성과 영감 어린 아름다움을 계승하려는 것이다.

113 브살렐과 오홀리압: 솔로몬과 히람

브살렐과 오홀리압과 및 마음이 지혜로운 사람 곧 여호와께서 지혜와 총명을 부으사 성소에 쓸 모든 일을 할 줄 알게 하심을 입은 자들은 여호와의 무릇 명하신 대로 할 것이니라(출 36:1).

두 사람은 성막의 설계와 건축에 주도적으로 참여한 인물로 지혜와 총명과 지식에 영성까지 두루 갖췄다(출 31:1-6). 브살렐은 특히 요셉, 발람, 여호수아와 더불어 '하나님의 영'이 충만한 네 인물에 속한다. 오홀리압 또한 뛰어난 기능공으로서 세공과 조각은 물론 각종 실과 천을 활용한 수공예 그리고 목공 능력 등 다재다능한 장인(匠人)이었다. 왜 그들이 성막 건립을 위해 선택되었는지, 출신 성분은 어떠한지 그리고 어떻게 평가받는지 등 랍비들의 해석은 꽤나 활발하다.

브살렐은 이스라엘의 최대 지파 유다 사람이며, 오홀리압은 가장 미약한 단 지파 출신이다. 단은 라헬의 몸종 빌하(בִּלְהָה)의 다른 아들 납달리와 함께 이스라엘의 소수 지파에 속한다. 대표적 영웅으로 삼손을 꼽을 수 있으나 단 지파는 최북단에 위치하여 거리상으로 소외되었을 뿐 아니라 존재감이 미미하다. 그럼에도 유다 출신 브살렐과 단 지파 오홀리압이 대등하게 언급되는 것은 성막 건축이라는 대의 앞에서는 고귀한 인물이나 미천한 자나 동일한 책임과 의무가 뒤따른다는 교훈을 반영한다(욥 34:19).

야곱의 두 아들 유다와 단은 공통적으로 '사자 새끼'(גּוּר אַרְיֵה)로 불렸다(창 49:9; 신 33:22). 야곱은 죽기 전에 열두 아들을 축복하며 유다의 용맹을 사자 새끼로 비유했다. 그런가 하면 모세 역시 단 지파를 바산에서 뛰노는 사자 새끼로 상징한 바 있다. 이렇듯 브살렐과 오홀리압이 사자 새끼(lion cub)로 비견된 것은 두 인물의 강인하고 용감한 지도력을 인정하는 소망과 기대를 담은 것이다. 브살렐과 오홀리압이 성막 건축에 발탁된 것은 오합지졸 이스라엘을 가나안까지 안전하게 이끌게 하려는 책임감을 부여하려는 데 있다. 사도 요한이 장차 오실 메시야를 '유다 지파의 사자'(ὁ λέων)로 표상한 이유도 종말에 사자 같은 용맹함과 강력한 통치력을 연상했기 때문이다(계 5:5).

한편 예루살렘 성전은 솔로몬과 이방인 히람(חִירָם)의 협력으로 건립된다(왕상 5:12). 솔로몬은 브살렐의 후손으로 유다 지파다. 그러나 두로 사람 히람이 성전 건축에 참여한 것은 놀랍다. 히람은 지혜와 총명과 재능을 겸비한 인물로서 국제적인 명성을 얻고 있었다(왕상 7:13-14). 히람의 아버지는 두로(צֹרִי) 출신이나 어머니가 납달리, 또는 단 지파의 여인이니 이스라엘 방계 혈족이다(대하 2:14). 단과 납달리는 둘 다 라헬의 몸종 빌하의 아들이다. 즉 솔로몬 성전의 완성은 모든 이스라엘의 참여는 당연한 것이었고 가까운 이방인들까지 함께 일궈 낸 결과물이다.

성막 건설의 공이 브살렐과 오홀리압이라는 유다와 단 지파에게만 귀속될 수 없다. 왜냐하면 여기에는 자칫 놓치기 쉬운 익명의 기능공들과 수많은 인력들이 포함되었기 때문이다. 출애굽기는 '기술 있는 모든 사람'(כָּל־חֲכַם־לֵב)을 일일이 적시하여 그들의 공헌을 기억한다. 조각, 도안, 실 공예 등 여러 가지 정교한 작업에 참여한 이름 없는 사람들이다.

따라서 성막 건립은 빈부귀천을 막론하고 이스라엘 열두 지파가 한 마음(לֵב אֶחָד)으로 이루어 낸 성과물이며 그럼으로써 하나님의 영광이 충일하게 된다(출 40:34). 〈*Shemot Rabba* 40:4〉

이렇듯 브살렐과 오홀리압이 성막을 건립하고, 솔로몬과 히람이 예루살렘 성전을 완공한 사실에서 두 가지 교훈을 얻는다. 하나는 가장 고귀한 인물과 가장 비천한 사람의 협력은 놀라운 성취와 영적 상승(synergy)을 불러일으킨다는 점이다. 다른 하나는 장차 오실 메시아는 유다와 단 지파의 결합으로 태어날 것이라는 믿음이다. 〈*Midrash Aggadah Gen*. 49〉 성막과 성전이 이스라엘과 하나님을 연결하듯 메시아는 현세와 내세를 이어 주며, 성과 속을 아우른다. 그러니 메시아의 탄생은 두 '사자'의 결속과 열두 부족의 절대적인 지지와 협력이 필수적이다. 하지만 기독교 전승은 사뭇 다르다. 즉 나사렛 예수는 유다 지파 다윗의 후손이며(마 1:3, 16; 눅 3:23, 33) 어머니 마리아는 레위 지파다(눅 1:36).[6] 요셉은 유다 지파지만 마리아는 정작 '미천한 여종'이라고 낮춘다(눅 1:48). 예수의 높은 신분은 마리아의 겸양과 낮은 자들과 함께함으로써 '성전보다 더 큰 이'라는 메시아적 상승을 이끈다(마 12:6). 즉 브살렐과 오홀리압의 혈통적이며 물질적인 협력을 넘어 영적이며 성스러운 연합을 이끌어 낸다.

---

6 외경 야고보 복음서는 마리아 또한 유다 지파 요아킴과 안나의 딸로 소개되었다.

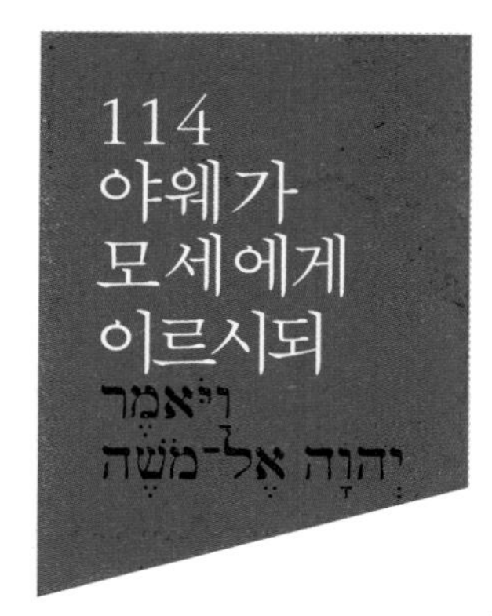

여호와께서 모세에게 일러 가라사대(출 31:12).

출애굽기 25-31장의 성막 건설은 창세기 1-2장의 7일 창조와 서로 상응한다는 견해는 있었다.〈Kearney, 375-78; Leibowitz, *Shemot* 2, 477〉 '야웨가 모세에게 이르시되'로 시작되는 본문이 7차례 반복되며(출 25:1; 30:11, 17, 22, 34; 31:1, 12). 창조의 7일 구조를 떠올리게 한다. 특히 일곱 번째 단화와 일곱 번째 날은 안식일에 관한 기사로 두 단락의 절정을 이룬다. 창세기의 우주 창조가 안식일에서 마무리되듯 출애굽기의 성막 건축은 안식일 계명에서 완성되는 것이다. 두 본문 사이에 어떤 공통점이 있는지 알아본다.

첫 번째 단화 vs 첫째 날: 처음 단화(출 25:1-30:10)는 많은 분량을 담고 있다. 전반부(출 25:8-27:19)는 성막에 관한 규정, 후반부(출 27:20-29:42)는 제사장에 관한 규정이다. 성막에서 가장 중요한 인물은 제사장이고 내용은 제사다. '야웨 앞에' 등불(אַהֲרֹן)을 켜는 것과 같다(출 27:21). 마치 첫째 날 하나님이 혼돈과 공허의 흑암에 '빛'(אוֹר)을 창조하듯이, 제사장 역시 성소에 불(הַנֵּרֹת)을 밝힌다(출 30:7-8).

두 번째 단화 vs 둘째 날: 두 번째(출 30:11-16)는 인구조사에 관한 내용으로 민수기 1장과 관련된다. 그럼에도 인구 조사와 속전에 관한 규정을 둔 것은 '회막의 봉사' 때문이다(출 30:16; 민 4:30; 8:24). 둘째 날 창조는 궁창 아래의 물과 궁창 위의 물이 '위로부터'(מֵעַל) 분리된다. 비슷한 구분이 둘째 단화에서는 성전 속전에 대한 기준을 세운다. 즉 20세 '이상'(וָמָעְלָה)의 남자는 반드시 속전을 내야 한다.

세 번째 단화 vs 셋째 날: 세 번째(출 30:17-21) 물두멍에 관한 규정과 셋째 날 '바다'(יַמִּים)의 창조는 솔로몬의 성전 건축에서 공통점을 찾을 수 있다(왕상 7:23). 성막의 물두멍이 엉뚱하지만 '바다'(הַיָּם)로 소개된 것이다. 셋째 날 바다의 물이 생기고, 셋째 단화에서는 물두멍에 물이 채워진다. 이 물은 생명을 성장시키고 죄로 오염된 영혼을 정화시키는 역할을 한다.

네 번째 단화 vs 넷째 날: 네 번째 구문(출 30:22-33)은 성막의 기름에 대한 내용이고 넷째 날은 크고 작은 광명체들이 생성된다. 시편 89편 20절에 의하면 '거룩한 관유'는 대대로 다윗 가문이 기름 부음을 받게 된다. 그리하여 다윗 왕조는 '큰 광명체처럼 항상 내 앞에 있으며' '또 궁창의 확실한 증인 작은 광명체처럼 영원하리라'고 노래한 것이다(36-37절). 성막의 '거룩한 관유'는 다윗 왕조에 '기름 부음' 넷째 날의 '큰 광명과 작은 광명'으로 연결된다.

다섯 번째 단화 vs 다섯째 날: 다섯 번째(출 30:34-38)는 성소에 피울 향이며 그 물질은 창조의 다섯 번째 날 피조된 생물들에서 비롯된다. 특히 '나감향'(שְׁחֵלֶת)은 조개껍질이나 연체동물의 아가미와 껍질의 기름으로 만든다. 하나님은 다섯째 날 '물속에서 움직이는 모든 생물들'을 창조하셨다(창 1:21). 성소를 거룩한 향기로 채워 줄 피조물이다. 요세푸스는 바다 물고기가 바다 향기를 만들 듯 분향단의 향기는 피조물의 냄새라고 주장한다.〈*The Jewish War*. 5.5,5〉

여섯 번째 단화 vs 여섯째 날: 여섯 번째(출 31:1-11)는 성막 제작에 관련된 브살렐과 오홀리압을 지목한다. 여섯째 날 하나님은 '우리의 형상과 모양대로' 사람을 창조하신다. 성막의 책임자인 '브살렐'과 창조세계의 관리자인 '사람'은 기능상 무엇보다 본질적으로 정교하게 연결된다. 히브리어 브살렐(בְּצַלְאֵל)을 풀면 저절로 풀린다. 브/전치사(בְּ)+살/그림자(צֵל)+엘/하나님(אֵל)으로 '하나님의 그림자 안에 거하는 자'가 되어 곧바로 '하나님의 형상과 모양대로' 창조된 '사람'으로 이어진다.

일곱 번째 단화 vs 일곱째 날: 일곱 번째(출 31:12-17)는 성막의 완공이 안식일로 이어지고 창조의 완성 역시 안식일로 끝난다. 성막은 거룩한 공간을 새긴 장치이고 안식일은 거룩한 시간을 구별한다. 구약에서 거룩한 시간이 거룩한 공간보다 선행한다. 사람과 모든 사물은 시간에 한정된다. 시간을 피할 수 없는 것이다. 영적 삶을 추구하는 것은 공간이 아니라 시간에서 거룩한 순간을 마주하려는 것이다. 이 점에서 성서는 공간보다 시간에 더 관심을 둔다. 영적인 충일은 통찰의 순간에서 온다. 어떤 특정 장소가 아니다. 그러니 창조를 안식일로 마감하고, 성막 역시 안식일로 귀결된다.〈헤셸, 47〉

115 안식일 중의 안식일

שַׁבַּת שַׁבָּתוֹן

엿새 동안은 일할 것이나 제 칠일은 큰 안식일이니 여호와께 거룩한 것이라 무릇 안식일에 일하는 자를 반드시 죽일찌니라(출 31:15).

'샤바톤'은 모두 10번 나오지만 단독으로(레 23:24, 39; 25:5), 또는 '샤바트'와 함께 최상급 표현으로 쓰인다(출 16:23; 31:15; 35:2; 레 16:31; 23:3, 32; 25:4). 〈개역개정〉이나 영어 번역에 일관성은 없다. '거룩한 안식일'(출 16:23), '큰 안식일'(출 31:15), '엄숙한 안식일'(출 35:2), '안식일 중의 안식일'(레 16:31), '쉴 안식일'(레 23:3, 32), '쉬는 날'(레 23:24), '안식'(레 23:39; 25:4), '안식년'(레 25:5) 그리고 sabbath of complete rest(NRSV), sabbath of solemn rest(NKJV), sabbath of rest(NIV).

샤바톤의 쓰임은 크게 네 가지로 나뉜다. ① 안식일 중 특정한 경우다. 성막 건립 후 첫 번째 안식일이 대표적이며 위반자에게 무서운 처벌이 뒤따른다(출 31:14-15; 35:2). '야웨의 안식일'도 비슷하나 차이점을 발견하기 어렵다(레 23:3; 출 16:23). ② 속죄일도 또 다른 샤바톤이다(레 16:31; 23:32). 다만 안식일처럼 일주일 단위로 반복되지 않고 일 년 중 단 하루다. 노동은 금지된다. ③ 안식년: 땅을 쉬게 하는 일곱 번째 해는 경작이 허용되지 않으며 저절로 맺은 열매도 수확할 수 없다(레 25:4).

④ 나팔절: 새해 첫날과(레 23:24) 초막절의 첫날과 여덟 번째 날이다(레 23:39). 이렇게 다양하게 활용되었지만 한 가지 공통점은 분명하다. 즉 모든 일과 노동으로부터 휴식을 취하는 날이며 '완전한 안식', sabbath of complete rest을 얻는 것이 이날의 목표다.

그렇다면 성막 건립이 '안식일 중의 안식일'(שַׁבַּת שַׁבָּתוֹן), 곧 큰 안식일로 마무리되는 이유는 무엇일까? 보통 안식일과 큰 안식일의 차이를 살펴보자. 전자는 하나님이 엿새 동안 세상을 창조하신 뒤 일곱째 날의 휴식에 근거를 둔다(출 20:11). 따라서 모든 이스라엘과 심지어 종과 가축과 손님까지도 일을 할 수 없으며 오직 안식일을 기억하며 거룩하게 지켜야 한다(8절). 후자는 안식일 정신이 똑같이 적용되나 규정이 더욱 강화되었다. 즉 "그날을 더럽히는 자는 모두 죽일지며 그날에 일하는 자는 모두 그 백성 중에서 그 생명이 끊어진다"(출 31:14). 보통 안식일에 일상과 직장에 관련된 육신의 수고(מְלֶאכֶת הָעֲבֹדָה)를 금지한다면 '큰 안식일'에는 익숙한 일이나 낯선 일을 막론하여 크고 작은 정서적 또는 정신적 노동(כָּל־מְלָאכָה)까지도 허용되지 않는다. 글자 그대로 가장 평온하고 완전한 휴식을 뜻하는 절대 안식일이다(창 2:2-3). 〈Timmer, 48〉

Sabbath der Sabbathe(1900)

성막 완공은 안식일 준수로 이어지고 이것은 다시 하나님과 이스라엘의 영원한 언약(בְּרִית עוֹלָם)이 된다. 양측이 대대로 지켜야 할 표징(אוֹת)이다(13,17절). 히브리어 '오트'(표징)는 상징성이 뛰어나다. 히브리어 알파벳 처음과 마지막 글자의 조합이다. 알레프(א)는 영적, 초월성을 나타내고 타우(ת)는 물질적 구체성을 상징하며 와우(ו)는 양자 사이를 이어 준다. 안식일은 신성과 영원 그리고 육체와 현실 그 중간을 매개하는 표징(אות)과 같다. 히브리어 '와우'가 알레프와 타우를 연결하여 하나님과 이스라엘의 영원한 표징을 이어 주듯, 일과 휴식의 중간에 위치한 안식일은 이스라엘의 준수와 거룩케 하시는 야웨를 연결한다(13절).

성막 건립의 일곱 번째 단화가 안식일 중의 안식일에 귀결되어 시간의 거룩을 공간의 성화로 확장시킨다. 시간 속의 거룩 창조의 안식일은 공간 속의 거룩 성막의 안식일이 되어 영원한 표징을 확보하고 이로써 이스라엘 또한 거룩하게 된다. 성막 건축을 일곱 개의 단화로 구성하고 천지 창조의 7일 구조(septadic)와 동일한 형태를 취한 이유가 여기에 있다(17절). 양자의 결론은 안식일이다. 헤셸은 일곱 번째 날에 '메누하'(מְנוּחָה), 곧 진정한 휴식이 창조되었다고 믿는다.〈Heschel, 73〉 메누하는 단순한 노동과 일을 쉰다는 의미 그 이상이다. 평정, 고요, 평화, 휴식이다(시 23:1-2). 태초에 안식일이 창조를 완성시켜 인류를 안식에 초대하듯 광야 유랑 중 '큰 안식일'은 성막의 건립을 매듭지어 이스라엘 백성을 성소로 부른다.

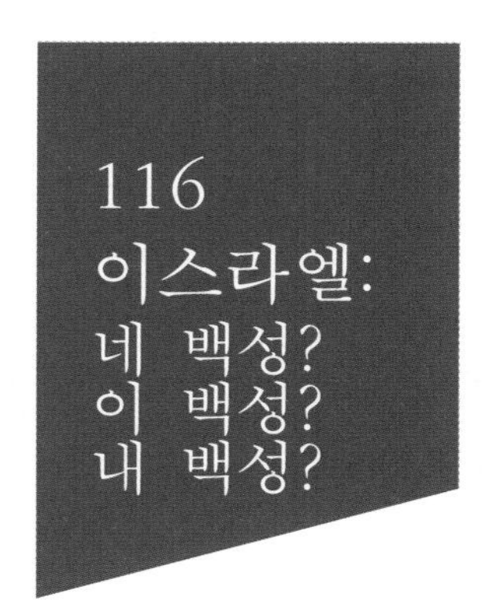

116 이스라엘: 네 백성? 이 백성? 내 백성?

여호와께서 모세에게 이르시되 너는 내려가라 네가 애굽 땅에서 인도하여 낸 네 백성이 부패하였도다(출 32:7).

아론과 백성들이 시내산에 올라간 모세를 기다리다 금송아지 상을 만들어 '절하고 앉아서 먹고 마시고 뛰논다'(출 32:6). 하나님이 진노하자 모세가 중재에 나서는 장면이다. 흥미로운 사실은 하나님이 이스라엘을 '네 백성'(עַמְּךָ)이라고 칭하고 모세 역시 하나님께 간청할 때도 이스라엘을 '네 백성'(Your people)으로 부른다. 마치 하나님과 모세가 이스라엘은 '나의 백성'이 아니라고 떠넘기는 형국이다. 하나님께 이스라엘은 진노의 대상이나 모세에게는 자비의 대상이 된다. 정작 이집트에서 고난당할 때 이스라엘은 하나님의 '내 백성'이었다(출 3:7).

이스라엘은 금송아지를 만들고 '너희를 애굽 땅에서 이끌어 낸 너희의 엘로힘이라'고 고백한다(4, 8절). 〈개역개정〉은 '너희의 신' 단수로 번역한다. 이 문장의 지시대명사(אֵלֶּה)와 동사의 복수형은 '엘로힘'과 일치한다(1, 23절에도 엘로힘과 동사 복수형이 함께 나온다). 엘로힘은 복수형이지만 유일신 하나님을 가리킬 때는 단수로 취급되어 단수 동사가 뒤따른다. 한편 느헤미야 연설에서 이 구절은 단수로 언급되는데(느 9:18) 후대의 손질로 보인다. 이 본문과 가까운 것은 아무래도 여로보암이 베델과 단에 금송아지를 세운 장면인데 동사의 복수형은 물론 문자적으로 거의 일치한다(왕상 12:28).

> 이는 너희를 애굽 땅에서 인도하여 낸 너희의 신이로다(출 32:4, 8)
> 나는 너를 애굽 땅 종 되었던 집에서 인도하여 낸 네 하나님 여호와니라(출 20:2)

두 구절을 나란히 놓고 보면 금송아지 신상이 마치 십계명의 하나님과 거의 똑같이 묘사된 인상을 준다. 게다가 '송아지를 부어 만들고 그것을 예배하며'(8절)는 십계명의 우상 금지 명령을 위반한다. 따라서 하나님의 분노를 자극한 것이다. 중세 랍비 벤 메이르는 백성들이 금송아지 상을 야웨 하나님이라고 믿을 만큼 어리숙하지는 않았다고 본다. 오히려 금송아지 상이 하나님의 신비를 알려 줄 상징으로 이해한 것이다. 아론이 백성들의 수준에 허용되는 하나님을 표현하려 했다면, 모세는 보이지 않지만 전능자에 대한 무조건적인 순종을 요구한다. 백성들은 보이지 않는 하나님을 믿지 않기 때문에 구체적인 형상으로 구현했고, 모세는 하나님에 대한 순수한 예배 태도를 중히 여긴 것이다. 금송아지 사건은 한마디로 물적 상징과 영적 상징의 충돌로 이해할 수 있다. 하나님은 우상숭배에 빠진 이스라엘을 향하여 '내 백성'이 아니라 '네 백성'이라며 격분한다.

야웨는 이스라엘을 모세의 백성이라고 멀리 두다가 이번에는 목이 곧은 백성이라며 '이 백성'(הָעָם הַזֶּה)으로 칭한다(9절). 하나님과 상관없는 비인격적인 대상으로 여긴 셈이다. 이스라엘을 '네 백성'이라고 할 때는 모세의 중재와 역할을 기대할 수 있었다. 하지만 '이 백성'이라는 비인칭 묘사는 이스라엘에 대한 인격적인 신뢰가 무너졌거나 관계의 단절을 의미한다. 그러자 모세는 '네 백성'(עַמְּךָ)에 대한 진노를 거둬 달라고 기도한다. 모세는 다음 네 가지 사항을 근거로 달려든다. ① 이스라엘은 하나님의 선택한 백성이다. ② 하나님의 능력은 이스라엘의 이집트 탈출 과정에서 나타났다. ③ 이스라엘의 진멸은 이집트 사람들의 눈에 하나님의 영광을 가리는 일이다. ④ 하나님은 조상들에게 자손과 땅을 약속하셨다. 이스라엘은 '주의 백성'(עַמְּךָ)이 아니냐는 항변이다.

'내 백성'(עַמִּי)은 하나님과 이스라엘의 친밀한 관계를 표현하는 용어로 출애굽과 관련하여 여러 차례 쓰였다(출 3:7, 10; 5:1; 6:7; 7:4, 16; 8:1, 8, 20, 21-23; 9:1, 13, 17; 10:3, 4; 12:31). 위 단락에서 '네 백성'이 두 차례 언급되는 것은 둘의 관계에 큰 균열을 암시한다. '이 백성'은 목이 뻣뻣하다는 뜻으로 한 번 나오지만 하나님과 이스라엘의 친밀한 2인칭적인 관계가 아니라 3인칭의 거리감을 내포한다. 그러나 하나님은 고난 중의 이스라엘을 찾아가 '내 백성'이라 부른다(출 22:25; 레 26:12; 사 52:5).

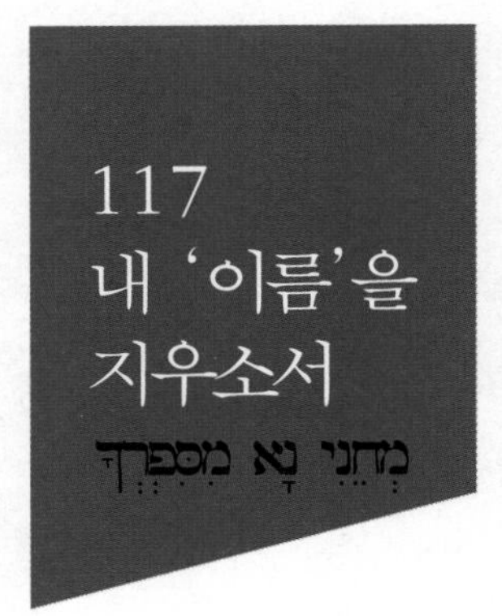

그러나 합의하시면 이제 그들의 죄를 사하시옵소서 그렇지 않사오면 원컨대 주의 기록하신 책에서 내 이름을 지워 버려 주옵소서 여호와께서 모세에게 이르시되 누구든지 내게 범죄하면 그는 내가 내 책에서 지워 버리리라(출 32:32-33).

모세의 중보기도는 짧지만 강력하고 단순하지만 아름답다. 그가 이스라엘을 얼마나 사랑했는지 보여주는 극적인 대목이다. 모세가 산에서 지체하자 백성들은 아론을 설득하여 금송아지 상을 만들어 예배하였다. 예기치 못한 배신에 하나님은 진노하고 모세는 좌절한다. 대가는 혹독했다. ① 증거판은 내동댕이쳐졌으며, ② 금송아지를 깨뜨려 물에 섞어 마셔야 했고, ③ 3천 명가량이 희생되었다. 다음 날 모세는 야웨께 이스라엘의 범죄를 용서하라고 기도한다. "그러나 이제 그들의 죄를 사하소서. 그렇지 않으면 당신이 기록하신 책에서 나를 지우소서(מְחֵנִי)"(32절, 사역).

מְחֵנִי נָא מִסִּפְרְךָ אֲשֶׁר כָּתָבְתָּ(BHS)

기록하신 책에서 내 이름을 지워 버려 주옵소서(개역개정).

주님께서 기록하신 책에서 저의 이름을 지워 주십시오(새번역).

Blot me out of the book that you have written(NRSV).

Erase me from the record which You have written(NJPS).

히브리어 본문에서 확인하듯 한글 성서처럼 '내 이름'은 들어 있지 않다. 명령형 동사 '머헤니'(מְחֵנִי)에 1인칭 단수 접미사가 들어 있다. '나를 제거하라'는 뜻이니 '내 이름을'로 번역한 〈개역개정〉과 〈새번역〉은 의역(意譯)인 셈이다.

'기록하신 책' 개념은 구약과 고대 근동 여러 지역에 알려진 문구로 당시의 가치관을 보여준다(사 4:3; 렘 22:30; 겔 13:9). 그러나 근동과 구약의 관점에 차이는 상당하다. 시편 69편에 '생명책'(מִסֵּפֶר חַיִּים)이 언급되는데 하나님이 모든 사람의 행적을 기록하신다는 뜻이다(시 69:28). 말라기에 의하면 '기념책'(סֵפֶר זִכָּרוֹן)에 인간의 선과 악 그리고 모든 행실을 기록한 책이다. 〈Shalom M. Paul, "Heavenly Tablets and the Book of Life." *Divrei Shalom*, Brill, 2005, 59-70〉 여기 '생명책'은 하나님이 삶과 죽음을 주관하시는 분이라는 신앙이 깔려 있다(계 3:5; 13:8; 20:12 등 참조). 모세가 언급한 '당신의 책'(מִסִּפְרְךָ)도 바로 이와 같다. 모세는 이스라엘의 죄를 용서하지 않으신다면 자신을 그 책에서 제거하라고 대담하게 간청한다. 〈Houtmann 3, 673〉 대속적인 기도다. 하나님의 절망과 모세의 위대한 모습이 겹치는 대목이다.

20세기 초 복음주의 설교가 할데만(Issac M. Haldeman)은 대조법을 통하여 모세를 다음과 같이 묘사한다. "그는 노예의 자식이었으나 여왕의 아들이 되었다./ 그는 오두막에서 태어났으나 궁중에서 살았다./ 그는 가난하게 태어났으나 극도의 부를 누렸다./ 그는 군대의 지도자였으나 양 떼를 지키는 목자가 되었다./ 그는 유능한 전사였으나 또한 온유한 사람이었다./ 그는 궁정에서 교육을 받았으나 광야에 살았다./ 그는 이집트의 학술을 익혔으나 어린아이와 같은 믿음을 가졌다./ 그는 도시 생활에 익숙하였으나 광야에서 방황하였다./ 그는 죄악의 즐거움에 유혹을 받았으나 믿음으로 어려움을 견뎠다./ 그는 말에 어눌한 사람이었으나 하나님과 교통한 사람이었다./ 그는 목자의 지팡이를 지녔으나 무한한 능력을 가졌다./ 그는 바로에게서 망명하였으나 하늘의 메신저였다./ 그는 율법을 전달한 사람이었으나 은혜의 선구자가 되었다./ 그는 모압에서 홀로 죽었으나 그리스도와 함께 유다에 나타났다./ 그를 장사해 준 사람은 없었지만 하나님께서 장사하셨다."

다시 20세기 말 타임지(紙)는 표지 모델로 모세를 선정하고 그의 지도력을 세 단어로 설명하였다. 〈*Times*, 1998년 12월〉 1) 비우다(empty): 이집트 왕자라는 당시 최고의 기득권을 내려놓았다. 2) 채우다(fill up): 열악한 사막이라는 현실에서 자신을 채웠다. 3) 나누다(share): 출애굽을 통해 획득한 자유를 많은 사람들과 함께 나누었다. 엘리 위젤(Elie Wiesel)의 인물평은 압축적이다. "그를 필요로 할 때 항상 거기에 있었고, 자신의 임무에 최선을 다하였다. 그는 예언자가 되려는 욕망이 없었지만 예언자가 되자 가장 위대한 예언자였다. 지도자가 되려 하지 않았지만 지도자가 되자 가장 위대한 지도자가 되었다."〈Elie Wiesel, *Messengers of God: Biblical Portraits and Legends*, New York: 1976, 174〉

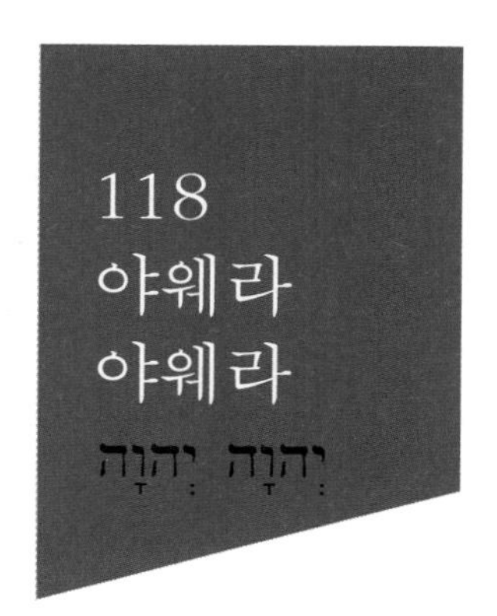

여호와께서 그의 앞으로 지나시며 반포하시되 여호와로라 여호와로라 자비롭고 은혜롭고 노하기를 더디하고 인자와 진실이 많은 하나님이로라(출 34:6).

금송아지 사건 이후 하나님은 모세에게 새 돌판을 준비케 하고 말씀하신다. 야웨는 언약을 다시 맺는 의례를 통하여 자신의 이름과 성품을 알린다. 6-7절에 줄곧 이어진다. 처음 반복되는 '야웨 야웨'는 약간의 논란이 있다. 〈70인역〉은 두 번 겹친 '야웨'를 한 차례만 언급한다. 대부분 연구자들이 처음 '야웨'를 동사 '선포하다'(וַיִּקְרָא)의 주어로 본다. 〈Carasik, 302〉 그러나 유대교는 두 차례의 야웨를 그분이 직접 말씀하신 근거로 간주하며 '하나님의 13가지 품성'(שְׁלֹשָׁה עֶשְׂרֵה מִידּוֹת)이라 칭한다. 특히 대속죄일 회당 예배와 주요 축제 때 모든 회중이 함께 낭송하는 중요한 본문으로 취급한다.

① 야웨(יְהוָה), ② 야웨(יְהוָה): 두 차례 언급된 것은 죄를 짓기 전과 후에도 야웨는 여전히 동일하신 분임을 뜻한다. 〈Plaut, 663〉 유대교에서 야웨는 자애로운(mercy) 하나님의 특성을 보여준다. ③ 하나님(אֵל): 엘, 또는 엘로힘은 피조물의 필요에 따라 힘을 주시는 분이며 정의로운 하나님이다.

④ 자비롭고(רַחוּם): '자비, 연민, 긍휼'로 번역되는 '라훔'은 자궁이란 뜻이고 동사로는 '부드럽다, 상냥하다'이다. 사르나는 '도량이 넓다'로 읽는다.〈Sarna, 216〉 자궁의 신축성을 떠올리며 '관대한, 마음이 넓고 생각이 깊은' 등으로 풀이한 것이다. 하나님은 죄인이 회개하고 돌아올 때 용서하며 베푸는 은혜가 곧 신적 속성이며 라훔의 최적화라고 본다. ⑤ 은혜롭고(חַנּוּן): 누군가 고통 중에 힘들어할 때 보이는 관심과 위로와 호의를 뜻한다. 그 범위는 '그의 눈에 은혜를 베풀 자에게' 한정된다(출 33:19). 구름(עָנָן)을 연상하라. ⑥ 노하기를 더디 하며(אֶרֶךְ אַפַּיִם): 문자적으로 화내는 데 시간이 걸린다는 뜻이나 회개의 가능성을 열어놓고 기다리는 하나님을 가리킨다.

⑦ 헤세드(רַב־חֶסֶד), ⑧ 에메트(אֱמֶת): 헤세드가 법적인 관계로 형성된 수혜와 의무라면 에메트는 의지, 버티는 힘, 신실함 등을 두루 포함한다. 헤세드와 에메트가 한꺼번에 묶이면 한 낱말을 강조하는 용법이다(창 24:49; 47:29; 수 2:14; 시 25:10; 89:14; 잠 3:3). 여기서 헤세드와 에메트가 '풍성한' 하나님을 의미한다. ⑨ 헤세드가 천대까지 유지되며(נֹצֵר חֶסֶד לָאֲלָפִים): 첫 글자가 나머지보다 크다. 왜냐하면 'עצר'로 잘못 읽으면 '보류하다, 멈추다'는 뜻이 되기 때문에 정확히 알리려는 장치다. '나차르'는 신실하게 준수하다는 뜻이다. 셰마 본문이 대표적이다(שְׁמַע יִשְׂרָאֵל יְהוָה אֱלֹהֵינוּ יְהוָה אֶחָד, 신 6:4).

⑩ 악(עָוֹן), ⑪ 과실(פֶּשַׁע), ⑫ 죄(חַטָּאָה)를 용서하며: 인간의 사악한 본성, 반항적인 태도, 범죄적 행위 등은 하나님을 거절하고 헤매며 잘못된 일을 저지를 수 있으나 하나님은 너그럽게 받아주신다. ⑬ 벌을 면제하지 않는다(וְנַקֵּה לֹא יְנַקֶּה): 죄악에 대하여 3~4대까지 징벌한다는 것은 죄인이 회개하면 용서하시나 완고한 사람에게 깨닫도록 일깨운다는 뜻이다.

위 구절은 모세가 돌판을 깨뜨린 후 언약을 다시 맺는 장면에서 드러난 고백적인 하나님 묘사다(신 10:17; 삼하 22:2-3). 마이모니데스는 여기서 하나님의 13가지 성품을 읽고 이것은 하나님의 내적인 성품이라기보다 그분의 드러낸 통치하는 방식일 뿐이라고 설명한다.〈Maimonides, 124〉 인간의 언어나 개념으로 하나님을 정확하게 기술할 수 없고 더구나 초월적인 분이기 때문에 부정적인 서술로만 규명할 수 있다는 것이다. 따라서 우리가 아는 것은 하나님은 '… 아니다'는 사실만 확인하게 된다. 부정신학(via negativa)이다.

포로기 이전부터 위 본문은 주요 예배의 신앙고백문으로 활용되었다(민 14:18; 시 86:15; 103:8; 145:8; 느 9:17; 렘 32:18; 욜 2:13; 나 1:3; 욘 4:2). 특히 토라 낭독을 위해 상자에서 두루마리를 꺼낼 때 큰 소리로 '하나님의 13가지 성품'을 노래하듯 읊는다. 한 사람이 읽을 수 없고 반드시 10명 이상 회중이 함께 낭송해야 한다. 그것은 하나님을 찬양하면서도 동시에 이스라엘의 신앙 목표인 하나님의 성품을 닮는 데 두기 때문이다.

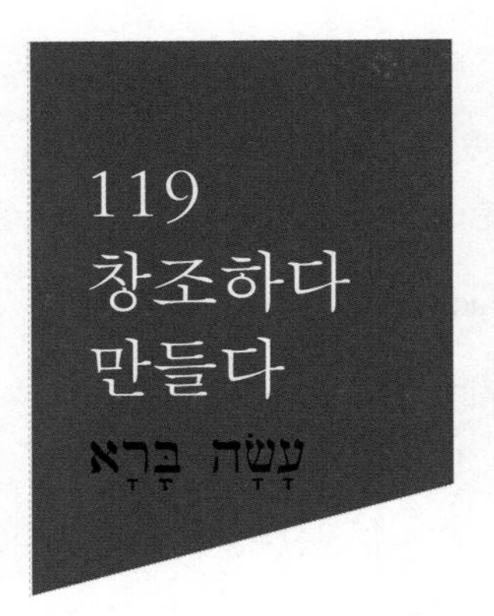

여호와께서 가라사대 보라 내가 언약을 세우나니 곧 내가 아직 온 땅 아무 국민에게도 행치 아니한 이적을 너희 전체 백성 앞에 행할 것이라 너의 머무는 나라 백성이 다 여호와의 소위를 보리니 내가 너를 위하여 행할 일이 두려운 것임이니라(출 34:10).

성막 건립과 황금 송아지 사건으로 어수선한 가운데 하나님은 모세에게 현시하여 새 언약을 맺는다. 이 과정에 창조의 동사 '바라'(בָּרָא)와 '아싸'(עָשָׂה)가 쓰였다. "내가 아직 온 땅 아무 국민에게도 행하지(נִבְרְאוּ) 아니한 이적을 너희 전체 백성 앞에 행할(עֹשֶׂה) 것이라"(출 34:10). 〈개역개정〉은 두 동사를 차이 없이 '행하다'로 옮겼지만 10절에서 '바라'는 한 차례, '아싸'는 3차례 활용되었다. 출애굽기 맥락에서 볼 때 언약의 파기는 곧 하나님과 이스라엘의 관계 단절을 뜻한다. 그럼에도 모세의 중재와 하나님의 은혜로 인해 새로운 국면을 맞는다. 이 과정에 활용된 두 동사는 성막 건립과 새로운 언약 체결 사이에서 하나님의 의지를 읽을 수 있는 단서가 되기 때문에 주의 깊게 살펴보려고 한다.

구약에서 바라(בָּרָא)는 하나님의 절대적 위엄과 창조주의 권능을 보여주는 동사다(민 16:30; 사 65:17; 렘 31:22). 특히 바라 칼(Qal) 동사는 창조주로서 하나님의 전능하심과 창조의 능력을 묘사하는데 창세기와 이사야 40장 이하에 집중적으로 사용된 것은 이미 알려진 대로다(창 1:1, 21, 27; 5:1,

2; 사 40:26; 42:5; 43:1, 15; 45:15 등). 흔히 '바라' 동사가 말씀에 의한 창조나 무로부터 창조(creatio ex nihilo)의 근거로 간주되기도 한다.〈**무로부터 창조는 마카비하 7:28을 참조하라**〉 본문의 바라는 니팔(Niphal) 3인칭 복수 완료태다. 창세기 2장에서 하늘과 땅의 창조 묘사에서 알 수 있듯 지금까지 경험하지 못한 전혀 새로운 일이거나(창 2:4; 5:2; 시 104:30), 기적적인 현상을 서술할 때 주로 활용된다(출 3:20; 사 48:7).

한편 아싸(עָשָׂה)가 창조의 동사로 쓰일 때는 하나님의 의지가 실현되는 상황이다(창 1:7, 16, 25). 그렇다고 해서 말씀에 의한 창조와 반대되는 행위를 통한 창조를 의미한다고 보기 어렵다. 시편 33편은 말씀에 의한 창조를 명확히 노래한다. "야웨의 말씀으로 하늘이 지음받았으며(נַעֲשׂוּ) 그의 입김으로 만상이 드러났도다"(시 33:6). 본문에 세 차례 언급된 아싸 동사는 하나님의 강력한 의지를 극대화시킨다고 볼 수 있다. "내가 이적을 너희 전체 백성 앞에 행할 것이라(אֶעֱשֶׂה) 네가 머무는 나라 백성이 다 야웨의 행하심(מַעֲשֵׂה)을 보리니 내가 너를 위하여 행할 일(עֹשֶׂה)이 두려운 것임이니라." 위와 같이 바라와 아싸 동사는 사실 하나님의 창조와 관련하여 의미상의 차이 없이 동의어처럼 활용된다(창 1:31; 2:2; 3:1; 민 16:28, 30; 사 41:20; 43:7; 45:7, 12).

출애굽기 34장 10절에서 창조의 동사 '바라'와 '아싸'를 함께 활용한 이유가 있다. 우선 하나님과 이스라엘의 언약이 파기되자 성막 건립도 중단된다. 혼란과 불신이 소용돌이친다. 그럼에도 새로이 돌판을 준비하여 언약을 다시 맺는다. 이것은 마치 태초의 창조처럼 이전에 누구에게도 드러내지 않은 야웨의 행하심(מַעֲשֵׂה)이다. 놀랍고 두려운 일이다(민 16:28-30). 야웨는 출애굽 서두에서 바로가 다스리는 이집트에서 이적(נִפְלְאֹת)을 약속한 바 있는데(출 3:20) 그것은 창조 권능처럼 이전에 결코 볼 수 없던 하나님이 일으킨 새로운 일이었다(10절). 이와 같이 이스라엘을 위한 하나님의 놀라운 능력과 활동을 나타내기 위한 가장 신학적인 낱말은 곧 말씀의 위엄과 창조 과정을 보여준 '바라'와 '아싸'다. 예컨대 이미 성사된 계약을 파기하고 새로이 결성하는 일이야말로 창조에 버금가는 사건이며 전례가 없는 경우다(사 48:7).

출애굽기에서 창조의 언어 바라(בָּרָא)와 아싸(עָשָׂה)를 활용한 이유는 무엇일까? 본문에 쓰인 두 동사 바라와 아싸는 창조의 아침과 같이 이스라엘 백성이 새롭게 태어나야 한다는 사실을 강조한다. 즉 바빌론 포로기의 암울한 현실에서 창조의 어휘들을 동원하여 희망을 일깨웠듯 언약의 파기와 황금 송아지 사건의 어수선한 상황에도 하나님은 이스라엘을 위하여 창조적인 과업을 일관되게 수행하신다. 바라와 아싸는 그 모든 과정과 결과의 경이로움과 두려움을 함축하는 동사다.

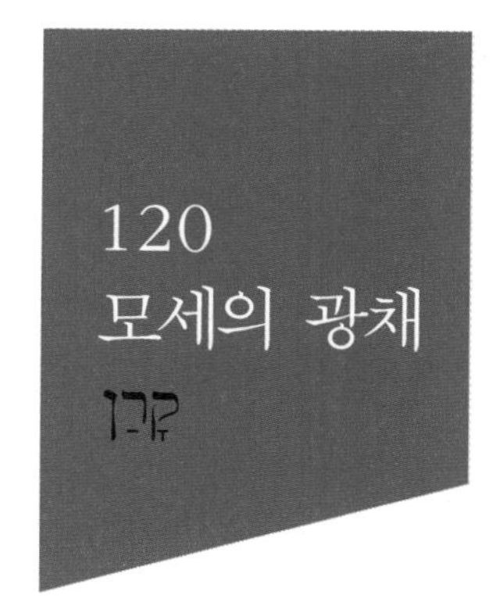

120 모세의 광채 קָרַן

모세가 그 증거의 두 판을 자기 손에 들고 시내산에서 내려오니 그 산에서 내려올 때에 모세는 자기가 여호와와 말씀하였음을 인하여 얼굴 꺼풀에 광채가 나나 깨닫지 못하였더라(출 34:29).

모세는 시내산에서 40일 동안 금식하며 두 번째 언약에 집중한다. 놀랍게도 그가 내려올 때 얼굴에서 빛이 났다. 아론과 온 이스라엘은 두려워서 모세에게 접근할 수 없었다. 그의 광채는 '야웨와 말씀을 나누었기'(בְּדַבְּרוֹ אִתּוֹ) 때문이다(29절). '광채가 났다'로 번역된 히브리어는 동사 '카란'(קָרַן)이며 자동사다. 앗시리아어 카르누(נֻרְאכ), 아람어 카르나(קרנא)는 각각 뿔을 가리키며, 히브리어 '케렌'(קֶרֶן)은 명사로 뿔이다(창 22:13; 시 75:5; 사 5:1). 세 자음(קרן)으로만 읽을 때 해석이 어려운 대목이다.

해당 구절의 '얼굴 피부'(עוֹר פָּנָיו)를 먼저 살펴봐야 한다. 고대 사회에서 광채는 신의 얼굴에서 나온 것이며 만약 사람의 얼굴이 빛난다면 신의 빛을 반사한 것이라고 믿었다.〈Cassuto, 448〉 모세

의 광채가 얼굴에서 나온다고 묘사하지 않고 '얼굴 피부'라니 어색하다. 시편에 유사한 구절이 나온다. "당신의 얼굴을 비추소서"(הָאֵר פָּנֶיךָ, 시 80:3, 7; 90:8; 참조. 시 67:1). 이런 점에서 랍비들은 얼굴 '피부' 대신에 얼굴 '빛'(אוֹר פָּנָיו)으로 수정해서 읽을 것을 제안한다.[7] "그의 얼굴(פָּנָיו)이 빛(אוֹר)을 내뿜는다(קָרַן)." 여기서 '카란'은 모세가 하나님을 만난 후에 나타난 후광을 뜻한다.

초기 번역본들이 '모세의 광채'를 보는 시각은 사뭇 다르다. 알렉산드리아의 유대인들(70인역)은 '영화롭게 되었다'(δεδόξασται)로 옮겼다. 시내산에서 하나님과 교감하던 모세에게 나오는 광채는 그를 영예롭게 한 것이다. 그러나 아퀼라와 히에로니무스는 은유적인 의미를 살려 '뿔'을 택하였다. '뿔이 난'(cornuta) 모세는 중세 예술가들에게 영감을 주었다. 모세의 이마에 뿔이 달린 그림과 조각품은 여기에 근거한 것이다. 위의 사진은 1506년경 조성된 로마 산 피에트로(San Pietro) 성당의 모세 조각상이다. 미켈란젤로가 시내산에서 두 번째 돌판을 안고 내려오는 모세가 이스라엘 백성을 바라보는 순간을 포착한 것이다. 우측의 그림은 13세기 영국 시편집에 실린 떨기나무 불꽃 앞의 모세다. 두 작품 모두 두 개의 뿔이 확연하다.

한편 뿔이 메소포타미아와 가나안에서 신성과 관련된다는 점도 지나칠 수 없다. 고고학 발굴에 의하면 신과 왕의 공식 의상에 뿔이 달린 왕관이나 모자 등이 같이 나온다. 황소 가면을 쓴 의식은 고대 그리스 세계에서는 잘 알려진 상징적인 행위다. 뿔이 장식된 왕관은 왕의 권위와 힘을 상징한다(신 33:17). 하박국은 광채 속에 하나님의 능력이 있다고 선언한다. "그의 광명(נֹגַהּ)이 햇빛

---

7 William H. Propp, "The Skin of Moses' Face: Transfigured or Disfigured?" *The Catholic Biblical Quarterly* 49.3 (July 1987), 375-386.

같고 광채(קַרְנַיִם)가 그의 손에 나오니 그의 권능이 그 속에 감추어졌도다"(합 3:4). 히에로니무스는 모세의 뿔, 혹은 광채가 하나님의 이름으로 적대자들을 물리칠 수 있는 표징과 신적 능력이라고 해석한 것이다.

광채든 뿔이든 확실한 점은 모세가 하나님과 매우 친밀한 영적 교감을 나누었다는 사실이다(출 33:11; 막 9:2; 행 6:15). 그는 하나님과 얼굴로 대면한 유일한 선지자다. 모세의 경이로운 변모는 신성, 곧 거룩한 분의 빛을 보았기에 가능한 것이다. 모세의 광채는 황금 송아지 사건으로 어수선한 가운데 그가 여전히 하나님과 이스라엘 사이의 유일하며 합법적인 중재자임을 확인하는 강력한 상징이자 증거다.

붉은 물 들인 수양의 가죽 덮개와 해달의 가죽 덮개와 가리우는 장과 증거궤와 그 채들과 속죄소와(출 39:33-40).

성막은 이스라엘의 광야 시절 이동식 성전이며 삶의 중심이었다. 가나안에 정착한 후 솔로몬이 성전을 봉헌하자 신앙의 중심은 성막에서 성전으로 옮겨 간다(왕상 8:1-66). 출애굽기는 성막의 건설에 관하여 규모, 재질, 용도, 비용에 이르기까지 두 차례나 세세하게 다룬다(출 25-31장; 35-40장). 출애굽기가 성막 건축을 유난히 중복적으로 언급한 이유가 있을까? 성막은 거룩한 공간으로서 하나님의 거처를 압축한 곳이지만 또한 동시에 우주와 우주의 축소판이랄 수 있는 사람과의 관계를 보여주기 때문이다. 이를 설명하려면 우선 긴 호흡을 들이쉴 필요가 있다.

모세의 요구대로 성막을 건축한 인물은 유다 지파의 브살렐(בְּצַלְאֵל)이다(출 31:2). 그는 하나님의 영이 충만하고 지혜와 총명이 뛰어난 기능공으로 소개되었다(출 33:3). 하지만 정작 성막을 어떻게 지어야 할지 막연했다. 그러는 중 "내가 세상과 사람을 창조한 대로 건축하라"는 하나님의 음성을 듣는다.[8] 하나님의 '형상을 따라 모양대로' 사람을 지으셨다(창 1:26)는 점을 상기하며 그의 이름을 분석하면 건립의 실마리를 포착할 수 있다. 브살렐은 '하나님(אֵל)의 그림자(צֵל) 안(בְּ)에 거하는 사람'이었다 (112. "브살렐과 오홀리압"을 참조하라). 그러니 브살렐은 하나님의 공간이자 거룩한 곳 성막을 설계하고 지을 수 있었던 것이다.

출애굽기 39장에는 성막이 설계도대로 완성되었는지 확인하는 대목이 들어 있다. 직접 목적어를 이끄는 전치사(אֶת)를 앞세워 각종 부품들이 하나하나 언급되고 있다(33-40절). 실제로 더 많지만 전치사와 함께 소개된 물품은 모두 서른둘이다. 이 숫자는 성막에 그만큼 많은 비품이나 물건이 필요하다는 뜻이 아니라 성막이 우주와 사람 사이에 불가분의 관계가 있음을 암시한다. 카발라(Qabalah)에 따르면 우주는 알파벳 22개와 10가지 세피로트(Sefiroth), 곧 32가지 하나님의 지혜로 이루어졌다. 〈*Sefer Yetzirah* 1:1〉 고대인들에게 문자는 신의 영역으로 지금처럼 아무나 읽거나 기록할 수 없었다(단 5:5-8). 상형문자를 뜻하는 hieroglyphic는 신(hieros)의 메시지(glyphs)를 가리킨다는 점을 상기할 필요가 있다. 그러니 사제나 신탁을 받은 사람만 해독할 수 있었다. 한 유대 전승은 우주가 히브리 알파벳 22글자로 설계되었고 하나님에게서 유출된 10가지 본성으로 형성되었다고 전한다. 〈Lawrence Kushner, *The Book of Letters: A Mystical Alef-bait*, Woodstock: Jewish Lights Publishing, 1975〉

성막의 32가지 목록을 적시함으로써 성막이 우주를 모형 삼아 건설되었고 서로 대응관계에 있음을 보여준다. 그렇다면 사람은 우주와 성막에 어떻게 관련된 것일까? 사람의 가장 내밀한 기관은 심장이다. 히브리어 심장 레브(לֵב)의 숫값은 신비롭게도 32에 해당한다. 한 생명이 잉태되는 순간부터 죽을 때까지 심장의 박동은 결코 멈추지 않는다. 그렇기에

---

8 Rafael Patai, *Man and Temple: in Ancient Jewish Myth and Ritual* (London: Thomas Nelson and sons: 1947), 114.

인체의 가장 중요한 부위이며 신전처럼 중요하다고 간주된 것이다. 여기서 민첩한 연상력이 동원된다. 랍비들은 심장의 상징 숫자 32를 지나치지 않고 머문다. 예컨대 성막과 관련해서 숫자 32는 서른두 가지 각종 목적어에 연결되고 또한 우주의 기초인 서른두 가지 하나님의 지혜로 이어진다. 따라서 19세기 랍비 말빔(Meir Leibush ben Yehiel Michel)은 사람은 누구나 자신의 심장에 성막을 건설해야 한다고 가르쳤다.[9] 전통적으로 심장은 사람의 가장 거룩한 장소이며 성막 또는 성전의 가장 성스러운 지성소와 우주의 중심에 이어진다고 믿었다.

이와 같은 우주, 성막, 사람의 대응관계는 미드라시를 비롯하여 빈번히 확인된다. 바울은 "너희가 하나님의 성전인 것과 하나님의 성령이 너희 안에 계시는 것을 알지 못하느냐"(고전 3:16)고 설파한다. 예루살렘 성전의 부재를 염두에 둔 것이지만 하나님은 어디에나 계신다는 유대 전통에 기댄 것이다. 앞서 크게 들이쉬었던 숨을 심장으로부터 끌어올려 천천히 내쉬면 성막을 통하여 우주로 이어지는 하나님의 현존을 느껴 볼 수 있다.

9 Malbim, *Rabbenu Meir Leibush Ben Yechiel Michel: Commentary on the Torah* (Jerusalem: Hillel Press, 1978).

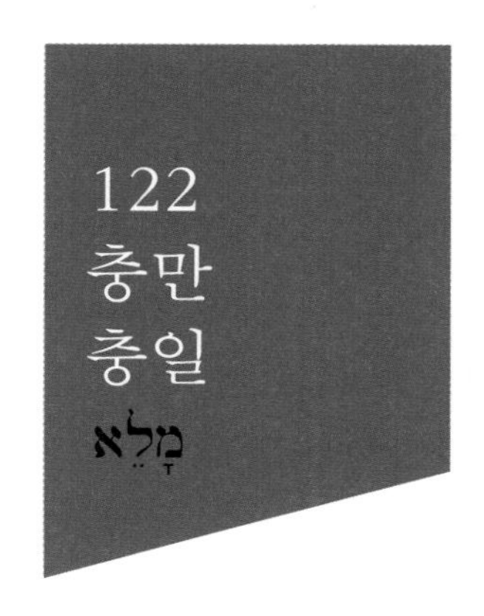

그 후에 구름이 회막에 덮이고 여호와의 영광이 성막에 충만하매(출 40:34).

출애굽기의 내용은 크게 세 가지로 요약된다. 이집트 탈출(출 1-18장)과 십계명을 비롯한 율법(19-24장) 그리고 성막의 건립이다(25-40장). 이스라엘은 바로의 학정과 종살이에서 홍해를 건너서, 광야의 뜨거운 햇빛을 견뎌 내고, 갖가지 불평과 굶주림, 갈등과 전쟁의 소동을 겪은 후에 비로소 자유를 맛보게 되었다(출 1-15장). 마찬가지로 출애굽기 25장에서 시작된 성막 건립은 언약 파기와 갱신(32-34장)이라는 큰 위기를 극복하는 복잡하고 기나긴 서술 끝에서 완성된다. 그 순간 구름이 회막(אֹהֶל)을 덮고 야웨의 영광이 성막(הַמִּשְׁכָּן)에 충만하였다(출 40:34). 이 장면은 모세가 십계명을 받기 위해 시내산에 올라갔을 때와 흡사하다(출 19:16-18).

'충만하다' 또는 '가득하다'로 번역한 히브리어 동사는 '말레'(מָלֵא)다. '말레'는 앗시리아어나 아람어 등에서 '풍부하다, 완전하다, 충분하다'를 뜻한다. 문법적으로 칼, 니팔, 피엘 등 다양하게 쓰이고 구약의 용례는 '채우다, 성별하다, 완성하다, 보충하다, 완전케 하다, 준비하다, 모으다,

넘치다, 만족하다' 등으로 번역된다. 말레가 주로 성막과 성전에 관련되어 어떻게 활용되었는지 눈여겨볼 필요가 있다. 광야의 성막 완성과 더불어 말레는 두 차례(덮다, 충만하다) 언급된다(출 40:34, 35). 한편 열왕기상에는 출애굽기 40장처럼 한 번은 "구름(עָנָן)이 성전에 가득 차고", 다른 한 번은 "야웨의 영광(כְּבוֹד)이 성전에 가득하였다"(왕상 8:10, 11; 대하 5:13, 14)라고 나온다. 이사야는 사뭇 다르게 야웨의 옷자락이 성전을 덮었다고 기록한다(사 6:1). 에스겔 역시 환상에서 성전에 가득한 야웨의 영광을 본다(겔 43:5; 44:4; 10:3). 이렇듯 구름, 또는 옷자락 등이 '가득하다'는 것은 하나님의 신비하고도 영적인 현존, '야웨의 영광'이 강렬하게 느껴진다는 뜻의 다른 묘사다.

이상에서 히브리 동사 '말레'는 성막과 성전에서 감지되었던 신적인 기운의 역동성을 개념화한 것으로 본질적으로 하나님의 임재를 설명하는 신학 용어다. 시편에 의하면 하늘은 하나님의 거처다(시 14:2; 53:2; 80:4; 115:3). 예레미야는 한 걸음 더 나아간다. "내가 하늘과 땅에 가득하지 아니하냐"(렘 23:24). 예언자에게 야웨는 성전에 갇혀 계신 분이 아니다. 하늘과 땅, 곧 온 세상에 현존하신다. 그러나 하나님은 솔로몬의 성전은 물론이고 땅이나 '하늘과 하늘의 하늘'도 포용하지 못한다(왕상 8:27). 왜냐하면 야웨 하나님은 하늘과 땅보다 크신 분이기 때문이다. 하나님을 세상과 비교할 수 없으니 어디나 현존하시는 신학적 개념이 요구된다. 이른바 편재하시는 하나님이다.

위 본문에서 야웨의 영광이 성막에 가득하다는 묘사는 신의 현존과 관련된다(사 6:1; 렘 23:24). 그러나 말레가 바다와 땅에 가득하다는 뜻으로 활용된다면 가시적인(visible) 의미지만 성막과 성전에 충만하다고 할 때는 비가시적인(invisible) 상태를 암시한다. 더구나 말레는 간신히 채우거나 가뜩 차서 정지된 상태가 아니다. 성막의 완공과 동시에 가득한 야웨의 영광은 신적인 힘의 살아 움직이는 충일(充溢)로 봐야 한다. 일반적으로 번역된 충만(充滿)보다 충일이 더 적합한 개념이다. 충만은 국소적, 상태적, 시각적인 표현이라면, 충일은 비국소적, 능동적, 영적 개념이다(시 23:5). 하나님의 현존은 구름에 가려 보일 듯 만질 수 없는 신비한 힘이지만 공간에 제한되지 않는다. 보이지 않고 비국소적이나 힘차게 일렁이며 영과 혼을 압도하며 일깨우는 힘이 있기 때문이다.

"야웨의 영광(כְּבוֹד יְהוָה)이 성막에 충만하다"고 할 때 하나님의 현존은 시간과 장소에 한정된다. 편재(omnipresence), 또는 '어디나 계시는'(ubiquitous) 하나님을 성막과 성전, 특정한 곳에 가두는 형국이다. 하나님은 처음과 끝이며(사 44:6; 48:18), 이제도 계시며 앞으로도 여전히 동일한 분을 가리킨다면(계 1:8; 22:13) '충일하다'가 더 적합하다. 성막의 건립이 동사 '말레'로 마감되는 것은 자칫 야웨 하나님을 시공간에 국한되는 분으로 인식할 수 있다는 점을 경계한다(렘 23:24). 모세와 이스라엘이 성막을 완공하자 하나님의 영광이 그곳에 넘쳐났다(מָלֵא)는 것은 지성소(קֹדֶשׁ הַקֳּדָשִׁים)로 상징되는 하나님의 현존이 그 성막과 이스라엘을 넘어 온 하늘과 땅에 두루 임재하시며 활동하신다는 신학적 은유다.

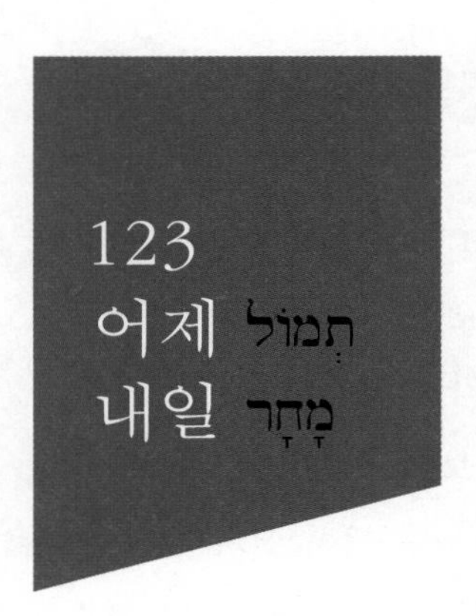

123 어제 תְּמוֹל 내일 מָחָר

농부 철학자 윤구병은 우리말의 시간 개념을 흥미롭게 풀어낸다. 흔히 '어서'와 '아서'라고 할 때 후자는 물러서라는 뜻이고 전자는 서둘라는 의미다. 여기서 '어'는 먼저가 되고, '아'는 나중을 뜻한다. 과연 그렇다. '어제'는 지난 것이며, '아제'는 뒤에 있으며, '이제'는 지금(now)이다. '제'는 시간을 가리키는 옛말의 흔적이다. 세 모음(ㅏ · ㅓ · ㅣ)에 숨겨진 시간의 흐름을 찾아낸 것이다. 이 중에서 어제는 항상 우리말로 쓰이지만 한자어 지금(只今)과 내일(來日)이 이제와 아제를 점령하는 형국이라 셋의 관련성이 희미하다. 〈윤구병, 『철학을 다시 쓴다』, 보리 출판, 2013〉 우리말의 어제와 내일은 시간의 흐름에서 먼저(어)와 나중(아)이라는 순차적인 개념이 들어 있다.

그렇다면 히브리어에서 시간은 어떻게 표상될까? 히브리어 '어제'(תְּמוֹל)와 '내일'(מָחָר)의 어원을 상세히 들여다봐야 한다. '트몰'(어제)은 전치사 '앞', '전면을 향하여', 동사 '선행하다'를 뜻하는 어근 'מוּל'이나 'מוֹאל'에서 비롯된 것으로 보인다(출 34:3; 신 1:1; 왕상 7:5). 그런가 하면

'마하르'(내일)는 전치사 '뒤', '다음에'(창 9:28; 출 3:1), 동사 '더디하다, 붙잡다, 뒤따르다' 등을 가리키는 'אחר'에서 왔다(창 24:56; 출 22:28; 삼상 12:14; 사 46:13). 후자는 다시 '최후', 또는 '종말'(אַחֲרִית) 등으로 확장되어 쓰인다(시 49:13; 사 46:10). 〈보만, 『히브리적 思惟와 그리스적 思惟의 比較』, 176〉 따라서 히브리어의 어제와 내일에는 시간의 앞과 뒤라는 공간적 영역이 활성화된다.

어제와 내일 사이에는 이미와 아직이라는 선형적(chronos) 시간의 간극이 있다. 즉 이미 지난 시간을 '어제/트몰'로, 아직 오지 않은 시간을 '내일/마하르'로 간파한 것은 사유의 관점에서 놀랍지만 사실 우리의 손을 떠난 추상의 영역이다. 그런데도 우리는 곧잘 어제는 우리 뒤에 있고 내일은 우리 앞에 있다고 말하곤 한다. 시간적으로 먼저와 나중이 공간적으로 앞과 뒤로 표현된 것이다. 히브리어 어제(תְּמוֹל)와 내일(מָחָר)은 앞과 뒤를 상정한다. 히브리 사상의 독특한 면모가 여기서 드러난다. 과거는 이미 경험했거나 알려진 사실로 마치 눈앞에서 볼 수 있다면(visible), 내일은 전혀 예측할 수 없는 미지의 영역으로 보이지 않다(invisible)는 것이다. "내일 일을 자랑하지 말아라 하루 사이에 무슨 일이 생길지 알 수 없다"(잠 27:1, 새번역). 내일은 마치 볼 수 없고 알 수 없는 등 뒤의 상황처럼 간주되지만 히브리어 어제와 과거는 우리 앞에 놓인 것처럼 인식한다는 것이다.

시간이란 고도로 추상적이며 신학적이다. 추상적이란 물리적인 실체가 없으나 현재하다는 뜻이고, 신학적이란 정신적 가치이자 신념으로서 실재이다. 히브리 사유에서 어제와 내일은 관념적으로 존재하고 오늘은 물리적으로 허용된 실체다. 따라서 히브리어 '오늘'(הַיּוֹם)은 항상 정관사(ּ·הַ)로 특정하여 '지금 여기'(here & now)를 강조한다(출 19:1; 신 4:8).

뉴스너는 토라의 현재성(nowness)을 다음과 같이 분석한다. "토라의 언어는 '준다, 지금, 여기, 오늘, 오늘 아침, 우리에게, 나에게 등'처럼 항상 현재형이다."〈Neusner, 8〉 히브리 사유에서 시간은 오직 '지금'만 있을 뿐 어제가 오늘로 연속되지 않는다. 어제와 내일은 가상의 시간이며 관념의 고안에 해당한다. 어거스틴이 시간의 세 차원을 과거의 현재, 현재의 현재, 미래의 현재라고 규정한 것은 '지금'의 실체를 정확히 드러낸 설명이다. 시간의 선형적 개념이 불러올 수 있는 어제와 내일의 연속성을 거둬 내고 오직 오늘만 실재한다는 현재성을 인식한 것이다.

이스라엘이 해마다 유월절에 이집트의 굴욕을 떠올리며 매 안식일에 하늘과 땅을 지으신 하나님을 기억하는 것은 이미 경험한 눈앞의 어제를 되새기는 동시에 알 수 없는 내일을 하나님께 맡기려는 신앙행위다. 우리말 '어제'와 '아제'의 불연속을 '이제'가 잇는다면 히브리 신앙의 '어제'(תְּמוֹל)와 '내일'(מָחָר)의 연속성은 '오늘'(הַיּוֹם)이 매개한다. 그들은 끊임없이 어제의 기억을 되새기며 또한 내일의 기대를 신학적으로 숙고하여 '지금 여기'를 살게 한다(신명기의 '오늘'을 보라). 그러므로 오늘(הַיּוֹם)은 우리가 누릴 수 있는 유일한 현재(present)이며 그렇기에 하나님의 선물(present)이다. 마치 광야에서 이스라엘에게 주어진 만나가 오직 '오늘'에만 허용되듯이!(출 16:25)

참고문헌

강승일. “우림과 둠밈, 에봇 그리고 언약궤: 제사장의 점술 도구들,”「구약논단」18.2 (2012): 112-135.

김경호.『韓國의 寫經』. 서울: 고륜, 2006.

김성. “아텐교(Atenism)의 이해 - 고대 이집트의 아텐(태양판) 숭배와 아케나텐의 유일신론적 종교개혁.”「종교와 문화」2 (1996): 111-129.

김용규.『데칼로그』김용규의 십계명 강의. 서울: 포이에마, 2015.

김창주. “메노라에 비친 시편 67.”「신학사상」187 (2019년 겨울): 51-77.

박요한 영식. “제9 계명을 위한 히브리어 חמד의 중요성: 출애 20:17; 신명 5:21.”「가톨릭 신학과사상」39 (2002 봄): 17-28.

양재훈. “최후의 만찬.”「기독교사상」699 (2017): 186-98.

윤구병.『철학을 다시 쓴다』. 서울: 보리 출판, 2013.

임봉대. “구약성서에 나오는 환대(Hospitality)에 관한 소고(小考): 다문화 사회에서의 성경이해.”「구약논단」18.3 (2012. 09): 34-59.

채홍식 역주.『고대근동 법전과 구약성경의 법』. 서울: 한님출판사, 2008.

최창모 편.『유월절 기도문』. 서울: 보이스사, 2000.

Abram, Mary. “The Pomegranate: Sacred, Secular, and Sensuous Symbol of Ancient Israel.” *Studia Antiqua* 7.1(2009): 23-33.

Albright, William F. “Jethro, Hobab and Reuel in early Hebrew Tradition.” *The Catholic Biblical Quarterly* 25:1(Jan., 1963): 1-11.

______. “Baal Zaphon.” in *Festschrift Alfred Bertholet zum 80 Geburtstag*, ed. Walter Baumgartner. Tübingen: Mohr, 1950.

Alessandra, Tony, Michael J. O'Connor. *The Platinum Rule: Discover the Four Basic Business Personalities and How They Can Lead You to Success* (New York: Waner, 1998). 유강문 옮김.『백금률』. 서울: 참솔, 2002.

Antoniou, Stavros A. "The Rod and the Serpent: History's Ultimate Healing Symbol." *World Journal of Surgery* 35.1(June 2011): 217-221.

Assmann, Jan. "The Mosaic Distinction: Israel, Egypt, and the Invention of Paganism." *Representations* 56(1996): 48-67.

______. *From Akhenaten to Moses: Ancient Egypt and Religious Change.* Oxford: Oxford University Press, 2014.

Batto, Bernard F. "Red Sea or Reed Sea?" *Biblical Archaeology Review* 10.4(1984): 57-63.

Boman, Thorleif. *Das hebräische Denken im Vergleick met dem griechischen.* Göttingen: Vandenkoeck & Ruprecht, 1968. 허역 옮김.『히브리적 사유와 그리스적 사유의 비교』. 왜관: 분도출판사, 1975.

Brown, Francis. *A Hebrew and English Lexicon of the Old Testament, Based on the Lexicon of William Gesenius.* Oxford: Clarendon Press, 1906.

Brueggemann, Walter, and Tod Linafelt. *An Introduction to the Old Testament: The Canon and Christian Imagination.* Westminster John Knox Press, 2021. 김은호·홍국평 옮김.『구약개론』 개정판. 서울: CLC, 2018.

Buber, Martin. *The Prophetic Faith.* New York and Evanston: Harper & Row Publisher, 1949.

______ and Franz Rosenzweig. *Scripture and Translation.* Indiana: Indiana Univ. Press, 1994.

Carasik, Michael. *The Commentator's Bible (Miqraoth Gedaloth): Exodus.* Philadelphia: Jewish Publication Society, 2005.

Cassuto, Umberto. *A Commentary on the Book of Exodus.* Jerusalem: Magnes Press, 1967.

Certeau, Michel de. *The Writing of History.* New York: Columbia University Press, 1988.

Cohen, A. *The Soncino Chumash: The Five Books of Moses with Haphtaroth.* Jerusalem: Soncino, 1993.

Curtis, E. L. "Early Cities of Palestine." *The Biblical World* 7(1896): 411-424.

Dam, Cornelis van. *The Urim and Tummim: A Means of Revelation in Ancient Israel.* Winona Lake: Eisenbrauns, 1997.

Dumbrell, William J. "Midian: A Land or a League?" *Vetus Testamentum,* 25.2(May, 1975): 323-337.

Durham, John I. *The Senses Touch, Taste, and Smell in Old Testament Religion.* Doctoral dissertation, University of Oxford, 1963.

______. *Exodus. Words Biblical Commentary.* Waco TX: Word Publishing, 1987. 손석태 · 채천석 옮김. 『출애굽기』. 서울: 솔로몬, 2000.

Ember, Aaron. "The Pluralis Intensivus in Hebrew." *The American Journal of Semitic Languages and Literatures* 21.4(July 1905): 195-231.

Erman, A. *Ancient Egypt: A Sourcebook of their Writings.* San Francisco: Harper & Row, 1966.

Everett, Dan L. "Documenting Languages: a View from the Brazilian Amazon." *Language Documentation and Description* 1(2003): 140-158.

Finkelstein, Louis. "The Origin of the Hallel." *Hebrew Union College Annual* 23.2(1950): 319-337.

Freedman, David Noel. *The Nine Commandments: Uncovering the Hidden Pattern of Crime and Punishment in the Hebrew Bible.* New York: Doubleday, 2002.

Freud, Sigmund. *Moses and Monotheism.* New York: Vintage, 1939. 이은자 옮김. 『인간 모세와 유일신교』. 서울: 부북스, 2016.

Friedmann, Jonathan L. "The Magical Sound of Priestly Bells." *JBQ* 46(2018): 41-46.

Friedman, Maurice. *Martin Buber's Life and Work: The Early Years,* 1878～1923. New York: Hyperion, 1994.

Gaster, Theodor H. *Myth, Legend, and Custom in the Old Testament.* New York: Harper & Row, 1969.

Gottlieb, Eli. "Mosaic Leadership: Charisma and Bureaucracy in Exodus 18." *Journal of Management Development* 31.9 (2012): 974-983.

Grabbe, Lester L. "Sanhedrin, Sanhedriyyot, or Mere Invention?" *Journal for the Study of Judaism* 39.1 (2008): 1-19.

Graves, Michael. "The Public Reading of Scripture in Early Judaism." *Journal of the Evangelical Theological Society* 50.3 (September 2007): 467-487.

Greeley Andrew M. and Jacob Neusner, *The Bible and Us: A Priest and a Rabbi Read Scripture Together*. New York: Warner Books, 1990.

Greenberg, Moshe. *Understanding Exodus*. Vol. 1. New York: Behrman House, 1969.

Griffiths, J. Gwyn "The Egyptian Derivation of the Name Moses." *Journal of Near Eastern Studies* 12.4(1953): 225-231.

Goldwasser, Orly. "How the Alphabet Was Born from Hieroglyphs." *Biblical Archaeology Review* 36.2(2010) 40-53.

Großbongardt, Annette, and Johannes Saltzwedel. *Die Bibel: Das mächtigste Buch der Welt*. Hamburg: Spiegel Verlag, 2015. 이승희 옮김. 『성서, 인류의 영원한 고전: 고고학으로 파헤친 성서의 역사』. 서울: 21세기북스, 2019.

Ḥaklîlî, Rāḥēl. *The Menorah: the Ancient Seven-armed Candelabrum: Origin, Form, and Significance*. Vol. 68. Leiden: Brill, 2001.

Hertz, J. H. *Pentateuch and Haftorahs with Hebrew Text English Translation and Commentary*. London: Soncino Press, 1965.

Heschel, Abraham Joshua. *Insecurity of Freedom*. New York: Farrar, Straus and Giroux, 1963.

Hoffmeier, James K. *Akhenaten and the Origins of Monotheism*. Oxford: Oxford University Press, 2015.

Hoffmeier, J. K. and A. R. Millard. *The Future of Biblical Archaeology: Reassessing Methodologies and Assumptions*. Grand Rapids: Eerdmans, 2004.

Houtman, Cornelis. "On the Pomegranates and the Golden Bells of the High Priest's Mantle." *Vetus Testamentum* 40.2(1990): 223-229.

Humphreys, Colin J. "The Number of People in the Exodus from Egypt: Decoding Mathematically the Very Large Numbers in Numbers I and XXVI." *Vetus Testamentum* 48.2(1998): 196-213.

Joüon, Paul and T. Muraoka, *A Grammar of Biblical Hebrew.* Subsidia Biblica 27. Rome: Gregorian & Biblical Press, 2006. 김정우 옮김. 『성서 히브리어 문법』. 서울: 기혼, 2012.

Khaldun, Ibn. *Al Muqaddimah: Prolegomena.* JiaHu Books, 2014. 김정아 옮김. 『무깟디마』 1-2권. 서울: 소명출판, 2012.

Knight, Stan. "Searching for the Roots: The Origins of Carolingian Minuscule." *Letter Arts Review* 15.2(April, 1999): 32-39.

Krause, Joachim J. *Exodus und Eisodus: Komposition und Theologie von Josua* 1–5. Leiden: Brill, 2014.

Kushner, Harold S. *The Lord is My Shepherd: Healing Wisdom of the Twenty-third Psalm.* New York: Anchor, 2003.

LaCocque, Andrè and Paul Ricoeur. *Thinking Biblically: Exegetical and Hermeneutical Studies.* Chicago: The University of Chicago, 1998. 김창주 옮김. 『성서의 새로운 이해』: 주석학과 해석학의 대화. 파주: 살림, 2006.

Lancaster, Brian. *The Elements of Judaism.* Elements Books, 1993. 문정희 옮김. 『유대교 입문』. 김영사, 1999.

Lambdin, Thomas O. "Egyptian Loan Words in the Old Testament." *Journal of the American Oriental Society* 73.3 (1953): 145-155.

Leibowitz, Nehama, *Studies in Shemot: The Book of Exodus.* Jerusalem: Ahva Press, 1976.

Levenson, Jon D. *Sinai & Zion: An Entry into the Jewish Bible.* San Francisco: Harper & Row, 1985. 홍국평 역. 『시내산과 시온: 성서신학의 두 기둥』. 서울: 대한기독교서회, 2012.

Levy, Thomas E., Thomas Schneider, and William H. C. Propp. *Israel's Exodus in Transdisciplinary Perspective: Text, Archaeology, Culture, and Geoscience.* Dordrecht, New York: Springer, 2015.

Lidov, Aleksej M. "Byzantine Church Decoration and the Great Schism of 1054." *Byzantion* 68.2(1998): 381-405.

Lieber, David L. *Etz Hayim: Torah and Commentary.* New York: The United Synagogue of Conservative Judaism, 2001.

Lipiński, E. "צָפוֹן" *Theological Dictionary of Old Testament* vol 12. 435-443.

Liver, Jacob. "The Half-shekel Offering in Biblical and Post-biblical Literature." *The Harvard Theological Review* 56.3(1963): 173-198.

Loewenstamm, Samuel E. "נשך and תרבית/מ" *Journal of Biblical Literature* 88.1 (March 1969): 78-80.

Maimonides, Moses. *The Commandments.* 2 Volumes. London, New York: Soncino, 1967.

Malamat, Abraham. "Let My People Go and Go and Go and Go: Egyptian Records Support a Centuries-long Exodus." *The Biblical Archaeology Review* 24/1 (1998): 62-66.

Malbim, *Rabbenu Meir Leibush Ben Yechiel Michel: Commentary on the Torah.* Jerusalem: Hillel Press, 1978.

Maurer, Armand. "The Sacred Tetragrammaton in Medieval Thought." *In Actas del V Congress Internacional de Filosofía Medieval.* Vol. 2. Madrid: Editora Nacional, 1979. 975-983.

McKitterick, Rosamond. *The Carolingian Culture: Emulation and Innovation.* Cambridge: CUP, 1994.

Mellinkoff, Ruth *The Horned Moses in Medieval Art and Thought.* Vol. 14. Berkeley: Univ of California Press, 1970.

Meyers, Carol L. The Tabernacle Menorah: A Synthetic Study of a Symbol from the Biblical Cult. Gorgias Press, 2003.

Moore, George Foot. "Intermediaries in Jewish Theology: Memra, Shekinah, Metatron." *The Harvard Theological Review* 15.1(1922): 41-85.

Mulder, Martin Jan. Mikra: Text, *Translation, Reading and Interpretation of the Hebrew Bible in Ancient Judaism and Early Christianity.* Van Gorcum: Fortress, 1990.

Muss-Arnolt, William. "The Urim and Thummim: A Suggestion as to Their Original Nature and Significance." *The American Journal of Semitic Languages and Literatures* 16.4(July, 1900): 193-224.

Navon, Mois A. "Pi-Hahiroth – The Mouth of Freedom." *Jewish Bible Quarterly* 27/4(1999): 259-264.

Neuwirth, Yehoshau Y. *Shemirath Shabbath: A Guide to the Practical Observance of Shabbath.* Vol. 3. Jerusalem: Feldheim Publishers, 1997.

Oren, Eliezer D. eds. *The Origin of Early Israel – Current Debate: Biblical, Historical and Archaeological Perspectives.* 1998: 65-131.

Osman, Ahmed. *Moses and Akhenaten: The Secret History of Egypt at the Time of the Exodus.* New York: Simon and Schuster, 2002.

Patai, Rafael. *Man and Temple: in Ancient Jewish Myth and Ritual.* London: Thomas Nelson, 1947.

Petrie, W. M. Flinders. *Researches in Sinai.* Cambridge University Press, 1904/2013.

Philpot, Joshua M. "Exodus 34:29–35 and Moses' Shining Face." *Bulletin for Biblical Research* 23.1(2013): 1-11.

Plaut, W. Gunther. *The Torah, A Modern Commentary: Genesis.* New York: Union of American Hebrew Congregations, 1974.

Pritchard, James Bennett, and Daniel E. Fleming. *The Ancient Near East: an Anthology of Texts and Pictures.* Princeton: Princeton University Press, 2011. 강승일 외 옮김. 『고대 근동 문학 선집』. 서울: CLC, 2016.

Pritz, Ray. *The Works of Their Hands: Man-made Things in the Bible.* London: United Bible Societies, 2009. 김창락 등 옮김. 『성서 속의 물건들』. 서울: 대한성서공회, 2011.

Propp, William H. "The Skin of Moses' Face: Transfigured or Disfigured?" *The Catholic Biblical Quarterly* 49.3(July 1987): 375-386.

Rad, Gerhard von. *Theologie des Alten Testaments* Band I. 허혁 옮김. 『舊約聖書神學』 제1권. 왜관: 분도출판사, 1976.

Reiss, Moshe. "Jethro the Convert." *Jewish Bible Quarterly* 41.2(April 2013): 89-96.

Rendsburg, Gary A. "The Date of the Exodus and the Conquest/ Settlement: The Case for the 1100s." *Vetus Testamentum* 42/4(1992): 510-527.

Rendtroff, Rolf. *Theologie des Alten Testaments.* München: Neukirchener, 2001. 하경택 옮김. 『구약정경신학』. 서울: 새물결플러스, 2009.

Rice, Michael. *Who's Who in Ancient Egypt*. New York: Routledge, 1999.

Römer, Thomas. *The Invention of God.* Cambridge: Harvard University Press, 2015.

Rönnedal, D. “The Golden Rule and The Platinum Rule.” *Journal of Value Inquiry* 49(2015): 221–236.

Roukema, Riemer. “Jesus and the Divine Name in the Gospel of John.” in edited by George H. van Kooten. *The Revelation of the Name YHWH to Moses: Perspectives from Judaism, the Pagan Graeco-Roman World, and Early Christianity.* Leiden: Brill, 2006.

Routledge, Robin. “Passover and Last Supper.” *Tyndale Bulletin* 53.2 (2002): 203-222.

Rowley, H. H. *Student's Bible Atlas*. 『聖書地圖』 서울: 대한기독교서회, 1995.

Sacks, Jonathan. *Dignity of Difference: How to Avoid the Clash of Civilization.* New York: Bloomsbury Publishing, 2002. 임재서 옮김. 『차이의 존중: 문명의 충돌을 넘어서』. 서울: 말글빛냄, 2007.

Sarna, Nahum M. *Exodus: The JPS Torah Commentary.* Philadelphia: The Jewish Publication Society, 1991.

______. *Exploring Exodus: the Origins of Biblical Israel.* Random House Digital, Inc., 1996. 박영호 옮김. 『출애굽기 탐험』. 서울: 솔로몬, 2004.

Sawyer, J. F. A. “Types of Prayer in the Old Testament: Some Semantic Observations on Hitpallel, Hithannen, etc.” *Semitics* 7(1980): 131-143.

Scott, Robert B. Y. “Weights and Measures of the Bible.” *The Biblical Archaeologist* 22.2 (1959): 22-40.

Seligson, Max. “Pi-Hahiroth.” *The Jewish Encyclopedia.* vol 10. 34.

Sivertsen, Barbara J. *The Parting of the Sea: How Volcanoes, Earthquakes, and Plagues Shaped the Story of Exodus.* Princeton: PUP, 2009.

Timmer, Daniel C. *Creation, Tabernacle, and Sabbath: The Sabbath Frame of Exodus 31:12-18; 35:1-3 in Exegetical and Theological Perspective.* Vol. 227.

Vandenhoeck & Ruprecht, 2009.

Urbach, Ephraim E. *The Sages: Their Concepts and Beliefs.* Boston: Harvard Univ. Press, 1995.

Vergote, Jozef A. "Joseph en Égypte: Genèse chap. 37-50 à la lumière des études égyptologiques récentes." *Orientalia et biblica lovaniensia* (1959).

Wacholder, Ben Zion. *Eupolemus: A Study of Judaeo-Greek Literature.* Cincinnati: Hebrew Union College Press, 1975.

Waite, Jerry. "The Census of Israelite Men after their Exodus from Egypt." *Vetus Testamentum* (2010): 487-491.

Wilson, Marvin R. *Our Father Abraham: Jewish Roots of the Christian Faith.* Eerdmans Publishing, 1989. 이진희 옮김. 『기독교와 히브리 유산』. 서울: 컨콜디아사, 1995.

Winter, Caroline. "Me, Myself and I." *The New York Times Magazine* (Aug. 3, 2008).

Wright, D. P. *Pomegranates and Golden Bells: Studies in Biblical, Jewish, and Near Eastern Ritual, Law, and Literature in Honor of Jacob Milgrom.* Winona, IN: Eisenbrauns, 1995.

Yarden, Leon. *The Tree of Light: a Study of the Menorah, the Seven-branched Lampstand.* London: East and West Library, 1971.

Zimmerli, Walther. *I am Yahweh.* Eugen, OR.: Wipf and Stock Publishers, 2018.

Zornberg, Avivah Gottlieb. *The Particulars of Rapture: Reflections on Exodos.* New York: Schocken, 2011.